Nicht wie Außenstehende und stumme Zuschauer

Kirche in Zeiten der Veränderung

Herausgegeben von Stefan Kopp

Band 7

# Nicht wie Außenstehende und stumme Zuschauer

## Liturgie – Identität – Partizipation

Herausgegeben von Stefan Kopp und Stephan Wahle

HERDER

FREIBURG · BASEL · WIEN

MIX
Papier aus verantwortungsvollen Quellen
FSC® C083411


www.herder.de
Umschlaggestaltung: Verlag Herder
unter Verwendung des Zukunftsbild-Kreuzes des Erzbistums Paderborn
Satz: Barbara Herrmann, Freiburg
Herstellung: CPI books GmbH, Leck
ISBN 978-3-451-38827-9

# Inhalt

## 2. Biblisch-historische und theologische Vergewisserungen

## 3. Zwischenrufe aus Kunst, Kultur und kirchlicher Praxis

## 4. Liturgiewissenschaftliche Reflexionen

# Liturgie – Identität – Partizipation
## Schlüsselbegriffe einer Kirche in Zeiten der Veränderung

### 1 Liturgietheologische Ausgangspunkte

Mit der Beteiligung aller Gläubigen an der Liturgie als Feier des Paschamysteriums ist nach heutigem Verständnis das zentrale formale wie theologisch-inhaltliche Prinzip der gottesdienstlichen Erneuerung benannt. Dabei kann – um es mit einem programmatischen Begriff der Liturgiekonstitution *Sacrosanctum Concilium* (SC) des Zweiten Vatikanischen Konzils (1962–1965) auszudrücken – die *participatio actuosa*, also die tätige Teilnahme aller Gläubigen am liturgischen Geschehen nicht nur als eine pastoralliturgische Methode gesehen werden, sondern hat als oberster Grundsatz, als *norma primaria* (SC 79), zu gelten. Die tätige Teilnahme an der Feier des Paschamysteriums soll als Herzmitte der Kirche Glaubensvollzug und Leben der Menschen prägen; diese ist also wesentlich für die soziale Identität der Kirche wie auch für die personale Identität christlicher Existenz.[1] Deshalb hat das Konzil im Kontext der Eucharistie verlangt, dass die Gläubigen der Feier

---

[1] Zur tätigen Teilnahme aller Gläubigen an der Liturgie als Formalprinzip der liturgischen Erneuerung vgl. F. Kohlschein, Bewußte, tätige und fruchtbringende Teilnahme. Das Leitmotiv der Gottesdienstreform als bleibender Maßstab, in: T. Maas-Ewerd (Hg.), Lebt unser Gottesdienst? Die bleibende Aufgabe der Liturgiereform [FS Bruno Kleinheyer], Freiburg i. Br. 1988, 38–62; W. Haunerland, Participatio actuosa. Programmwort liturgischer Erneuerung, in: IKaZ 38 (2009) 585–595; B. Kranemann, „Tätige Teilnahme" an der Liturgie als „Quelle und Höhepunkt" – Kernbegriffe der Liturgiekonstitution neu gelesen, in: M. Delgado, M. Sievernich (Hg.), Die großen Metaphern des Zweiten Vatikanischen Konzils. Ihre Bedeutung für heute, Freiburg i. Br. 2013, 232–247; B. Jeggle-Merz, Tätige Teilnahme in „Sacrosanctum Concilium". Stolperstein oder Impulsgeber für gottesdienstliche Feiern heute?, in: LJ 63 (2013) 153–166; W. Haunerland, Tätige Teilnahme aller Gläubigen. Der oberste Grundsatz der Liturgiereform im Kontext deutscher Kirchenerfahrungen, in: K. Krips, S. Mokry, K. Unterburger (Hg.), Aufbruch in der Zeit. Kirchenreform und europäischer Katholizismus [FS Franz

„nicht wie Außenstehende und stumme Zuschauer beiwohnen; sie sollen vielmehr durch die Riten und Gebete dieses Mysterium wohl verstehen lernen und so die heilige Handlung bewusst, fromm und tätig mitfeiern, sich durch das Wort Gottes formen lassen, am Tisch des Herrenleibes Stärkung finden. Sie sollen Gott danksagen und die unbefleckte Opfergabe darbringen nicht nur durch die Hände des Priesters, sondern auch gemeinsam mit ihm und dadurch sich selber darbringen lernen. So sollen sie durch Christus, den Mittler, von Tag zu Tag zu immer vollerer Einheit mit Gott und untereinander gelangen, damit schließlich Gott alles in allem sei." (SC 48)

---

Xaver Bischof] (MKHS.NF 10), Stuttgart 2020, 221–238; ders., *Participatio* – Relecture einer liturgietheologischen Leitidee, in: S. Kopp, B. Kranemann (Hg.), Gottesdienst und Kirchenbilder. Theologische Neuakzentierungen (QD 313), Freiburg i. Br. 2021, 108–127. Zum Paschamysterium als inhaltlichem Reformprinzip der liturgischen Erneuerung vgl. vor allem S. A. Schrott, Pascha-Mysterium. Zum liturgietheologischen Leitbegriff des Zweiten Vatikanischen Konzils (Theologie der Liturgie 6), Regensburg 2014; wichtige kleinere Beiträge dazu: I. Pahl, Das Paschamysterium in seiner zentralen Bedeutung für die Gestalt christlicher Liturgie, in: LJ 46 (1996) 71–93; A. A. Häußling, „Pascha-Mysterium". Kritisches zu einem Beitrag in der dritten Auflage des „Lexikon für Theologie und Kirche", in: ALW 41 (1999) 157–165; M. Stuflesser, „Missing the Forest for the Trees"? – The Centrality of the Paschal Mystery, in: Yale Institute of Sacred Music (Hg.), Colloquium: Music, Worship, Arts 5 (Autumn 2008) 41–48; B. Jeggle-Merz, Pascha-Mysterium. „Kurzformel" der Selbstmitteilung Gottes in der Geschichte des Heils, in: IKaZ 39 (2010) 53–64; W. Haunerland, Mysterium paschale. Schlüsselbegriff liturgietheologischer Erneuerung, in: G. Augustin, K. Koch (Hg.), Liturgie als Mitte des christlichen Lebens (ThIDia 7), Freiburg i. Br. 2012, 189–209; ders., Erneuerung aus dem Paschamysterium. Zur heilsgeschichtlichen Leitidee der Liturgiekonstitution, in: IKaZ 41 (2012) 616–625; ders., Der liturgietheologische Leitbegriff des Zweiten Vatikanischen Konzils. Anmerkungen zu einer wichtigen Studie über das Pascha-Mysterium, in: LJ 64 (2014) 263–271. Zum Formal- und Inhaltsprinzip der liturgischen Erneuerung unter veränderten bzw. sich verändernden kirchlichen, gesellschaftlichen und kulturellen Rahmenbedingungen vgl. S. Kopp, Gottesdienst ist nicht alles, aber ohne Gottesdienst ist alles nichts. Liturgische Vielfalt in Zeiten der Veränderung, in: ThGl 107 (2017) 354–370. Zur (identitätsstiftenden) Lebensrelevanz der Liturgie vgl. etwa B. Kranemann, Liturgie mit Lebensrelevanz, in: M. Heimbach-Steins, G. Kruip, S. Wendel (Hg.), „Kirche 2011: Ein notwendiger Aufbruch". Argumente zum Memorandum, Freiburg i. Br. 2011, 212–222; ders., Konzilsgedenken als Identitätsklärung. Das Jubiläum von Sacrosanctum Concilium in der deutschsprachigen Liturgiewissenschaft, in: ThG 58 (2015) 120–130.

Was bedeutet diese hier eingeforderte Beteiligung aller Christ(inn)en am Gottesdienst der Kirche? Eine gewisse Präzisierung, wenn auch keine endgültige Definition, nimmt die Liturgiekonstitution selbst vor, wenn sie die liturgische Partizipation mit Adjektiven zu bestimmen versucht. Besonders häufig (14 Mal) ist von der tätigen Teilnahme (*actuosa*) die Rede; sodann soll sie bewusst (*conscia* bzw. *scienter*) und voll (*plena*) sein, fromm (*pia*) und fruchtbar (*fructuosa*), gemeinschaftlich (*communitas propria celebratione*) und leicht (*facilis*), vollkommener (*perfectior*) sowie innerlich und äußerlich (*interna et externa*). Allen attributiven Präzisierungen ist gemeinsam, dass Partizipation eine individualistische Frömmigkeit – „ich und mein Gott" – als liturgieungemäß ausschließt. Vielmehr geht es um ein gemeinschaftliches, ganzheitliches, leiblich-geistiges Mitvollziehen der liturgischen Handlung. Dazu reicht ein formgerechter undritenkonformer Vollzug nicht aus. Die möglichst volle Teilhabe von Klerikern und Laien am Gottesdienst geht mit seiner Inkulturation einher und zieht – um eines lebendigen Glaubens willen – eine dynamische Fortentwicklung von Liturgie und Kirche nach sich.

Lehramtlich wird die Beteiligung, Berufung und Sendung der Laien in der Kirche in dem Nachsynodalen Apostolischen Schreiben *Christifideles laici* vom 30. Dezember 1988 weitergeführt, in dem Papst Johannes Paul II. (1978–2005) mit Blick auf die Liturgie in Artikel 23 programmatisch festhält:

> „Nachdem so also vom Konzil die sogenannte liturgische Erneuerung gefördert worden ist, zeigen sich die christgläubigen Laien selbst, da sie deutlich erkennen, welch große Aufgaben in der liturgischen Versammlung und deren Vorbereitung ihnen zukommen, von Tag zu Tag mehr bereit, diese Aufgaben zu übernehmen; denn die liturgische Feier ist als eine heilige Handlung nicht nur des Klerus, sondern der ganzen Versammlung zu betrachten. Es erscheint daher billig, dass die Aufgaben, die nicht den geweihten Amtsträgern eigentümlich sind, durch die christgläubigen Laien erfüllt werden. Von daher ist es auf beinahe spontane Art dazu gekommen, dass die Christgläubigen, nachdem sie der Sache nach Teilnehmer an der liturgischen Handlung geworden sind, auch Teilhaber an der Verkündigung des Wortes Gottes und an der Hirtensorge selbst werden."[2]

[2] DH 4858.

Der Papst erkennt darin unmissverständlich die (wieder-)gewonnene Verantwortung aller Gläubigen für die Liturgie als theologischen Erkenntnisfortschritt an. Winfried Haunerland (* 1956) sieht hier eine Ekklesiologie verwirklicht,

> „in der nicht nur die Gesamtkirche und der Klerus, sondern auch die Ortskirchen, ja die konkret versammelten Gottesdienstgemeinden und alle ihre Glieder als Subjekte kirchlichen Handelns gewürdigt und anerkannt werden“[3].

Haunerland bezieht sich in diesem Zusammenhang auf Heinrich Rennings (1926–1994), der bereits 1965 in SC 28 ein „Abschiedswort für mehrere Jahrhunderte Kirchengeschichte, nicht nur Liturgiegeschichte“ und eine „Leichenrede auf liturgischen Klerikalismus“ sah.[4] So optimistisch, wie Rennings vor der konkreten Herausgabe der neuen liturgischen Bücher in die Zukunft schaut, so pessimistisch urteilt Julia Knop (* 1977) im Durchgang durch die heute geltenden Normen und Handlungsanweisungen zum Gottesdienst der Kirche.[5]

Gerade vor dem Hintergrund der schwerwiegenden und schmerzlichen Vertrauenskrise infolge von (Macht-)Missbrauch in der Kirche, der in den vergangenen zehn Jahren aufgedeckt wurde und aufzuarbeiten versucht wird, gibt es in diesem Bereich heute zu Recht eine erhöhte Sensibilität. Besonders in der Feier der Liturgie treten amtstheologische Differenzen zwischen Klerikern und Laien symbolisch zutage, die in ihrer Inszenierung als nicht sachgemäßes Machtgefälle, als klerikalistische Instrumentalisierung oder

---

[3] W. Haunerland, Sensus ecclesialis und rollengerechte Liturgiefeier. Zur Geschichte und Bedeutung des Artikels 28 der Liturgiekonstitution, in: H. J. F. Reinhardt (Hg.), Theologia et Jus Canonicum [FS Heribert Heinemann], Essen 1995, 85–98, hier: 95; wiederveröffentlicht in: W. Haunerland, Liturgie und Kirche. Studien zu Geschichte, Theologie und Praxis des Gottesdienstes (StPaLi 41), Regensburg 2016, 205–221, hier: 217.

[4] Wörtliche Zitate aus: H. Rennings, [Kommentar zu Nr. 32 der Instruktion *Inter oecumenici*], in: Die Instruktion vom 26. September 1964 zur Liturgiekonstitution. Lateinisch-deutscher Text mit einem Kommentar von Heinrich Rennings (RLGD 7), Münster 1965, 68.

[5] Vgl. J. Knop, Klerikales Schisma im Gottesdienst? Eine kritische Relecture kirchlicher Vorgaben zu Amt und Liturgie, in: G. M. Hoff, J. Knop, B. Kranemann (Hg.), Amt – Macht – Liturgie. Theologische Zwischenrufe für eine Kirche auf dem Synodalen Weg (QD 308), Freiburg i. Br. 2020, 151–168.

zumindest als rezeptionsästhetische Schieflage problematisch empfunden werden können. Deshalb stellt sich die Frage: Wie können in der Liturgie sachgerecht und angemessen Symbole amtstheologischer Unterschiede zum Ausdruck kommen, ohne dafür in den Verdacht von Diskriminierung und klerikaler Machtdemonstration zu kommen? Zu einer sachlichen und ehrlichen Diskussion gehört dabei, dass Ambivalenzen, Dilemmata und Diskrepanzen in der rezeptionsästhetischen Wirkung der Liturgie offen benannt und mitberücksichtigt werden. Nicht jede gewachsene liturgische Form, die unter heutigen Gegebenheiten von manchen nicht mehr verstanden wird, ist schon klerikalistischer Auswuchs. Aber auch umgekehrt gilt: Manche Details in der Liturgie können unschuldig wirken und sind doch Ausdruck problematischer Tendenzen in der kirchlichen Sicht auf Macht und Partizipation.[6]

## 2 Biblische und theologiegeschichtliche Notizen

Auch für alle aktuellen Diskurse um Liturgie, Identität und Partizipation sowie neuen Einsichten in diesem Bereich sind die biblischen Fundamente essenziell und müssen jeweils neu bedacht werden: Sich zum Gottesdienst zu versammeln, so überliefern es die Schriften des Neuen Testaments, ist nicht in die Beliebigkeit der ersten Christ(inn)en gestellt. Jesus selbst fordert bei seinem Abschiedsmahl kurz vor seinem Tod auf: „Tut dies zu meinem Gedächtnis!" (Lk 22,19; 1 Kor 11,24) Mit dem sog. Anamnesisbefehl ist nicht nur das Sakrament der Eucharistie begründet, sondern die Kirche selbst als eine von Gott gerufene Versammlung (*ecclesia*).[7] Es ist der Gekreuzigte und Auferstandene, der im Wirken seines Geistes die Gläubigen zu einer Gemeinschaft zusammenschließt und zur Ver-

[6] Vgl. dazu auch das Fazit in: S. Kopp, Vom Dilemma der Macht in der Liturgie, in: ders. (Hg.), Macht und Ohnmacht in der Kirche. Wege aus der Krise (Kirche in Zeiten der Veränderung 2), Freiburg i. Br. 2020, 115–127, hier: 126f.

[7] Vgl. dazu W. Haunerland, In Treue zum Auftrag Jesu. Die Eucharistie als Quelle und Höhepunkt des Christseins heute, in: IKaZ 42 (2013) 270–280, bes. 274–276 – mit Verweis auf J. Ratzinger/Papst Benedikt XVI., Jesus von Nazareth, Bd. 2: Vom Einzug in Jerusalem bis zur Auferstehung, Freiburg i. Br. 2011, 158; wiederveröffentlicht in: Haunerland, Liturgie und Kirche (s. Anm. 3), 351–361, bes. 355–358.

kündigung des Evangeliums in Wort und Tat in die Welt sendet (vgl. Mk 16,15; Mt 28,19).[8]

Das gesamtbiblische Zeugnis ist von der Erfahrung geprägt, dass Gottes Ruf zu Glaube und Umkehr jedem einzelnen Menschen gilt, nicht jedoch ohne den Bezug zur Gemeinschaft. Im Alten Testament gilt dies für Israel als das auserwählte Volk Gottes; im Neuen Testament symbolisiert der Zwölferkreis die Sammlung des eschatologischen Gottesvolkes. In vielfachen Erzählungen schildern die Evangelisten die zentrale Botschaft Jesu von der andrängenden Gottesherrschaft, die nach Ostern in den christlichen Gemeinden fortwirkt. Gemeindebildung geschieht in dem Bewusstsein, im praktischen Umgang miteinander das Reich Gottes zu bezeugen und missionarisch in der Welt zu wirken. So sehr die neutestamentlichen Gemeindemodelle auch verschieden sind und Konflikte von Anfang an dazugehören, gemeinsam liegt ihnen der Anspruch zugrunde, durch das Zusammenleben das Reich Gottes darzustellen. Nirgends geschieht dies stärker und intensiver als in der (sonntäglichen) Zusammenkunft zum Gottesdienst.[9]

Die Liturgie als eine von Gott gerufene Versammlung ist somit historisch und sachlich der Ausgangspunkt zur Bildung von christlichen Gemeinden.[10] Wie diese strukturell verfasst sind, wie etwa Leitung wahrgenommen, das Evangelium verkündet und die Eucharistie konkret gefeiert wird, zeigt sich je nach Region auf ganz vielfältige Art und Weise. Partizipation und Inkulturation bedingen sich von Anfang an gegenseitig und geben den entstehenden christlichen Riten sukzessive ein je spezifisches, aber doch nicht völlig voneinander verschiedenes Gepräge.[11]

---

[8] Vgl. dazu eingehend den Beitrag von T. Söding in diesem Band.

[9] Vgl. dazu N. Mette, Christliche Gemeinde – Identität und Wandel. Norbert Greinacher zum 75. Geburtstag, in: BiLi 79 (2006) 67–76, bes. 67–70; zum biblischen und theologiegeschichtlichen Gemeindeverständnis vgl. aus der Fülle an Literatur W. Kirchschläger, Die Anfänge der Kirche. Eine biblische Rückbesinnung, Graz 1990; T. Söding, Blick zurück nach vorn. Bilder lebendiger Gemeinden im Neuen Testament, Freiburg i. Br. 1997; P. Müller, Gemeinde: Ernstfall von Kirche. Annäherungen an eine historisch und systematisch verkappte Wirklichkeit (IThS 67), Innsbruck 2004.

[10] Vgl. dazu die instruktive Übersicht in: A. Gerhards, B. Kranemann, Grundlagen und Perspektiven der Liturgiewissenschaft, Darmstadt 2019, 125–136.

[11] Vgl. dazu A. Gerhards, B. Kranemann (Hg.), Dynamik und Diversität des Gottesdienstes. Liturgiegeschichte in neuem Licht (QD 289), Freiburg i. Br. 2018.

Die von Paulus stammenden Schilderungen über die Zusammenkünfte der ersten Christgläubigen in der griechischen Stadt Korinth um die Mitte des ersten Jahrhunderts lassen noch keine liturgische Leitung durch ein einzelnes Gemeindemitglied erkennen. Vielmehr betrachtet der Apostel die Versammlung insgesamt als handelndes Subjekt von Wortgottesdienst und eucharistischer Mahlfeier. So heißt es in 1 Kor 14,26 nahezu programmatisch:

> „Wenn ihr zusammenkommt, trägt jeder etwas bei: einer einen Psalm, ein anderer eine Lehre, der dritte eine Offenbarung; einer redet in Zungen und ein anderer übersetzt es. Alles geschehe so, dass es aufbaut.“

Paulus geht von einer aktiven Teilnahme möglichst vieler, wenn nicht sogar aller Gemeindemitglieder an der liturgischen Versammlung aus. In dem Bewusstsein der Gemeinde, sichtbares Zeichen des Reiches Gottes für die Welt zu sein, liegt das theologische Motiv für die gemeinsame Trägerschaft und Partizipation an der Liturgie.[12]

Bei der Beschreibung der liturgischen Versammlung von Korinth handelt es sich um ein einzelnes Zeugnis und eine Momentaufnahme. Wann und wie liturgische Leitungsfunktionen, feste Rollenzuweisungen und hierarchische Strukturen aufgekommen und die Partizipationsmöglichkeiten normativ geregelt worden sind, lässt sich für die früheste Zeit der christlichen Gemeindebildung nicht mehr nachweisen. In den Pastoralbriefen sind allerdings bereits solche Ämter belegt, wenn auch noch nicht jene Trias von *episkopos*, *presbyteros* und *diakonos*, die sich theologiegeschichtlich durchsetzen und die strukturelle Verfasstheit der römisch-katholischen Kirche sowie ihrer Gottesdienste bis heute prägen sollte.[13] Ob also in den neutestamentlichen Schriften die spätantike und mittelalterliche

---

[12] Vgl. dazu M. Gielen, Liturgie – gemeindeorientiert oder ämterzentriert? Eine neutestamentliche Sichtung, in: Hoff, Knop, Kranemann (Hg.), Amt – Macht – Liturgie (s. Anm. 5), 124–136; zum paulinischen Partizipationsbegriff vgl. T. Söding, Teilnahme als Teilhabe. Ein paulinischer Leitbegriff der Kirche, in: IKaZ 49 (2020) 353–373.

[13] Vgl. dazu J. Wagner, Die Anfänge des Amtes in der Kirche. Presbyter und Episkopen in der frühchristlichen Literatur (TANZ 53), Tübingen 2011; E. Dassmann, Ämter und Dienste in den frühchristlichen Gemeinden (Hereditas 8), Bonn 1994; Gielen, Liturgie – gemeindeorientiert oder ämterzentriert? (s. Anm. 12), 129–135.

Hierarchisierung und Fokussierung von Liturgie auf den geweihten Amtsträger vorgezeichnet ist, wird von der exegetischen Wissenschaft zum größten Teil infrage gestellt.[14] Es ist vielmehr anzunehmen, „dass ekklesiale Leitungsfunktionen ursprünglich nicht über liturgische Zuständigkeiten definiert werden und ihnen neutestamentlich noch jeder sakral-kultische Nimbus fehlt“[15]. Auf jeden Fall sind auch ohne Leitungsfunktion alle Gemeindemitglieder als Träger(innen) der Liturgie zu verstehen; ihnen gemeinsam obliegt die geteilte Verantwortung für eine würdige Feier.

In der Leib-Christi-Metapher, vor allem in der Variante bei Paulus (vgl. 1 Kor 12; Röm 12,1–8), wird diese Verantwortung bzw. Verpflichtung aller Mitglieder zum Aufbau der Gemeinde und zur Gemeinschaft untereinander und mit Christus herausgestellt. Es ist der eine Geist, der in der Taufe in den einen Leib Christi eingliedert, die verschiedenen Charismen bewirkt und zusammenführt sowie die Einheit des ekklesialen Leibes garantiert.[16] Eucharistisch verwirklicht sich der Gedanke des lebendigen Organismus im rituellen Akt des Brotbrechens, gemäß dem Paulus-Wort:

> „Ist das Brot, das wir brechen, nicht Teilhabe am Leib Christi? Ein Brot ist es. Darum sind wir viele ein Leib; denn wir alle haben teil an dem einen Brot.“ (1 Kor 10,16b–17)

Während Paulus die Leib-Christi-Metapher „demokratisch“ konzipiert und vor allem horizontal die Beziehung der Glieder zueinan-

---

[14] Für eine Hinordnung der ekklesialen Leitungsämtern auf Liturgie und speziell Eucharistie bereits in neutestamentlicher Zeit plädiert Stefan Heid (* 1961). – Vgl. S. Heid, Altar und Kirche. Prinzipien christlicher Liturgie, Regensburg 2019; ders., Das Ende einer Legende. Hauskirchen hat es nie gegeben, in: HerKorr 73 (4/2019) 37–39; dazu kritisch M. Gielen, Alternative Fakten. Zu Stefan Heids „Ende einer Legende“, in: HerKorr 73 (8/2019) 49–51.

[15] Gielen, Liturgie – gemeindeorientiert oder ämterzentriert? (s. Anm. 12), 135.

[16] Vgl. dazu jüngst A. Zerfaß, Gottesdienst und Hierarchie. Zum liturgischen Handeln des Priesters „in persona Christi capitis“, in: Hoff, Knop, Kranemann (Hg.), Amt – Macht – Liturgie (s. Anm. 5), 137–150, bes. 146–149; auch H. Merklein, Entstehung und Gehalt des paulinischen Leib-Christi-Gedankens, in: M. Böhnke, H. Heinz (Hg.), Im Gespräch mit dem dreieinen Gott. Elemente einer trinitarischen Theologie [FS Wilhelm Breuning], Düsseldorf 1985, 115–140. – Zu Chancen und Grenzen der Leib-Christi-Metapher vgl. M. Remenyi, S. Wendel (Hg.), Die Kirche als Leib Christi. Geltung und Grenze einer umstrittenen Metapher (QD 288), Freiburg i. Br. 2017.

der betont, erweitern die Deuteropaulinen – durchaus auf seiner Linie – das Bild um eine hierarchische Sinnspitze, wenn sie Christus als Haupt des Leibes und damit als Haupt der Gemeinde benennen (vgl. Kol 1,18; Eph 4,15f.).[17] Damit ist aber keine Übertragung auf das Verhältnis von Amtsträger bzw. Priester (als Repräsentant für Christus) und Gemeinde verbunden. Allerdings verlagert sich im Laufe der Theologiegeschichte und besonders im neueren amtstheologischen Diskurs die vertikale Dimension der Metapher auf das Handeln des Priesters *in persona Christi capitis*.[18] Inwieweit daraus die Gefahr „für ein einseitig überspanntes Konzept von *hierarchischer* Christusrepräsentanz"[19] erwächst, müsste noch weiter vertieft bzw. kann kontrovers diskutiert werden. In einer problematischen, den biblischen Ursprungsgedanken z. T. praktisch verkehrenden Rezeptionsgeschichte liegt ein Grund dafür, warum im ekklesiologischen Klärungsprozess vor und auf dem Zweiten Vatikanischen Konzil mit der Kirchenkonstitution *Lumen gentium* (LG) das Bild von Kirche als Volk Gottes die umstrittene Leib-Christi-Metapher ersetzt bzw. ergänzt (vgl. LG 9–17). So vergrößert sich – durch eine einseitige Auslegung, in der die horizontale Dimension verkümmert – der Abstand zum paulinischen Konzept der Leib-Christi-Metapher, in dem die Leitungskompetenz nur eine unter vielen weiteren Geistesgaben ist.[20] Dass – richtig verstanden – mit dem Bild des „Leibes Christi" Hierarchisierungen und Machtunterschiede in einer christlichen Gemeinde in ein neues Licht gestellt werden und das gegenseitige Aufeinander-angewiesen-Sein zum Ausdruck kommt, kann sich bis heute als ein starkes Kennzeichen paulinischer Gemeindekonzeption erweisen.[21]

---

[17] Vgl. H. Roose, Die Hierarchisierung der Leib-Metapher im Kolosser- und Epheserbrief als „Paulinisierung". Ein Beitrag zur Rezeption paulinischer Tradition in pseudo-paulinischen Briefen, in: NT 47 (2005) 117–141.

[18] Als Erklärung der Zusammenhänge vgl. Zerfaß, Gottesdienst und Hierarchie (s. Anm. 16).

[19] Ebd., 149 [Hervorhebung im Original].

[20] Vgl. 1 Kor 12,28: „So hat Gott in der Kirche die einen erstens als Apostel eingesetzt, zweitens als Propheten, drittens als Lehrer; ferner verlieh er die Kraft, Machttaten zu wirken, sodann die Gaben, Krankheiten zu heilen, zu helfen, zu leiten, endlich die verschiedenen Arten von Zungenrede."

[21] Dieser Gedanke wird in der paulinischen Tauftheologie entfaltet, so in Gal 3,26–28: „Denn alle seid ihr durch den Glauben Söhne Gottes in Christus Jesus.

Friedrich Lurz (* 1961) hat in seinen Analysen autobiografischer Schriften von Christ(inn)en der Frühen Neuzeit zeigen können, dass in Phasen, in denen die tätige Mitfeier des von einem Priester geleiteten Gottesdienstes nur eingeschränkt möglich und rechtlich ausgeschlossen war, sich eigene Aktivitäten in Form volksfrommer bzw. breitenreligiöser Praktiken ausgebildet haben. Er folgert: Eröffnet die Liturgie – im Rahmen der rubrikalen Möglichkeiten – einen Raum für eigenes liturgisches Handeln, so wird dieser auch ausgefüllt:

> „Bietet der Rahmen der Feier keinen solchen Raum, dann suchen sich die Personen auch außerhalb dieser Vorgaben Möglichkeiten, ihren Glauben zu leben und feiernd zu praktizieren."[22]

Aus dieser Haltung erwuchsen im Laufe der Geschichte immer wieder liturgische Innovationen, auch die Leitung von Sonntagsgottesdiensten durch Laien, wenn beispielsweise in den Wirren des Dreißigjährigen Krieges (1618–1648) oder in den Anfechtungen des Preußischen Kulturkampfes (1871–1887) in einer Gemeinde keine Messfeier mit einem Priester stattfinden konnte.[23] Zu nennen sind

Denn ihr alle, die ihr auf Christus getauft seid, habt Christus angezogen. Es gibt nicht mehr Juden und Griechen, nicht Sklaven und Freie, nicht männlich und weiblich; denn ihr alle seid einer in Christus Jesus." – Vgl. dazu H. Paulsen, Einheit und Freiheit der Söhne Gottes – Gal 3,26–29, in: ders., Zur Literatur und Geschichte des frühen Christentums. Gesammelte Aufsätze, hg. von U. E. Eisen (WUNT 99), Tübingen 1997, 21–42; S. Wendel, Leib Christi – Grenzen und Chancen einer ekklesiologischen Metapher, in: Remenyi, Wendel (Hg.), Die Kirche als Leib Christi (s. Anm. 16), 295–313. Ein Beispiel, wie sehr mit der Leib-Christi-Metapher die Analogie von Christus und Priester begründet und damit ein übersteigertes, fast monarchisches Priesterbild erzeugt wird, stellt das Kirchen- und Amtsverständnis dar, das teilweise bei Vertretern der Liturgischen Bewegung zutage tritt. – Vgl. dazu in Kürze S. Kopp, Die Kirche als mystischer Leib Christi. Zum ekklesiologischen Leitbild bei Pius Parsch, in: A. Redtenbacher (Hg.), „Das liturgische Bewusstsein der Weltkirche geformt" (Ratzinger). Die Liturgietheologie von Pius Parsch (PPSt), Freiburg i. Br. 2021 [im Druck].

22 F. Lurz, Sich selbst feiern? Zur kreativen Dimension gottesdienstlichen Feierns, in: G. Schlimbach, S. Wahle (Hg.), Der Gottesdienst als privilegierter Ort der Ästhetik. Zeit – Kunst – Liturgie (ABPB 33), Aachen 2011, 16–20, hier: 18. – Vgl. dazu auch F. Lurz, Erlebte Liturgie. Autobiografische Schriften als liturgiewissenschaftliche Quellen (Ästhetik – Theologie – Liturgik 28), Münster 2003.

23 Vgl. S. Kopp, „Nur wer sich ändert, bleibt sich treu." Liturgische Reformen als Auftrag für die Kirche, in: ders. (Hg.), Kirche im Wandel. Ekklesiale Identität und Reform (QD 306), Freiburg i. Br. 2020, 336–358, bes. 349–356.

ebenso alternative Formen wie das Rosenkranzgebet und Messandachten, Messlieder oder das „Volksmessbuch" der frühen Liturgischen Bewegung, mit dem die Gemeinde sich dem Handeln des Priesters bei der Zelebration der lateinischen Messe anschließen konnte. Auf normativer Ebene verblieb das neuzeitliche Liturgieverständnis allerdings eindeutig klerikerzentriert. Dies sollte sich erst im 20. Jahrhundert ändern.[24]

## 3 Gegenwärtige Fragen und Perspektiven

Nicht erst die Corona-Pandemie zwingt die Kirche zu einer neuen Klärung ihrer Identität. Bereits der seit Jahren andauernde Prozess der Kirchenentwicklung mit der Zusammenlegung von Gemeinden zu Seelsorgeeinheiten und Großpfarreien, die dramatisch sinkenden Zahlen an Gläubigen und Priestern, die geringer werdenden finanziellen Ressourcen, der generelle religiöse Transformationsprozess und nicht zuletzt das durch Skandale und Machtmissbrauch diskreditierte Kirchenbild stellen die Identität und das Zusammengehörigkeitsgefühl von Christ(inn)en vor große Herausforderungen. Wie sieht in Zukunft konkretes christliches Leben vor Ort aus? Welche Rolle spielt dabei die Liturgie? Welches Erscheinungsbild werden die Gottesdienste haben? Wie ist auf das geänderte Teilnahmeverhalten zu reagieren? Wie wird Beteiligung konkret realisiert? Welche Formen umfassender Partizipation und sinnvoller Inkulturation

[24] Das Aufkommen des Begriffs *participatio actuosa* wird in aller Regel an dem Motuproprio *Tra le sollecitudini* von Papst Pius X. (1903–1914) festgemacht, dem ersten Schreiben des Pontifex über die Kirchenmusik vom 22. November 1903. In dem auf italienisch verfassten Text begegnet der Ausdruck *la partecipazione attiva* (Papst Pius X., Motuproprio *Tra le sollecitudini* über die Restauration der Kirchenmusik vom 22. November 1903, in: ASS 36 [1903/04] 329–339, hier: 331; die lateinische Fassung in ASS 36 [1903/04] 387–395 spricht nur von *participatio* [388], während die authentische Fassung in EL 28 [1904] 132 formuliert: *ex actuosa (…) communicatione* [hier zit. nach: C. Braga, A. Bugnini, Documenta ad instaurationem liturgicam spectantia, Rom 2000, 34]). – Zu Pius X. sowie zur Entwicklung des Programmwortes *participatio actuosa* von der Liturgischen Bewegung bis zum Zweiten Vatikanischen Konzil vgl. Haunerland, Tätige Teilnahme aller Gläubigen (s. Anm. 1), bes. 222–230.

sind notwendig? Welche Gottesdienstformen sind wie zu entwickeln bzw. weiterzuentwickeln und neu zu etablieren?

Wer bei der Suche nach Antworten auf solche Fragen auch die Identität einer lebendigen Kirche im Blick hat, wird nicht umhinkommen, nicht nur eine vielfältige und von allen Gläubigen mitverantwortete Liturgie, sondern auch die Entwicklung einer offenen Kirche und einer einladenden Gottesdienstkultur für alle Menschen zu fördern, die gelegentlich – inmitten des Alltags oder in besonderen Situationen – ein gutes Wort, eine (an-)sprechende Zeichenhandlung oder den Segen Gottes wünschen. Zur Identität einer lebendigen Kirche, so Benedikt Kranemann (* 1959) im Anschluss an das Zweite Vatikanische Konzil,

> „gehört die Akzeptanz vielfältiger Liturgie innerhalb des einen römischen Ritus. Wenn die Kirche diese Vitalität aber nach außen tragen will, wenn sie, und das wäre ebenfalls ein Ausdruck ihrer Identität, Kirche in der Öffentlichkeit mit einer öffentlichen ‚Liturgie' sein will [...], dann muss sie nach einer entsprechenden Sprache der Rituale und Formen suchen."[25]

Zur Identität der Kirche gehören daher nicht nur die „klassischen", amtlich geregelten Liturgiefeiern wie Taufe und Eucharistie, die weiteren Sakramente und Sakramentalien, die Tagzeitenliturgie und Wort-Gottes-Feiern. Auch die vielen alten und neuen „Gottesdienste des zweiten Programms" tragen in ihrem selbstlosen Dienst an den Menschen zur Identitätsstiftung von Kirche und Christsein bei. Dabei bestimmen die Teilnehmenden an solchen gottesdienstlichen Feiern in Freiheit das Maß ihrer Partizipation selbst. Aber auch sie sollen nicht bloß als „Außenstehende und stumme Zuschauer" (SC 48) diesen beiwohnen müssen; aus „Gelegenheitsbesucher(innen)" sollen möglichst „Subjekte des religiös-gottesdienstlichen Handelns werden können"[26].

Vor dem Hintergrund solcher Überlegungen bleibt dieser Sammelband bewusst nicht im innerliturgiewissenschaftlichen bzw. innertheologischen Diskurs, sondern sucht nach interdisziplinären

---

[25] Kranemann, Konzilsgedenken als Identitätsklärung (s. Anm. 1), 129f.

[26] W. Haunerland, Gottesdienste des zweiten Programms. Warum Liturgiereformen heute nicht reichen, in: Kopp (Hg.), Kirche im Wandel (s. Anm. 23), 359–375, hier: 371.

Anknüpfungspunkten und berücksichtigt exemplarisch Einsichten und Anfragen aus Kunst, Kultur und kirchlicher Praxis. Dabei sind den Einzelbeiträgen bewusst nicht einheitliche Konzepte von Identität und Partizipation zugrunde gelegt, um aktuelle Entwicklungen von Positionen in ihrer inhaltlichen und methodischen Pluriformität unvoreingenommen wahrnehmen und reflektieren zu können. Auf Basis (sozial- und pastoral-)psychologischer Expertisen führen biblisch-historische und theologische Vergewisserungen zu Identität und Partizipation sowie Zwischenrufe von „außen“ – eben aus Kunst, Kultur und kirchlicher Praxis – zu liturgiewissenschaftlichen, ökumenisch bereicherten Reflexionen, an denen sich Perspektiven zum (Erneuerungs-)Potenzial der Liturgie zeigen und die den Schlussteil der Publikation bilden.

Unser Dank im Zusammenhang mit der Entstehung dieses Bandes gilt neben den Autor(inn)en der Beiträge besonders Frau Barbara Brunnert, der Koordinatorin des Paderborner Graduiertenkollegs „Kirche-Sein in Zeiten der Veränderung“, sowie Frau Laura Elisabeth Hennecke und Frau Cecille Franziska Müller, den studentischen Mitarbeiterinnen am Lehrstuhl für Liturgiewissenschaft an der Theologischen Fakultät Paderborn, und Lukas Röder, dem studentischen Mitarbeiter am Lehrstuhl für Dogmatik und Liturgiewissenschaft an der Albert-Ludwigs-Universität Freiburg, für die motivierte, verlässliche und umsichtige Mitwirkung an den redaktionellen Arbeiten. Dem Verlag Herder, Freiburg im Breisgau, und Herrn Dr. Stephan Weber danken wir für die bewährte Begleitung der Drucklegung.

Paderborn – Freiburg im Breisgau,
Pfingsten 2021 *Die Herausgeber*

# 1. Interdisziplinäre Ausgangspunkte und Fundierungen

# Individualisierte Identitätsarbeit in spätmodernen Gesellschaften

## Riskante Chancen zwischen Selbstsorge und Zonen der Verwundbarkeit

*Heiner Keupp*

### 1 Ausgangsfragen und Vorbemerkungen[1]

Die „Erste Moderne" hat normalbiografische Grundrisse geliefert, die als Vorgaben für individuelle Identitätsentwürfe gedient haben. In der „Zweiten Moderne" verlieren diese Ordnungsvorgaben an Verbindlichkeit, und es stellt sich die Frage, wie Identitätskonstruktionen nun erfolgen. Wie fertigen die Subjekte ihre Patchwork-artigen Identitätsmuster? Wie entsteht der Entwurf für eine kreative Verknüpfung? Wie werden Alltagserfahrungen zu Identitätsfragmenten, die Subjekte in ihrem Identitätsmuster bewahren und sichtbar unterbringen wollen? Brauchen wir noch Vorstellungen von Kohärenz und Kontinuität? Auf diese Fragen hat die Identitätsforschung Antworten zu finden. Dabei rücken die individuellen und gesellschaftlichen Ressourcen ins Zentrum, die darüber entscheiden, ob es zu einer gelingenden Identitätsarbeit kommt.

In einer Publikation, die vor allem von katholischen Theolog(inn)en und Autor(inn)en bestritten wird, über dieses Thema zu schreiben, verlangt eigentlich einen Blick auf die Identitätsdiskurse im katholischen Feld. Als Sprössling einer evangelischen Theologen-Dynastie, der diese Tradition aber nicht fortsetzen wollte, habe ich gerade noch am Rande meines fachlichen Blickfeldes die Debatte

[1] Überarbeitete Fassung meines gleichnamigen Beitrags in: U. Deppe (Hg.), Die Arbeit am Selbst. Theorie und Empirie zu Bildungsaufstiegen und exklusiven Karrieren (Studien zur Schul- und Bildungsforschung 74), Wiesbaden 2020, 41–66. – Vgl. ferner H. Keupp, Identität und Individualisierung: Riskante Chancen zwischen Selbstsorge und Zonen der Verwundbarkeit – sozialpsychologische Perspektiven, in: H. Petzold (Hg.), Identität. Ein Kernthema moderner Psychotherapie – Interdisziplinäre Perspektiven (Integrative Modelle in Psychotherapie. Supervision und Beratung), Wiesbaden 2012, 77–105.

um die „protestantische Identität“ verfolgt[2] und festgestellt, dass hier ein wichtiger Diskurs über Veränderungen protestantischen Selbstverständnisses in einer spätmodernen Gesellschaft geführt wird. Offensichtlich findet eine solche Auseinandersetzung auch im katholischen Feld statt, die sich um die Bewahrung des unveränderlichen Identitätskerns des Katholizismus in Abgrenzung von Positionen der Öffnung der Kirche und Theologie für eine sich dramatisch verändernde Welt bemüht.[3]

Meine aktuellen Erfahrungen mit der katholischen Welt sind von meinem Engagement zur Aufdeckung und Aufklärung von sexualisierter Gewalt durch Ordensangehörige und Priester geprägt.[4] Wer wollte bezweifeln, dass dieses Thema seit mehr als einem Jahrzehnt die katholische Kirche erschüttert und in ihrem Bestand bedroht? Ich nehme eine Reihe von Repräsentanten dieser Kirche wahr, die das auch so sehen und die Aufklärung und Aufarbeitung ermöglichen und voranbringen; aber ein Teil der klerikalen Welt verschanzt sich hinter Abwehrmauern, die aus Vertuschungen und Ringen des Schweigens erbaut sind. Da stellt sich bei mir das eindrucksvolle Bild von traditioneller Identität ein, das Max Weber (1864–1920) als „stahlhartes Gehäuse der Hörigkeit“ bezeichnet hat.[5] Diese Identität repräsentiert eine defensive Politik, die etwas zu bewahren und zu verteidigen versucht, was strukturell an den massenhaften Grenzüberschreitungen einen erheblichen Anteil hat.

---

[2] Vgl. F. W. Graf, K. Tanner (Hg.), Protestantische Identität heute, Gütersloh 1992.

[3] Vgl. J. Schumacher, Die Identität des Katholischen, Mainz 2016; J. Bordat, Katholische Identität (I). Katholische Identität – was ist das?, in: εὐangel. Magazin für missionarische Pastoral 8 (3/2017) [https://www.euangel.de/ausgabe-3-2017/identitaet/katholische-identitaet-i-katholische-identitaet-was-ist-das (Zugriff: 31.1.2021)]; B. Hoyer, Katholische Identität (II). Wer bin ich, wer sind *wir* und wer muss das wissen?, in: ebd. [https://www.euangel.de/ausgabe-3-2017/identitaet/katholische-identitaet-ii-wer-bin-ich-wer-sind-wir-und-wer-muss-das-wissen (Zugriff: 31.1.2021)].

[4] Vgl. H. Keupp u. a., Sexueller Missbrauch und Misshandlungen in der Benediktinerabtei Ettal. Ein Beitrag zur wissenschaftlichen Aufarbeitung (Sexuelle Gewalt in Kindheit und Jugend: Forschung als Beitrag zur Aufarbeitung), Wiesbaden 2017.

[5] Vgl. M. Weber, Die protestantische Ethik und der Geist des Kapitalismus, in: ders., Die protestantische Ethik, Bd. 1: Eine Aufsatzsammlung, hg. von J. Winckelmann (Gütersloher Taschenbücher Siebenstern 53), Gütersloh $^{7}$1984, 27–278, bes. 45.188.

Im Folgenden werde ich aufzeigen, dass sich Identitäten heute aus den Fixierungen der Ersten Moderne und natürlich auch der ihr vorausgehenden Welt lösen und mit neuen Schnittmustern in die Auseinandersetzung mit den Herausforderungen eines globalisierten Netzwerkkapitalismus gehen.

## 2 Identität wird zum Thema

> „Wenn ich mich sicher fühlen kann, werde ich eine komplexere Identität erwerben [...]. Ich werde mich selbst mit mehr als einer Gruppe identifizieren; ich werde Amerikaner, Jude, Ostküstenbewohner, Intellektueller und Professor sein. Man stelle sich eine ähnliche Vervielfältigung der Identitäten überall auf der Welt vor, und die Erde beginnt, wie ein weniger gefährlicher Ort auszusehen. Wenn sich die Identitäten vervielfältigen, teilen sich die Leidenschaften."[6]
> „Und wenn sich Stadtviertel, Städte oder Nationen zu defensiven Zufluchtsorten gegen eine feindliche Welt entwickeln, dann kann es auch dazu kommen, daß sie sich Symbole des Selbstwert- und Zugehörigkeitsgefühls nur noch mittels Praktiken der Ausgrenzung und Intoleranz zu verschaffen vermögen."[7]

Im Spannungsfeld dieser beiden Aussagen ist der Diskurs über Identitäten in der Gegenwart angesiedelt. Dabei geht es um den Versuch, auf die klassische Frage der Identitätsforschung eine zeitgerechte Antwort zu geben: Wer bin ich in einer sozialen Welt, deren Grundriss sich unter Bedingungen der Individualisierung, Pluralisierung und Globalisierung verändert? Sich in einer solchen Welt individuell oder kollektiv in einer berechenbaren, geordneten und verlässlichen Weise dauerhaft verorten zu können, erweist sich als unmöglich. Diese Vorstellung war wohl immer illusionär, aber es gibt gesell-

[6] M. Walzer, Zivile Gesellschaft und amerikanische Demokratie, aus dem Amerikanischen übersetzt von C. Goldmann, hg. von O. Kallscheuer (Rotbuch Rationen), Berlin 1992, 136.

[7] R. Sennett, Etwas ist faul in der Stadt. Wenn die Arbeitswelt bröckelt, wird die Lebenswelt kostbar: Perspektiven einer zukünftigen Urbanität, in: Die Zeit, Nr. 5 vom 26. Januar 1996, 47f.

schaftliche Perioden, in denen sie mehr Evidenz hatte als in anderen. Es geht heute um die Überwindung von „Identitätszwängen" und die Anerkennung der Möglichkeit, sich in normativ nicht vordefinierten Identitätsräumen eine eigene ergebnisoffene und bewegliche authentische Identitätskonstruktion zu schaffen. Aber wir müssen auch das gewachsene Risiko des Scheiterns in dieser Suche nach einer lebbaren Identität in den Blick nehmen. Viele psychosoziale Problemlagen heute verweisen auf diese Möglichkeiten des Versagens.

Wie mit vielen anderen Themen, so ist es auch mit dem Thema Identität: Es hat einen gattungsgeschichtlichen Ursprung, aber es wird erst dadurch zum Gegenstand sozialwissenschaftlicher Reflexion, dass es seinen Status als selbstverständlich gegebene Folie menschlicher Selbstkonstruktionen verloren hat. Damit erfährt es eine krisenträchtige Fokussierung und zieht die Aufmerksamkeit der Menschen auf sich und – im Gefolge davon – auch der sozialwissenschaftlichen Theoriebildung. Zygmunt Bauman (1925–2017) stellt fest:

> „[Identität] konnte überhaupt nur als *Problem* existieren, sie war von Geburt an ein ‚Problem', wurde als Problem *geboren* […]. Man denkt an Identität, wann immer man *nicht sicher* ist, wohin man gehört […]. *‚Identität' ist ein Name für den gesuchten Fluchtweg aus dieser Unsicherheit.*"[8]

Aber dieser Weg führt nicht zu einem sicheren Hafen oder einer „festen Burg", darauf zielen regressive Wünsche und fundamentalistische Angebote. Der in Israel lebende arabische Sozialwissenschaftler Sami Ma'ari hat aufgezeigt, dass Identität in erster Linie eine Konfliktarena darstellt:

> „Identitäten sind hochkomplexe, spannungsgeladene, widersprüchliche symbolische Gebilde – und nur der, der behauptet, er habe eine einfache, eindeutige, klare Identität – der hat ein Identitätsproblem."[9]

---

[8] Z. Bauman, Flaneure, Spieler und Touristen. Essays zu postmodernen Lebensformen, aus dem Englischen von M. Suhr, Hamburg 1997, 134 [Hervorhebungen im Original].

[9] Zit. nach: L. Baier, Gleichheitszeichen. Streitschriften über Abweichung und Identität (Wagenbachs Taschenbuch 124), Berlin 1985, 19.

Das Thema Identität hat schon lange die akademische Diskursarena verlassen, in der es eine überschaubare Fachszene beschäftigt hat. Identität ist in aller Munde, und gerade in Zeiten gesellschaftlicher Umbrüche scheint kaum ein Text ohne Bezug zur Identitätsthematik auszukommen. Das gilt für die individuelle Ebene, wenn Biografien oder Wohlbefinden thematisiert werden, und es gilt für die kollektive Ebene, wenn es um Gemeinschaftserleben oder das Gefühl der Bedrohung durch fremde Kulturen geht. Sogar eine Gruppierung im rechtsradikalen Spektrum nennt sich „Identitäre Bewegung" und macht einen Begriff zum Markenzeichen, der noch vor einigen Jahrzehnten allenfalls in Fachdiskussionen vertraut war. Diese europaweite Organisation verspricht ihren Anhänger(inne)n eine Welt, in der stabile Identitäten möglich sind, die von allen kulturellen Vermischungen „gereinigt" werden. Identität wird hier zum Synonym für eine Krise alltäglicher Selbstverständlichkeit, für Ängste, die damit verbunden sind, und für Lösungsversprechen. Diese bedienen eine regressive Sehnsucht nach Rückkehr zu einer vertrauten und Sicherheit garantierenden Lebenswelt. Genau das führt zu einer Thematisierung von individuellen und kollektiven Verortungen, und das ist die „Identitätsbaustelle".

Im Folgenden wird gefragt, warum klassische Identitätskonstruktionen in der spätmodernen Gesellschaft immer weniger möglich sind. Und es wird zu zeigen sein, dass eine sich zunehmend individualisierende Gesellschaft eine Identitätsbildung von den Subjekten erfordert, die einen hohen Anteil von Eigenarbeit benötigt und spezielle neue Risiken beinhaltet.

## 3 Dekonstruktion klassischer Identitätsvorstellungen

Sind es solche Erfahrungen und Beobachtungen, die uns veranlassen, über veränderte Modelle der Identitätsbildung nachzudenken und neue Modelle zu konstruieren? Aber gibt es nicht gut bewährte Konzepte, die auch jetzt genutzt werden könnten? Nehmen wir das klassische Modell der Identitätsentwicklung, das Erik H. Erikson (1902–1994) vorgelegt hat. Als der deutsch-amerikanische Psychoanalytiker in einer autobiografisch angelegten Rückschau die Resonanz seines 1946 eingeführten Identitätsbegriffs kommentierte, stellte er fest,

> „dass der Begriff Identität sich recht schnell einen angestammten Platz im Denken, oder jedenfalls im Wortschatz eines breiten Publikums in vielen Ländern gesichert hat – ganz zu schweigen von seinem Auftauchen in Karikaturen, die die jeweilige intellektuelle Mode spiegeln“[10].

Viele Jahrzehnte später müsste seine Diagnose wohl noch eindeutiger ausfallen: Identität ist ein Begriff, der im Alltag angekommen ist und dessen Nutzung durchaus inflationäre Züge angenommen hat. Er ist von Erikson längst abgekoppelt, aber der Anspruch auf eine fachwissenschaftliche Fortführung der Identitätsforschung sollte sinnvollerweise bei ihm anknüpfen. Auf den „Schultern des Riesen“ stehend lässt sich dann gut fragen, ob seine Antworten auf die Identitätsfrage ausreichen oder ob sie differenziert und weiterentwickelt werden müssen.

Die Frage nach der Identität hat eine universelle und eine spezifisch-kulturelle Dimension. Es geht bei Identität immer um die Herstellung einer Passung zwischen dem subjektiven Innen und dem gesellschaftlichen Außen, also zur Produktion einer individuellen sozialen Verortung. Aber diese Passungsarbeit ist in „heißen“ Perioden der Geschichte für die Subjekte dramatischer als in „kühlen“, denn die kulturellen „Prothesen“ für bewährte Passungen verlieren an Bedeutung. Die aktuellen Identitätsdiskurse sind als Beleg dafür zu nehmen, dass die Suche nach sozialer Verortung zu einem brisanten Thema geworden ist.

Die universelle Notwendigkeit zur individuellen Identitätskonstruktion verweist auf das menschliche Grundbedürfnis nach Anerkennung und Zugehörigkeit. Es soll dem anthropologisch als „Mängelwesen“ bestimmbaren Subjekt eine Selbstverortung ermöglichen, liefert eine individuelle Sinnbestimmung, soll den persönlichen Bedürfnissen sozial akzeptable Formen der Befriedigung eröffnen. Identität bildet ein selbstreflexives Scharnier zwischen der inneren und der äußeren Welt. Genau in dieser Funktion wird der Doppelcharakter von Identität sichtbar: Sie soll einerseits das unverwechselbar Individuelle, aber auch das soziale Akzeptable darstellbar machen. Deshalb stellt sie immer eine Kompromissbildung zwischen „Eigensinn“ und Anpassung dar, und insofern ist der Identitätsdiskurs immer auch

---

[10] E. H. Erikson, Lebensgeschichte und historischer Augenblick, übersetzt von T. Lindquist (Suhrkamp Taschenbuch 824), Frankfurt a. M. 1982, 15.

mit Bedeutungsvarianten von Autonomiestreben[11] und Unterwerfung assoziiert, aber erst in der dialektischen Verknüpfung von Autonomie bzw. Unterwerfung mit den jeweils verfügbaren Kontexten sozialer Anerkennung entsteht ein konzeptuell ausreichender Rahmen.

Identität im psychologischen Sinne ist die Frage nach den Bedingungen der Möglichkeit für eine lebensgeschichtliche und situationsübergreifende Gleichheit in der Wahrnehmung der eigenen Person und für eine innere Einheitlichkeit trotz äußerer Wandlungen. Damit hat die Psychologie eine philosophische Frage aufgenommen, die Platon (428/27–348/47 v. Chr.) in klassischer Weise formuliert hatte. In seinem Dialog *Symposion* („Das Gastmahl") lässt er Sokrates (469–399 v. Chr.) in folgender Weise zu Wort kommen:

> „[… A]uch jedes einzelne lebende Wesen wird, solange es lebt, als dasselbe angesehen und bezeichnet: z. B. ein Mensch gilt von Kindesbeinen an bis in sein Alter als der gleiche. Aber obgleich er denselben Namen führt, bleibt er doch niemals in sich selbst gleich, sondern einerseits erneuert er sich immer, andererseits verliert er anderes: an Haaren, Fleisch, Knochen, Blut und seinem ganzen körperlichen Organismus. Und das gilt nicht nur vom Leibe, sondern ebenso von der Seele: Charakterzüge, Gewohnheiten, Meinungen, Begierden, Freuden und Leiden, Befürchtungen: alles das bleibt sich in jedem einzelnen niemals gleich, sondern das eine entsteht, das andere vergeht."[12]

Dieses Problem der Gleichheit in der Verschiedenheit beherrscht auch die aktuellen Identitätstheorien. Für Erik H. Erikson, der den durchsetzungsfähigsten Versuch zu einer psychologischen Identitätstheorie unternommen hat, besteht „das Kernproblem der Identität in der Fähigkeit des Ichs, angesichts des wechselnden Schicksals Gleichheit und Kontinuität aufrechtzuerhalten"[13]. An anderer Stelle definiert er Identität als ein Grundgefühl:

---

[11] Vgl. dazu etwa G. Nunner-Winkler, Das Identitätskonzept. Eine Analyse impliziter begrifflicher und empirischer Annahmen in der Konstruktionsbildung, in: Arbeitskreis Berufsforschung (Hg.), Hochschulexpansion und Arbeitsmarkt. Problemstellungen und Forschungsperspektiven (Beiträge zur Arbeitsmarkt- und Berufsforschung 77), Nürnberg 1983, 151–178.

[12] Platon, Hauptwerke (KTA 69), Stuttgart $^{6}$1958, 127f.

[13] E. H. Erikson, Einsicht und Verantwortung. Die Rolle des Ethischen in der Psychoanalyse, Stuttgart 1964, 87.

„Das Gefühl der Ich-Identität ist […] das angesammelte Vertrauen darauf, daß der Einheitlichkeit und Kontinuität, die man in den Augen anderer hat, eine Fähigkeit entspricht, eine innere Einheitlichkeit und Kontinuität (also das Ich im Sinne der Psychologie) aufrechtzuerhalten."[14]

Identität wird von Erikson also als ein Konstrukt entworfen, mit dem das subjektive Vertrauen in die eigene Kompetenz zur Wahrung von Kontinuität und Kohärenz formuliert wird. Dieses „Identitätsgefühl"[15] oder dieser *Sense of Identity*[16] ist die Basis für die Beantwortung der Frage „Wer bin ich?", die in einfachster Form das Identitätsthema formuliert. So schlicht sie klingen mag, sie eröffnet darüber hinaus komplexe Fragen zur inneren Strukturbildung der Person.

Die Konzeption von Erikson ist in den 1980er-Jahren teilweise heftig infrage gestellt worden. Die Kritik daran bezog sich vor allem auf seine Vorstellung eines kontinuierlichen Stufenmodells, dessen adäquates Durchlaufen bis zur Adoleszenz eine Identitätsplattform für das weitere Erwachsenenleben sichere. Das Subjekt habe dann einen stabilen Kern ausgebildet, ein „innere[s] Kapital"[17] akkumuliert, das ihm eine erfolgreiche Lebensbewältigung sichere. So wird die Frage der Identitätsarbeit ganz wesentlich an die Adoleszenzphase geknüpft. In einem psychosozialen Moratorium wird den Heranwachsenden ein Experimentierstadium zugebilligt, in dem sie die adäquate Passung ihrer inneren mit der äußeren Welt herauszufinden haben. Wenn es gelingt, dann ist eine tragfähige Basis für die weitere Biografie gelegt. Thematisiert wurde auch die eriksonsche Unterstellung, es würde eine problemlose Synchronisation von innerer und äußerer Welt gelingen. Die Leiden, der Schmerz und die Unterwerfung, die mit diesem Einpassungsprozess – gerade auch dann, wenn er gesellschaftlich als gelungen gilt – verbunden sind, werden nicht aufgezeigt.

---

[14] E. H. Erikson, Identität und Lebenszyklus. 3 Aufsätze, aus dem Amerikanischen übersetzt von K. Hügel (Theorie 2), Frankfurt a. M. 1966, 107.

[15] Vgl. dazu W. Bohleber, Zur Bedeutung der neueren Säuglingsforschung für die psychoanalytische Theorie der Identität, in: H. Keupp, R. Höfer (Hg.), Identitätsarbeit heute. Klassische und aktuelle Perspektiven der Identitätsforschung (Stw 1299), Frankfurt a. M. 1997, 93–119.

[16] Vgl. dazu J. D. Greenwood, Realism, Identity and Emotion. Reclaiming Social Psychology, London 1994.

[17] Erikson, Identität und Lebenszyklus (s. Anm. 14), 107.

Das Konzept von Erikson ist offensichtlich unauflöslich mit dem Projekt der Moderne verbunden. Es überträgt auf die Identitätsthematik ein modernes Ordnungsmodell regelhaft-linearer Entwicklungsverläufe. Es unterstellt eine gesellschaftliche Kontinuität und Berechenbarkeit, in die sich die subjektive Selbstfindung verlässlich einbinden kann. Gesellschaftliche Prozesse, die mit Begriffen wie Individualisierung, Pluralisierung, Globalisierung angesprochen sind, haben das Selbstverständnis der Klassischen Moderne grundlegend infrage gestellt. Der dafür stehende Diskurs der Postmoderne hat auch die Identitätstheorie erreicht. In ihm wird ein radikaler Bruch mit allen Vorstellungen von der Möglichkeit einer stabilen und gesicherten Identität vollzogen. Es wird unterstellt,

> „dass jede gesicherte oder essentialistische Konzeption der Identität, die seit der Aufklärung den Kern oder das Wesen unseres Seins zu definieren und zu begründen hatte, der Vergangenheit angehört“[18].

In der Dekonstruktion grundlegender Koordinaten modernen Selbstverständnisses sind vor allem Vorstellungen von Einheit, Kontinuität, Kohärenz, Entwicklungslogik oder Fortschritt zertrümmert worden. Begriffe wie Kontingenz, Diskontinuität, Fragmentierung, Bruch, Zerstreuung, Reflexivität oder Übergänge sollen zentrale Merkmale der Welterfahrung thematisieren. Identitätsbildung unter diesen gesellschaftlichen Signaturen wird von ihnen durch und durch bestimmt. Identität wird deshalb auch nicht mehr als Entstehung eines inneren Kerns thematisiert, sondern als ein Prozessgeschehen beständiger alltäglicher Identitätsarbeit, als permanente Passungsarbeit zwischen inneren und äußeren Welten. Die Vorstellung von Identität als einer fortschreitenden und abschließbaren Kapitalbildung wird zunehmend abgelöst durch die Idee, dass es bei Identität um einen *„‚Projektentwurf‘ des eigenen Lebens“*[19] gehe oder um die Abfolge von Projekten, wahrscheinlich sogar um die gleich-

---

[18] S. Hall, Ausgewählte Schriften, Bd. 2: Rassismus und kulturelle Identität (Argument Sonderband 226), Hamburg 1994, 181.

[19] Zit. nach: H. Fend, Entwicklungspsychologie der Adoleszenz in der Moderne, Bd. 2: Identitätsentwicklung in der Adoleszenz. Lebensentwürfe, Selbstfindung und Weltaneignung in beruflichen, familiären und politisch-weltanschaulichen Bereichen, Bern u. a. 1991, 22 [Hervorhebung im Original].

zeitige Verfolgung unterschiedlicher und teilweise widersprüchlicher Projekte über die ganze Lebensspanne hinweg.

## 4 Spätmoderne gesellschaftliche Verhältnisse

Die sich herausbildenden spätmodernen gesellschaftlichen Verhältnisse hat Jürgen Habermas (* 1929) auf einen tiefgreifenden „Formenwandel sozialer Integration" zurückgeführt, der infolge einer „postnationalen Konstellation" entsteht: „Die Ausweitung von Netzwerken des Waren-, Geld-, Personen- und Nachrichtenverkehrs fördert eine Mobilität, von der eine sprengende Kraft ausgeht."[20] Diese Entwicklung fördert eine „zweideutige Erfahrung":

> „die Desintegration haltgebender, im Rückblick autoritärer Abhängigkeiten, die Freisetzung aus gleichermaßen orientierenden und schützenden wie präjudizierenden und gefangen nehmenden Verhältnissen. Kurzum, die Entbindung aus einer stärker integrierten Lebenswelt entlässt die Einzelnen in die Ambivalenz wachsender Optionsspielräume. Sie öffnet ihnen die Augen und erhöht zugleich das Risiko, Fehler zu machen. Aber es sind dann wenigstens die eigenen Fehler, aus denen sie etwas lernen können."[21]

Die beschriebenen Strukturveränderungen sind vor allem in der Individualisierungstheorie von Ulrich Beck (1944–2015)[22] und neuerlich von Andreas Reckwitz (* 1970) als „Die Gesellschaft der Singularitäten"[23] systematisch bearbeitet worden.

---

[20] Wörtliche Zitate aus: J. Habermas, Die postnationale Konstellation. Politische Essays (Edition Suhrkamp 2095), Frankfurt a. M. 1998, 126.

[21] Ebd., 126f.

[22] Vgl. dazu U. Beck, E. Beck-Gernsheim, Individualization. Institutionalized Individualism and Its Social and Political Consequences (Theory, Culture & Society), London 2001; M. Junge, Individualisierung (Campus Einführungen), Frankfurt a. M. – New York 2002.

[23] Vgl. A. Reckwitz, Die Gesellschaft der Singularitäten. Zum Strukturwandel der Moderne, Berlin 2017.

### 4.1 Das Konzept „Individualisierung" – was es (nicht) meint

Das Individualisierungskonzept formuliert einen wichtigen Trend gesellschaftlicher Veränderung. Gleichzeitig wird es oft vollständig missverstanden. Es trifft auf spezifische Formen von Vorverständnis, die zugleich Möglichkeiten für Missverständnisse einschließen. Individualisierung findet ein Bedeutungsnetz vor, in das sie eingebunden wird bzw. das der Individualisierungsthese Bedeutungsassoziationen unterschiedlichster Art verleiht. Das erzeugt die „Aura des assoziativ Mitgedachten"[24], wie es Renate Mayntz (* 1929) ausdrückte. Ulrich Beck und Elisabeth Beck-Gernsheim (* 1946) haben immer wieder klarzustellen versucht, was der Begriff *nicht* meint:

> „*nicht* Atomisierung, Vereinzelung, *nicht* Beziehungslosigkeit des freischwebenden Individuums, auch *nicht* (was oft unterstellt wird) Individuation, Emanzipation, Autonomie"[25].

Wenn er dies alles *nicht* meint, was meint der Begriff „Individualisierung" sonst? Beck unterscheidet drei Dimensionen eines gesellschaftlichen Prozesses, der die Moderne wie kein anderer prägt:

(1) die „Freisetzungsdimension", die die „*Herauslösung* aus historisch vorgegebenen Sozialformen und -bindungen im Sinne traditionaler Herrschafts- und Versorgungszusammenhänge"[26] thematisiert,

(2) die „Entzauberungsdimension", also den „*Verlust von traditionalen Sicherheiten* im Hinblick auf Handlungswissen, Glauben und leitende Normen"[27] und

(3) die „Kontroll- bzw. Reintegrationsdimension", die sich auf eine „*neue Art der sozialen Einbindung*"[28] bezieht.

---

[24] R. Mayntz, Modellkonstruktion: Ansatz, Typen und Zweck, in: dies. (Hg.), Formalisierte Modelle in der Soziologie, Neuwied – Berlin 1967, 11–31, hier: 28.

[25] U. Beck, Vom Verschwinden der Solidarität, in: H. Keupp (Hg.), Lust an der Erkenntnis: Der Mensch als soziales Wesen. Sozialpsychologisches Denken im 20. Jahrhundert. Ein Lesebuch (Serie Piper 1975), München 1995, 303–308, hier: 304 [Hervorhebungen im Original].

[26] U. Beck, Risikogesellschaft. Auf dem Weg in eine andere Moderne (Edition Suhrkamp 1365), Frankfurt a. M. 1986, 206 [Hervorhebung im Original].

[27] Ebd. [Hervorhebung im Original].

[28] Ebd. [Hervorhebung im Original].

Individualisierung wird hier eindeutig als „gesellschaftsgeschichtlicher“[29] Begriff bezeichnet. Da er primär in seiner gegenwartsdiagnostischen Erklärungsdimension rezipiert wurde, hatte er – trotz all dieser Richtigstellungen und auch der deutlichen Benennung der Ambivalenzen, die den Individualisierungsprozess kennzeichnen – vor allem eine wichtige Deutungsfunktion für aktuelle lebensweltliche Erfahrungen.

### 4.2 Der Umbau des modernen Lebensgehäuses

Subjekttheoretisch hatte die Individualisierungsdebatte erhebliche Konsequenzen.[30] Vor allem, wenn es um die Folgen der Individualisierung für das Subjekt geht, eröffnet sich ein Diskursfeld, in dem dem diagnostisch umkreisten „Selbst“ die unterschiedlichsten adjektivischen Seinsformen zugeschrieben werden. Subjekttheorien und ihre Selbstkonstruktionen bemühen häufig die Haus-Metapher. Der heute so populäre Gedanke der Konstruktion stammt aus der Bildwelt der Architektur, und diese hat die Subjektentwürfe der Ersten Moderne stark geprägt – als Behausungen, als Versuche, sich in der jeweils vorgefundenen Welt zu beheimaten. Das neuzeitliche Subjekt wurde als von traditionellen Entwurfsschablonen befreit konstruiert. Für John Stuart Mill (1806–1873), einer der großen Vordenker einer liberalen Gesellschaft, ist die freie Entwicklung und Entfaltung der Persönlichkeit („innere Kultur des Individuums“) zentral. In seiner Schrift „Über die Freiheit“ schreibt er: „Über sich selbst, über seinen eigenen Körper und Geist ist der einzelne souveräner Herrscher.“[31]

Die Perspektive der freien Kreation des eigenen Lebens wird von der entstehenden kapitalistischen Gesellschaft immer mehr zu einer verinnerlichten Zwangsgestalt. Max Weber hat uns das Bild vom „stahlharten Gehäuse der Hörigkeit“ geliefert[32] und damit die sozial-

---

[29] Ebd., 207.

[30] Vgl. dazu B. Hafeneger (Hg.), Subjektdiagnosen. Subjekt, Modernisierung und Bildung (Politik und Bildung 33), Schwalbach 2005; H. Keupp, J. Hohl (Hg.), Subjektdiskurse im gesellschaftlichen Wandel. Zur Theorie des Subjekts in der Spätmoderne (Sozialtheorie), Bielefeld 2006.

[31] J. S. Mill, Über die Freiheit, aus dem Englischen übersetzt von B. Lemke (Reclams Universal-Bibliothek 3491), Stuttgart 1988, 17.

[32] Vgl. dazu Abschnitt 1 in diesem Beitrag.

psychologische Infrastruktur der Arbeitsgesellschaft thematisiert. Norbert Elias (1897–1990) hat mit dem *homo-clausus*-Bild das Subjekt der Moderne als „häuslich verkapseltes Subjekt" konstruiert.[33] Es ist bestimmt von dem Gefühl des In-sich-eingeschlossen-Seins. Entstanden ist also der *homo clausus*, jenes Subjekt, das sich hinter „hohen Mauern" in seinem „Subjektgehäuse" verschanzt hat.[34] Von dem selbstbewussten bürgerlichen Subjekt, das die Welt nach eigenen Vorstellungen gestaltet und sich als Souverän dieser Welt definiert, klingt in solchen Modellen nichts mehr an – bei Ernst Bloch (1885–1977) zumindest noch in ambivalenter Weise, wenn er davon spricht, dass Menschen „sich in der Welt einrichten"[35]. Peter L. Berger (1929–2017) interpretiert diese Formulierung so: „Der einzelne richtet sein Leben ein wie sein Haus, und oftmals symbolisiert die Einrichtung im Haus die Einrichtung im Leben."[36] „Sich einrichten" heißt sich arrangieren. Der *homo clausus* sollte wenigstens in seinen „eigenen vier Wänden" die Kontrolle haben. Die „Selbstzwangapparatur" sorgt dafür, dass die innere Welt unter Kontrolle bleibt. Gleichzeitig ist die für den Kulturmenschen provozierende Frage von Sigmund Freud (1856–1939) nicht zu unterdrücken, ob Menschen wirklich „Herr im eigenen Haus" sind. Was nicht im eigenen psychischen Apparat passförmig bearbeitet oder wenigstens hinter die Kulissen geschoben werden kann, muss in „Container" außerhalb des eigenen Personengehäuses deponiert werden. Die Subjektkonstruktionen der Aufklärung, die für die Erste Moderne leitend wurden,

> „basierten auf einer Auffassung der menschlichen Person als vollkommen zentriertem und vereinheitlichtem Individuum. Es war mit dem Vermögen der Vernunft, des Bewusstseins und der Handlungsfähigkeit ausgestattet. Sein ‚Zentrum' bestand aus einem inneren Kern, der mit der Geburt des Subjekts entstand und sich mit ihm entfaltete, aber im Wesentlichen während der

---

[33] Vgl. V. Flusser, Schriften, Bd. 3: Vom Subjekt zum Projekt. Menschwerdung, hg. von S. Bollmann, E. Flusser, Düsseldorf 1994.

[34] Wörtliche Zitate aus: S. Müller-Doohm, Zur Genese neuzeitlicher Subjektivität, in: Psychologie und Gesellschaftskritik 11 (1/1987) 63–82, hier: 71.

[35] Zit. nach: P. L. Berger, Sehnsucht nach Sinn. Glauben in einer Zeit der Leichtgläubigkeit, übersetzt von H. Herkommer, Frankfurt a. M. – New York 1994, 124.

[36] Ebd.

> ganzen Existenz des Individuums derselbe blieb – kontinuierlich oder ‚identisch' mit sich selbst. Das essentielle Zentrum des Ich war die Identität einer Person."[37]

Dieses programmatisch entworfene Subjektgehäuse kam nicht ohne „Prothesen" aus, also ohne einen descartschen kognitivistischen Rationalismus, den Stephen Toulmin (1922–2009) als das „geistige Baugerüst der Moderne" bezeichnete.[38] Für Hinderk M. Emrich (1943–2018) ist es nicht nur ein Baugerüst, sondern eine „steinerne Festung"[39]. Aber die Stütze bestand nicht nur in einer kognitiven Überzeugung, sondern sie war auch lebensweltlich abgesichert. Das Subjekt der Ersten Moderne zeichnet sich zwar „durch eine programmatische *Individualisierung* aus", die allerdings „durch ständisch eingefärbte, kollektive Lebensmuster strukturiert und begrenzt wird, [...] die nicht selten wie Zwangsvergemeinschaftungen wirken".[40] Und genau diese Lebensmuster verlieren unter den Bedingungen der Zweiten Moderne „ihre sozial prägende Bedeutung"[41].

Für Vilém Flusser (1920–1991) ist in seinem Buch „Vom Subjekt zum Projekt" die Diagnose der Gegenwart klar:

> „Die soliden und komfortablen Häuser scheinen ihrer Aufgabe nicht mehr gewachsen zu sein, als Orte der Gewohnheit Geräusche aufzufangen und zu Erfahrungen zu prozessieren. [...] Daher ist das Haus umzuentwerfen, und solange dies nicht geschehen ist, leben wir unbehaust, auch wenn wir weiterhin Häuser im alten Sinne bauen. Solche Häuser sind nämlich Kapseln gewor-

---

[37] Hall, Ausgewählte Schriften 2 (s. Anm. 18), 181.

[38] Vgl. S. Toulmin, Kosmopolis. Die unerkannten Aufgaben der Moderne, übersetzt von H. Vetter, Frankfurt a. M. 1991.

[39] H. M. Emrich, Postmoderne Hyperflexibilität, der Konstruktivismus und seine Kritik, in: P. Buchheim, M. Cierpka, T. Seifert (Hg.), Neue Lebensformen und Psychotherapie. Zeitkrankheiten und Psychotherapie. Leiborientiertes Arbeiten (Lindauer Texte), Berlin u. a. 1994, 264–282, hier: 265.

[40] Wörtliche Zitate aus: U. Beck, W. Bonß, C. Lau, Theorie reflexiver Modernisierung – Fragestellungen, Hypothesen, Forschungsprogramme, in: U. Beck, W. Bonß (Hg.), Die Modernisierung der Moderne (Stw 1508), Frankfurt a. M. 2001, 11–59, hier: 20 [Hervorhebung im Original].

[41] Ebd., 23.

> den, die unsere Intersubjektivität hemmen, anstatt sie zu fördern."[42]

Als Akt der Befreiung feiert Flusser diese Entwicklung:

> „[... W]ir beginnen, aus den Kerkerzellen, die die gegenwärtigen Häuser sind, auszubrechen, und uns darüber zu wundern, es solange daheim und zu Hause ausgehalten zu haben, wo doch das Abenteuer vor der Tür steht."[43]

Flusser empfiehlt uns, auf stabile Häuser ganz zu verzichten und uns mit einem Zelt und leichtem Gepäck auf dieses Abenteuer einzulassen. Nicht ganz so radikal sind die uns angebotenen Bilder, die uns als Konstruierende und Gestaltende unserer eigenen Identitätsbehausungen zeigen.

Baumeister(in) des eigenen Lebensgehäuses zu werden, ist allerdings nicht nur Kür, sondern in einer grundlegend veränderten Gesellschaft zunehmend Pflicht. Es hat sich ein tiefgreifender Wandel von geschlossenen und verbindlichen zu offenen und zu gestaltenden sozialen Systemen vollzogen. Nur noch in Restbeständen existieren Lebenswelten mit geschlossener weltanschaulich-religiöser Sinngebung, klaren Autoritätsverhältnissen und Pflichtkatalogen. Die Möglichkeitsräume haben sich in pluralistischen Gesellschaften explosiv erweitert. In diesem Prozess stecken enorme Chancen und Freiheiten, aber auch wachsende Risiken des Kontrollverlustes und des Misslingens. Die qualitativen Veränderungen in der Erfahrung von Alltagswelten und im Selbstverständnis der Subjekte könnte man so zusammenfassen: Nichts ist mehr selbstverständlich, so wie es ist, es könnte auch anders sein; was jemand tut und wofür sie oder er sich entscheidet, erfolgt im Bewusstsein, dass es auch anders sein könnte und dass es eine individuelle Entscheidung ist, es so zu tun. Das ist die unaufhebbare Reflexivität unserer Lebensverhältnisse: Es ist meine Entscheidung, ob ich mich in einer Gewerkschaft, in einer Kirchengemeinde oder in beiden engagiere oder es lasse.

---

[42] Flusser, Schriften 3 (s. Anm. 33), 62f.
[43] Ebd., 71.

### 4.3 Ambivalenzen der Individualisierung

Die sozialwissenschaftliche Literatur, die auf diese epochale Veränderung reagiert, reproduziert noch einmal diese Ambivalenz. Auf der einen Seite wird die Entkernung des Subjektgehäuses betrauert, das seine „Substanz“ einbüßen würde; es ist vom „Tod des Subjekts“ die Rede.[44] Die Serie von Buchtiteln, die den „Selbst“- oder Identitätsbegriff in erbarmungswürdiger Weise adjektivisch tönen, klingt beeindruckend: das „minimale Selbst“[45], das „zertrümmerte Selbst“[46], das „leere Selbst“[47], das „übersättigte Selbst“[48], das „protische Selbst“[49], das „designte Selbst“[50], das „erschöpfte Selbst“[51], das „melancholische Selbst“[52], „beschädigte Identität“[53] oder *Surviving Identity*[54]. Doch auch positiv getönte „Selbste“ beleben den Buchmarkt: das „virtuelle Selbst“[55], das „re-

---

[44] Vgl. dazu R. Kurzweil, Homo s@piens. Leben im 21. Jahrhundert – Was bleibt vom Menschen?, Köln 1999; K. J. Gergen, The Self: Transfiguration by Technology, in: D. Fee (Hg.), Pathology and The Postmodern. Mental Illness as Discourse and Experience (Inquiries in Social Construction), London 2000, 100–115.

[45] Vgl. C. Lasch, The Minimal Self. Psychic Survival in Troubled Times, New York 1984.

[46] Vgl. H. Bradley, Fractured Identities. Changing Patterns of Inequality, Cambridge 1996.

[47] Vgl. P. Cushman, Constructing the Self, Constructing America. A Cultural History of Psychotherapy, New York 1995.

[48] Vgl. K. J. Gergen, Das übersättigte Selbst. Identitätsprobleme im heutigen Leben, aus dem Amerikanischen übersetzt von F. May, Heidelberg 1996.

[49] Vgl. R. J. Lifton, The Protean Self. Human Resilience in an Age of Fragmentation, New York 1993.

[50] Vgl. C. Strenger, The Designed Self. Psychoanalysis and Contemporary Identities (Relational Perspectives Book Series 27), Hillsdale, NJ 2005.

[51] Vgl. A. Ehrenberg, Das erschöpfte Selbst. Depression und Gesellschaft in der Gegenwart, aus dem Französischen übersetzt von M. Lenzen, M. Klaus (Stw 1875), Frankfurt a. M. 2007.

[52] Vgl. J. Prager, Melancholic Identity. Post-Traumatic Loss, Memory and Identity Formation, in: A. Elliott, P. du Gay (Hg.), Identity in Question, London 2009, 139–157.

[53] Vgl. P. C. Langer, Beschädigte Identität. Dynamiken des sexuellen Risikoverhaltens schwuler und bisexueller Männer, Wiesbaden 2009.

[54] Vgl. K. McLaughlin, Surviving Identity. Vulnerability and Psychology of Recognition (Concepts for Critical Psychology: Disciplinary Boundaries Rethought), New York 2012.

[55] Vgl. B. Agger, The Virtual Self. A Contemporary Sociology (21st Century Sociology), Oxford 2004.

siliente Selbst“[56], das „dialogische Selbst“[57], das „spielende Selbst“[58] oder das „unternehmerische Selbst“[59].

In den meisten dieser besorgten Diagnosen wird unterstellt, dass die zunehmende Individualisierung zu einer Liquidation des Subjektes führt. Es wird angenommen, dass das Subjekt entweder völlig aus seiner sozialen Verankerung gerissen und nun hilf- und haltlos zum Treibholz gesellschaftlicher Fluten wird oder zu einem „ungebundenen Selbst“[60], das sich allein von seinen egoistischen Interessen leiten lässt und deshalb zu einem konstruktiven Beitrag sozialen Zusammenlebens unfähig ist. Hier ist von den „Ichlingen“ die Rede oder – als Steigerungsform – von „neoliberalen Subjekten“[61], die einzig und allein ihren persönlichen Gewinn im Sinne haben und damit zu einem gemeinschaftsschädigenden Potenzial werden. „Unreflektierte Einzigartigkeit“[62] werde kultiviert und es resultiere daraus das, was Ágnes Heller (1929–2019) den „narzisstischen Konformisten“[63] genannt hat.

## 4.4 Positionierungen in der Individualisierungsdebatte

In dieser aufgemischten Diskursarena hat sich auch eine gesellschaftswissenschaftlich inspirierte Identitätsforschung zu positionieren. Ihr Spezifikum ist die Thematisierung der Subjekt-Struktur-Schnittstelle.

---

[56] Vgl. W. B. Swann, Resilient Identities. Self-Relationships and the Construction of Social Reality, New York 1999.

[57] Vgl. H. J. M. Hermans, H. J. G. Kempen, The Dialogical Self. Meaning as Movement, San Diego 1993.

[58] Vgl. A. Melucci, The Playing Self. Person and Meaning in the Planetary Society (Cambridge Cultural Social Studies), Cambridge 1996.

[59] Vgl. U. Bröckling, Das unternehmerische Selbst. Soziologie einer Subjektivierungsform (Stw 1832), Frankfurt a. M. 2007.

[60] Vgl. M. Sandel, Die verfahrensrechtliche Republik und das ungebundene Selbst, in: A. Honneth (Hg.), Kommunitarismus. Eine Debatte über die moralischen Grundlagen moderner Gesellschaften (Theorie und Gesellschaft 26), Frankfurt a. M. – New York 1993, 18–35.

[61] Vgl. V. Walkerdine (Hg.), Neoliberal Subjects (Critical Psychology 15), London 2005.

[62] A. Heller, Ist die Moderne lebensfähig?, aus dem Englischen übersetzt von F. Ensslin (Wohlfahrtspolitik und Sozialforschung 7), Frankfurt a. M. – New York 1995, 80.

[63] Ebd., 81.

Die industrielle Moderne hat für die Integration der Subjekte in gesellschaftliche Strukturen spezifische Grundmuster ausgebildet, die eine epochenspezifische Passung von sozialstrukturellen Anforderungen und individuell-biografischen Formen der Lebensführung und Identitätsentwicklung ermöglicht haben. Erwerbsbezogene Normalbiografien, geschlechtsspezifische Formen der Arbeitsteilung, soziale Sicherungssysteme oder Vergemeinschaftungsformen haben Lebensmuster ermöglicht, die zumindest die normative Erwartung einer dauerhaften Subjekt-Struktur-Synchronisation begründet haben. Sie haben den Status von Basisprämissen gesellschaftlicher Reproduktion angenommen. Subjektspezifische soziale Integrationsleistungen, die sich in den Grundgefühlen von Vertrauen, Sicherheit, Zugehörigkeit und Kontinuität äußern, schienen über diese Grundmuster industriegesellschaftlicher Lebensformen garantiert.

Die theoretische Figur der Zweiten Moderne bzw. reflexiven Modernisierung ist von der Annahme eines durchgängigen Prozesses der Individualisierung geprägt, der vor allem in Bezug auf die genannte Subjekt-Struktur-Synchronisation zu nachhaltigen Veränderungen führt. Die gesellschaftlichen Passungsangebote verlieren an Prägekraft für individuelle Biografien und die alltägliche Lebensführung. Subjekte werden mit der wachsenden Notwendigkeit konfrontiert, für die eigene Lebensorganisation selbstständig bedürfnisgerechte Muster zu entwickeln. Auf die bislang als gültig betrachteten „Normalformtypisierungen"[64] als regulierende Prinzipien für die private und berufliche Lebenswelt ist kein Verlass mehr. Vorstellungen von Lebenssicherheit, von eindeutiger und fester sozialer Verortung, von innerfamiliärer Arbeitsteilung oder von der identitätsstiftenden Qualität der Erwerbsarbeit werden in Zweifel gezogen. Die mehrjährige Forschung hat kritische Markierungspunkte in der Individualisierungsdebatte ermöglicht.

### 4.4.1 Individualisierung als Vergesellschaftungsmodus

Individualisierung ist ein Vergesellschaftungsmodus, der sich in seinem Deutungsmuster offensichtlich immer mehr in den Subjekten

---

[64] W. Sofsky, Die Ordnung sozialer Situationen. Theoretische Studien über die Methoden und Strukturen sozialer Erfahrung und Interaktion (Beiträge zur sozialwissenschaftlichen Forschung 52), Opladen 1983, 230.

verortet hat und der „Selbstkontrolle, Selbstverantwortung und Selbststeuerung akzentuiert“[65]. Diese Konstrukte lassen sich durchaus als befreiende Dynamik individueller Lebensführung darstellen, aber sie haben zugleich die Konnotation der Verpflichtung zur Selbstverantwortung und sozialer Kontrolle. Die von Ulrich Beck vertretene Lesart stellt die Ambivalenzen, Nebenfolgen und Brüche des Individualisierungsprozesses in den Mittelpunkt. Von „ganz normal chaotischer Individualisierung“[66] ist dabei u. a. in Anlehnung an andere Zusammenhänge die Rede.

### 4.4.2 Institutionalisierte Individualisierung

Der Blick auf die Folgen für das einzelne Individuum und seine sozialen Zusammenhänge bedeutet indes nicht, dass die soziale Seite ausgeblendet wird, denn Individualisierung ist zuvorderst ein gesellschaftlicher Prozess, d. h., er wird institutionell unterstützt, vorangetrieben und gefördert. Die Autonomie des Individuums als Ergebnis und Anforderung des Individualisierungsprozesses ist also auch vor diesem Hintergrund zu betrachten. Genauer: Die Autonomiebehauptung des Subjekts steht in unmittelbarem Zusammenhang mit der Autonomiezuschreibung und -erwartung durch gesellschaftliche Institutionen. In dem Maße, wie dies der Fall ist, können wir von einer institutionalisierten Individualisierung sprechen.

### 4.4.3 Individualisierung und Verortung

Verbreitet und in hohem Maße problematisch ist die Gleichsetzung von Individualisierung und Vereinzelung. Die Einbettung in Milieus und institutionelle Muster, die Zugehörigkeiten absicherten, aber auch über Subjekte verfügten, verliert an Selbstverständlichkeit Verbindlichkeit. Gleichwohl ist ein kommunitaristischer Trauergesang angesichts der empirischen Befunde unangemessen. Die Engagement- und die Netzwerkforschung zeigen, dass „posttraditionale Li-

---

[65] M. Wohlrab-Sahr, Individualisierung: Differenzierungsprozeß und Zurechnungsmodus, in: U. Beck, P. Sopp (Hg.), Individualisierung und Integration. Neue Konfliktlinien und neuer Integrationsmodus?, Opladen 1997, 23–36, hier: 28.

[66] U. Beck, Tragische Individualisierung, in: Blätter für deutsche und internationale Politik 52 (2007) 577–584, hier: 582.

gaturen“ Verortungsmuster darstellen, in denen Bindungen hergestellt werden, die eher den Charakter von *Loose Connections*[67] haben, die gegenüber dichten Traditionsbindungen offene Kontakträume schaffen und den Subjekten die Freiheit lassen, sich eigene Beziehungsnetze aufzubauen und bestehende auch zu verlassen. Relevant sind dabei insbesondere die in Quer- und Längsschnittstudien immer wieder bestätigten Befunde, dass weder früher die Urbanisierung noch heute informationstechnologische Prozesse die These des Gemeinschaftsverlusts rechtfertigen.

Einzig die selbstverständliche Bereitschaft der Subjekte, das eigene Engagement in den Restformen der gesellschaftlichen „Container“ (z. B. der Kirchen, Wohlfahrtsverbände, Gewerkschaften) zu organisieren, hat nachweislich Einbrüche erlebt, aber diese Entwicklung verweist ja nicht auf Desintegration, sondern auf einen „Formwandel sozialer Integration“, wie ihn Jürgen Habermas beschrieben hat.[68] Ein gewachsenes Bedürfnis nach und eine mitgewachsene Fähigkeit zu selbstbestimmten und kommunikativ hergestellten Lebensmustern verweist auf eine gesellschaftliche Ungleichzeitigkeit, die mit einer klagend vorgetragenen Anomie-Diagnose in aller Regel verfehlt wird.

Spannend ist es, den Formenwandel sozialer Beziehungen genauer zu untersuchen. Da wird man z. B. anstelle zwangsförmig gelebter Nachbarschaften in aller Regel einen souveränen Umgang mit Nähe- und Distanzbedürfnissen finden. Oder nachbarschaftliche Unterstützungen in praktischen Alltagsangelegenheiten werden nicht durch bezahlte Dienstleistungen, sondern durch effiziente Tauschringe ersetzt, in denen sich eine neue geldwertunabhängige Haushaltsökonomie entfaltet. Wenn man das Verschwinden spezifischer sozialer Integrationsformen wie die engen Netzwerkverbindungen in homogenen Arbeiterbezirken als Indikator für Desintegration ansieht, dann wird man in reichem Maße fündig. Nehmen wir die traditionellen Organisationsmuster ehrenamtlicher Tätigkeit, dann schlägt der Desintegrationszeiger auf dem verfallstheoretisch geeichten soziologischen Geigerzähler kräftig aus. Versteht man die neu entstehenden Freiwilligenzentren als Messstab, kommt hingegen ein ganz

[67] Vgl. R. Wuthnow, Loose Connections. Joining Together in America’s Fragmented Communities, Cambridge, MA 1998.

[68] Vgl. Habermas, Die postnationale Konstellation (s. Anm. 20).

anderer Befund heraus. Oder betrachten wir das Geflecht von Selbsthilfegruppen, das sich überall entfaltet: Auch dieses wird man nicht als Beleg für gesellschaftliche Desintegration werten dürfen.

### 4.4.4 Individualisierung und Ressourcen

Die Bewältigung der Gestaltungsaufgaben, die der Individualisierungsprozess immer mehr den Subjekten überträgt, setzt ein handlungsfähiges Subjekt voraus, das den Zugang zu den notwendigen *Capabilities* („Verwirklichungschancen“) hat und auch wahrnimmt.[69] Die von Pierre Bourdieu (1930–2002) konzipierten Kapitalsorten zeigen, welche Gestaltungsressourcen unabdingbar sind, um sich sowohl in der individuellen Lebensführung als auch im Aufbau passförmiger Netzwerke als selbstwirksam zu erleben.[70] James E. Côté und Charles G. Levine haben in diesem Zusammenhang das Konzept des „Identitätskapitals“ entwickelt.[71] Dieses bezeichnet die Summe aller Eigenschaften bzw. Merkmale, die ein Individuum in der Interaktion mit anderen erworben bzw. zugewiesen bekommen hat. Dazu gehören soziale Ressourcen (*Tangible Resources*) wie Kreditwürdigkeit, Mitgliedschaften, Bildungszertifikate, die sozusagen als *Passport* in andere soziale und institutionalisierte Sphären fungieren. Und es gibt *Intangible Resources* wie Ich-Stärke und *Reflexive-agentic Capacities* wie Kontrollüberzeugung, Selbstwertschätzung, Lebenssinn, die Fähigkeit zur Selbstverwirklichung und eine kritische Denkfähigkeit. Côté und Levine nehmen an, dass die Ich-Stärke bzw. das Identitätskapital den Individuen Kräfte und Vermögen verleiht, die verschiedenen sozialen und persönlichen Hemmnisse und Chancen, auf die jene im spätmodernen Leben stoßen, verstehen und überwinden zu können. Auch Tom Schuller mit seinem Forschungsteam bei der Organisation für wirtschaftliche Zusammenarbeit und Entwicklung (OECD) arbeitete mit dem Konzept des

---

[69] Vgl. dazu A. Sen, Ökonomie für den Menschen. Wege zu Gerechtigkeit und Solidarität in der Marktwirtschaft, aus dem Englischen übersetzt von C. Goldmann, München 2000.

[70] Vgl. P. Bourdieu, Ökonomisches Kapital, kulturelles Kapital, soziales Kapital, in: R. Kreckel (Hg.), Soziale Ungleichheiten, Göttingen 1983, 183–198.

[71] Vgl. J. E. Côté, C. Levine, Identity Formation, Agency, and Culture. A Social Psychological Synthesis, Mahwah, NJ 2002; J. E. Côté, Youth Development in Identity Societies. Paradoxes of Purpose, New York 2019.

Identitätskapitals.[72] Es verweist auf die Eigenschaften des Individuums, die seine Perspektiven und sein Selbstbild bestimmen. Es enthält spezifische Persönlichkeitseigenschaften wie Ich-Stärke, Selbstachtung oder Kontrollüberzeugung. Der spezifische Blick auf die gesellschaftlich ungleich verteilten Chancen, Zugang zu solchen Kapitalien zu erwerben, liefert Erklärungen dafür, warum Individualisierung als Chance und Verhängnis zugleich thematisiert werden kann.

#### 4.4.5 Individualisierung und Inklusion als Kampf um Anerkennung und Zugehörigkeit

Die in den 1980er-Jahren angestoßene Individualisierungstheorie entstand in einem gesellschaftlichen Arrangement, das sich seither erheblich gewandelt und seinen Niederschlag auch in der um eine Theorie der reflexiven Modernisierung bemühten Diskursarena gefunden hat. Die positiven Erwartungen an Prozesse der Zweiten Moderne sind nicht völlig erloschen, aber die Wahrnehmung von Ambivalenzen ist schärfer geworden und damit sind auch die problematischen Konsequenzen ins Aufmerksamkeitszentrum gerückt. An die Überlegungen zu Verwirklichungschancen, Ressourcen und Identitätskapital als Bedingungen für den souveränen Umgang mit individualisierten Lebensbedingungen anschließend, ist das Faktum zu konstatieren, dass eine wachsende Anzahl von Menschen und Gruppen marginalisiert und aus dem Alltag von Arbeit, Politik, Konsum und Zivilgesellschaft ausgeschlossen ist oder sich so erlebt. Armut ist wieder zu einem zentralen Thema geworden, Begriffe wie „Prekariat“ oder „Exklusion“ begegnen uns und lassen sich als Indikatoren für eine tiefgreifende gesellschaftliche Transformation lesen. Die Wirtschaftskrisen der letzten Jahre haben eher noch zu einer weiteren Zuspitzung ungleicher Lebensbedingungen geführt und diese Entwicklung radikalisiert. Die gesellschaftliche Ignoranz gegenüber der wachsenden Zahl ausgegrenzter Menschen, die lange Zeit auch das Bild der Sozialwissenschaften geprägt hat, ist angesichts der Dimensionen der sich vollziehenden Exklusion allmählich aufgebrochen. Schon vor über zehn Jahren sind viele Bücher erschienen, in

[72] Vgl. T. Schuller u. a., The Benefits of Learning. The Impact of Education on Health, Family Life and Social Capital, London – New York 2004.

deren Titel die „Exklusion“[73], die „Ausgegrenzten“, „Entbehrlichen“ und „Überflüssigen“[74] oder die „Ausgeschlossenen“[75] ins Zentrum gerückt wurden. Zygmunt Bauman hat eines seiner Bücher „Verworfenes Leben. Die Ausgegrenzten der Moderne“[76] genannt.

Wie wir der soziologischen Auslegung des Exklusionsthemas entnehmen können, entstand hier eine gesellschaftliche Konstellation auf neuem Niveau, die sich dadurch auszeichnet, dass neben der objektiven Prekaritätsdiagnose eine subjektive Seite beleuchtet wird, die von Heinz Bude (* 1954) und Ernst-Dieter Lantermann (*1945) als „Exklusionsempfinden“[77] bezeichnet wurde. Im gesellschaftlichen Verhältnis von Exklusion und Inklusion haben sich Veränderungen und Umbrüche bemerkbar gemacht. Diese haben sich etwa auf dem Feld der Erwerbsarbeit, im Bereich wohlfahrtsstaatlicher Regulierung und letzten Endes im Gebiet der sozialen Beziehungen selbst gezeigt. Das Zusammenspiel der Entwicklungen hat zu einer zugespitzten Form der Exklusion geführt. Nach Robert Castel (1933–2013) spaltet sich die Gesellschaft dabei unter der Wirkung dieser Schockwellen in drei Zonen: die der Inklusion, die der Gefährdung oder Verwundbarkeit und die der Ausschließung oder Exklusion.[78] Eine genaue Analyse der Zonen der Verwundbarkeit und der Ausschließung ist erforderlich, um noch genauer herauszufinden, woran das Zugehörigkeitsbegehren in seiner Verwirklichung scheitern kann und wodurch die Idee der Selbstsorge sich illusionär verflüchtigt.[79]

---

[73] Vgl. M. Kronauer, Exklusion. Die Gefährdung des Sozialen im hoch entwickelten Kapitalismus, Frankfurt a. M. – New York 2003.

[74] Vgl. H. Bude, A. Willisch (Hg.), Das Problem der Exklusion. Ausgegrenzte, Entbehrliche, Überflüssige, Hamburg 2006.

[75] Vgl. H. Bude, Die Ausgeschlossenen. Das Ende vom Traum einer gerechten Gesellschaft, München 2008.

[76] Vgl. Z. Bauman, Verworfenes Leben. Die Ausgegrenzten der Moderne, aus dem Englischen übersetzt von W. Roller, Hamburg 2005.

[77] Vgl. H. Bude, E.-D. Lantermann, Soziale Exklusion und Exklusionsempfinden, in: KZSS 58 (2006) 233–252.

[78] Vgl. R. Castel, Die Metamorphosen der sozialen Frage. Eine Chronik der Lohnarbeit, aus dem Französischen übersetzt von A. Pfeuffer (Édition discours 13), Konstanz 2000, 13.

[79] Vgl. dazu E.-D. Lantermann u. a., Selbstsorge in unsicheren Zeiten. Resignieren oder Gestalten, Weinheim – Basel 2009.

### 4.4.6 Individualisierung und soziale Gerechtigkeit

Die Erste Moderne hat die Existenzrisiken der Subjekte in einem System kollektiver Daseinsvorsorge und kompensatorischen sozialstaatlichen Leistungen aufzufangen und zu bearbeiten versucht. Auch die Folgen sozialer Ungleichheit sind durch diese Systemleistungen abgefedert worden. Hier wird auch eine Grenze der Vertragsfreiheit erkennbar, die mit der sich durchsetzenden Individualisierung zu einem zentralen gesellschaftlichen Organisationsprinzip wird. Aber es ist eine Idealnorm, die sich an der Realität wachsender sozialer Ungleichheit bricht. Denn nach Robert Castel kann eine Gesellschaft

> „nicht ausschließlich auf einer Gesamtheit von Vertragsbeziehungen zwischen freien und gleichen Individuen aufbauen, weil sie dann all jene ausschließt, denen ihre Existenzbedingungen nicht die notwendige soziale Unabhängigkeit bieten, um gleichberechtigt an einer kontraktuellen Gesellschaftsordnung teilzunehmen“[80].

Nicht jeder Akteur hat also die gleichen Möglichkeiten, seine Bindungsaspirationen zu realisieren, soziale Bezüge beizubehalten oder diese aufzukündigen.

Unter der Perspektive sozialer Gerechtigkeit entsteht in einer Gesellschaft, die auch ihre Sozialpolitik immer stärker individualisiert, eine problematische Disparität. Staatliches Handeln im Bereich der Sozialpolitik wird zunehmend unter der Perspektive einer „‚aktivierenden‘ Wende der Sozialpolitik“[81] diskutiert. Damit ist einerseits der Abschied von einem „Vorsorgestaat“[82] gemeint, der alle Lebensrisiken in einer kollektiven Daseinsvorsorge absichert; andererseits ist ein neuer Regierungsmodus angesprochen, in dessen Zentrum

> „der tendenzielle Übergang von der öffentlichen zur privaten Sicherheit, vom kollektiven zum individuellen Risikomanagement,

---

[80] R. Castel, Die Stärkung des Sozialen. Leben im neuen Wohlfahrtsstaat, aus dem Französischen übersetzt von M. Tillmann, Hamburg 2005, 54.

[81] S. Lessenich, Die Neuerfindung des Sozialen. Der Sozialstaat im flexiblen Kapitalismus (X-Texte zu Kultur und Gesellschaft), Bielefeld 2008, 77.

[82] Vgl. F. Ewald, Der Vorsorgestaat, aus dem Französischen übersetzt von W. Beyer, H. Kocyba (Edition Suhrkamp 1676), Frankfurt a. M. 1993.

von der Sozialversicherung zur Eigenverantwortung, von der Staatsversorgung zur Selbstsorge [steht]"[83].

Es entsteht eine Politikform, die „nach dem Modell des Anleitens zur Selbststeuerung"[84] konstruiert ist. Die beliebte Formel *Investing in People* hat hier ihren systematischen Ort, und diese Politik unterstellt und fördert das „unternehmerische Selbst"[85], das sein Leben als eine Abfolge von Projekten sieht und angeht, die mit klugem Ressourceneinsatz optimal organisiert werden müssen. Die Zukunftskommission von Bayern und Sachsen hat dieses neue Bürgerleitbild exemplarisch formuliert: „Das Leitbild der Zukunft ist das Individuum als Unternehmer seiner Arbeitskraft und Daseinsvorsorge"; das bedeutet für die Autoren: „Diese Einsicht muss geweckt, Eigeninitiative und Selbstverantwortung, also das Unternehmerische in der Gesellschaft, müssen stärker entfaltet werden."[86] Das so konstruierte Subjekt ist für seine Gesundheit, für seine Fitness, für seine Passung in die Anforderungen der Wissensgesellschaft selbst zuständig – auch für sein Scheitern. Nicht selten erlebt sich das angeblich selbstwirksame unternehmerische Selbst als „unternommenes Selbst"[87] oder gar als „erschöpftes Selbst"[88].

---

[83] Lessenich, Die Neuerfindung des Sozialen (s. Anm. 81), 82.

[84] M. Saar, Macht, Staat, Subjektivität. Foucaults Geschichte der Gouvernementalität im Werkkontext, in: S. Krasmann, M. Volkmer (Hg.), Michel Foucaults „Geschichte der Gouvernementalität" in den Sozialwissenschaften. Internationale Beiträge (Sozialtheorie), Bielefeld 2007, 23–45, hier: 38.

[85] Vgl. Bröckling, Das unternehmerische Selbst (s. Anm. 59).

[86] Wörtliche Zitate aus: Kommission für Zukunftsfragen der Freistaaten Bayern und Sachsen (Hg.), Erwerbstätigkeit und Arbeitslosigkeit in Deutschland. Entwicklung, Ursachen und Maßnahme, Anlagenband 3: Zukunft der Arbeit sowie Entkoppelung von Erwerbsarbeit und sozialer Sicherung, Bonn 1997, 36.

[87] Vgl. T. Freytag, Der unternommene Mensch. Eindimensionalisierungsprozesse in der gegenwärtigen Gesellschaft, Weilerswist 2008.

[88] Vgl. Ehrenberg, Das erschöpfte Selbst (s. Anm. 51).

## 5 Wie heute Identitätsarbeit geleistet wird

Die Diskursarena zum Thema Identität heute hat sich in den letzten Jahren mit einer Fülle von Publikationen gefüllt. Neben Handbüchern[89] gibt es eine Fülle von seriösen Beiträgen, die sich auf die Krise der klassischen Identitätskonstruktionen beziehen.[90] Auch der eher populärwissenschaftliche Markt ist mit dem Thema Identität gut versorgt worden.[91] Schließlich hat sich auch die Betriebswirtschaft damit beschäftigt.[92]

---

[89] Vgl. etwa M. Wetherell, C. H. Mohanty (Hg.), The Sage Handbook of Identities, London 2019; A. Elliott (Hg.), Routledge Handbook of Identity Studies, New York 2014.

[90] Vgl. etwa A. Giddens, Modernity and Self-Identity. Self and Society in the Late Modern Age, Cambridge 1991; Keupp, Höfer (Hg.), Identitätsarbeit heute (s. Anm. 15); A. Elliott, Concepts of the Self (Key Concepts), Cambridge 2001; J. Straub, J. Renn (Hg.), Transitorische Identität. Der Prozesscharakter des modernen Selbst, Frankfurt a. M. – New York 2002; R. Eickelpasch, C. Rademacher, Identität (Einsichten), Bielefeld 2004; Z. Bauman, Identity. Conversations with Benedetto Vecchi (Themes for the 21st Century), Cambridge 2004; B. Jörissen, J. Zirfas (Hg.), Schlüsselwerke der Identitätsforschung, Wiesbaden 2010; S. Müller, J. Mende (Hg.), Differenz und Identität. Konstellationen der Kritik (Gesellschaftsforschung und Kritik), Weinheim 2016; H. Abels, Identität. Über die Entstehung des Gedankens, dass der Mensch ein Individuum ist, den nicht leicht zu verwirklichenden Anspruch auf Individualität und Kompetenzen, Identität in einer riskanten Moderne zu finden und zu wahren, Wiesbaden $^{3}$2017; W. H. Brekhus, The Sociology of Identity. Authenticity, Multidimensionality, and Mobility, Cambridge 2020.

[91] Vgl. etwa J.-C. Kaufmann, Die Erfindung des Ich. Eine Theorie der Identität, aus dem Französischen übersetzt von A. Beck, Konstanz 2005; ders., Wenn ICH ein anderer ist, aus dem Französischen übersetzt von A. Beck, Konstanz 2010; R. D. Precht, Wer bin ich – und wenn ja, wie viele? Eine philosophische Reise (Goldmann 15528), München 2012; P. Verhaeghe, Und ich? Identität in einer durchökonomisierten Gesellschaft, aus dem Niederländischen übersetzt von B. Erdmann, A. Wicharz-Lindner, München 2013; E. Lippmann, Identität im Zeitalter des Chamäleons. Flexibel sein und Farbe bekennen, Göttingen $^{3}$2017; G. Danzer, Identität. Über die allmähliche Verfertigung unseres Ichs durch das Leben, Berlin 2017.

[92] Vgl. etwa H. Ibarra, Working Identity. Unconventional Strategies for Reinventing Your Career, Boston 2003; G. A. Akerlof, R. E. Kranton, Identity Economics. How Our Identities Shape Our Work, Wages, and Well-Being, Princeton 2010; F.-R. Esch, Identität. Das Rückgrat starker Marken, Frankfurt a. M. 2016.

Identität lässt sich nicht als Substanz oder Essenz charakterisieren, sie wird durch Erzählungen konstruiert; dazu werden Bilder und Metaphern verwendet.[93] Wie wirkt sich das auf die aktuellen Identitätskonstruktionen aus? Schon eigene Alltagserfahrungen stützen die Vermutung, dass von den einzelnen Personen eine hohe Eigenleistung bei diesem Prozess der konstruktiven Selbstverortung zu erbringen ist. Sie müssen Erfahrungsfragmente in einen für sie sinnhaften Zusammenhang bringen. Diese individuelle Verknüpfungsarbeit nenne ich „Identitätsarbeit“, und ich habe ihre Typik mit der Metapher „Patchwork“ auszudrücken versucht.[94] Diese Metapher hat unseren wissenschaftlichen Suchprozess angeleitet, und in Bezug auf das Ergebnis alltäglicher Identitätsarbeit bleibt sie hilfreich.[95] In ihren Identitätsmustern fertigen Menschen aus den Erfahrungsmaterialien ihres Alltags Patchwork-artige Gebilde; diese sind Resultat der schöpferischen Möglichkeiten der Subjekte. Uns hat vor allem das Wie interessiert, der Herstellungsprozess: Wie vollzieht sich diese Identitätsarbeit vor dem Hintergrund, dass die Ordnungsvorgaben der Ersten Moderne ihre Verbindlichkeit verloren haben?

Hier meine thesenartige Antwort: Identitätsarbeit hat als Bedingung und als Ziel die Schaffung von Lebenskohärenz. In früheren gesellschaftlichen Epochen war die Bereitschaft zur Übernahme vorgefertigter Identitätspakete das zentrale Kriterium für Lebensbewältigung. Heute kommt es auf die individuelle Passungs- und Identitätsarbeit an, also auf die Fähigkeit zur Selbstorganisation, zum Selbst-tätig-Werden oder zur „Selbsteinbettung“. Das Gelingen dieser Identitätsarbeit bemisst sich für das Subjekt von innen an dem Kriterium der Authentizität und von außen am Kriterium der Anerkennung.

Im Zentrum der Anforderungen für eine gelingende Lebensbewältigung stehen also die Fähigkeiten zur Selbstorganisation, zur Verknüpfung von Ansprüchen auf ein gutes und authentisches Leben

---

[93] Vgl. dazu W. Kraus, Das erzählte Selbst. Die narrative Konstruktion von Identität in der Spätmoderne (Münchner Studien zur Kultur- und Sozialpsychologie 8), Pfaffenweiler 1996.

[94] Vgl. H. Keupp, Auf dem Weg zur Patchwork-Identität?, in: Verhaltenstherapie und psychosoziale Praxis 20 (1988) 425–438.

[95] Vgl. dazu H. Keupp u. a., Identitätskonstruktionen. Das Patchwork der Identitäten in der Spätmoderne (Rororo 55634), Reinbek bei Hamburg $^{5}$2013.

mit den gegebenen Ressourcen, und letztlich die innere Selbstschöpfung von Lebenssinn. Das alles findet natürlich in einem mehr oder weniger förderlichen soziokulturellen Rahmen statt. Gleichwohl ist aber von Subjekten immer auch die eigene Selbstinterpretation gefordert. Es gibt gesellschaftliche Phasen, in denen die individuelle Lebensführung in einen stabilen kulturellen Rahmen „eingebettet" wird, der Sicherheit, Klarheit, aber auch hohe soziale Kontrolle vermittelt, und es gibt Perioden der „Entbettung"[96], in denen die individuelle Lebensführung wenige kulturelle Korsettstangen nutzen kann bzw. von ihnen eingezwängt wird und eigene Optionen und Lösungswege gesucht werden müssen. Gerade in einer Phase gesellschaftlicher Modernisierung, wie wir sie gegenwärtig erleben, ist eine selbstbestimmte „Politik der Lebensführung" unabdingbar.

Diese Lebensführung lässt sich als kontinuierliche identitäre Passungsarbeit verstehen, die die innere Welt der Subjekte mit ihren spezifischen Bedürfnissen, Ideen und Phantasien mit den Erwartungshorizonten von außen in eine tragfähige Balance zu bringen hat. In der äußeren Welt der aktuellen Lebenskontexte sind Subjekte auf Anerkennung, Zugehörigkeit und Vertrauen angewiesen, aber es bleibt in der Regel eine Spannung zwischen den Idealen und Bedürfnissen, die nicht immer in vollem Umfang sozial akzeptabel dargestellt werden können. Für das subjektive Identitätsempfinden ist entscheidend, dass die jeweilige Passungsfiguration als authentisch und kohärent erlebt wird und auf der Basis Selbstvertrauen und situative Handlungsfähigkeit möglich sind.

## 6 Fragmentarisches ist nicht defizitär, sondern Normalität

Wenn meine Analyse auch nur einigermaßen stimmt, dann haben wir damit zu rechnen und klarzukommen, dass unsere Identitäten und Lebensentwürfe unter den Bedingungen postmoderner Lebensverhältnisse etwas unheilbar Bruchstück-, Flickenhaftes oder Fragmentarisches haben. Sollte man das auch noch schönreden?

An diesem Punkt in meinem Nachdenken angekommen, haben mir ein Philosoph und zwei Theologen geholfen, das Beunruhigende,

[96] A. Giddens, Konsequenzen der Moderne, übersetzt von J. Schulte (Stw 1295), Frankfurt a. M. 1995, 123.

das in dieser Lebensperspektive „ohne Netz und doppelten Boden“ enthalten ist, positiv zu wenden. Richard Rorty (1931–2007) formuliert nüchtern, was die heutige Subjektverfassung charakterisiert:

> „[Ein] Netz aus kontingenten Beziehungen, ein Gewebe, das sich rückwärts in die Vergangenheit und vorwärts in die Zukunft erstreckt, tritt an die Stelle einer geformten, einheitlichen, gegenwärtigen, unabhängigen Substanz, die die Möglichkeit bot, stetig und als Ganzes gesehen zu werden.“[97]

Und etwas später rät er: Es gelte, „alles menschliche Leben als das immer unvollständige [...] Neuweben eines solchen Netzes zu denken“[98].

Der Theologe Henning Luther (1947–1991) hat in seinem posthum veröffentlichten Buch „Religion und Alltag“ ein Kapitel über fragmentarische Identität geschrieben. Er spricht dort auch die schmerzliche Seite unserer gescheiterten Identitätsanstrengungen an:

> „Wir sind immer zugleich auch Ruinen unserer Vergangenheit, Fragmente zerbrochener Hoffnungen, verronnener Lebenswünsche, verworfener Möglichkeiten, vertaner und verspielter Chancen. Wir sind Ruinen aufgrund unseres Versagens und unserer Schuld ebenso wie aufgrund zugefügter Verletzungen und erlittener und widerfahrener Verluste und Niederlagen. Dies ist der Schmerz des Fragments.“[99]

Wir neigen normalerweise dazu, Fragmente aus einer Defizit-Perspektive zu sehen, als etwas Zerstörtes oder nicht zu Ende Gebrachtes. Aber sie haben auch eine andere Seite:

> „Fragmente – seien es die Ruinen der Vergangenheit, seien es die Fragmente aus Zukunft – weisen über sich hinaus. Sie leben und wirken in Spannung zu jener Ganzheit, die sie nicht sind und nicht darstellen, auf die hin aber der Betrachter sie zu ergänzen trachtet.“[100]

---

[97] R. Rorty, Kontingenz, Ironie und Solidarität, übersetzt von C. Krüger, Frankfurt a. M. 1989, 80f.

[98] Ebd., 83.

[99] H. Luther, Religion und Alltag. Bausteine zu einer Praktischen Theologie des Subjekts (Radius-Bücher), Stuttgart 1992, 169.

[100] Ebd., 167.

Gerade an Dietrich Bonhoeffer (1906–1945) – und er ist mein zweiter Theologe – wird diese Dialektik des Fragmentarischen so eindrucksvoll sichtbar. Er schreibt im Februar 1944 aus dem Gefängnis an seine Eltern:

> „Es ist immer wieder ein kleiner innerer Kampf, sich ganz nüchtern an das Tatsächliche zu halten, sich Illusionen und Phantasien aus dem Kopf zu schlagen, und mit dem Gegebenen sich zufrieden zu geben, weil man dort, wo man die äußeren Notwendigkeiten nicht versteht, an eine innere und unsichtbare Notwendigkeit glaubt. Außerdem – ein Leben, das sich im Beruflichen und Persönlichen voll entfalten kann und so zu einem ausgeglichenen und erfüllten Ganzen wird, wie es in Eurer Generation noch möglich war, gehört wohl nicht mehr zu den Ansprüchen, die unsere Generation stellen darf. Darin liegt wohl der größte Verzicht, der uns Jüngeren, die wir Euer Leben noch vor Augen haben, auferlegt ist und abgenötigt wird. Das Unvollendete, Fragmentarische unseres Lebens empfinden wir darum wohl besonders stark. Aber gerade das Fragmentarische kann ja auch wieder auf eine menschlich nicht mehr zu leistende höhere Vollendung hinweisen. [...] Wenn auch die Gewalt der äußeren Ereignisse unser Leben in Bruchstücke schlägt, wie die Bomben unsere Häuser, so soll doch möglichst sichtbar bleiben, wie das Ganze gedacht und geplant war, und mindestens wird immer noch zu erkennen sein, aus welchem Material hier gebaut wurde oder werden sollte."[101]

Drei Tage später führt er dieses Thema weiter aus. Ihm ist jetzt wichtig, dass nicht nur die Ausnahmesituation von Krieg und Widerstand ein Leben bruchstückhaft macht. Er sieht das Ende geschlossener „Lebenswerke". Als Spezialist(inn)en beschäftigen wir uns mit Segmenten und Bruchstücken der Welt. Bonhoeffer fährt dann fort:

> „Unsere geistige Existenz aber bleibt dabei ein Torso. Es kommt wohl nur darauf an, ob man dem Fragment unseres Lebens noch ansieht, wie das Ganze eigentlich angelegt und gedacht war und aus welchem Material es besteht. Es gibt schließlich Frag-

[101] D. Bonhoeffer, Widerstand und Ergebung. Briefe und Aufzeichnungen aus der Haft, hg. von E. Bethge, München 1970, 242f.

> mente, die nur noch auf den Kehrichthaufen gehören (selbst eine anständige ‚Hölle' ist noch zu gut für sie) und solche, die bedeutsam sind auf Jahrhunderte hinaus, weil ihre Vollendung nur eine göttliche Sache sein kann, also Fragmente, die Fragmente sein müssen – ich denke zum Beispiel an die Kunst der Fuge. Wenn unser Leben auch nur ein entfernter Abglanz eines solchen Fragmentes ist, in dem wenigstens eine kurze Zeit lang die sich immer stärker häufenden, verschiedenen Themata zusammenstimmen und in dem der große Kontrapunkt vom Anfang bis zum Ende durchgehalten wird, [...] dann wollen wir uns über unser fragmentarisches Leben nicht beklagen, sondern daran sogar froh werden."[102]

Eine fragmentarische Identität in dem so angedeuteten Sinne kann die Vorstellung einer gelungenen Lebensprojektes erfüllen.

(1) Wichtig ist dabei die „Leitwährung" des Authentizitätsideals, durch das die Konturen des eigenen Identitätsprojektes von dem „eigenen Maß" bestimmt werden, das jede(r) hat.

(2) Die so angelegten Fragmente müssen sich mit anderen Fragmenten verbinden, um daraus die Grundvoraussetzungen für ein solidarisches Ganzes, für eine Gemeinschaft zu sichern.

(3) In dem Bezug auf diese kommunitäre Matrix müssen sich für den Einzelnen Möglichkeiten der „Anerkennung" des riskierten Identitätsfragments ergeben. Hier wird sich letztlich auch entscheiden, welche Fragmente auf den „Kehrichthaufen" gehören.

## 7 Welche Ressourcen werden für eine gelingende Identitätsarbeit benötigt?

Folgende zentrale Fragen hat die heutige Identitätsforschung zu beantworten: Wie fertigen die Subjekte ihre Patchwork-artigen Identitätsmuster? Wie entsteht der Entwurf für eine kreative Verknüpfung? Wie werden Alltagserfahrungen zu Identitätsfragmenten, die Subjekte in ihrem Identitätsmuster bewahren und sichtbar unterbringen wollen? Woher nehmen sie Nadel und Faden, und wie haben sie das Geschick erworben, mit ihnen so umgehen zu können, dass sie

---

[102] Ebd., 246.

ihre Gestaltungswünsche auch umsetzen können? Welche Ressourcen werden denn nun benötigt, um selbstbestimmt und selbstwirksam eigene Wege in einer so komplex gewordenen Gesellschaft gehen zu können? Ohne Anspruch auf Vollständigkeit lassen sich die folgenden nennen:

Für die Gewinnung von Lebenssouveränität ist biografisch in der Startphase des Lebens ein Gefühl des Vertrauens in seine Kontinuität eine zentrale Voraussetzung, ich nenne es ein Urvertrauen zum Leben. Es ist begründet in der Erfahrung, dass man erwünscht ist, dass man sich auf die Personen, auf die man existenziell angewiesen ist, ohne Wenn und Aber verlassen kann. Es ist das, was die Forschung eine sichere Bindung nennt, die auch durch vorübergehende Abwesenheit von Bezugspersonen und durch Konflikte mit ihnen nicht gefährdet ist.

Eine Bindung, die das Loslassen nicht ermutigt, ist keine sichere Bindung, deswegen hängt eine gesunde Entwicklung an der Erfahrung der Dialektik von Bezogenheit und Autonomie. Schon Erik H. Erikson hat uns aufgezeigt, dass Autonomie nur auf der Grundlage eines gefestigten Urvertrauens zu gewinnen ist.[103] Die Psychoanalytikerin Jessica Benjamin (* 1946) hat in ihrem so wichtigen Buch „Die Fesseln der Liebe" deutlich gemacht, dass sich gerade im Schatten der Restbestände patriarchaler Lebensformen Frauen und Männer in je geschlechtsspezifischer Vereinseitigung dem Pol Bezogenheit oder Autonomie zuordnen und so die notwendige Dialektik zerstören.[104]

Lebenskompetenz braucht einen Vorrat von Lebenskohärenz. Aaron Antonovsky (1923–1994) hat in seinem salutogenetischen Modell nicht nur die individuelle identitäts- und gesundheitsbezogene Relevanz des *Sense of Coherence* aufgezeigt, sondern auch Vorarbeiten zu einem Familienkohärenzgefühl hinterlassen. Werte und Lebenssinn stellen Orientierungsmuster für die individuelle Lebensführung dar.[105]

---

[103] Vgl. Erikson, Einsicht und Verantwortung (s. Anm. 13).

[104] Vgl. J. Benjamin, Die Fesseln der Liebe. Psychoanalyse, Feminismus und das Problem der Macht, aus dem Amerikanischen übersetzt von N. T. Lindquist, D. Müller (Fischer 11087), Frankfurt a. M. 1993.

[105] Vgl. A. Antonovsky, Salutogenese. Zur Entmystifizierung der Gesundheit, hg. von A. Franke (Forum für Verhaltenstherapie und psychosoziale Praxis 36), Tübingen 1997.

Wenn wir die Baumeister(innen) unserer eigenen sozialen Lebenswelten und Netze sind, dann ist eine spezifische Beziehungs- und Verknüpfungsfähigkeit erforderlich – nennen wir sie soziale Ressourcen. Der Bestand immer schon vorhandener Bezüge wird geringer, und der Teil unseres sozialen Beziehungsnetzes, den wir uns selbst schaffen und den wir durch Eigenaktivität aufrechterhalten (müssen), wird größer.

Ein offenes Identitätsprojekt, in dem neue Lebensformen erprobt und eigener Lebenssinn entwickelt werden, bedarf materieller Ressourcen. Hier liegt das zentrale und höchst aktuelle sozial- und gesellschaftspolitische Problem. Eine Gesellschaft, die sich ideologisch, politisch und ökonomisch fast ausschließlich auf die Regulationskraft des Marktes verlässt, vertieft die gesellschaftliche Spaltung und führt auch zu einer wachsenden Ungleichheit der Chancen an Lebensgestaltung. Hier holt uns immer wieder die klassische soziale Frage ein. Die Fähigkeit zu und die Erprobung von Projekten der Selbstorganisation sind ohne ausreichende materielle Absicherung nicht möglich.

Nicht mehr die Bereitschaft zur Übernahme von fertigen Paketen des „richtigen Lebens", sondern die Fähigkeit zum Aushandeln ist notwendig: Wenn es in unserer Alltagswelt außer einigen Grundwerten keine unverrückbaren allgemein akzeptierten Normen mehr gibt, wenn wir keinen Knigge mehr haben, der uns für alle wichtigen Lebenslagen das angemessene Verhalten vorgeben kann, dann müssen wir die Regeln, Normen, Ziele und Wege beständig neu aushandeln.

Individuelle Verwirklichungschancen hängen eng mit der Idee der Zivilgesellschaft zusammen. Diese lebt von dem Vertrauen der Menschen in ihre Fähigkeiten, im wohlverstandenen Eigeninteresse gemeinsam mit anderen die Lebensbedingungen für alle zu verbessern. Zivilgesellschaftliche Kompetenz entsteht dadurch,

> „dass man sich um sich selbst und für andere sorgt, dass man in die Lage versetzt ist, selber Entscheidungen zu fällen und eine Kontrolle über die eigenen Lebensumstände auszuüben sowie dadurch, dass die Gesellschaft, in der man lebt, Bedingungen herstellt, die allen ihren Bürgerinnen und Bürgern dies ermöglichen"[106].

---

[106] Weltgesundheitsorganisation, Ottawa-Charta zur Gesundheitsförderung, 1986, in: https://www.euro.who.int/__data/assets/pdf_file/0006/129534/Ottawa_Charter_G.pdf (Zugriff: 31.1.2021).

Identitätsarbeit heute kann auf die Formel „riskanter Chancen" gebracht werden.[107] Die Überwindung traditioneller Normalitätserwartungen schafft Räume für selbstbestimmte Identitätskonstruktionen, aber sie erhöht auch die Risiken des Scheiterns.

[107] Vgl. Keupp, Auf dem Weg zur Patchwork-Identität? (s. Anm. 94).

# Amt und Identität

## Eine Problemskizze aus pastoralpsychologischer Perspektive

*Lukas Schröder / Christoph Jacobs / Ulrich Riegel*

Blickt man auf die „reinen" Zahlen, durchläuft der priesterliche Dienst in der römisch-katholischen Kirche eine manifeste Krise. Im Jahre 1970 lag die Zahl jährlicher Priesterweihen bei 300, bis 1995 z. T. deutlich über 200. Seitdem liegt sie konstant darunter. 2014 wurden 75 Männer zu Priestern geweiht, 2019 noch 55. Hinter diesen Zahlen verbirgt sich mehr als ein demografischer Wandel. Es liegt auf der Hand, dass quantitative Kalküle keine qualitativen Überlegungen ersetzen. Genauso offensichtlich ist, dass man die berichteten Zahlen sehr unterschiedlich deuten kann. In diesem Beitrag wird ein pastoralpsychologischer Zugang gewählt: Unterstellt man, dass Gott nach wie vor Menschen in seinen Dienst ruft, wirft das die Frage auf, warum dieser Ruf für so wenige hörbar bzw. attraktiv ist. Dabei geht dieser Beitrag nur den ersten Schritt zur Beantwortung, indem er sich eines Problems vergewissert, welches die Frage impliziert.

Wir setzen voraus: Die priesterliche Identität ist ein Angebot für eine profilierte Lebensform. Wer Priester wird, ergreift für seinen Lebensweg das Angebot, wie es ihm die Kirche vorstellt, und gibt ihm seine persönliche Prägung. So fragen wir nach den *Angeboten für priesterliche Identität*, die Kirche in ihrer Tradition eröffnet und wie diese von heutigen Priestern aufgegriffen werden. Dazu werden zuerst im Sinn einer theologischen Vergewisserung die Orientierungspunkte der Identitätsangebote rekonstruiert, die das priesterliche Amt auf der Basis seiner Geschichte in seiner gegebenen Form konstituieren (1). Es folgt eine pastoralpsychologische Analyse, wie heutige Priester die Identitätsangebote der kirchlichen Tradition aufgreifen (2). Diese Überlegungen münden in eine Diskussion, inwieweit das sich den Humanwissenschaften verdankende Identitätskonzept weiterführende Zugänge zur priesterlichen Lebensform eröffnen könnte (3).

## 1 Orientierungspunkte priesterlicher Identität der römisch-katholischen Tradition

Im priesterlichen Amt verdichten sich mittlerweile 2 000 Jahre kirchliche Tradition, die in den vergangenen Jahren und Jahrzehnten umfänglich aufgearbeitet wurde.[1] Im vorliegenden Beitrag wird diese Zeit dahingehend rekonstruiert, inwiefern hier Orientierungspunkte für priesterliche Identität zu finden sind. Zum Zwecke der Akzentuierung werden im Folgenden drei Etappen herausgearbeitet, nämlich die Etablierung des Priestertums in den ersten Jahrhunderten (1.1), die Profilierung desselben in Mittelalter und Neuzeit (1.2) und die neuen Akzente, die in der Gegenwart gesetzt werden (1.3).

### 1.1 Die Etablierung des Priestertums in den ersten Jahrhunderten

Exegetisch ist es Konsens, dass das Neue Testament keine in sich kohärente Amtstheologie kennt.[2] Vielmehr listen die verschiedenen Schriften eine Vielzahl von Aufgaben und Autoritäten. In der lukanischen Tradition gibt es Apostel (vgl. Apg 1,2), Verkündiger des Evangeliums (vgl. Apg 21,8), Lehrer (vgl. Apg 13,1), Presbyter (vgl. Apg 11,30) und Episkopen (vgl. Apg 20,28).[3] In der paulinischen und der lukanischen Tradition wird darüber hinaus der Dienst der Diakonie angesprochen, wobei hier immer wieder auch Frauen als

---

[1] Vgl. dazu E. Schillebeeckx, Christliche Identität und kirchliches Amt. Plädoyer für den Menschen in der Kirche, Düsseldorf 1985; G. Greshake, Priestersein. Zur Theologie und Spiritualität des priesterlichen Amtes, Freiburg i. Br. $^{4}$2005; T. Schumacher, Bischof – Presbyter – Diakon. Geschichte und Theologie des Amtes im Überblick, München 2010.

[2] Vgl. dazu etwa W. Pesch, Priestertum und Neues Testament, in: TThZ 79 (1970) 65–83; K. Kertelge (Hg.), Das kirchliche Amt im Neuen Testament (WdF 439), Darmstadt 1977; K. Backhaus, Der Sinn Christi. Paulinische Farben im Priesterbild, in: R. Marx, P. Schallenberg (Hg.), „Wir haben Christi Sinn". Heilige als Vorbilder priesterlicher Spiritualität (Bonifatius Kontur 1904), Paderborn 2002, 11–38; T. Söding, Geist und Amt. Übergänge von der Apostolischen zur nachapostolischen Zeit, in: T. Schneider, G. Wenz (Hg.), Das kirchliche Amt in apostolischer Nachfolge, Bd. 1: Grundlagen und Grundfragen (DiKi 12), Freiburg i. Br. – Göttingen 2004, 189–263.

[3] Vgl. A. Weiser, Theologie des Neuen Testaments, Bd. 2: Die Theologie der Evangelien (KStTh 8), Stuttgart 1993, 149.

Funktionsträgerinnen angesprochen sind.[4] So bilanzierte Wilhelm Pesch (1923–2013) bereits 1970:

> „Es gibt keine klare Lehre der paulinischen Schriften, und schon gar nicht des gesamten Neuen Testaments über das Priestertum und über die Grundelemente des Amtes in einer christlichen Kirche. Es gibt nur gelegentliche und miteinander nicht immer in Einklang zu bringende, ja sich manchmal widersprechende Bemerkungen einzelner Theologen in einzelnen Schriften für einzelne Gemeinden“[5].

Relativ schnell scheinen sich jedoch Episkopen und Diakone bzw. Presbyter und Diakone als zentrale Ämter der sich etablierenden christlichen Gemeinden herauskristallisiert zu haben;[6] denn mit dem Ausbleiben der Parusie wurden die Dienste, die der Gemeinde Stabilität verliehen, immer wichtiger.[7] Im zweiten Jahrzehnt des zweiten Jahrhunderts trifft man in Kleinasien auf Gemeindeverfassungen, in denen einem monarchischen *episkopos* ein Gremium an Presbytern und ein Gremium an Diakonen untergeordnet ist. Bis in die Mitte des zweiten Jahrhunderts scheint sich diese Ordnung fast durchgängig etabliert zu haben. Im dritten Jahrhundert differenziert sich diese dreigliedrige Struktur weiter aus.[8] Der Bischof avanciert zum unbestrittenen Leiter der Gemeinde, die er nicht nur in Fragen des Glaubens und der Lebensführung unterweist, sondern auch nach außen vertritt. Die Presbyter fungieren anfangs als den Bischof beratendes Gremium, übernehmen mit der zunehmenden Ausbreitung des Christentums von den Städten in die sie umgebenden ländlichen Gebiete aber auch Leitungsfunktionen in diesen Landgemeinden. Die Diakone übernehmen für den Bischof die Fürsorge für die Armen und damit auch die finanzielle Verwaltung der Gemeinde.

---

[4] Vgl. D. Reininger, Diakonat der Frau in der einen Kirche. Diskussionen, Entscheidungen und pastoral-praktische Erfahrungen in der christlichen Ökumene und ihr Beitrag zur römisch-katholischen Diskussion, Ostfildern 1999.

[5] Pesch, Priestertum und Neues Testament (s. Anm. 2), 66.

[6] Vgl. K. Baus, Von der Urgemeinde zur frühchristlichen Großkirche (HKG[J] 1), Freiburg i. Br. 1985, 174–176.

[7] Vgl. J. Blank, Priester/Bischof. A. Religionsgeschichtlich-biblische Perspektive, in: NHThG$^2$ 4 (1991) 269–286, hier: 277f.

[8] Vgl. Baus, Von der Urgemeinde zur frühchristlichen Großkirche (s. Anm. 6), 388–396.

Außerdem bildet sich im Lauf dieser Profilierung der drei Dienste mit der Zeit ein Standesbewusstsein als Klerus heraus.

Durch ihre besonderen Aufgaben in der Eucharistie, deren Feier im Lauf des dritten Jahrhunderts immer stärker ritualisiert wird, wird den klerikalen Ämtern eine kultische Dimension eingeschrieben.[9] Aus dieser Zeit sind auch erste Enthaltsamkeitsvorschriften für Kleriker überliefert.[10] Im vierten Jahrhundert kommt diese Entwicklung insofern zu einem ersten Abschluss, als der Aufgabenbereich eines Bischofs klar auf seine eigene Gemeinde begrenzt wird und die Betreuung der Gläubigen, die außerhalb des Stadtgebiets leben, zu den festen Aufgaben der Presbyter gehört.[11] Allerdings haben diese Presbyter noch kein eigenes Gemeindevermögen und auch keine vollständige Jurisdiktionsgewalt für die ihnen zugewiesenen ländlichen Gebiete.

Amtstheologische Entwürfe suchen in der Komplexität dieser unterschiedlichen Lebensformen christlicher Gemeinschaft nach durchgängigen Linien, konstruieren somit „Kontinuität in Diskontinuität"[12]. Einen ersten Orientierungspunkt stellt dabei Jesus Christus dar, der, von Gott gesandt, diese Sendung an seine Apostel weitergeben hat.[13] Der erhöhte Herr stellte bereits für die ersten Christ(inn)en die maßgebliche Autorität dar, dessen Weisung selbst die damals gültigen Schriften überbot.[14] Von ihm geht das christliche Amt aus, „am Christusergebnis und seiner Urbezeugung muß [es] Maß und Anhalt nehmen"[15].

Einen zweiten Orientierungspunkt stellt die Sendung Beauftragter dar, die die Botschaft Jesu und die von Jesus als dem Christus

---

[9] Vgl. ebd., 320–325.

[10] Vgl. S. Heid, Zölibat in der frühen Kirche. Die Anfänge einer Enthaltsamkeitspflicht für Kleriker in Ost und West, Paderborn u. a. $^{3}$2003.

[11] Vgl. K. Baus, Die Reichskirche nach Konstantin dem Großen, Bd. 1: Von Nikaia bis Chalkedon (HKG[J] 2/1), Freiburg i. Br. 1985, 239–242.

[12] Greshake, Priestersein (s. Anm. 1), 87.

[13] Vgl. J. Frey, Apostelbegriff, Apostelamt und Apostolizität. Neutestamentliche Perspektiven zur Frage nach der ‚Apostolizität' der Kirche, in: Schneider, Wenz (Hg.), Das kirchliche Amt in apostolischer Nachfolge (s. Anm. 2), 91–188, bes. 99–104.111–117.

[14] Vgl. I. Broer, H.-U. Weidemann, Einleitung in das Neue Testament (NEB.NT 2), Würzburg $^{4}$2006, 697f.

[15] Greshake, Priestersein (s. Anm. 1), 53.

weitertragen. Dieses sog. Apostolat, das im Urchristentum wohl auch Frauen wahrnehmen konnten,[16] gründet gemäß paulinischer Theologie in einer Sendungserfahrung durch Jesus Christus. Es spielt gemäß dem lukanischen Doppelwerk in dem durch Jesus eingesetzten Zwölferkreis eine entscheidende Rolle für die Kontinuität der sich ausbildenden Kirche mit ihrem Ursprung in Jesus Christus.

Einen dritten Orientierungspunkt bildet der Dienst an der Gemeinschaft, der allen klerikalen Ämtern eingeschrieben ist.[17] Sie wahren die Einheit der Kirche, und zwar sowohl nach innen in die unmittelbar versammelte Gemeinde hinein als auch nach außen durch die Kommunikation zwischen den verschiedenen Gemeinden, die gemeinsam in der Nachfolge Jesu stehen.

### 1.2 Die Profilierung des Priestertums im Mittelalter und in der Neuzeit

Indem im frühen Mittelalter die ländliche Pfarrei eine immer größere Autonomie gegenüber der Bischofsgemeinde in der Stadt gewinnt, übernimmt der Priester in der Funktion des Pfarrers vielfältige Aufgaben, die ursprünglich dem *episkopos* zugedacht waren.[18] Neben dem Vorsitz in der Eucharistiefeier und dem Dienst der Verkündigung spenden die Priester im Mittelalter die Sakramente der Taufe und der Krankensalbung und ab dem siebten Jahrhundert den Segen. Zudem verbreitet sich ausgehend von irischen Bußbüchern die Praxis der Ohrenbeichte. In dieser Phase setzt sich der Begriff *sacerdos* zunehmend als Amtsbezeichnung durch.

Für die priesterliche Lebensführung erweisen sich im Mittelalter vor allem zwei Prozesse als wirkmächtig. Auf der einen Seite beginnt im vierten Jahrhundert eine Diskussion um einen zölibatären Lebensstil, der immer stärker von den Bischöfen verlangt wird.[19] Dabei dominiert in dieser Zeit die sexuelle Enthaltsamkeit ab der Weihe gegenüber der Ehelosigkeit, denn noch Ende des sechsten Jahrhunderts

---

[16] Vgl. Blank, Priester/Bischof (s. Anm. 7), 276.

[17] Vgl. Backhaus, Der Sinn Christi (s. Anm. 2).

[18] Vgl. H. Vogt, Innerkirchliches Leben bis zum Aufgang des siebten Jahrhunderts, in: K. Baus, Die Reichskirche nach Konstantin dem Großen, Bd. 2: Die Kirche in Ost und West von Chalkedon bis zum Frühmittelalter (HKG[J] 2/2), Freiburg i. Br. 1985, 180–330, bes. 222–227.

[19] Vgl. ebd., 229–233.

scheint es der Normalfall zu sein, dass Bischöfe verheiratet sind. Auf der anderen Seite setzt sich im Gefolge der iro-schottischen Mission ein mönchisch-asketischer Lebensstil als Ideal der priesterlichen Existenz durch. In der Gregorianischen Reform wird dieser Lebensstil zur Vorgabe erklärt, was nicht nur dazu führt, dass Priester verstärkt in Kanonikerstiften eine *vita communis* bilden und so eine gewisse Distanz gegenüber „Welt" und Sexualität wahren.[20] Beide Prozesse konvergieren mit der Zeit, sodass das Zweite Laterankonzil 1139 die allgemeine Ehelosigkeit der Priester um der Nachfolge Jesu Christi Willen zu einer verbindlichen Norm erklären kann.

In der Folge wird vor allem die Frage verhandelt, wie sich Weltbezug und asketische Spiritualität ausbalancieren lassen. Mit dem Konzil von Trient (1545–1563) und der sich anschließenden Katholischen Reform werden in dieser Hinsicht vielfältige Standards gesetzt.[21] Zum einen wird der priesterliche Dienst entlang der beiden Eckpunkte Eucharistie und Seelsorge unter dem Leitbild des Guten Hirten neu justiert. Diese Verantwortung setzte aufseiten der Priester einen vorbildlichen Lebenswandel voraus, denn erst die persönliche Tugendhaftigkeit und Sittsamkeit qualifizierte den Priester für die Christusnachfolge, in die ein Mensch durch die sakramentale Weihe eingesetzt wird.[22] Gleichzeitig werden durch die Einführung formaler Standards als Voraussetzung zur Erreichung der verschiedenen Weihestufen und die Verlagerung der Ausbildung zukünftiger Priester in eigens eingerichteten Seminaren die Anforderungen an ihren Dienst erhöht. Zum anderen werden die Liturgie und die Sakramentenspendung in verbindlichen Ritualen standardisiert und die Priester zur katechetischen Volksunterweisung an Sonn- und Feiertagen verpflichtet, wodurch sie durch eigens eingeführte Katechismen unterstützt werden.

---

[20] Vgl. Schillebeeckx, Christliche Identität und kirchliches Amt (s. Anm. 1), 199–204.

[21] Vgl. E. Iserloh, J. Glazik, H. Jedin, Reformation – katholische Reform und Gegenreformation (HKG[J] 4), Freiburg i. Br. 1985, 494–684, bes. 514–517.588f.

[22] Vgl. H. Wolf, Religiöse Eliten in der Neuzeit. Ansätze zu einem internationalen und interkonfessionellen Vergleich, in: S. Holzbrecher, T. W. Müller (Hg.), Kirchliches Leben im Wandel der Zeiten. Perspektiven und Beiträge der (mittel-)deutschen Kirchengeschichtsschreibung [FS Josef Pilvousek] (EThSt 104), Würzburg 2013, 11–36.

Dieses theologische Profil bot vielen Priestern vielfältige Anknüpfungspunkte für ein standesgemäßes Selbstverständnis.[23] Das Bild des Hirten, der vor Gott verantwortlich ist für das ihm anvertraute Heilige und die ihm zugewiesenen Seelen, beinhaltet einen Orientierungspunkt, der den priesterlichen Aufgaben einen inhaltlichen Sinn einschreibt. Der Priester ist in gleicher Weise Diener des Heiligen wie Seelsorger. Beide Aufgaben schreiben den täglichen Verpflichtungen eine spirituelle Dimension ein. Ein weiterer Orientierungspunkt erwächst aus den drei evangelischen Räten, die als charakteristische Merkmale der priesterlichen Lebensform betont werden: Ehelosigkeit, Armut und Gehorsam bieten praktische Leitlinien für ein Leben in kultischer und sittlicher Reinheit, wie es sich für eine priesterliche Existenz ziemt.

Freilich dauert es bis weit in das 18. Jahrhundert hinein, bis sich diese Reformideen in allen Gebieten der katholischen Kirche weitgehend durchgesetzt haben.[24] Vor allem die Vertreter eines sog. Ultramontanismus schreiben dem Konzil von Trient dabei eine normative Kraft zu, die es allerdings faktisch bis zu dieser Zeit kaum durchgängig entfaltete. Außerdem wird die Priesterbildung in der aggressiven Abgrenzung gegenüber dem sog. Modernismus immer stärker normiert und dem Amt eine „sacrifiziell-sazerdotale Akzentuierung“[25] eingeschrieben: „Übermenschlich-erhaben, geistlich-asketisch soll der Priester nach Selbstheiligung streben.“[26] Mit dieser Heiligung wurde dem priesterlichen Ideal ein weiterer Orientierungspunkt eingeschrieben. Als Stellvertreter Christi und durch die Weihe aus dem Kreis der Laien herausgehoben, trägt der Priester eine besondere Verantwortung für das Reich Gottes.

---

[23] Vgl. R. Dürr, Images of the Priesthood: An Analysis of Catholic Sermons From the Late Seventeenth Century, in: Central European History 33 (2000) 87–107.

[24] Vgl. E. Garhammer, Pastoralstrategie im Übergang vom 18. zum 19. Jahrhundert. Von der „Säkularisierung“ zur „Sakralisierung“ aufgezeigt an Priesterbild und Priesterbildung, in: RoJKG 23 (2004) 107–121.

[25] Schumacher, Bischof – Presbyter – Diakon (s. Anm. 1), 97.

[26] D. Blum, F. Bock, „… nicht nur Engel, sondern auch Götter“ versus Abschied von Hochwürden. Das katholische Priesterbild zwischen Kirche und Welt, in: Zeitschrift für Pastoraltheologie 37 (1/2017) 181–194, hier: 185.

### 1.3 Neue Akzente in der Gegenwart

Neben der ultramontanen Zuspitzung des priesterlichen Dienstes im Sinn geistlich-asketischer Selbstheiligung finden sich allerdings auch Interpretationen dieses Amtes, die einen stärkeren Bezug auf die Seelsorge von und mit Laien aufweisen.[27] In Frankreich entwickelte sich das sog. Arbeiterpriestertum, bei dem die Geistlichen einer regulären Arbeit nachgingen und dabei seelsorgerlich wirkten. Diese Arbeiterpriester lebten somit unter und mit den Menschen, denen ihre Pastoral galt. In Deutschland entstand ein katholisches Vereinswesen, indem sich Laien zusammenschlossen, um einen konkreten Aspekt katholischer Spiritualität und Geselligkeit zu leben. Parallel dazu grenzten sich viele Pastoraltheologen von einer neuscholastisch orientierten Katechetik ab und ermunterten angehende Priester, sich stärker mit den Heiligen Schriften und der lebendigen Vermittlung ihrer Botschaft auseinanderzusetzen.

All diese Prozesse münden in eine größere Aufmerksamkeit für die Laien als Glieder der kirchlichen Gemeinschaft. Diese Aufmerksamkeit schlug sich auch theologisch nieder.[28] Nachdem bereits im 19. Jahrhundert Überlegungen für ein erneuertes Kirchenverständnis aufkamen, entzündete sich vor allem an Yves Congars (1904–1995) Überlegungen zur Rolle von Laien[29] eine kontroverse ekklesiologische Diskussion. So kommt von Congar das Volk-Gottes-Konzept, welches auch in die Kirchenkonstitution *Lumen gentium* (LG) des Zweiten Vatikanischen Konzils (1962–1965) einfließt.[30] Gleichzeitig brachte die Liturgische Bewegung vielfältige Initiativen hervor, die eine stärkere innere und äußere Beteiligung der Laien an der Liturgie ermöglichten.[31] Die Gedanken der *participatio plena et actuosa* avancieren zu

---

[27] Vgl. R. Aubert, Zwischen den Revolutionen von 1830 und der Krise von 1848, in: H. Jedin (Hg.), Die Kirche in der Gegenwart, Bd. 1: Die Kirche zwischen Revolution und Restauration (HKG[J] 6/1), Freiburg i. Br. 1985, 311–504, bes. 428–447.

[28] Vgl. J. Müller, In der Kirche Priester sein. Das Priesterbild in der deutschsprachigen katholischen Dogmatik des 20. Jahrhunderts, Würzburg 2001, 35–97.

[29] Vgl. etwa Y. Congar, Jalons pour une théologie du laïcat (UnSa 23), Paris 1953.

[30] Vgl. P. Kohlgraf, Nur eine dienende Kirche dient der Welt. Yves Congars Beitrag für eine glaubwürdige Kirche, Ostfildern 2015.

[31] Vgl. M. Kunzler, Liturge sein. Entwurf einer Ars celebrandi, Paderborn $^{2}$2009, 154–162.

„Kernbegriffen und Programmworten [...] für die weitere Entwicklung der Liturgie und das Selbstverständnis der katholischen Kirche“[32].

Für den priesterlichen Dienst bedeuten diese theologischen Akzentsetzungen einschneidende Veränderungen. Rein äußerlich verändert sich im Gefolge der Liturgiekonstitution *Sacrosanctum Concilium* (SC) des Zweiten Vatikanischen Konzils dynamisch der Rahmen für die Feier der Eucharistie durch einen neuen, freistehenden Zelebrationsaltar und die Einführung der Landessprache auf anschauliche Weise. Aus dem Hirten, der an der Spitze seiner Herde Gott anbetet, wird ein Seelsorger, der sich zusammen mit seinen Glaubensgeschwistern um den Tisch des Herrn versammelt. Ferner verschiebt das Dekret *Presbyterorum ordinis* (PO) des Zweiten Vatikanischen Konzils über den Dienst und das Leben der Priester den Kern ihres Dienstes von einer eucharistischen Zuspitzung, wie sie sich im Gefolge des Konzils von Trient etabliert hatte, hin zur am Menschen orientierten Seelsorge, was dazu führt, dass „priesterliches Standesdenken von einem Vollzugsdenken des priesterlichen Dienstes abgelöst“[33] wird. Im Kontext der Leitidee des Zweiten Vatikanischen Konzils, Kirche als Pastoralgemeinschaft zu begreifen, wird die Heiligkeit des priesterlichen Amtes relativ stark „abgeblendet“ und seine Menschlichkeit sehr deutlich gewürdigt.[34]

Diese Betonung des Menschlichen im Priesteramt hat vielfache Konsequenzen für das Amtsverständnis. So erscheint für manche die Unterscheidung zwischen speziellem und gemeinsamem Priestertum nur noch graduell zu sein, auch wenn LG 10 diese deutlich als kategorial (dem Wesen nach) ausweist. Außerdem wird dadurch die Frage nach der Lebensführung von Priestern aufgeworfen, wenn etwa der Zölibat wieder diskutiert wird.[35] Gleichzeitig verschieben

---

[32] B. Kranemann, „Tätige Teilnahme“ an der Liturgie als „Quelle und Höhepunkt“ – Kernbegriffe der Liturgiekonstitution neu gelesen, in: M. Delgado, M. Sievernich (Hg.), Die großen Metaphern des Zweiten Vatikanischen Konzils. Ihre Bedeutungen für heute, Freiburg i. Br. 2013, 232–248, hier: 232.

[33] O. Fuchs, Die Sakramentalität des presbyteralen Amtes als Quelle von Gnade und Freiheit, in: R. Hartmann (Hg.), In der Sorge um die Priester und das ganze Gottesvolk. Anfragen – Erfahrungen – Positionen, Ostfildern 2007, 39–58, hier: 41.

[34] Vgl. Blum, Bock, „... nicht nur Engel, sondern auch Götter“ versus Abschied von Hochwürden (s. Anm. 26), 189.

[35] Vgl. dazu J. Hohmann, Der immerwährende Streitfall. Standpunkte über den

sich Akzente im priesterlichen Tun tendenziell von der Feier der Liturgie und der Spendung der Sakramente hin zu einer Lebensbegleitung aus dem Glauben heraus und einer Verwaltung der Gemeinde.[36] Zudem führt der Weg ins Amt nur noch bedingt über prägende Kontakte mit Priestern in der Jugend, denn zur Nachahmung gesellt sich die bewusste Entscheidung als weiteres Kriterium der priesterlichen Berufung.[37]

## 2 Die Rezeption traditionaler Orientierungspunkte durch heutige Priester

Alle diese Akzentuierungen sind noch zu jung, als dass sie sich bereits zu klar konturierten Orientierungspunkten priesterlicher Existenz verdichtet hätten.[38] Es liegt aber nahe, dass sie zu vielfältigen Orientierungsprozessen unter den Menschen führen, die dieses Amt ausüben oder anstreben.[39] Eine Berufung auf die Autorität des Amtes reicht heute nicht mehr, um sich vor den Gläubigen seiner Gemeinde zu rechtfertigen. Wer heute Priester ist, kommt nicht umhin, diese Autorität durch Sein und Tun zu erwerben. Außerdem verändert die Verschiebung der alltäglichen Aufgaben Richtung Verwaltung und Lebensbegleitung nicht nur das Verhältnis zu den Gläubigen in der Gemeinde, sondern auch die Bezugspunkte des eigenen Selbstverständnisses. Anschließend werden deshalb die Konsequenzen untersucht, die die beschriebenen Akzentverschiebungen

---

priesterlichen Zölibat seit den sechziger Jahren, in: KZG 8 (1995) 142–158; J. M. Reuss, In der Sorge um die Priester und das ganze Gottesvolk. Überlegungen zum Zölibatsproblem, in: Hartmann (Hg.), In der Sorge um die Priester und das ganze Gottesvolk (s. Anm. 33), 12–38.

[36] Vgl. D. Owetschkin, Zeuge – Berater – Krisenagent. Zum Wandel des Pfarrerbildes und der Pfarrerrolle nach 1945, in: W. Damberg (Hg.), Soziale Strukturen und Semantiken des Religiösen im Wandel. Transformationen in der Bundesrepublik Deutschland 1949–1989, Essen 2011, 37–53.

[37] Vgl. F. Wulf, Kriterien der Eignung. Ein geschichtlicher Überblick, in: H. Stenger (Hg.), Eignung für die Berufe der Kirche. Klärung – Beratung – Begleitung, Freiburg i. Br. $^{3}$1990, 11–31.

[38] Vgl. B. Snela, Priester/Bischof. B. Systematisch-kritische Übersicht, in: NHThG$^{2}$ 4 (1991) 286–300, bes. 293–298.

[39] Vgl. W. Damberg, Reformen in der katholischen Kirche im 19. und 20. Jahrhundert, in: EvTh 73 (2013) 134–143.

auf die priesterliche Lebensform (2.1), die priesterliche Spiritualität (2.2) und das Priester-Sein im Bezugssystem Kirche (2.3) haben.

## 2.1 Die priesterliche Lebensform

Die Vielzahl einschlägiger Veröffentlichungen zur priesterlichen Lebensform in der jüngeren Vergangenheit deutet einen gesteigerten Orientierungsbedarf dazu an, was es heißt, heute als Priester zu leben.[40] Als grundlegender Ausgangspunkt dieser Lebensform wird in der Regel Jesu Sendung herangezogen, was im Umkehrschluss bedeutet, dass der Priester in besonderer Art und Weise in die Nachfolge Christi berufen ist: Darin ist das Ziel „eine Persönlichkeit, die christusförmig lebt, bis ins Fleisch: arm, ehelos und gehorsam“[41]. Die priesterliche Lebensform ist also mit den evangelischen Räten verbunden. Entsprechend ergreift das Priesteramt die ganze menschliche Existenz.

Zieht man die Indikatoren der Lebens- und Arbeitszufriedenheit heran, scheint dieser existenzielle Anspruch des Amtes heutige Priester im Durchschnitt kaum zu belasten. Im Gegenteil: So liegt der Mittelwert für Priester bei der Lebenszufriedenheit in der Seelsorgestudie auf einer zehnstufigen Skala bei m = 7,64, während dieser Wert bei der deutschen Normbevölkerung 2016 m = 7,11 beträgt.[42] Allerdings gibt es einen auffälligen Unterschied zwischen den Priestern in der Territorial- (m = 7,29) und der Kategorialseelsorge (m = 7,62), was auf einen Zusammenhang zwischen Lebenszufriedenheit und Tätigkeitsfeld hindeuten könnte. Ähnlich verhält es sich mit den Ergebnissen zur Arbeitszufriedenheit. Hier liegt der Mittelwert

---

[40] Vgl. etwa Marx, Schallenberg (Hg.), „Wir haben Christi Sinn“ (s. Anm. 2); M. Kehl, S. C. Kessler, Priesterlich werden. Anspruch für Laien und Kleriker (Ignatianische Impulse 43), Würzburg 2010; A. Wollbold, Als Priester leben. Ein Leitfaden, Regensburg 2010; C. Schönborn, Die Freude, Priester zu sein. Exerzitien in Ars, aus dem Französischen übersetzt von E. Heresch, hg. von H. P. Weber, Freiburg i. Br. 2011.

[41] F.-J. Bode, „Im Namen des Vaters und des Sohnes und des heiligen Geistes“ – Zur trinitarischen Lebensgestalt des Priesterseins, in: H. Lehrmann (Hg.), Auf dem Weg zum priesterlichen Dienst. Collegium Leoninum Paderborn 1895–1995, Paderborn 1994, 327–344, hier: 338.

[42] Vgl. K. Baumann u. a., Zwischen Spirit und Stress. Die Seelsorgenden in den deutschen Diözesen, Würzburg 2017, 30–41.

für Priester zahlenmäßig an der Spitze aller seelsorglichen Berufsgruppen. Die Tätigkeit in der Seelsorge macht zufrieden; weniger zufrieden ist man mit den eigenen Verantwortlichen und der kirchlichen Organisation.

Allerdings ist trotz der hohen Lebens- und Arbeitszufriedenheit unter Priestern auch das Belastungsgefühl stark ausgeprägt. Der entsprechende Mittelwert auf einer vierstufigen Skala von 1 = „Ich bin häufig überlastet" bis 4 = „Ich könnte mehr Tätigkeiten übernehmen" in Paul M. Zulehners (* 1939) Studie „Priester im Modernisierungsstress" beträgt m = 2,14. Als Gründe führt der österreichische Pastoraltheologe und Religionssoziologe vor allem Überlastung durch Arbeit, kirchenverursachte Probleme, Verunsicherungen durch theologische Strömungen und soziale Isolierung an.[43] Trotz der hohen subjektiven Belastungswahrnehmung besteht laut den Ergebnissen der Seelsorgestudie eine im Vergleich ähnlicher Berufsgruppen der Gesellschaft geringe Burn-out-Gefahr.

Insofern die evangelischen Räte zentrale Eckpunkte der priesterlichen Lebensform darstellen, wird ihnen in einschlägigen Überlegungen eine besondere Aufmerksamkeit gewidmet.[44] In der Gegenwart sticht sicherlich das ehelose Leben als besondere Herausforderung hervor. Empirische Studien verweisen darauf, dass der Zölibat für Priester in mancher Hinsicht problematisch sein kann. Sowohl die Studie „Priester 2000"[45] als auch die Seelsorgestudie[46] kommen zu dem Ergebnis, dass Priester laut eigener Auskunft weder in ihren Gemeinden noch in der Kirche und der Gesellschaft Unterstützung für ein derartiges Leben erfahren, wobei eine solche Akzeptanz für ein gelingendes Leben als notwendig betont wird. Auch die symbolische Kraft des Zölibats werde in den Augen der meisten Befragten von heutigen Menschen nicht mehr verstanden.[47] Neben der fehlenden unmittelbaren Unterstützung fällt damit für sehr viele Priester auch der Zeugnischarakter als Ressource dieser Lebensform aus. In der Folge würden sich 23 Prozent der an der Seelsorgestudie teilnehmenden

---

[43] Vgl. P. M. Zulehner, Priester im Modernisierungsstress. Forschungsbericht der Studie Priester 2000, Ostfildern 2001, 184–186.

[44] Vgl. etwa Wollbold, Als Priester leben (s. Anm. 40), 167–318.

[45] Vgl. Zulehner, Priester im Modernisierungsstress (s. Anm. 43), 297–315.

[46] Vgl. Baumann u. a., Zwischen Spirit und Stress (s. Anm. 42), 139–181.

[47] Vgl. Zulehner, Priester im Modernisierungsstress (s. Anm. 43), 296.

Priester unter 65 nicht wieder für die zölibatäre Lebensform entscheiden.[48] Laut der Studie „Priester 2000“ würden es 16 Prozent wahrscheinlich und fünf Prozent sicher nicht wieder tun.[49]

## 2.2 Die priesterliche Spiritualität

Die priesterliche Spiritualität wird traditionell aus der besonderen Beziehung des Priesters mit Jesus Christus abgeleitet, wobei einige Ausdrucksformen der monastischen Tradition entstammen (z. B. das Stundengebet).[50] Angesichts der beschriebenen Verschiebungen im priesterlichen Dienst stellt sich deshalb die Frage, inwiefern dadurch die spirituelle Alltagspraxis heutiger Priester oder deren Spiritualität als solches betroffen sind. Beide Fragen sind nicht trivial. Zu Recht verweist Paul Josef Cordes (* 1934) auf die grundsätzliche Schwierigkeit, Aspekte von Spiritualität mit ihrer Glaubens- und Motivationsebene zu erfassen.[51] Deshalb suchen sowohl die Studie „Priester 2000“[52] als auch die Seelsorgestudie[53] einen möglichst breiten Zugang zu diesem Feld priesterlicher Wirklichkeit.

Nach Zulehner sind es vor allem Gebet und Liturgie, traditionelle Formen spirituellen Lebens, meditative Reflexion, gemeinsame Reflexion und schließlich der alltägliche pastorale Dienst,[54] welche die fünf Hauptquellen der Spiritualität bilden. In der Seelsorgestudie zeigen sich dabei in der religiösen Praxis wesentliche Unterschiede zwischen den pastoralen Berufsgruppen. So feiern Priester die Eucharistie sehr viel häufiger, praktizieren das Stundengebet öfter und schreiben der Beichte eine größere Bedeutung zu. Eine große Gemeinsamkeit aller Berufsgruppen zeigt sich demgegenüber im persönlichen, privaten Gebet: Hier liegen Priester, Diakone, Pastoral- und Gemeindereferent(inn)en gleichauf.[55]

---

[48] Vgl. Baumann u. a., Zwischen Spirit und Stress (s. Anm. 42), 141.
[49] Vgl. Zulehner, Priester im Modernisierungsstress (s. Anm. 43), 312.
[50] Vgl. Greshake, Priestersein (s. Anm. 1).
[51] Vgl. P. J. Cordes, Warum Priester? Fällige Antworten mit Benedikt XVI., Augsburg 2009, 88–92.
[52] Vgl. Zulehner, Priester im Modernisierungsstress (s. Anm. 43), 230–248.
[53] Vgl. Baumann u. a., Zwischen Spirit und Stress (s. Anm. 42), 223–264.
[54] Vgl. Zulehner, Priester im Modernisierungsstress (s. Anm. 43), 233.
[55] Vgl. Baumann u. a., Zwischen Spirit und Stress (s. Anm. 42), 223–264.

Folgt man der Seelsorgestudie weiter, ist das religiöse Vertrauen bei Priestern im Vergleich zu anderen Bevölkerungsgruppen stark ausgeprägt, wobei das auch für die anderen pastoralen Berufsgruppen der Diakone, Pastoralreferent(inn)en und Gemeindereferent(inn)en gilt. Ähnlich verhält es sich mit der Wahrnehmung des Transzendenten im Alltag. Alle vier Berufsgruppen geben deutlich häufiger als der Bevölkerungsdurchschnitt an, die Präsenz Gottes im täglichen Leben zu erleben. Wiederum sind die Unterschiede zwischen den pastoralen Berufsgruppen marginal. Dieses Bild ändert sich, wenn man nach der Fruchtbarkeit der eigenen Spiritualität fragt, denn hier zeigen Priester und Diakone deutlich höhere Werte als Pastoral- und Gemeindereferent(inn)en. Darüber hinaus berichtet Zulehner, dass 37 Prozent der Priester zudem einen geistlichen Begleiter haben und 29 Prozent Mitglied einer geistlichen Gemeinschaft sind.[56]

Nimmt man diese Befunde zusammen in den Blick, fällt auf, dass sich das Profil priesterlicher Spiritualität von den anderen pastoralen Berufsgruppen gerade in den Facetten unterscheidet, die das Spezifische des priesterlichen Dienstes darstellen. Auch wenn laut Seelsorgestudie Priester beim Beten des Breviers und beim Beichten hinter dem zurückbleiben, was spirituelle Ratgeber vorschlagen, stellen beide Vollzüge neben der Feier der Eucharistie die für Priester spezifischen spirituellen Quellen dar. In dieser Hinsicht lässt aufhorchen, dass es gerade diese drei spirituellen Vollzüge sind, in denen sehr viele Priester – trotz hoher Praxis – die Präsenz Gottes nur sehr eingeschränkt erfahren.[57] Die Feier der Liturgie (Eucharistie, Stundengebet usw.) scheint von sehr viele Priestern möglicherweise eher als Arbeitszeit verstanden zu werden. Damit zeichnet sich gerade dieser traditionelle Anker einer priesterlichen Spiritualität durch eine niedrige spirituelle Vitalität aus.

Darüber hinaus zeigt sich eine weitere Auffälligkeit: Während theologische Überlegungen einen deutlichen Zusammenhang zwischen Eucharistie und Dienst am Menschen postulieren, lässt sich dieser empirisch nicht fassen. Zwar stimmen 61 Prozent der Priester der These „Meine Lebensform hilft, den Menschen wirksamer zu

---

[56] Vgl. Zulehner, Priester im Modernisierungsstress (s. Anm. 43), 242.246.

[57] Vgl. Baumann u. a., Zwischen Spirit und Stress (s. Anm. 42), 236.

dienen" zu;[58] aber es findet sich kein empirischer Zusammenhang zwischen Eucharistie und prosozialer Praxis.

> „Die Entkopplung von Eucharistie und dienendem Handeln widerspricht dem Auftrag Jesus bei der Einsetzung der Eucharistie und der Fußwaschung im Abendmahlssaal (vgl. Joh 13)."[59]

Dieser Befund gewinnt an Brisanz, wenn man bedenkt, dass Priester umso häufiger Eucharistie feiern, das Stundengebet beten, das Bußsakrament empfangen und ein privates Gebet sprechen, je stärker sie dem Zölibat zustimmen.[60] Außerdem gilt, dass mit der Zustimmung zum Zölibat auch die Identifikation mit dem eigenen Priester-Sein steigt. Das traditionelle Priesterideal, wie es sich im Gefolge des Konzils von Trient ausgeprägt hat, wirkt demnach auch heute noch als Orientierungspunkt priesterlicher Identität – wird augenscheinlich aber nur noch von wenigen Priestern als solcher existenziell erlebt.

### 2.3 Priester-Sein im Bezugssystem Kirche

Idealiter repräsentieren Priester die Kirche vor Ort und fühlen sich mit ihrem Bischof verbunden (vgl. PO 5). Insbesondere das Gehorsamsversprechen gegenüber dem Bischof bei Diakonen- und Priesterweihe bringt dieses Verhältnis zum Ausdruck. Umgekehrt werden Kandidaten durch die Weihe ins Presbyterium aufgenommen.

> „Weil Amt (auch) Kirche repräsentiert, zeichenhafte Zusammenfassung und Handlungsorgan der Gemeinschaft ist, ist es an die Zustimmung der durch den Heiligen Geist zusammengefügten Gemeinschaft gebunden."[61]

Dieses Ideal wird von den befragten Priestern der Seelsorgestudie nur sehr eingeschränkt als Wirklichkeit erlebt.[62] Während Priester – wie dargestellt – im Vergleich zur Gesamtbevölkerung eine höhere Lebens- und Arbeitszufriedenheit aufweisen, bewegt sich die Zufrieden-

---

[58] Vgl. ebd., 156.

[59] Ebd., 240.

[60] Vgl. ebd., 160–166.

[61] Greshake, Priestersein (s. Anm. 1), 138.

[62] Vgl. Baumann u. a., Zwischen Spirit und Stress (s. Anm. 42), 42–46.

heit mit der Organisation auf niedrigem Niveau. Ihren Diözesen und ihren Leitungsverantwortlichen vertrauen die Seelsorgenden wenig im Hinblick auf die gewählten Zukunftsstrategien und gesetzten Prioritäten. Auch sind die wenigsten zuversichtlich, dass die eigene Diözese die Aufgaben der Zukunft meistern wird oder sich angemessen um ihre Mitarbeiter(innen) kümmert. Für den vorliegenden Beitrag sind diese Befunde deshalb von besonderer Brisanz, weil sie sich unter Priestern nochmals ausgeprägter zeigen als unter den anderen pastoralen Berufsgruppen. Angesichts solcher Zweifel fällt es nicht wenigen besonders schwer, sich mit ihrer Kirche zu identifizieren. Die Autoren der Seelsorgestudie formulieren hier deutlich:

> „Wenn Priester mit dem Zustand ihrer Organisation, für die sie leben, Probleme haben, wird dies in intensiverer Form als Dämpfung ihrer Zufriedenheit mit der Seelsorge und als fehlende Wertschätzung wahrgenommen."[63]

## 3 Identität als pastoralpsychologischer Zugang zur priesterlichen Lebensform

Die empirischen Befunde zur Lebenslage heutiger Priester zeichnen ein ambivalentes Bild. Auf der einen Seite weisen diese eine sehr hohe Lebens- und Arbeitszufriedenheit auf, auf der anderen Seite scheinen gerade die Vollzüge, die in den offiziellen Dokumenten zum Priesteramt die Einzigartigkeit dieses Standes definieren, ihre spirituelle Kraft zu verlieren. In der Folge scheint es einigen noch zu gelingen, aus dem post-tridentinischen Ideal einer eucharistischen Spiritualität und einer zölibatär-entsagenden Lebensweise Kraft und Inspiration zu schöpfen. Ein Teil der Priester erfährt die Begegnung mit Menschen oder eine nach gegenwärtigen Maßstäben nachhaltige Lebensführung als sinnstiftend. Viele können allerdings auf die Frage nach der eigenen priesterlichen Identität kaum noch für sie selbst tragfähige und für andere überzeugende Antworten geben.

Zum Teil lässt sich dieser Befund sicher durch die veränderten Arbeitsbedingungen heutiger Priester erklären, die nicht nur für

[63] Ebd., 44.

größere Seelsorgeeinheiten zuständig sind als Generationen davor, sondern auch verstärkt Managementaufgaben übernehmen müssen. Zum Teil dürfte dieser Befund aber auch in der Rückbindung des ministeriellen und hierarchischen Priestertums ans gemeinsame Priestertum aller Gläubigen begründet liegen, die das Zweite Vatikanische Konzil wieder stärker in Erinnerung gerufen hat (vgl. LG 10). Demnach steht der Klerus den Laien nicht kategorial gegenüber, sondern ist im gemeinsamen Priestertum eins mit ihnen und unterscheidet sich wesentlich von den Laien nur in den Aspekten, die durch das ministeriale Priestertum hinzukommen.[64] In der gleichen Logik wird auch das hierarchische Lehramt aus dem gemeinsamen Glaubenssinn abgeleitet (vgl. LG 12). Konsequent zu Ende gedacht bedeutet diese Akzentuierung des Zweiten Vatikanischen Konzils somit, dass sich die priesterliche Existenz nicht mehr als Gegenüber zu den Laien konstituiert, sondern als spezifische Ausprägung dessen, was allen Getauften potenziell mitgegeben ist.

Es liegt auf der Hand, dass eine derartige Diagnose unterschiedliche Therapien erlaubt. So könnte man Strategien entwickeln, wie sich die evangelischen Räte und der sich daraus ableitende Heiligkeitsanspruch an die priesterliche Existenz wirksamer vermitteln und pflegen ließen.[65] Wir schlagen an dieser Stelle vor, mit dem psychologischen und sozialwissenschaftlichen Konzept der Identität neue Wege zu suchen.[66] Identität steht hierbei für eine innere, selbstkonstruierte, dynamische Organisation von Trieben, Fähigkeiten,

---

[64] Vgl. Snela, Priester/Bischof (s. Anm. 38), 293f.

[65] Vgl. dazu etwa Wollbold, Als Priester leben (s. Anm. 40).

[66] Vgl. C. Jacobs, Die Kirche und ihr Personal. Anforderungen an geistliche Persönlichkeiten, in: S.-K. Schwope, J. Knop, B. Kranemann (Hg.), Die Kirche und ihr Personal. Auf der Suche nach zukunftsfähigen Profilen und Identitäten seelsorglicher Berufe (EThS 52), Würzburg 2020, 105–137; ders., Kirche in Zeiten der Veränderung. Und was passiert mit den Seelsorgenden?, in: S. Kopp (Hg.), Von Zukunftsbildern und Reformplänen. Kirchliches Change Management zwischen Anspruch und Wirklichkeit (Kirche in Zeiten der Veränderung 1), Freiburg i. Br. 2020, 183–209; C. Jacobs, Strukturen verändern? – Menschen verändern? Eine pastoralpsychologische Analyse kirchlicher Wandlungsprozesse, in: S. Kopp (Hg.), Kirche im Wandel. Ekklesiale Identität und Reform (QD 306), Freiburg i. Br. 2020, 427–457; C. Jacobs, K. Oel, Gottesdienstpraxis, pastorale Identität und ekklesiologische Visionen. Eine empirische Pilotstudie mit jungen Seelsorgenden, in: S. Kopp, B. Kranemann (Hg.), Gottesdienst und Kirchenbilder. Theologische Neuakzentuierungen (QD 313), Freiburg i. Br. 2021, 306–333.

Überzeugungen und individueller Geschichte.[67] In Anlehnung an Erik H. Erikson (1902–1994) wurde sie lange im Sinn von personaler Kohärenz gedacht, d. h. einem Gefühl, dass das eigene Leben mit dem übereinstimmt, was die eigene Person ausmacht. Ein solches Gefühl kann entwickelt und planmäßig gepflegt werden. Identität war also stark mit Begriffen wie Einheit, Kontinuität, Kohärenz, Entwicklungslogik oder Fortschritt assoziiert. Angesichts der Mannigfaltigkeit moderner Gesellschaften wurden dieser Zugang in den letzten Jahrzehnten jedoch stark dekonstruiert und durch Begriffe wie Kontingenz, Diskontinuität, Fragmentierung, Reflexivität oder Übergänge ergänzt.[68] Identität wird deshalb heute stärker als Projekt begriffen, dem eigenen Leben in der Auseinandersetzung mit den Erwartungen anderer und den Anforderungen der konkreten Lebenssituation Sinn einzuschreiben. Dieses Projekt ist stets fragil, an ihm muss ständig gearbeitet werden. Heiner Keupp (* 1943) bilanziert dahingehend:

> „Identitätsarbeit hat als Bedingung und als Ziel die Schaffung von Lebenskohärenz. In früheren gesellschaftlichen Epochen war die Bereitschaft zur Übernahme vorgefertigter Identitätspakete das zentrale Kriterium für Lebensbewältigung. Heute kommt es auf die individuelle Passungs- und Identitätsarbeit an, also auf die Fähigkeit zur Selbstorganisation […]. Das Gelingen dieser Identitätsarbeit bemisst sich für das Subjekt von Innen an dem Kriterium der Authentizität und von außen am Kriterium der Anerkennung."[69]

Unseres Erachtens passt diese Auffassung von Identität sehr gut zu den Herausforderungen, vor die sich Priester heute gestellt sehen. Sie haben sich für einen Lebensentwurf entschieden, der institutionell stark normiert und mit großen Ansprüchen verbunden ist, gleichzeitig von gesellschaftlicher Seite bis hinein in den Alltag in

---

67 Vgl. K. Haußer, Identitätspsychologie, Berlin 1995, 2.

68 Vgl. dazu den Beitrag von H. Keupp in diesem Band sowie ders., Individualisierte Identitätsarbeit in spätmodernen Gesellschaften. Riskante Chancen zwischen Selbstsorge und Zonen der Verwundbarkeit, in: U. Deppe (Hg.), Die Arbeit am Selbst. Theorie und Empirie zu Bildungsaufstiegen und exklusiven Karrieren (Studien zur Schul- und Bildungsforschung 74), Wiesbaden 2020, 41–65.

69 Ebd., 57f.

der Gemeinde vielfach angefragt wird. In der Auseinandersetzung mit diesen vielfältigen Standards und Erwartungen sowie diesem Unverständnis sind Priester herausgefordert, im Wechselspiel von empfundener Authentizität und Anerkennung ein Gefühl von Lebenskohärenz zu entwickeln und zu pflegen. Die exegetische, kirchenhistorische und systematisch-theologische Vergewisserung konnte zeigen, dass die kirchliche Tradition hierfür verschiedene Identifikationsangebote bereithält, die unterschiedlich stark konturiert vorliegen. Die pastoralpsychologische Problematisierung ergab, dass heutige Priester unterschiedlich auf diese Angebote zurückgreifen, aber gerade das prominenteste und in sich schlüssigste Angebot für sehr viele Priester heute kaum noch trägt.

Akzeptiert man Keupps Diagnose, dass Identität heute nicht mehr übernommen werden kann, sondern selbst gestaltet werden muss, liegt es nahe, heutige Priester hinsichtlich ihrer Identitätsarbeit zu befragen. Es geht darum, herauszufinden, welche Quellen, Haltungen und Vollzüge im steten Wechselspiel von Authentizität und Anerkennung in der spezifischen Lebenslage katholischer Priester tragen und warum sie das tun. Das ist das zentrale Anliegen des im Paderborner Graduiertenkolleg „Kirche-Sein in Zeiten der Veränderung“ verorteten Projekts zu den „Subjektive[n] Theorien römisch-katholischer Priester zu seelsorglicher Identität und seelsorglichem Handeln in einer Zeit gesellschaftlicher und kirchlicher Umbrüche“[70]. Auf der Grundlage seiner Erkenntnisse sollten sich vorliegende Konzepte priesterlicher Bildung und priesterlicher Lebensentwürfe erfahrungsorientiert rückkoppeln und weiterentwickeln lassen.

---

[70] L. Schröder, C. Jacobs, U. Riegel, Gemeinsamer Arbeitstitel: Subjektive Theorien römisch-katholischer Priester zu seelsorglicher Identität und seelsorglichem Handeln in einer Zeit gesellschaftlicher und kirchlicher Umbrüche, in: https://www.thf-paderborn.de/wp-content/uploads/2018-04-17-Graduiertenkolleg_Abstract_Jacobs-Riegel.pdf (Zugriff: 3.3.2021).

# Seelsorgliche Identität im Wandel

## Ressourcen auf dem Weg zu einer diakonischen Wende

*Christoph Jacobs / Kathrin Oel*

### 1 Das Schiff des Theseus: Veränderung als Anlass für die Frage nach der Identität

Die Frage nach der Identität ist eine Menschheitsfrage. Eine plastische frühe philosophische Darstellung findet sich in der Legende vom Schiff des Theseus in der Überlieferung bei Plutarch (um 45–125).[1] Die Frage lautet: Bleiben ein Gegenstand, ein Mensch, eine Organisation noch derselbe bzw. dieselbe, wenn viele oder gar alle Einzelteile im Laufe der Zeit nacheinander ausgetauscht werden? Dieses Gedankenexperiment ist nicht nur eine Spielerei der philosophischen Ontologie. Vor allem dann, wenn der Druck der Transformation stark wird, stellt sich diese Frage für Menschen und Organisationen im Vollzug des Alltags mit großer Dringlichkeit.

Der gesellschaftliche und pastorale Wandel bedeutet eine zentrale Herausforderung für die Identitätsentwicklung der Seelsorgenden. Der folgende Beitrag beschreibt die Auswirkungen dieses Wandels im Kontext der organisationalen Identität der Kirche. Er tut das erfahrungsbezogen auf Basis des Modells der Passung von Person und Umwelt mit Bezug auf die Ergebnisse der Seelsorgestudie[2]. Die Ergebnisse werden gebündelt und mit Blick auf eine gelingende Identitätsentwicklung aus theologisch-biblischer Perspektive diskutiert.

---

[1] Vgl. J. F. Rosenberg, „Das Schiff des Theseus" – Eine Fallstudie, in: ders., Philosophieren. Ein Handbuch für Anfänger, aus dem Amerikanischen übersetzt von B. Flickinger (Klostermann-Seminar 18), Frankfurt a. M. $^{5}$2006, 64–77.

[2] Vgl. K. Baumann u. a., Zwischen Spirit und Stress. Die Seelsorgenden in den deutschen Diözesen, Würzburg 2017.

## 2 Die Passung zwischen Individuum und Umwelt als Herausforderung der Identitätsentwicklung

Identität ist aus sozialwissenschaftlicher Perspektive ein Passungsgeschehen zwischen Person und Organisation.[3] Dieses Rahmenmodell hat starke Wurzeln in der Forschung zu Organisationen und Belastungsbewältigung von Personen in Systemen.[4] Die Passung von Individuum und Umwelt kennt eine objektive und eine subjektive Perspektive. Organisationen – auch die Kirche – wünschen und selektieren Personen, die in Übereinstimmung mit den Kernmerkmalen der Identität der Organisation stehen: z. B. religiöse Ausrichtung, pastorale Kompetenz, finanzielle Ansprüche, Lebensstil (etwa Zölibat), Auftreten usw. Sie erwarten auch die Flexibilität der Anpassung an vorgegebene Veränderungen der Organisationskultur. Die Personen gehen ihrerseits davon aus, dass ihre Identität, also ihr Selbstverständnis, ihre Potenziale, auch ihre Bedürfnisse nach Entgelt, Position und Entwicklungsmöglichkeiten ernst genommen werden.

Wesentlich ist die empirische Einsicht, dass Institutionen nicht empathisch sind. Mit anderen Worten: Sie vollziehen Anpassungsleistungen für ihre Organisationsidentität weniger mit Blick auf das Wohlergehen der Menschen, sondern eher auf das Überleben des Systems. Ganz anders stellt es sich aus der Sicht der Individuen dar. Sie fragen sich: Was bedeutet der Wandel für mein Wohlergehen? Werde ich profitieren oder Schaden nehmen? Alle Merkmale der Organisation tragen für sie eine subjektive Konnotation – z. B. die Wertigkeit bestimmter Positionen, Teamkonstellationen oder auch die Bedeutsamkeit von Umstrukturierungen für die eigene Identität. Menschen fragen sich stets: Passe ich (noch) in diese Organisation?

---

[3] Vgl. dazu den Beitrag von H. Keupp in diesem Band sowie ders., Individualisierte Identitätsarbeit in spätmodernen Gesellschaften. Riskante Chancen zwischen Selbstsorge und Zonen der Verwundbarkeit, in: U. Deppe (Hg.), Die Arbeit am Selbst. Theorie und Empirie zu Bildungsaufstiegen und exklusiven Karrieren (Studien zur Schul- und Bildungsforschung 74), Wiesbaden 2020, 41–65.

[4] Vgl. R. D. Caplan, Person-Environment Fit Theory and Organizations: Commensurate Dimensions, Time Perspectives, and Mechanisms, in: Journal of Vocations Behavior 31 (1987) 248–267; C. L. Cooper (Hg.), From Stress to Wellbeing, Bd. 1: The Theory and Research on Occupational Stress and Wellbeing, Basingstoke 2013.

Passt die Organisation noch zu mir? Konkret: Passe ich noch in die (veränderte) Kirche? Oder, wenn ich mich in meiner Identität weiterentwickle: Wird die Kirche mit mir mitgehen und zu mir stehen?

## 3 Die Interaktion von Person-Identität und Organisations-Identität

Während die Frage nach der individuellen Identität in der Psychologie seit Jahrzehnten eine Rolle spielt („Wer bin ich – im Vergleich mit anderen?“), tritt die Perspektive der Organisation seit Mitte der 1980er-Jahre verstärkt in den Mittelpunkt des Interesses („Wer sind wir – im Vergleich mit anderen?“). Der Begriff der Organisations-Identität wurde nicht zuletzt deshalb eingeführt, um die Frage zu beantworten, welche Charakteristika bei einer Institution in Zeiten des Wandels als zentral, unverwechselbar und dauerhaft bestimmt werden können und welche sich verändern dürfen und müssen, um attraktiv zu bleiben.[5]

Bei Identitätsprozessen spielt die Bedeutung des sozialen Vergleichs eine entscheidende Rolle:[6] Menschen haben ein Bedürfnis, sich ein Bild von sich selbst und der Welt zu machen. Das Mittel des Vergleichs ist besonders dann wichtig, wenn ein objektiver Maßstab fehlt. Während der Identitätsbegriff des Individuums primär dessen Einzigartigkeit über die Zeit in den Blick nimmt, fokussiert sich bei der Organisations-Identität die Perspektive auf die Unterscheidungsmerkmale im Vergleich zu anderen Institutionen.[7]

Sowohl bei den Konzepten der Identität von Individuen wie auch bei denen von Organisationen war jeweils zu Beginn die Frage nach einem bleibenden Kern im Angesicht von Veränderungen die leitende Frage. Bei der individuellen Identität wurde bald der dynamische Entwicklungscharakter herausgearbeitet.[8] Dass auch die Identitäts-

---

[5] Vgl. S. Albert, D. A. Whetten, Organizational Identity, in: Research in Organizational Behavior 7 (1985) 263–295.

[6] Vgl. L. Festinger, A Theory of Social Comparison Processes, in: HumRel 7 (1954) 117–140.

[7] Vgl. C. L. Van Tonder, B. C. Lessing, From Identity to Organisation Identity: The Evolution of a Concept, in: SA Journal of Industrial Psychology 29 (2/2003) 20–28.

[8] Vgl. paradigmatisch E. H. Erikson, Identität und Lebenszyklus. 3 Aufsätze, aus dem Amerikanischen übersetzt von K. Hügel (Theorie 2), Frankfurt a. M. 1966.

entwicklung von Institutionen prozesshaft verläuft, wird allerdings erst in jüngerer Zeit stärker in den Blick genommen.

Ebenso wie die individuelle ist auch die organisationale Identität keinesfalls konsistent und in Stein gemeißelt. Organisationen verändern sich in ihrer Identität wie Individuen – in einem sozialen-gesellschaftlichen Kontext. Wandelt sich dieser, wie es derzeit in einer nie dagewesenen Geschwindigkeit und Komplexität geschieht, wird auf Institutionen ein Transformationsdruck ausgeübt: Sie müssen ihr Selbstverständnis, ihre Handlungsstrategien und Kommunikationswege so anpassen, dass sie und damit ihre Mitglieder ihre „Mission" realisieren können.[9] Je größer die Diskrepanz zwischen dem wahrgenommenen Ist-Zustand der Organisation und dem erwünschten Soll-Zustand (oder den vermuteten Erwartungen von außen), desto eher wird dieser Druck als Bedrohung und Gefahr der Destabilisierung aufgefasst.[10] Vor allem dann, wenn Institutionen unter starken Transformationsdruck geraten und – u. U. nur widerwillig – in Phasen der notwendigen Neuausrichtung eintreten, können ihre Identitäten nebulös werden. Mitglieder einer Organisation werden dann über deren Identität im Unklaren gelassen oder gar aktiv durch strukturelle Interventionen in Zweifel über die individuelle Identität versetzt.[11] Auch umgekehrt wirken Identitätsprozesse, die bei den Mitgliedern stattfinden, auf die Institutionen ein. So wird die Identität einer Organisation ein dynamisches Phänomen, das beständig Revisions- und Redefinitionsprozessen unterworfen ist.

---

[9] Vgl. K. Häbel, B. Schuppener, Veränderungskommunikation, in: R. Fröhlich, P. Szyszka, G. Bentele (Hg.), Handbuch der Public Relations. Wissenschaftliche Grundlagen und berufliches Handeln. Mit Lexikon, Wiesbaden $^{3}$2015, 949–964.

[10] Vgl. H. Kuper, Entscheiden und Kommunizieren. Eine Skizze zum Wandel schulischer Leitungs- und Partizipationsstrukturen und den Konsequenzen für die Lehrerprofessionalität, in: W. Helsper u. a. (Hg.), Pädagogische Professionalität in Organisationen. Neue Verhältnisbestimmungen am Beispiel Schule (Studien zur Schul- und Bildungsforschung 23), Wiesbaden 2008, 149–162.

[11] Vgl. R. Vogel, N. K. Hansen, Organisationale Identität: Bibliometrische Diskursanalyse und Ausblick auf einen praxistheoretischen Zugang. Diskussionspapiere des Schwerpunktes Unternehmensführung am Fachbereich BWL der Universität Hamburg, Nr. 3 vom Februar 2010, in: https://www.researchgate.net/profile/Rick-Vogel/publication/328563154_Organisationale_Identitat_Bibliometrische_Diskursanalyse_und_Ausblick_auf_einen_praxistheoretischen_Zugang/links/5bd4ccfca6fdcc3a8daa3ffe/Organisationale-Identitaet-Bibliometrische-Diskursanalyse-und-Ausblick-auf-einen-praxistheoretischen-Zugang.pdf (Zugriff: 7.3.2021).

Daher gilt auch für die Gegenwart der Kirche: Wenn sie gesellschaftlich unter Transformationsdruck gerät, wird sich dies in sozialwissenschaftlicher Perspektive selbstverständlich auf ihre organisationale Identität auswirken. Wenn sie sich verändert, wird folgerichtig die Identität ihrer Mitglieder, besonders die des pastoralen Personals, unter Veränderungsdruck geraten. Dasselbe gilt umgekehrt.

Angesichts des Wissens um Identitätsbildung und ihre Dynamik wäre es nicht angemessen, die dabei entstehenden Fragen auf die nach dem „Kern" der Identität zu verengen, wie es gegenwärtig häufig geschieht, z. B. in der Frage nach dem Kern der Identität des Priesters und dem eigentlichen „Profil" der Laien in der Seelsorge oder – im Bereich der Institution – dem „Kerngeschäft". Stattdessen wird es wesentlich darum gehen, die Prozessdynamik und die wechselseitige Abhängigkeit der Passung von Person und Organisation in den Blick zu nehmen, um die Vielfalt der Identitätsbildungsprozesse adäquat zu entschlüsseln.

## 4 Der Transformationsdruck durch den demografischen und gesellschaftlichen Wandel

Personal und Finanzen sind zentrale Steuerungsgrößen von Institutionen. Demografischer und gesellschaftlicher Wandel üben gegenwärtig einen starken Transformationsdruck auf diese Faktoren des kirchlichen Lebens aus. Weil die Fakten bekannt sind, seien die Kerndaten an dieser Stelle nur äußerst knapp resümiert:[12]

- Die Zahl der tätigen Priester hat sich in den vergangenen 50 Jahren halbiert. Wenn man diese Entwicklung grafisch abbildet, zeigt sich eine direkte gerade „Falllinie". Die Zahl der Katholik(inn)en pro Priester hat sich verdoppelt.

[12] Vgl. dazu Sekretariat der Deutschen Bischofskonferenz (Hg.), Katholische Kirche in Deutschland. Priesterweihen nach Diözesen 1962–2019, in: https://www.dbk.de/fileadmin/redaktion/Zahlen %20und%20Fakten/Kirchliche%20Statistik/Priesterweihen_Neupriester/2019-Neupriester-Priesterweihen_1962-2019.pdf (Zugriff: 7.3.2021); Baumann u. a., Zwischen Spirit und Stress (s. Anm. 2); C. Jacobs, Herausforderungen an das Priestersein aus Sicht der Seelsorgestudie, in: Diak. 48 (2017) 2–11; ders., Die Deutsche Seelsorgestudie 2012–2014. Konzepte, Ergebnisse und Konsequenzen, in: Zeitschrift für Pastoraltheologie 37 (1/2017) 9–38.

- Die Neupriesterzahl ist im selben Zeitraum um mehr als vier Fünftel auf unter 20 Prozent der Ausgangsgröße gesunken – 57 in ganz Deutschland 2020.
- Die Anzahl der Priesterkandidaten ist allein in den vergangenen 20 Jahren um knapp zwei Drittel gesunken; die der Anfänger in den Priesterseminaren hat sich auf unter 30 Prozent verringert.[13]
- Die Altersverteilung der Priester weist auf der Basis von 2015 im Jahre 2020 zwei Gipfel auf: einen bei den Über-80- und einen bei den 60-Jährigen. Das führte bzw. führt zu großen Reorganisationswellen in den Diözesen. Die erste läuft gerade. Die zweite – die bedeutsamere, gekennzeichnet durch den Ruhestand der Babyboomer – wird ca. 2025 beginnen und bis 2040 auslaufen. Um das Jahr 2035 wird das Verhältnis der Priester über 65 zu denen unter 65 Jahren auf einem viel niedrigeren Niveau ungefähr zwei zu ein Drittel betragen.
- Die Zahl derjenigen Frauen und Männer, die sich für einen Seelsorgeberuf in der Kirche entscheiden, stagniert weitgehend und wird in Zukunft vermutlich ebenfalls zurückgehen.

Häufig fällt bei der Interpretation bzw. Reflexion dieser Fakten der Blick nur auf die Veränderung der pastoralen Strukturen und die Einschränkung des Angebotes der Kirche. An dieser Stelle sollen einige bedeutsame Aspekte mit Berücksichtigung der Konsequenzen für die Identitätsbildung der Seelsorgenden, vor allem für die Priester, betrachtet werden.[14]

### 4.1 Der Relevanzverlust der Priester für die Gesellschaft

Selbstverständlich nehmen die Priester mit Trauer und Kränkung wahr, dass ihre Gruppe – ihr „Stand“ – sich in ihrer bzw. seiner gesellschaftlichen Präsenz und Bedeutung geradezu auflöst. Das Netz der Priester in Deutschland wird „gleichmäßig“ über die Fläche verteilt und dabei so ausgedünnt, dass sie sich als Träger einer Lebens-

[13] Vgl. Zentrum für Berufungspastoral, Statistik der Priesterseminare (22. Mai 2020), in: https://berufung.org/news/22-05-2020 (Zugriff: 7.3.2021).

[14] Der Grund für diese Akzentsetzung liegt in der Tatsache, dass die „Identitätsprofile“ der Laienberufe und der Diakone aufgrund ihrer jungen Geschichte als Seelsorgeberufe stark im Fluss sind und eine der Komplexität angemessene Darstellung sehr viel Raum einnehmen würde, der hier nicht zur Verfügung steht.

form und als in der Seelsorge Handelnde kaum gegenseitig wahrnehmen können. Diese „monadenartige" Verteilung ohne gegenseitig konstruktive Wahrnehmung und helfende Unterstützung wird für die Identitätsbildung problematisch sein.

### 4.2 Die Gruppe der älteren Priester

Die größte Gruppe der Priester werden die „Ruheständler" sein, die sich noch mit einer hohen Wochenstundenanzahl in der Pastoral engagieren. Wie in der Gesamtgesellschaft gilt auch für die Gruppe der älteren Priester im Ruhestand: Die Pensionierung (meist aus der Position als Pfarrer) führt notwendig zu einer Neuentwicklung der eigenen Identität.[15] Dieses Faktum gewinnt dadurch an Brisanz, dass die individuelle Lebensdynamik (Altersgrenze) seitens der Organisation der Kirche mit der doppelten Welle der Strukturreformen verknüpft wird. Das Ausscheiden der Priester ist zumindest der Anlass für solche Veränderungen: „Nach ihnen" wird vieles notwendigerweise anders. Viele fragen sich: „Wenn ich derjenige bin, der durch niemanden ersetzt wird, wer bin ich denn dann eigentlich (gewesen)?"

Viele ältere Priester lassen sich nicht davon überzeugen, dass ihr Ausscheiden nicht der eigentliche Grund für veränderte pastorale Strukturen und Handlungsweisen ist. Dazu kommt, dass in den meisten Diözesen die in den Ruhestand Verabschiedeten aus dem Blick der Organisation geraten. Mit dem Verlust ihrer vorher durch relative Macht geprägten Position verliert die größte Gruppe der Priester weitgehend auch Anerkennung und Wertschätzung, die ja für Identitätsbildungsprozesse essenziell ist.[16] Zudem ist zu berücksichtigen, dass in den meisten Diözesen die in Zukunft größte Gruppe der Ruheständler, die sich ja ca. 15 bis 20 Jahre in ihrer dritten, gleichwohl altersgemäß leistungsfähigen Lebensphase befinden, weitgehend aus den Bildungsprogrammen herausfallen, weil die Fortbildungsabteilungen nicht für sie zuständig sind. So werden Identitätsbildungsprozesse aus einer Verlustdynamik negativ befeuert.

---

[15] Vgl. B. Seyfried (Hg.), Ältere Beschäftigte: Zu jung, um alt zu sein. Konzepte – Forschungsergebnisse – Instrumente (Berichte zur beruflichen Bildung), Bielefeld 2011.

[16] Vgl. Keupp, Individualisierte Identitätsarbeit in spätmodernen Gesellschaften (s. Anm. 3).

### 4.3 Die „postmoderne" Generation

Seit Mitte der 1990er-Jahre beginnt sich – soziologisch und psychologisch begründbar – unter den „nachwachsenden" Seelsorgenden eine neue Generation mit einer gewandelten Identität herauszubilden.[17] Damit zerfällt intergenerational die bisherige relative Homogenität einer gemeinsamen seelsorglichen Identität. Zwischen den jungen Seelsorgenden und ihren Vorgänger(inne)n besteht nicht nur ein zahlenmäßiger „Bruch" (besonders bei den Priestern). Es existiert vor allem ein Bruch hinsichtlich des Selbstverständnisses und des Anspruchs der Volkskirche. Als Menschen der Postmoderne verstehen sie sich bereits als Generation der Minderheit von Christ(inn)en in der Gesellschaft. Allerdings endet schon hier das Gemeinsame. Im Unterschied zu den „Alten" stellen sie nämlich nicht mehr eine Gruppe mit relativ homogenen persönlichen Identitätsmerkmalen dar, sondern sind heterogene Individuen, die in ihren menschlichen und spirituellen Prägungen, ihren Ansprüchen und Kompetenzen über das ganze Spektrum des Denkbaren und Möglichen verteilt sind. Es wäre ein Irrtum, wenn angenommen würde, die geringe Zahl machte es möglich, sie über die „Kohortenidentität" hinaus zu einer Gruppe gleicher Personenmerkmale zusammenzufassen – im Gegenteil: Von einer homogenen Personengruppe im sozialpsychologischen Sinn, deren Mitglieder sich selbst als zusammengehörig empfinden, gemeinsame Ziele verfolgen, sich selbst mit gleichen Interessen und Zielen wahrnehmen und dazu einen emotionalen Bezug aufbauen, wird man nicht mehr sprechen können. Heterogenität ist die neue Normalität von seelsorglichen Identitäten: Jede(r) ist ein Einzelfall.

Die moderne Identitätsforschung sieht sie unter dem Druck der verschärften Individualisierung der Entwürfe und Formen der Lebensführung. Von klein auf begegnen sie der Notwendigkeit zur Auswahl aus der Angebotsstruktur des Alltags. Sie stehen vor der Herausforderung, den eigenen Lebenssinn und ihr seelsorgliches Selbstverständnis nicht mehr übernehmen zu können, sondern als

---

[17] Vgl. C. Jacobs, Warum sie „anders" werden. Vorboten einer neuen Generation von Seelsorgern, in: Diak. 41 (2010) 313–322; ders., K. Oel, „Ich werde eine(r) von ‚WIR'!": Zur Zukunft der Formation in den Ordensgemeinschaften, in: OrdKor 61 (2020) 148–165.

lebenslanges „Projekt“, als „Konstruktionsaufgabe“ zu begreifen. Die Annahme von fertigen „Paketen“ für ihr Leben und ihre Pastoral ist für sie – mit Recht – absurd.

### 4.4 Priesterliche Lebenskultur und Pastoralmacht

Den Priestern fehlen gegenwärtig anerkannte identitätsstiftende Lebensformen.[18] Das liegt nicht nur daran, dass der Zölibat die Anerkennung in der Gesellschaft verloren hat. Es ist eben nicht irrelevant, wenn sogar viele Gläubige im Kern der Gemeinden die priesterliche Lebensform infrage stellen oder gar ablehnen. Nicht wenige Priester fragen offen und verdeckt nach den theologischen Fundamenten und alltagspraktischen Mustern des Gelingens ihres Lebensentwurfs.

Manche Probleme ergeben sich auch dadurch, dass Abschied zu nehmen ist von der Lenkungstechnik der „klerikale[n] Pastoralmacht“ aus der Zeit der Identität von gesellschaftlichem und religiösem Sinnsystem. Rainer Bucher (* 1956) bezeichnet alle Versuche nicht nur als vergeblich, sondern auch als schädlich, die „priesterliche Identität wieder durch die Einschärfung alter Distanz- und Privilegierungsstrategien gegenüber Laien zu stärken“. Jede Art von Klerikalismus erscheint ihm als Phänomen „scheiternder priesterlicher Identitätsbildung“.[19] Chancen für deren Gelingen sieht er dann, wenn es Priestern schaffen, sich „eben nicht mehr auf die Einweisung in Orte garantierter Anerkennung und Handlungsmacht“[20] zu verlassen, sondern sich in die Lebensprozesse der Menschen solidarisch hineinzubegeben und Wertschätzung im Dialog zu erfahren. Die Anerkennung der Identität geschieht nicht mehr durch Bestätigung einer Positionsmacht, sondern durch Authentizität und Partizipation. Dies ist für viele Priester herausfordernd bzw. manchmal aufgrund ihres Kirchenbildes unerwünscht.

---

[18] Vgl. R. Bucher, Demütig, aufmerksam, solidarisch. Das Priesterbild der Zukunft, in: HerKorr.Sp (I/2018) 43–45.

[19] Wörtliche Zitate aus: ebd., 43.

[20] Ebd., 44.

## 5 Der Transformationsdruck durch die strukturellen Wandlungsprozesse in den Diözesen

Die Diözesen im deutschsprachigen Raum haben erkannt, dass die Strukturen der Pastoral aus dem vergangenen Jahrhundert nicht mehr tragfähig sind für die des 21. Jahrhunderts. Die Anzahl der Pfarreien muss drastisch verringert werden. Das bedeutet umgekehrt eine Vergrößerung der Seelsorgeeinheiten, wobei die meisten Bistümer die Konzeption von einer großen Pfarrei bzw. eines Verbundes mit mehreren bis vielen kleinen Gemeinden vor Ort vorsehen.

Bei den meisten Seelsorgenden hat diese Konzeption zu der Erwartung bzw. dem subjektiven Eindruck geführt, dass die Belastungen dadurch steigen müssten bzw. gestiegen sind. Zur Überraschung vieler bestätigt die Seelsorgestudie diesen Konnex empirisch nicht. Anders gesagt: Die objektive Größe der pastoralen Einheiten steht in keinem messbaren Zusammenhang mit Stress, Arbeitsintensität, Arbeitszeit bzw. allen weiteren Belastungsindikatoren. Auch die Zufriedenheitsindikatoren zeigen keinen Zusammenhang zur Größe der Seelsorgeeinheiten.[21] Der Widerstand der Seelsorgenden (und analog der Gläubigen) gegen dieses empirisch belastbare Ergebnis bleibt dennoch interpretationsbedürftig. Ein Vorschlag könnte lauten: Es ist der Transformationsdruck auf die gesamte Identität der Seelsorgenden, der diese Wahrnehmungsdynamik erzeugt. Sie erleben dies als große Schwierigkeit, mit der sie nur schlecht zurechtkommen.

In der Seelsorgestudie gibt es weitere empirische Anhaltspunkte für die Bedrohung der bisherigen Identität der Seelsorgenden durch den strukturellen Wandel. Überprüft wurde das von ihnen wahrgenommene und interpretierte Organisationsklima, z. B. Fragen nach Zielen, Prioritäten und Kommunikationskompetenzen der Verantwortlichen, der Wertschätzung, der Identifikation mit den Zielen der kirchlichen Autorität und dem „Vertrauen, dass unsere Diözese die Aufgaben der Zukunft meistern wird“. Hier zeigt sich: Erstens sind die Seelsorgenden mit ihren Bistumsverantwortlichen vergleichsweise wenig zufrieden – deutlich weniger als Personen in vergleichbaren sozialen Institutionen. Es scheint den Diözesen nicht zu gelingen, jene Zukunftsperspektiven und Sicherheiten zu vermit-

---

[21] Vgl. Baumann u. a., Zwischen Spirit und Stress (s. Anm. 2), 192.

teln, die für das Gelingen der Spannung von Veränderung und erneuter Stabilisierung der Identität erforderlich sind. Zweitens ergibt sich eine deutliche Beziehung zwischen dem Organisationsklima und den Belastungs- bzw. den Zufriedenheitsindikatoren. Negatives Organisationsklima und Wertschätzungsdefizite fallen dabei besonders auf.[22] Angesichts der Einsicht der Forschung, dass Anerkennung die entscheidende Ressource für die Identitätsbildung darstellt, dürfte in dem Mangel an Wertschätzung in den Veränderungsprozessen der Organisation ein wesentlicher Grund liegen, dass Seelsorgende ihre Identität als bedroht wahrnehmen und darüber klagen. Gerade in Zeiten des Identitätswandels sind Unterstützung „von oben" und die Wertschätzung der Mitarbeitenden wesentlich für ihre Identität und ihre Identifikation mit der Organisation.[23] Hier scheint erheblicher Handlungsbedarf für die Diözesen und ihre Verantwortlichen zu liegen, wenn sie ernst nehmen, dass sie die Identitätsbedrohung, die sie durch strukturellen Wandel erzeugen, auch „nach allen Regeln der Kunst" begleiten und auffangen müssen.

## 6 Rollenveränderungen und komplexe Rollenanforderungen als Konsequenzen

Der vorhergehende Abschnitt zeigt deutlich, welche Auswirkungen die strukturellen Veränderungen in den Diözesen auf die Seelsorgenden vor Ort haben. Vermittelt wird der Wandel vor allem durch Rollenveränderungen. Diesem Prozess soll hier näher nachgegangen werden.

Rollenveränderungen und eine Zunahme der Komplexität von Rollenanforderungen als Folge des Wandels bewirken eine Verstärkung des Transformationsdrucks. Aus soziologischer Perspektive gilt: „Soziale Rollen sind Bündel von Erwartungen, die sich in einer gegebenen Gesellschaft an das Verhalten der Träger von Positionen knüpfen."[24] Sie existieren als Erwartungshorizonte zunächst in der Gesellschaft. Ralf Dahrendorf (1929–2009) formuliert:

---

[22] Vgl. ebd., 42–44.

[23] Vgl. M. R. Edwards, R. Peccei, Perceived Organizational Support, Organizational Identification, and Employee Outcomes: Testing a Simultaneous Multifoci Model, in: Journal of Personnel Psychology 9 (2010) 17–26.

[24] R. Dahrendorf, Homo Sociologicus. Ein Versuch zur Geschichte, Bedeutung

> „(1) Soziale Rollen sind gleich Positionen quasi-objektive, vom Einzelnen prinzipiell unabhängige Komplexe von Verhaltensvorschriften. (2) Ihr besonderer Inhalt wird nicht von irgendeinem Einzelnen, sondern von der Gesellschaft bestimmt und verändert. (3) Die in Rollen gebündelten Verhaltenserwartungen begegnen dem Einzelnen mit einer gewissen Verbindlichkeit des Anspruches, so daß er sich ihnen nicht ohne Schaden entziehen kann."[25]

Die Identitätskonstruktion von Individuen besteht also nicht darin, dass die Person eine Rolle entwirft, die sie gerne ausfüllen möchte, sondern dass sie Erwartungen und Ansprüchen begegnet, gegenüber denen sie sich verhalten muss, ob sie möchte oder nicht. Anders formuliert: Rollen sind kulturelle Modelle, die in die Identität von Menschen integriert und ggf. im gesellschaftlichen Integrationsprozess transformiert werden (müssen).

Um den gegenwärtigen Transformationsdruck auf die Identität der Seelsorgenden – besonders auf die Rolle der Priester – zu verstehen, gilt es, sich über die Bedeutung des Verlustes von politischer Macht und moralischer Autorität der Kirche für die Rollenerwartungen an die Seelsorgenden klar zu werden.[26] Die Zeiten des Identitätsgewinns in der Position des Priesters und auch des Laien in der Seelsorge durch Pastoralmacht im Sinne von Michel Foucault (1926–1984) sind endgültig vorbei.[27] Spätestens durch die Missbrauchskrise ist klar geworden: Das integre und unantastbare Rollenmodell des *Holy Man*, das in der Antike die Erwartungsstruktur der Menschen geprägt hat, ist zerfallen.[28] Vor allem Priester (und alle Seelsorgenden, die mit

---

und Kritik der Kategorie der sozialen Rolle, Wiesbaden [16]2006, 37 [Erstausgabe: Köln 1959].

25 Ebd., 39.

26 Vgl. C. Hornung, (Amts-)Autorität in der Alten Kirche. Entwicklungen und Leitlinien, in: A. Autiero, S. Goertz, K.-W. Merks (Hg.), Autorität in der Moral: Historische und systematische Perspektiven (Jahrbuch für Moraltheologie 3), Freiburg i. Br. 2019, 11–34.

27 Vgl. M. Foucault, Geschichte der Gouvernementalität, Bd. 1: Sicherheit, Territorium, Bevölkerung. Vorlesung am Collège de France 1977–1978, aus dem Französischen von C. Brede-Konersmann, J. Schröder, hg. von M. Sennelart, Frankfurt a. M. 2004.

28 Vgl. M. Poorthuis, J. J. Schwartz (Hg.), Saints and Role Models in Judaism and Christianity (JCPS 7), Leiden 2004.

ihnen in Verbindung gebracht werden) stehen stattdessen sehr häufig unter dem Generalverdacht der Täterschaft.

Die Erwartungshaltung gegenüber Seelsorgenden, charismatische Persönlichkeiten mit heilenden Kräften zu sein,[29] die eine zentrale Rolle in der Ausbreitungsdynamik des frühen Christentums gespielt hat, existiert allerdings schon seit Jahrhunderten nicht mehr. Die Identitätsdynamik der heiligen Frauen und Männer und ihre Wirkung auf die Gesellschaft zum Beginn des Christentums resultierte aus dem anerkannten Profil ihres außergewöhnlichen moralischen und asketischen Verhaltens. Sie waren einfach vorbildhaft und eben „anders". Der Einfluss der Seelsorgenden und die Anerkennung, die man ihnen entgegenbrachte, gründete in ihrer Bescheidenheit und Demut, auf ihrem heilenden Handeln und der wahrgenommenen zähmenden Kraft auf die „wilden Tiere".[30]

Vor diesem Hintergrund wird auch verständlich, warum z. B. ein „ontologisches Priesterbild" gegenwärtig für die Identitätsbildung kraftlos ist oder sogar in Sackgassen führt. Ja selbst die funktionale Sicht der Rolle als Priester bzw. Seelsorger(in) „funktioniert" nicht mehr: Dazu trägt die veränderte funktionale Perspektive auf Seelsorgende vonseiten der Gesellschaft bei. Zugespitzt lautet die These: „Wir brauchen euch nicht (mehr)!" Die leeren Kirchen in Zeiten der Corona-Pandemie sind lediglich eine exemplarische Verdichtung der Erfahrung, dass der größte Teil der Bevölkerung nur noch sehr wenig positive Erwartungen an die Kirche und ihre Seelsorgenden hat. „Systemrelevanz" wird ihnen abgesprochen.

Wenn nun richtig ist, dass die Identität von Seelsorgenden wesentlich gespeist wird aus der Verbindlichkeit der im Strom des Alltags an sie ergehenden Ansprüche, deutet sich eine bedrohliche Destabilisierung klassischer Fundamente in diesem Bereich an. Gottesdienste werden immer seltener nachgefragt, Katechese und Begegnung in kirchlichen Gruppen und Verbänden ebenso wenig; moralische Weisung wird abgelehnt, gesellschaftliche und politische Einmischung seitens der Kirche verbittet man sich. Pointiert gesagt: Nicht, dass Menschen zu viele Erwartungen an Seelsorgende haben, ist das Problem, sondern, dass viele gar keine Erwartungen haben.

---

[29] Vgl. C. Safrai, Z. Safrai, Rabbinic Holy Men, in: Poorthuis, Schwartz (Hg.), Saints and Role Models in Judaism and Christianity (s. Anm. 28), 59–78.

[30] Vgl. ebd.

Angesichts der Projektion des Rückgangs der christlichen (!) Bevölkerung in Deutschland bis 2060 (durch demografischen Wandel, Austritte und vor allem durch Taufunterlassungen[31]) auf die Hälfte des Standes von 2020 wird man von massiven Veränderungen der Rollenanforderungen mit Blick auf die Identitätsbildung der Seelsorgenden ausgehen können.

Allerdings erzeugt gegenwärtig nicht nur die Gesellschaft einen Transformationsdruck auf die Seelsorgerrolle, sondern auch die Diözesen forcieren geradezu funktionale Identitätsbestimmungen. Ihre Neustrukturierung führt zu einem hohen Professionalisierungsdruck auf das pastorale Personal. Für Priester wird immer entscheidender, welchen Platz man im Team oder in der Diözese hat.[32] Identitätsstiftung geschieht durch die Position und die Funktion im Presbyterium, nicht durch die Zugehörigkeit dazu.

Bis weit in die zweite Hälfte des vergangenen Jahrhunderts war es selbstverständlich, dass fast jeder, der Priester wurde, damit rechnen konnte, auch Pfarrer zu werden. Die Strukturveränderungen in den Diözesen machen es erforderlich, dass heute dazu mit Recht nur derjenige ernannt werden kann, der neben dem geistlichen Profil die für das Funktionsamt des Pfarrers nötigen Ressourcen (Führungs- und Kommunikationskompetenzen, Durchhaltevermögen, Stressresistenz usw.) mitbringt. Dies trifft nach den empirischen Erkenntnissen der Seelsorgestudie – wie in allen Organisationen – nur auf maximal ein Drittel der zur Verfügung stehenden Priester zu.[33] Die identitätsstiftenden Rollenerwartungen der Bevölkerung richten sich aber in der Regel auf die Gruppe der Geistlichen, die Pfarrer sind. Sie haben gegenwärtig (noch) eine relativ gut definierte Position. Allerdings: Da diese vor allem seitens der Bevölkerung als „Machtrolle" mit Verwal-

---

[31] Vgl. Deutsche Bischofskonferenz (Hg.), Projektion 2060. Langfristige Projektion der Kirchenmitglieder und des Kirchensteueraufkommens in Deutschland, in: https://www.dbk.de/themen/kirche-und-geld/projektion-2060 (Zugriff: 15.3.2021).

[32] Vgl. Baumann u. a., Zwischen Spirit und Stress (s. Anm. 2); Jacobs, Die Deutsche Seelsorgestudie 2012–2014 (s. Anm. 12); ders., „Auf dein Wort hin …" (Lk 5,5). Die Herausforderungen der Zeit bestehen – Impulse aus der Seelsorgestudie für die „Menschenfischer" von heute, in: R. Althaus (Hg.), In verbo autem tuo, Domine – Auf dein Wort hin, Herr [FS Erzbischof Hans-Josef Becker] (PaThSt 58), Paderborn 2018, 191–211.

[33] Vgl. Baumann u. a., Zwischen Spirit und Stress (s. Anm. 2), 185f.

tungs- bzw. Durchgriffsverantwortung verstanden wird, gerät sie bereits jetzt (und in Zukunft noch stärker) in interne Konkurrenz mit der Position der Verwaltungsleiter(innen). Die Vorstellung von der neuen Identität eines Pfarrers, der nicht Verwaltung, sondern geistlich-pastorale Führungsverantwortung als Quelle seines Selbstverständnisses sieht, befindet sich aus Sicht der Gläubigen und der Seelsorgenden selbst gerade erst im Aufbau. Eine solche neue Rolle ist im Bewusstsein der Gesellschaft kaum im Blick.

Noch problematischer stellen sich die Rollenveränderungen durch den pastoralen Wandel für diejenigen dar, die „nur" Priester und damit „nur" Seelsorger, aber nicht Pfarrer sind. Ihre Rolle ist in der gesellschaftlichen, aber auch der kirchlichen Öffentlichkeit überhaupt nicht definiert. Für sie stehen nur wenige positiv konnotierte Identitätsbausteine zur Verfügung. Sie verrichten die Alltagsdienste der Seelsorge, haben aber die geringsten Garantien auf Erfolg, Anerkennung und überhaupt auf Wahrnehmung ihrer Tätigkeit in der Öffentlichkeit. Hinzu kommt, dass ein großer Teil dieser Personen mit dem Identitätswunsch und -modell „Pfarrer" den Weg zum Priester-Sein eingeschlagen hat und sich im Laufe der letzten Jahre davon verabschieden musste. Für viele stellt dies eine erhebliche biografische Kränkung dar.

Der Vergleich der eigenen Identität mit anderen spielt selbstverständlich für alle Seelsorgenden eine bedeutsame Rolle. Dies zeigt sich in der Seelsorgestudie deutlich in der Gegenüberstellung der Mitarbeitenden in der Territorial- und der Kategorialseelsorge. Die besseren Chancen für eine gelingende Identitätsbildung scheinen diejenigen zu besitzen, die eine Tätigkeit im letztgenannten Bereich (z. B. diözesane Spezialaufgaben, Lehrberufe, Jugend-, Kranken- und Gefängnisseelsorge usw.) erreichen können. Ihre Lebensqualität (Lebens- und Arbeitszufriedenheit, Gesundheits- und Belastungsindikatoren) ist insgesamt besser als im Feld der Territorialseelsorge.[34] Dies wird erklärbar, wenn man wieder das Konzept der Rollenanforderungen zu Hilfe nimmt. In funktionaler Hinsicht sind diese Arbeitsfelder besser definiert, erfordern und ermöglichen eine höhere (in der Regel erworbene) Professionalisierung und erzielen höhere Anerkennung innerhalb von Kirche und Gesellschaft. Hier

---

[34] Vgl. ebd., 198.

ist auch die Klage aus der Gruppe der Gemeindereferent(inn)en anzusiedeln, dass ihr Tätigkeitsbereich im Vergleich zu den Pastoralreferent(inn)en mit Blick auf Professionalisierungschancen, Entwicklungsmöglichkeiten und finanzielle und immaterielle Wertschätzung schlechter abschneidet.

Die hier mosaiksteinartig zusammengestellten Perspektiven zu Auswirkungen auf Rollenanforderungen lassen sich u. E. in folgende Richtung bündeln: Die Identität von Seelsorgenden ist heute praktisch kaum noch einheitlich definiert. Wie in der umgebenden Gesellschaft sind Heterogenität, Komplexität und Fragmentarität die Realität. Professionalisierung scheint eine der notwendigen Entwicklungslinien zu sein. Doch genau dies könnte nicht nur hilfreich und zukunftsträchtig sein, sondern auch in die „Professionalisierungsfalle“ führen.[35] Identität wird gerade bei Seelsorgenden eben nicht nur durch Professionalität garantiert.[36] Im Gegenteil: Seelsorger(innen) haben einen Beruf, der zwar der Professionalität bedarf, aber nicht auf ihr gründet und durch sie definiert ist. Sie dürfen niemals zu „Sklaven ihres Könnens“[37] werden. Seelsorgliche Identität wird vor allem durch die Forderung an „Menschsein“, also an Empathie, Echtheit, Absichtslosigkeit, und durch Verzicht auf eigenen Identitätsgewinn durch Macht definiert. Seelsorgende werden in Zukunft nur dann ihrer angeforderten Rolle gerecht werden, wenn sie es zu ihrer Identität werden lassen, als Christ(inn)en sie selbst zu sein und damit anderen zur Subjektwerdung zu verhelfen.[38] Es wird darum gehen,

> „dass Seelsorger vor allem anderen das ‚Metier des Menschen‘ leben müssen, weil ihnen keine Alternative bleibt, wenn sie sich als MitarbeiterInnen Gottes verstehen und danach handeln wollen“[39].

---

[35] Vgl. M. Krüggeler, K. Gabriel, W. Gebhardt (Hg.), Institution – Organisation – Bewegung. Sozialformen der Religion im Wandel (Veröffentlichungen der Sektion Religionssoziologie in der Deutschen Gesellschaft für Soziologie 3), Wiesbaden 1999.

[36] Vgl. M. Hochschild, Beobachtungen der Kirche, Bd. 2: Vom Werden im Vergehen (Religions- und kirchensoziologische Texte 10), Münster 2005.

[37] Ebd., 119.

[38] Vgl. ebd., 121.

[39] Ebd., 122.

## 7 Kohärenzsinn und Transzendenzerfahrung als Ressourcen für gelingende Identitätsentwicklung

Die Transformationsprozesse in Gesellschaft und Kirche stellen für die Identitätsbildung der Seelsorgenden eine große Herausforderung dar. Denn das „Leben ohne Drehbuch", welches die postmoderne Gesellschaft nach einem Wort von Charles Taylor (* 1931) sich selbst und allen Individuen verordnet, ist natürlich auch mehr und mehr ein Merkmal des Lebens in der Kirche. Der Sozialpsychologe Heiner Keupp (* 1943) hat für die Auswirkungen dieser Dynamik mit Blick auf die Identität der Individuen den Topos vom Risiko der „ontologischen Bodenlosigkeit" geprägt.[40]

Angesichts der Gefahr nicht tragfähiger Fundamente stellt sich die Frage: Was führt Menschen zu einer gelingenden Identitätsentwicklung? Nach Ansicht Keupps[41] bietet sich dafür in humanwissenschaftlicher Perspektive der Kohärenzsinn des salutogenetischen Modells von Aaron Antonovsky (1923–1994) als Rahmenkonzept an.[42] Das vor allem durch die Gesundheitswissenschaften und die Ottawa-Charta[43] der Weltgesundheitsorganisation bekannt gewordene Konzept ist ein tragfähiges Modell – nicht nur im Rahmen der Gesundheitsförderung,[44] sondern auch als Beitrag zu gelingender Identitätsentwicklung auf individueller und organisationaler Ebene.

---

[40] Vgl. H. Keupp, Identität und Kohärenz: Ein vergeblicher Anspruch in der Postmodernen Gesellschaft?, in: B. Schmitz, P. Prechtl (Hg.), Pluralität und Konsensfähigkeit (Studien zur Anthropologie 21), Würzburg 2001, 25–57, bes. 35f.; H. Keupp, Gesundheitsförderung als Identitätsarbeit, in: Zeitschrift für qualitative Bildungs-, Beratungs- und Sozialforschung 7 (2006) 217–238, bes. 223.

[41] Vgl. Keupp, Identität und Kohärenz (s. Anm. 40), 25; ders., Individualisierte Identitätsarbeit in spätmodernen Gesellschaften (s. Anm. 3).

[42] Vgl. A. Antonovsky, The Sense of Coherence as a Determinant of Health, in: J. D. Matarazzo u. a. (Hg.), Behavioral Health. A Handbook of Health Enhancement and Disease Prevention, New York 1984, 114–129; A. Antonovsky, Salutogenese. Zur Entmystifizierung der Gesundheit, hg. von A. Franke (Forum für Verhaltenstheraphie und psychosoziale Praxis 36), Tübingen 1997.

[43] Weltgesundheitsorganisation, Ottawa-Charta zur Gesundheitsförderung, 1986, in: https://www.euro.who.int/__data/assets/pdf_file/0006/129534/Ottawa_Charter_G.pdf (Zugriff: 15.3.2021).

[44] Vgl. T. Faltermeier, Salutogenese (26. März 2020), in: https://www.leitbegriffe.bzga.de/alphabetisches-verzeichnis/salutogenese (Zugriff: 15.3.2021).

Was leistet der Kohärenzsinn für die Identitätsbildung der Seelsorgenden? Die mit diesem Modell arbeitende Forschung hat aufzeigen können, dass es die Stärke der Ressourcen ist, die dem Menschen das Gefühl vermittelt, dem Leben mit Souveränität und Gestaltungskraft begegnen zu können. Dies gilt besonders angesichts widersprüchlicher oder gar widriger biografischer Erfahrungen. Die Erarbeitung und konstruktive Entwicklung von Identität basiert auf diesem Gefühl und macht es gleichzeitig zu ihrem Ziel. Menschen sind dann stabil und nehmen eine gute Lebensentwicklung, wenn sie erstens genügend Ressourcen besitzen und zweitens die Fähigkeit erwerben, diese zu einem tragfähigen Fundament zu machen. Das Kohärenzgefühl bündelt und orientiert alle kognitiven, instrumentellen und motivationalen Ressourcen zu einer Kraft der Schaffung von Lebenssouveränität. Es ist daher so etwas wie ein Lebensdirigent, eine zentrale Steuerungsgröße für die Identitätsbildung und die Entwicklung der Lebensqualität.

Die Ergebnisse der Seelsorgestudie illustrieren die Erklärungskraft dieses Modells in eindrücklicher Weise und machen gleichzeitig sehr nachdenklich. Je stärker das Kohärenzgefühl ausgeprägt ist, um so höher sind die Werte für Lebensqualität, Gesundheit und Motivation für die Seelsorge. Darüber hinaus finden sich bedeutsame positive Korrelationen für Parameter wie die Identifikation mit der Tätigkeit, mit der Lebensform und der Stabilität im Beruf oder im Amt. Allerdings ruft das beobachtete Niveau des Kohärenzgefühls einen zwiespältigen Eindruck hervor: Es liegt knapp unter dem Mittelwert der Normalbevölkerung und deutlich unter dem vergleichbarer Personen mit Verantwortung für andere Menschen und in Führungspositionen. Der Wert für die Priester ist besonders niedrig.[45]

Daraus ergibt sich als Postulat: Es braucht erhebliche Investitionen in die Förderung des Kohärenzgefühls, wenn man die Identität der Seelsorgenden stützen will. Sie wird sich nicht dadurch bilden, dass man sich auf die Suche nach einem imaginären Kern macht. Es wird darum gehen, in Ressourcen zu investieren, welche die Lebenssouveränität fördern. Dafür braucht es ein breites Spektrum von kreativer Entdeckung solcher Ressourcen, ihrer kontinuierlichen

---

[45] Vgl. Baumann u. a., Zwischen Spirit und Stress (s. Anm. 2), 68f.

Förderung und ihrem konsequenten Training auf individueller und organisationaler Ebene.

Als besonders identitätsstärkende Ressource hat sich in der Seelsorgestudie die lebendige Transzendenzerfahrung erwiesen, also die Beziehung zur Gegenwart Gottes im Alltag. Es geht um das spirituelle Erleben, dass Gott nahe ist und Kraft für das Leben gibt. Die hier empirisch ermittelte Ressource der Erfahrungsdimension Gottes im Alltag erweist sich zusammen mit dem privaten Gebet – im Unterschied zur Häufigkeit der Praxis bestimmter liturgischer Feierformen – als zentraler Prädiktor für die Lebensqualität, das Engagement und die Identität der Seelsorgenden. Versucht man (mithilfe einer Regressionsrechnung), die Bedeutung der spirituellen Verankerung für die Identifikation als Seelsorger(in) und für den Einsatz bei der Arbeit im Vergleich zum Kohärenzgefühl zu bestimmen, erweist sich die Erfahrung der Gegenwart Gottes als starker Prädiktor.[46] So lässt sich zusammenfassen: Menschliche und spirituelle Kohärenzerfahrung sind für Seelsorgende aus Sicht der empirischen Theologie die beiden zentralen Ressourcen für eine gelingende Identitätsentwicklung, für das Engagement in der Seelsorge und für eine hohe Lebensqualität.

## 8 Die theologisch-biblische Perspektive der Identität – auf dem Weg zu einer diakonischen Wende

Die Frage nach den Faktoren, welche die Transformation der Identität in der Seelsorge steuern, wäre nicht ausreichend beantwortet, wenn sie nicht auch dezidiert theologisch, vor allem aus biblischer Perspektive, betrachtet würde. Denn gerade Seelsorgende würden sich nur unzureichend verstanden und in ihrer Identität gewürdigt fühlen, wenn nicht ihre spirituelle Motivation in die Überlegungen einbezogen würde. Daher sei zum Schluss diese Perspektive ausdrücklich als Entwicklungsimpuls der zukünftigen Identitätsbildung eingebracht.

Auch in theologischer Perspektive ist der Identitätsbegriff eine zentrale Größe. Die Biografie eines Menschen auf dem Weg zu sei-

---

46 Vgl. ebd., 223–250.

ner Erfüllung besitzt eine theologische Dignität. Die Selbstdeutung im Angesicht Gottes, welche sich über die Lebensgeschichte erstreckt und entfaltet, ist selbstverständlich ein prozesshaftes Geschehen.[47] Wie in den aktuellen Humanwissenschaften ist Identität ein Relationsbegriff.[48] Er fokussiert mehr eine Ziel- und Prozess- als eine Bestandsgröße. Lebensgeschichte wird so zum Ort der Identitätskonstruktion.[49] Die Dynamik der eigenen Identitätsfindung führt den Menschen in eine doppelte Bestimmung. Dazu gehört

> „sowohl die individuelle Aufgabe menschlicher Lebens- und Sinnverwirklichung als auch die politisch-gesellschaftliche Aufgabe der Bereitstellung von humanen Entfaltungsstrukturen und -möglichkeiten“[50].

Auch theologisch darf mit Bezug auf die Humanwissenschaften darauf verwiesen werden, dass Identität in besonderer Weise aus der Wahrnehmung innerer Verpflichtungen erwächst, wenn Menschen in bedeutsamen und betroffen machenden Erfahrungen für sich selbst Standards setzen, um sich auf Ansprüche einzulassen und so entsprechendes Engagement zu zeigen. Identitätsbildung ist so gesehen ein (selbstnarrativ) vollzogener Prozess aus der Dynamik der Bekehrung im Angesicht Gottes. Da sich Identität durch Anerkennung konstituiert, liegt die Quelle menschlicher Identität wesentlich in Gott. In der Beziehung zu Jesus Christus vollzieht sich für jede(n) einzelne(n) Glaubende(n) die Identitätskonstruktion, welche die Einheit der Lebensgeschichte hervorbringt. Mit Blick auf die herausgearbeitete Einsicht, dass die Identitätsbildung der Seelsorgenden heute unter erheblichem Wandlungsdruck steht, weil die gängigen – meist funktionalen bzw. organisationalen – Stabilisierungsgrößen zerfallen, ermöglicht die theologisch-spirituelle Perspektive einen Neuansatz, der hier in drei Postulaten abschließend verdichtet werden soll.

Erstens: Die Identität der Seelsorgenden wird angesichts des Transformationsdrucks und des Zerfalls der gesellschaftlichen Aner-

---

47 Vgl. A. Rohde, Lebensgeschichte und Bekehrung. Leben aus Gottes Anerkennung (PaThSt 55), Paderborn 2013.

48 Vgl. L. Honnefelder, Identität. I. Philosophisch, in: $LThK^3$ 5 (1996) 397–399.

49 Vgl. Rohde, Lebensgeschichte und Bekehrung (s. Anm. 47).

50 A. Maurer, Identität. II. Theologisch-ethisch, in: $LThK^3$ 5 (1996) 399f., hier: 399.

kennungsdynamik in Zukunft ihre Kraft wesentlich in einem „Leben aus Gottes Anerkennung“ gewinnen.

Zweitens: Die Veränderungsprozesse der Gegenwart stellen die Seelsorgenden vor eine existenzielle Wahl – ob sie sich erneut zu Gott bekehren oder nicht. Bekehrung heißt Umkehr und Neuschöpfung in Jesus Christus. So könnte die gegenwärtige Krise zum Wendepunkt in ihrem Leben werden. Bekehrung gibt im Wesentlichen die Selbstbezüglich- und Selbstdienlichkeit der Identitätsbildung auf und entdeckt die Dynamik der spirituellen und menschlichen Transzendenz als tragenden Grund der eigenen Persönlichkeit. Identitätsfindung bedeutet Umkehr zur Liebe zu Gott und den Menschen.

Drittens: Die verlässlichste Quelle der Identität der Seelsorgenden ist die „Rückkehr in die Diakonie“. Vor allem Alfred Delp (1907–1945) ist es, der diese Perspektive des Evangeliums als Grunddynamik gläubig-kirchlicher Identität in den Fokus rückt. Rückkehr in die Diakonie bedeutet für ihn eine radikale Transformation der Existenz, der Denkschemata und der pastoralen Handlungsgewohnheiten der Kirche:

> „Es wird kein Mensch an die Botschaft vom Heil und vom Heiland glauben, solange wir uns nicht blutig geschunden haben im Dienste des physisch, psychisch, sozial, wirtschaftlich, sittlich oder sonstwie kranken Menschen.“[51]

Wer sich ohne Vorbehalte in den Dienst des Menschen stellt, wird sich aus dieser Dynamik heraus selbst finden und auf die Spur eines eigenen gelingenden Lebens gelangen. Die „geschundenen“ Menschen, die bedürftigen Nächsten konfrontieren die Seelsorgenden mit dem Anspruch des Evangeliums. Sie definieren in ihren Hoffnungen und Erwartungen „von außen“ ihre Identität.

Wenn Identität die Antwort auf die Frage „Wer bin ich – im Vergleich mit anderen?“ ist, so wird diese aus diakonischer Perspektive lauten: „Ich bin die Person, die im Auftrag Jesu dem Menschen dient, nicht diejenige, die herrscht“ (vgl. Lk 22,24–30). Identität entsteht also nicht durch die Suche nach dem imaginären „Kern seiner selbst“, sondern durch das brennende Interesse für den Alltag der Menschen und ihre Nöte. So gerät gerade angesichts des Zerfalls der klassischen Identitätsstützen die diakonische Orientierung als

---

[51] A. Delp, Das Schicksal der Kirchen, in: StZ 235/142 (2017) 831–837, hier: 832f.

immer und überall verlässliche Quelle des seelsorglichen Profils neu in den Blick. Seelsorgende haben dann vor allem die eine Identität – im Namen Gottes zu helfen und zu heilen.

Der hier postulierte Prozess der Identitätsbildung durch Diakonie erhält eine besondere Überzeugungskraft für die heutige Debatte um das Verständnis der Seelsorgenden, wenn man ihn – in gebotener Kürze – in „identitätstheologischer" Perspektive im Licht der Parabel des barmherzigen Samariters entwirft (vgl. Lk 10,25–37). Der Schriftgelehrte fragt Jesus nach dem ewigen Leben. Das Gesetz gibt die Antwort: durch Gottes- und Nächstenliebe. Doch die Frage des Gesetzeslehrers bleibt: „Und wer ist mein Nächster?" (Lk 10,29) Jesus gibt die Antwort in einem Gleichnis. Der Priester sieht das Unglück – und geht vorüber. Der Levit sieht es ebenfalls – und geht auch vorüber. Der Samariter sieht es, hat Mitleid, geht hin und hilft dem Schwerverletzten. Wichtig ist, was man voraussetzen muss: Der Priester und der Levit hatten im Tempel die Gottesdienste gefeiert. Sie waren auf dem Weg nach Hause. Sie haben für den Dienst am Nächsten keine Motivation, sie wollen ihre Ruhe. Der Samariter, dessen Identität – im Unterschied zum Priester und Leviten – nicht durch den Tempel gesichert wird, zeigt in dieser Parabel seine Identität in der Orthopraxie: im Menschendienst. Zu berücksichtigen ist hier das Wissen des Lukasevangeliums um die zurückliegende Zerstörung des Tempels. Die verwendeten Heilmittel von Öl und Wein gehören für den Priester und den Leviten zur „Materie" des Gottesdienstes. Die kultisch-kulturelle Identitätsstiftung und ihre Materie liegen in Schutt und Asche. Der Samariter übernimmt diese Gaben für den Dienst am Menschen.

Es wird wichtig sein, die Aussageabsicht des Gleichnisses nicht als Aufruf zur Moral im Sinne „Du musst deinem Nächsten helfen!" eng zu führen. Es geht vielmehr darum, sich zu vergewissern, dass Jesus mit dieser Parabel die Frage nach der Identität des Menschen stellt, der das ewige Leben sucht: „Wer von diesen dreien meinst du, ist dem der Nächste geworden, der von den Räubern überfallen wurde?" (Lk 10,36) Jesus wendet die Frage. Sie heißt nicht mehr „Wer ist mein Nächster?", sondern: „Wem wirst du zum Nächsten?"

Der Gesetzeslehrer begreift die „diakonische Wende" eines sachgerechten Identitätsverständnisses bei Jesus: Es soll seine Identität sein, dass er zum Nächsten wird. „Da sagte Jesus zu ihm: Dann geh und handle du genauso!" (Lk 10,37) So sei noch einmal pointiert zugespitzt: Wenn Seelsorgende heute angesichts der notwendigen

Identitätstransformation durch den gesellschaftlichen und pastoralen Wandel um ihr Selbstverständnis ringen, wird vor allem die diakonische Wende den entscheidenden Impuls geben können.

# Mensch, wer bist du?
## Liturgische Identität in der Krise

*Kathrin Oel / Christoph Jacobs*

### 1 Die Feier der Liturgie – ein exemplarischer Schauplatz der wachsenden Identitätsproblematik von Seelsorgenden

Wer sich in Zeiten der Corona-Pandemie mit dem Thema der Identität von Seelsorgenden beschäftigt, wird sich unweigerlich die Fragen stellen müssen: Was bedeutet es – auf Dauer – für die Kirche, wenn das für sie existenzielle Feld der Liturgie so starken Beschränkungen bis hin zum völligen Ausfall unterliegt? Was bedeutet es, wenn die Evidenz wächst, dass diese Pandemie unabweisbar zum Thema macht, was alle sehen – dass sich an den leeren Kirchen zeigt, dass die gemeinschaftliche Verehrung Gottes und die gemeinschaftliche Feier seiner Gegenwart für die meisten Menschen keine Rolle mehr spielt? Dies wird verschärft, wenn man sie auf die Seelsorgenden zuspitzt:

- Was bedeutet es für die Seelsorgenden, wenn eines ihrer bedeutsamsten Handlungsfelder brachliegt oder in seinen Ausdrucksmöglichkeiten stark eingeschränkt ist?
- Was geschieht mit ihnen, wenn sie als Gestaltende im Feld der Liturgie aus der Perspektive der Gläubigen und in der öffentlichen Wahrnehmung geradezu unsichtbar werden?
- Was bedeutet es für ihr Selbstverständnis, wenn sie durch die Macht des Faktischen für die Feier der Liturgie neue Orte und Gelegenheiten suchen und Ausdrucksformen finden müssen?
- Wo finden die Seelsorgenden und die Gläubigen ihren spirituellen Raum, wenn bisher gültige und lange eingeübte Rituale plötzlich nicht mehr oder vorrangig am Bildschirm stattfinden?

Wir gehen in der Argumentation dieses Beitrags von einer gleichermaßen theologisch wie psychologisch begründeten Prämisse aus, die so einfach wie folgenschwer ist: Die Liturgie ist ein ausgesprochen bedeutsamer, wenn nicht entscheidender Ort für die Bildung der

Identität und ein wesentlicher Gestaltungsraum von Seelsorgenden. Liturgie wird damit „Schauplatz der Identität in der Krise".

Die Corona-Pandemie ist weniger die Ursache als vielmehr ein „Brennglas"[1] und „Scheinwerfer"[2] dieser Entwicklung. Die Beschleunigung der Verlustdynamik wird aller Voraussicht nach tiefgreifende Konsequenzen für die seelsorglichen Rahmenbedingungen und für das Selbstverständnis derjenigen haben, die Liturgie gestalten. Es ist also festzuhalten: Die Frage nach pastoraler Identität der Seelsorgenden ist nicht erst durch das Virus entstanden; sie wird dadurch „lediglich" beschleunigt. Die Identitätsfrage gewann in den letzten Jahren an Brisanz – möglicherweise, weil sich die Frage nach Identität der Kirche und damit nach der Identität der Seelsorgenden zunehmend als Problem offenbart.

Dieser Beitrag konkretisiert die Problematik vor dem Hintergrund der postmodernen Gesellschaft und der aktuellen Identitäts- und Entwicklungsforschung mithilfe der Aussagen von jungen Seelsorgenden, die im Rahmen eines Forschungsprojekts zu liturgischer Identität und ekklesiologischen Visionen interviewt wurden.[3] Wir möchten zeigen, dass die Grundprobleme der Identitätsbildung, wie sie die moderne Forschung beschreibt, auch und gerade im Lebens- und Handlungsraum der Liturgie erfahren werden und angegangen werden müssen.

## 2 Identitätsentwicklung und Liturgie

Der Identitätsbegriff hat nach seiner Einführung in den Sozialwissenschaften in kurzer Zeit viel Aufmerksamkeit gewonnen. Angesichts des bisherigen Defizits der Rezeption der modernen Identi-

---

[1] B. Jeggle-Merz, Das theologische Ideal einer eucharistischen Ekklesiologie und die Gegenwart der Kirche im frühen 21. Jahrhundert. Liturgiewissenschaftliche Annäherungen, in: S. Kopp, B. Kranemann (Hg.), Gottesdienst und Kirchenbilder. Theologische Neuakzentuierungen (QD 313), Freiburg i. Br. 2021, 84–107, hier: 85.

[2] S. Kopp, Beteiligung am Gottesdienst – auch unter besonderen Bedingungen, in: PBlDA 72 (2020) 296–302, hier: 296.

[3] Vgl. bereits C. Jacobs, K. Oel, Gottesdienstpraxis, pastorale Identität und ekklesiologische Visionen. Eine empirische Pilotstudie mit jungen Seelsorgenden, in: Kopp, Kranemann (Hg.), Gottesdienst und Kirchenbilder (s. Anm. 1), 306–333.

tätsforschung in der Theologie (und damit auch in der Ausbildung der Seelsorgenden) seien zentralen Annahmen hier kurz skizziert.

Stark konzentriert ist Identität die Antwort auf die Frage „Wer bin ich?“ vor dem Hintergrund sich ständig ändernder Umgebungsvariablen. Identität wird heute als konstruktive Leistung des Individuums verstanden, das eine Passung zwischen dem subjektiven „Innen“ und dem gesellschaftlichen „Außen“ erschaffen muss.[4] Es geht um eine permanent herzustellende Balance zwischen kulturellen, sozialen oder normativen Rollenerwartungen und den eigenen inneren Antrieben, Impulsen und Eigenschaften. Die neuere Identitätsforschung geht dabei nicht mehr von Identität im Sinne einer Kapitalbildung aus, die vorrangig in Jugend und Adoleszenz geschieht und im frühen Erwachsenenalter abgeschlossen ist. Vielmehr vollzieht Identitätsentwicklung sich in „Projektentwürfen“, die sich über unterschiedliche Zeitspannen erstrecken.[5]

Dass Identität und ihre Entwicklung diverse und möglicherweise auch konträre Ansprüche an das Individuum stellen, wird manchmal anschaulich gemacht durch die Metapher „Patchwork-Identität“. Diese wird zuweilen als Beschreibung eines Defizits verstanden. Positiv müsste man deutlicher von einer „Kompositions-Identität“ sprechen: Gemeint ist die Notwendigkeit für das Individuum, in der Spannung von innen und außen eine kohärente Gesamtgestalt im Lebensprozess zu entwerfen und aufrechtzuerhalten. Identität als zunächst intrapsychischer Prozess vollzieht sich in Handlungen und Verhalten und erhält dadurch eine von außen beobachtbare Form. Gleichzeitig dient Verhalten als Testlauf in der Erprobung von Identitätsentwürfen und als Rückkopplungsschleife: „Wer bin ich, wenn ich dieses oder jenes tue?“

Dies sei nun mit Blick auf die Liturgie konkretisiert. Die Feier des Gottesdienstes nimmt im Leben der Priester, Pastoralreferent(inn)en, Diakone, Gemeindereferent(inn)en einen großen Stellenwert ein – im zeitlichen Anspruch, aber auch von der Wertigkeit her. Gemäß den Vorgaben der Liturgie und den Vorgaben vor Ort (Bedeutung der Ri-

---

[4] Vgl. H. Keupp, Fragmente oder Einheit? Wie heute Identität geschaffen wird. Vortrag bei der Tagung „Identitätsentwicklung in der multioptionalen Gesellschaft“ am 25. April 2009 im Kardinal-Döpfner-Haus in Freising, in: http://www.ipp-muenchen.de/texte/keupp_09_freising04_text.pdf (Zugriff: 15.12.2020).

[5] Vgl. ebd., 5.

tuale für die Ortskirchen), aber auch mit ihren persönlichen Vorlieben und Vorgehensweisen (Bedeutung der Person / „Vorgaben" der Person) gestalten die Seelsorgenden Eucharistie- und Wort-Gottes-Feiern – dem Kirchenjahr entsprechend und anlassbezogen als Kasualien. Sie kommen in Kontakt mit Erwartungen und Vorstellungen von Kolleg(inn)en, Gläubigen und kirchenfernen Menschen, finden sich möglicherweise in Formaten wieder, die ihnen bisher fremd waren. Immer wieder nehmen sie dabei – bewusst oder unbewusst – auch wahr, ob diese Art der Feier zu ihnen „passt" – oder eben nicht. Identitätsbausteine werden akzeptiert und eingebaut – oder verworfen. So vollzieht sich die Komposition der Identität.

Was aus psychologischer Sicht selbstverständlich ist, wird auch die Theologie mit Blick auf die pastorale Praxis berücksichtigen müssen: Das Selbstverständnis der Seelsorgenden spielt immer eine Rolle – auch in der Gestaltung liturgischer Feiern. Dort wird es in Riten, Symbolen und Formen greifbar und anschaulich. Jede(r) Seelsorger(in) wird aus der Vielzahl der Möglichkeiten eine Auswahl treffen müssen, um zu einer Identität zu kommen. Manche kritisieren dies als Defizit im Sinne von: Es macht jede(r), was sie bzw. er will. Diese Aussage ist aus psychologischer Sicht nicht angemessen. Liturgie ist für die Identität nie und nimmer ein „Gehäuse der Hörigkeit", dem es zu entsprechen gilt oder dem sich jemand entziehen könnte. Sie ist auch theologisch eine für die Identitätsbildung „vollkommene geistliche Umgebung, damit sich die Seele darin auslebe"[6].

Das wechselseitige Verhältnis von seelsorglicher Identität und Liturgie wurde bisher selten pastoralpsychologisch betrachtet. Das gilt übrigens auch umgekehrt für die Bedeutung der seelsorglichen Identität für die Gestalt der Kirche. Wenn sich die Seelsorgenden liturgisch entwickeln, wird sich die Kirche entwickeln. Wenn sie stagnieren, wird die Kirche stagnieren. Unter einer praxisorientierten Perspektive müssen wir also fragen, welche Entwürfe zur Entwicklung ihrer Identität die Seelsorgenden verfolgen, welche Einflüsse und Erfahrungen aus Kirche und Gesellschaft auf sie einwirken und mit welchen Zielen und Idealen sie ihre Wirklichkeit gestalten. Die folgenden Ausführungen vertiefen diesen identitätspsychologischen Ansatz. Sie versuchen, zentrale Erkenntnisse der Wissenschaftsdis-

---

[6] R. Guardini, Liturgie als Spiel, in: ders., Vom Geist der Liturgie (EcOra 1), Freiburg i. Br. $^{8}$1922, 56–70, hier: 62.

ziplin im liturgischen Erleben und Verhalten empirisch aufzuspüren und daraus vertiefend Rückschlüsse zu ziehen.

## 3 Das Erleben von Veränderungen in Kirche und Gesellschaft und die Auswirkungen auf das Erleben von Identität

Die soziologischen Veränderungen in der Gesellschaft finden ihren Reflex in den immer deutlicher werdenden Diskussionen innerhalb der Kirche um deren Grundgestalt. Dies zeigt sich auch in der Liturgie. Die Gottesdienstpraxis wird in weiten Teilen weniger als Quelle der Kraft und Freude erlebt, sondern – im Gegenteil – als höchst problematisch beschrieben.[7]

Dass Veränderungen nicht begrüßt, sondern als Problem erlebt werden, ist nicht zuletzt auf die soziologische Herkunft und die damit verbundenen Erwartungen an Kirche und Liturgie als „Heimat" zurückzuführen. Seelsorgende entstammen aus soziologischer Perspektive eher der Subgruppe der bürgerlich-traditionellen Familien mit religiöser Bindung.[8] Menschen aus dieser Gruppe sind längst nicht mehr Teil der Mehrheitsgesellschaft. Identitätspsychologisch sind sie aber dennoch Kinder ihrer Zeit. In ihrer Entwicklung unterliegen sie also den gleichen Parametern wie die nichtchristliche Gesellschaft.

Die Beschleunigung der Veränderungen in der Gesellschaft, wie sie Hartmut Rosa (* 1965) konstatiert,[9] wird von den Seelsorgenden mit immer größerer Deutlichkeit verspürt. Sie manifestiert sich bei den untersuchten jüngeren Seelsorgenden exemplarisch in der Liturgie. Es gibt Seelsorgende, die mit der Hoffnung auf Stabilisierung

---

[7] Vgl. Jacobs, Oel, Gottesdienstpraxis, pastorale Identität und ekklesiologische Visionen (s. Anm. 3).

[8] Vgl. M. Calmbach, B. B. Flaig, I. Eilers, MDG-Milieuhandbuch 2013. Religiöse und kirchliche Orientierungen in den Sinus-Milieus, hg. von der MDG Medien-Dienstleistungen GmbH, Heidelberg – München 2013.

[9] Vgl. H. Rosa, Zwischen Selbstthematisierungszwang und Artikulationsnot? Situative Identität als Fluchtpunkt von Individualisierung und Beschleunigung, in: J. Straub, J. Renn (Hg.), Transitorische Identität. Der Prozesscharakter des modernen Selbst, Frankfurt a. M. – New York 2002, 267–302; H. Rosa, Beschleunigung und Entfremdung. Entwurf einer kritischen Theorie spätmoderner Zeitlichkeit, Berlin 2013.

ihrer persönlichen Lebenswelt durch eine rahmengebende Institution in den pastoralen Dienst eintreten.[10] Aller Wahrscheinlichkeit nach werden diese angesichts der zunehmenden pastoralen Umbrüche als Reaktion auf eine veränderte Gesellschaft jedoch erleben, dass sie diese dringend benötigte Stabilität auch in der Liturgie nicht mehr finden. Dies veranschaulicht etwa folgende Aussage:

- Priester: „Jetzt mal eine klassische Sonntagsmesse. [...] Wer da als Außenstehender hinkommt, abgesehen davon, dass du kein Wort verstehst, wirst du auch noch blöd angeguckt. Und [...] weißt nicht, ob du dich hinknien, setzen oder legen sollst. Und kriegst noch ein paar blöde Kommentare."[11]

Die Seelsorgenden trifft diese Realität existenziell. Sie erleben, dass die gottesdienstlichen Feiern der Kirche heute und damit auch sie selbst als die liturgisch Agierenden kaum mehr verstanden werden. Es fällt schwer, den gewünschten Raum für ein Zugehörigkeits- und Gemeinschaftsempfinden zu öffnen. Viele Seelsorgende wünschen sich eine aktiv feiernde Gemeinde von Gläubigen, finden aber vor allem vereinzelte Teilnehmer(innen) im fortgeschrittenen Alter vor. Der – durch die Corona-Pandemie auf lange Sicht beschleunigte – Rückgang der Gottesdienstbesucher(innen) wird von vielen Seelsorgenden als – manchmal identitätsbedrohende – Kränkung erlebt, denn sie interpretieren das Wegbleiben der Gläubigen als Hinweis darauf, in ihrer persönlichen Existenz allmählich überflüssig zu werden.

Ein weiterer Brennpunkt ist das Erleben der Veränderungen im „Konkurrenzkampf" unter den seelsorglichen Identitäten von Priester und Laien um Wertschätzung und Anerkennung im liturgischen Handeln. Sie weichen die alten Rollen auf und eröffnen neue Handlungsfelder, die offen oder verdeckt gegeneinander identitätsbedeutsam positioniert werden:

- Gemeindereferent(in): „Und man ist eben nicht so fest an irgendwas gebunden. Ich kann das machen, ich brauche keinen

---

[10] Vgl. C. Jacobs, Kirche in Zeiten der Veränderung. Und was passiert mit den Seelsorgenden?, in: S. Kopp (Hg.), Von Zukunftsbildern und Reformplänen. Kirchliches Change Management zwischen Anspruch und Wirklichkeit (Kirche in Zeiten der Veränderung 1), Freiburg i. Br. 2020, 183–209.

[11] Originalzitat aus den Interviews zur besseren Veranschaulichung – daraus im Folgenden auch weitere, nicht extra nachgewiesenen Zitate.

Kollegen, keinen Priesterkollegen dazu, sondern ich kann das machen und so wie ich eben auch rede, wie ich agiere."

Bedeutsam ist die Spanne der Reaktionen von Seelsorgenden, die als Ausdruck ihrer Identität angesichts der Dynamik der Veränderungen sichtbar werden. Am Beispiel der Eucharistiefeier veranschaulicht, erstreckt sie sich vom Postulat „Stopp den Veränderungsprojekten" bis hin zum Wunsch nach einer Tabula rasa als Ende des verhassten Status quo:

- Priester: „Also, ich mach da jetzt nicht in der Messe irgendwie ein Probierfeld oder eine Trainingsstunde."
- Gemeindereferent(in): „Also, ich hätte da mal gerne so einen [!] Tabula rasa mit allem, [...] das wäre cool. Und wirklich dann mal zu gucken: Okay, wen haben wir in der Gemeinde? Sind das überwiegend Menschen mit, also, Menschen in fortgeschrittenem Alter? Was brauchen die, was wünschen die sich?"

Festzuhalten bleibt: Es sind enorme Umbrüche, die sowohl vonseiten der Gesellschaft als auch aus dem Inneren der Kirche heraus auf die Seelsorgenden einwirken. Die daraus erwachsenen Impulse manifestieren sich äußerlich sichtbar im Verhalten der jungen Seelsorgenden, u. a. eben in der Liturgie.

## 4 Das schwierige Tolerieren-Können von Diversität – ein Plädoyer für die Kraft zum Standhalten bei Verschiedenheit und Unsicherheit

Wir haben gezeigt: Die gegenwärtige Praxis des gottesdienstlichen Feierns wird als problematisch erlebt. Das liegt nicht nur an der faktisch mangelnden Passung zwischen den Konzepten und Ritualen der Liturgie mit der heutigen Kultur. Ein wesentlicher Faktor für das Problem ist auch die nicht gelingende Integration der verschiedenen Rollenerwartungen in den individuellen Identitätsentwurf. Im Vordergrund steht häufig Frustration. Und was steht im Hintergrund?

Identität hat (Rollen-)Erwartungen in Passung zu bringen: zum einen die der festgelegten liturgischen Abläufe und der lokalen Pastoralkonzepte, zum anderen personale Ansprüche vonseiten der Gläubigen und vonseiten der Kolleg(inn)en (Priester, Diakone, Laien) sowie natürlich ihre eigenen Vorstellungen. In der Analyse der Selbstwahrnehmung ihrer Identitätsbausteine fällt auf, dass die jungen Seelsorgenden im liturgischen Handeln für sich selbst einen deutlich abgegrenzten Fokus definieren. Wir stellen empirisch fest: Dies ist für sie gesetzt und kaum verhandelbar. In unseren Interviews formulieren sie eher wenig Verständnis für andere Ausrichtungen und suchen selten aktiv nach Räumen des Gemeinsamen.

Wenn man aus Forschungsperspektive über alle Differenzen hinweg systematisch nach Typisierungen sucht, die zur Erklärung beitragen und die unterschiedlichen Identitätsakzente miteinander ins Gespräch bringen könnten, lassen sich zwei „Polaritätspole" und ein gemeinsames Profil herausarbeiten:

- Polaritätspol 1: ein diakonischer Akzent, der sich für eine Liturgie ausspricht, die sich am Bedarf und den Bedürfnissen der Menschen vor Ort orientiert („Ritendiakonie"):
  Priester: „Wir haben unheimlich viele Feste und Hochfeste, wo ich sage, das hat für die Leute heute keine Relevanz mehr. Was aber für die Leute heute Relevanz hat, ist zum Beispiel der Gedenktag ‚Der Fall der Mauer'. Was für viele Leute wirklich noch eine Relevanz hat, ist der 11. September [...]. Also, ich sage, eigentlich müsste man auch an diesen Tagen besondere Gottesdienste feiern und nicht sagen: Ja, wir feiern heute das Gedenkfest des heiligen Soundso, ist heute dran."
- Polaritätspol 2: ein eucharistischer Akzent, der – als Christusorientierung chiffriert – für eine stärkere Ritengenauigkeit plädiert:
  Gemeindereferent(in): „Die Leute, die sich liturgisch einbringen, [...] wird das bei ihnen selber dazu führen, dass sie sich auf Christus ausrichten. Also wenn sie nicht da sind, um für das Gottesvolk zu dienen, sondern da sind, um sich auf Christus auszurichten, dann ziehen die automatisch die Leute mit. Ich glaube, die Blickrichtung ist ganz entscheidend."
- das gemeinsame Profil: Das gemeinschaftliche „Dritte" ist die Orientierung an dem „Brennen der Herzen" in der Feier der Liturgie. Die Gruppe der Jungen sucht – und das ist ein gemeinsamer Kern ihrer Identitätssuche – nach einer individuellen und gemeinschaftlichen Gottesbegegnung in der Liturgie. Diese Gottesbegegnung soll in der Feier erfahren und nicht nur „behauptet" werden.

Trotz der geteilten Sehnsucht tritt jedoch häufig eine Art „Lagerbildung" in den Vordergrund, die auch von Ablehnung und Vorurteilen gegen andere Perspektiven geprägt ist:

- Gemeindereferent(in): „Weil es die einen gibt, die totale Hardliner geworden sind und die halt für meiner Meinung nach auch Vorstellungen von Liturgie haben, die nicht meine ist und vor allen Dingen auch von, von Kirchenverständnis, was nicht meins ist. Und halt eben die, die total liberal sind. Also da wieder aufeinander zu kommen, das finde ich unglaublich schwierig."

Der hier als „unglaublich schwierig" bezeichnete Vorgang ist in der Psychologie seit Langem ein Forschungsgegenstand: In der Postmoderne mit ihrer Vielzahl von Identitätsangeboten braucht es den Erwerb von Toleranz gegenüber Ambiguität und dem Erleben von Unsicherheit. Ambiguitätstoleranz ist die Fähigkeit, Verschiedenheiten, mehrdeutige Situationen oder solche mit ungewissem Ausgang ohne erhöhtes Stress-Erleben aushalten zu können, einen „kühlen Kopf" zu bewahren und auch bei Ungewissheit verschiedene Perspektiven einnehmen zu können.[12] Um Unsicherheiten möglichst schnell zu entkommen, treffen Menschen mit niedriger Ambiguitätstoleranz Entscheidungen schneller und ohne alle Alternativen vollständig zu durchdenken. Sie nehmen nur stark selektiert Reize aus ihrer Umgebung wahr und denken eher in absoluten, rigiden Kategorien – auch Schwarz-Weiß- oder Schubladen-Denken genannt.

Im Bereich der katholischen Pastoral handelt es sich in diesem Zusammenhang um ein Phänomen, das eigentlich allen bekannt und für die Gläubigen und die Seelsorgenden selbst zum Problem geworden ist. Allerdings geht es um ein empirisch noch kaum untersuchtes Themenfeld, das jedoch vor allem von den Ausbildungsverantwortlichen der Priester, Gemeinde- und Pastoralreferent(inn)en als zunehmend notwendig in der Ausbildung erkannt wird. Mit Blick auf die wenigen vorhandenen empirischen Studien lässt sich festhalten, dass besonders die jüngeren Seelsorgenden über eine eher geringe bis mittlere Toleranz gegenüber unklaren Situationen und unsicherer Zukunftsperspektive verfügen. Damit einher gehen häufig eine geringere Belastbarkeit, ein höheres Stresserleben sowie

---

[12] Vgl. dazu E. Frenkel-Brunswik, Intolerance of Ambiguity as an Emotional and Perceptual Personality Variable, in: JPer 18 (1949) 108–143; M. J. Dugas, M. H. Freeston, R. Ladouceur, Intolerance of Uncertainty and Problem Orientation in Worry, in: Cognitive Therapy and Research 21 (1997) 593–606.

verringertes Vertrauen in andere Menschen und ein erhöhtes Kontrollbedürfnis.[13]

Ohne übermäßig pathologisieren zu wollen, gilt es, drei wahrscheinliche und überaus dysfunktionale Entwicklungen zu beachten:

1. Niedrige Unsicherheitstoleranz führt zu Schwierigkeiten in der Entwicklung von flexiblen Identitätsentwürfen.
2. Niedrige Unsicherheitstoleranz führt zu Konflikten innerhalb der Kirche.
3. Es fehlt der Gesamtkirche an Veränderungspotenzial aufgrund kraftzehrender offener Identitätsfragen und zunehmender Konflikte.

Angesichts der Bedeutsamkeit der Identitätskompetenz für den Umgang mit Anders-Sein, offenen Problemen und Unsicherheit in Situationen, die Handeln erfordern, seien im Folgenden die Konstellationen und die Herausforderungen empirisch differenzierter dargelegt.

Das bereits beschriebene Konstrukt der Kompositions-Identität stellt die Kompetenz in den Fokus, ein fragmentarisches und unfertiges Selbstverständnis als gelingende Form der Identitätsbildung anzunehmen. Es gilt besonders für so kontrovers diskutierte Rollen wie der des Priesters, aber auch für jene aller anderen Seelsorgenden, Konflikte, widersprüchliche Erwartungen und damit einhergehende, unvermeidbare Enttäuschungen auszuhalten. Diejenigen, die für dieses Aushalten des Mehrdeutigen, Widersprüchlichen und Diffusen weniger emotionale und kognitive Ressourcen aufwenden müssen, können entsprechend reflektiert und planvoll agieren:

- Priester: „Das Problem ist ja oft, wenn so Treffen sind von Priestern oder mit anderen Hauptamtlichen zusammen, dass es dann manchmal schnell um Themen geht, wo die Meinungen so auseinander gehen, dass es irgendwie zu Streit kommt."
- Gemeindereferent(in): „Da merke ich immer wieder, da kommt es zu Konflikten. Weil da natürlich auch unterschiedliche Liturgie-Sichten aufeinandertreffen – die auch in unserem Pastoralteam immer wieder da sind."

---

[13] Vgl. C. Jacobs, Die Kirche und ihr Personal. Anforderungen an geistliche Persönlichkeiten, in: S.-K. Schwope, J. Knop, B. Kranemann (Hg.), Die Kirche und ihr Personal. Auf der Suche nach zukunftsfähigen Profilen und Identitäten seelsorglicher Berufe (EThS 52), Würzburg 2020, 105–137.

Die beiden Zitate zeigen auf prägnante Weise, wie die Verschiedenheit von Meinungen und Perspektiven im Bereich der Liturgie im Augenblick vor allem „symbolische" Konfliktherde sind. Wenn Identität starr und unveränderlich ist und eine bestimmte Art und Weise, Liturgie zu feiern, als existenzieller Ausdruck dieser Identität gedacht wird, kann selbst wohlformulierte Kritik nur als Angriff auf die gesamte Person wahrgenommen werden – eine brüchige Basis, um einen Konflikt um liturgische Fragen innerhalb eines Pastoralteams konstruktiv zu gestalten. Aus Sicht der Identitätsforschung gehört außerdem folgende Erkenntnis zum Grundlagenwissen:

> „Ein zu ‚starres Selbstbild' würde die Kreativität der Akteure zu stark beeinträchtigen und damit ihre Teilhabechancen an interpretationsbedürftigen Interaktionsprozessen verringern, was wiederum eine Destabilisierung sozialer Systeme zur Folge hätte."[14]

Darüber hinaus ist aus der Klinischen Psychologie bekannt, dass Krisen Stress und Angst mobilisieren. Umgekehrt zeigen aktuelle Studien, dass höhere psychologische Flexibilität und hohe Unsicherheitstoleranz zu besserer psychischer Gesundheit angesichts von Krisenereignissen wie der Corona-Pandemie führen.[15] Angst und Stress bewirken mehr (unproduktive) Selbstaufmerksamkeit und kraftzehrenden Selbstschutz: Seelsorgende, die mehrdeutige oder unsichere Situationen als Stressor erleben, schauen instinktiv vor allem auf sich selbst und verlieren dabei den Blick und Bezug zum Außen. Zudem ist es nicht von der Hand zu weisen, dass der Identitätskonstruktion durch permanente Selbstaufmerksamkeit durchaus die Gefahr des Abgleitens nicht nur in den individuellen, sondern auch den organisationalen Narzissmus droht.[16]

---

[14] H. Veith, Das Konzept der balancierenden Identität von Lothar Krappmann, in: B. Jörissen, J. Zirfas (Hg.), Schlüsselwerke der Identitätsforschung, Wiesbaden 2010, 179–202, hier: 180.

[15] Vgl. B. M. Smith, A. J. Twohy, G. S. Smith, Psychological Inflexibility and Intolerance of Uncertainty Moderate the Relationship Between Social Isolation and Mental Health Outcomes During COVID-19, in: Journal of Contextual Behavioral Science 18 (2020) 162–174.

[16] Vgl. C. Jacobs, Leben und Tod lege ich dir vor, Segen und Fluch. Wähle also das Leben! – Gemeinde und Pastorale Strukturen. Vortrag im Rahmen der Montagsakademie der Theologischen Fakultät Paderborn am 2. November 2020, in: https://www.youtube.com/watch?v=_aa7dRAwsYM (Zugriff: 15.12.2020). – Der

Auf dieser Basis lässt sich annehmen, dass die Überwindung von liturgischen Richtig-Falsch-Modellen, die Erhöhung von Toleranz gegenüber dem liturgisch „Anderen“ und von Kompetenz zur Definition der gegenwärtigen Unsicherheitssituation als „Experimentierraum“ ein Fortschritt wäre: Er könnte für liturgische Besinnung auf das Wesentliche *und* Innovation eine positive Dynamik der Identitätsentwicklung für die Seelsorgenden herbeiführen.

Dies hätte auch eine konstruktive Bedeutung für übergeordnete kirchliche Prozesse. Mangelnde Flexibilität und ein verengter Fokus auf das eigene Innenleben in der Identitätskonstruktion gepaart mit Schwierigkeiten in der Interaktion mit denjenigen, die eigentlich Stütze und Halt geben sollten, stellen eine ernsthafte Bedrohung für die Gestaltung von Zukunftsprozessen dar. Die individuell krisenhafte Identitätsentwicklung von Seelsorgenden wird in der Gesamtsicht zu einem bröckelnden Fundament der Kirche, deren Gestalt aus eben diesen Seelsorgenden besteht. Die (mangelnde) Veränderungsfähigkeit Einzelner ist somit gleichzeitig Ursache und Auswirkung einer Gesamtkirche mit (mangelnder) Veränderungsfähigkeit.

Thomas Bauer (* 1961) konstatiert in seinem gleichnamigen Buch eine „Vereindeutigung der Welt“ und benennt die katholische Kirche explizit als exemplarischen Indikator für die Ambiguitätstoleranz der westlichen Gesellschaft, die sich seiner Ansicht nach in einer problematischen Entwicklung befindet.[17] Entgegen ihrer ursprünglich immer wieder als gutes Beispiel dienenden Historie sei die Kirche seit dem 18. Jahrhundert zunehmend weniger tolerant gegenüber Vielfalt geworden, habe Ambiguität nicht als Stärke, sondern eher als Bedrohung gesehen und bekämpft und sei so „nicht eindeutig geworden, sondern krank, gespalten und nach innen und außen kommunikationsgestört“[18].

An dieser Stelle bleibt als Zwischenfazit festzuhalten: Die Seelsorgenden sind gleichzeitig Betroffene und Gestaltende von tiefgreifen-

---

entsprechende Beitrag erscheint in Kürze in: H. Haslinger (Hg.), Wege der Kirche in die Zukunft der Menschen. 50 Jahre nach Beginn der „Würzburger Synode“ (Kirche in Zeiten der Veränderung 9), Freiburg i. Br. 2021 [im Druck].

[17] Vgl. T. Bauer, Die Vereindeutigung der Welt. Über den Verlust an Mehrdeutigkeit und Vielfalt (Reclams Universal-Bibliothek 19492), Stuttgart 2018.

[18] M. Drobinski anlässlich des Rücktritts von Papst Benedikt XVI. 2013, zit. nach: Bauer, Die Vereindeutigung der Welt (s. Anm. 17), 24.

den Veränderungserscheinungen in der globalen und spezifisch katholischen Welt. In diesen Umbrüchen müssen sie ihre Identität gerade im Bereich der Liturgie immer wieder neu erfinden und an die konkreten Umstände ihres Lebens und Wirkens anpassen. Diejenigen unter ihnen, die diese Lebensumstände als Bedrohung erleben und mit liturgischer Rigidität und liturgischen Vereindeutigungstendenzen reagieren, schaden sich und letztlich allen beteiligten Akteuren.

## 5 Die Entwicklung einer stabilen pastoralen Identität – Kohärenz, Freude am Anders-Sein, Identitätsressourcen

Es besteht also die dringende Notwendigkeit, eine Zielvorstellung zu entwickeln, die die Herausforderungen der jungen Seelsorgenden ernst nimmt und ihnen eine begründete Hoffnung auf ein gelingendes Leben bietet. Heiner Keupp (* 1943) hat dazu einen hermeneutischen Rahmen vorgelegt: „Identitätsarbeit hat als Bedingung und als Ziel die Schaffung von Lebenskohärenz.“[19] Er wählt dafür das bekannte Kohärenzkonzept von Aaron Antonovsky (1923–1994).[20]

Im Horizont des Kohärenzkonzeptes ergibt sich eine stabile und gleichzeitig flexible Identität aus der Fähigkeit, das eigene Leben deuten, gestalten und ihm einen Sinn geben zu können (Verstehbarkeit, Gestaltbarkeit, Sinnhaftigkeit). Seelsorgende, die „auch bei sehr unterschiedlichen Identitätsprojekten ein Gefühl des Sinnhaften (das Alte war nicht sinnlos, und das Neue macht Sinn), des Verstehbaren (beispielsweise warum die Veränderung eines Identitätsprojekts notwendig wurde) und der eigenen Gestaltbarkeit (das neue Identitätsprojekt ist Teil eines selbstrealisierten Entwurfs“[21] erfahren, können Vielfalt ohne Bedrohungserleben wahrnehmen. Sie sind in

---

[19] H. Keupp, Individualisierte Identitätsarbeit in spätmodernen Gesellschaften. Riskante Chancen zwischen Selbstsorge und Zonen der Verwundbarkeit, in: U. Deppe (Hg.), Die Arbeit am Selbst. Theorie und Empirie zu Bildungsaufstiegen und exklusiven Karrieren (Studien zur Schul- und Bildungsforschung 74), Wiesbaden 2020, 41–66, hier: 57. – Vgl. ferner seinen Beitrag in diesem Band.

[20] Vgl. A. Antonovsky, Salutogenese. Zur Entmystifizierung der Gesundheit, hg. von A. Franke (Forum für Verhaltenstherapie und psychosoziale Praxis 36), Tübingen 1997.

[21] H. Keupp u. a., Identitätskonstruktionen. Das Patchwork der Identitäten in der Spätmoderne (Rororo 55634), Reinbek bei Hamburg 1999, 245f.

der Lage, sich von einengenden (Selbst-)Erwartungen zu befreien, und sind nicht darauf angewiesen, das Bisherige um jeden Preis bewahren zu wollen. Heiner Keupp nennt diese Lebenskohärenz Bedingung und Ziel zugleich.[22] Es braucht also ihre wiederkehrende Erfahrung als Ahnung von dem, was als dauerhafter Zustand angestrebt wird.

Im Folgenden seien mit Blick auf die liturgische Identität drei wesentliche Aspekte erläutert, welche die jungen Seelsorgenden in ihrer Ausbildung und Tätigkeit erfahren und lernen bzw. die ihnen zur Verfügung gestellt werden müssen.

### 5.1 Die Fähigkeit zur Entwicklung einer eigenen (liturgischen) Persönlichkeit in Bezug auf (und nicht gegen!) den sozialen Kontext

Es braucht auch in der Liturgie die Erfahrung, Teil einer Gemeinschaft zu sein – eben einer Gottesdienstgemeinschaft –, ohne sich der Gruppe gänzlich unterzuordnen, und Anerkennung für das zu erfahren, was die individuelle Person ausmacht:

- Priester: „Wichtig ist auch einfach, dass deutlich wird, dass die Liturgie ein gemeinsames Tun ist. Und kein Gegeneinander. Kein Priester versus Gemeinde, nicht Gemeinde versus Priester. Jeder hat seine wichtige Aufgabe und Funktion, und es ist wertvoll, dass jeder da ist. Das ist wichtig. Dass die Liturgie als ein gemeinsames Tun der Kirche verstanden ist. Und all', die getauft sind, sind Teil dieser Kirche. Jeder mit seiner Aufgabe, die ihnen von Gott gegeben ist."

Im Bereich der Liturgie wird die Bildung eines eigenen Profils häufig als Abspaltung oder Selbstprofilierung verstanden. Und tatsächlich ist gerade in der Liturgie der Grad zwischen Authentizität und Egozentriertheit häufig sehr schmal. Es muss darum gehen, dass die Seelsorgenden sich „einerseits als einzig und allein, das heißt als Individuen mit je eigenem Sinn und Willen erleben, jedoch andererseits in wichtigen Belangen aufeinander angewiesen sind, sich miteinander arrangieren, miteinander leben"[23] können. Für die Kirche

---

[22] Vgl. Keupp, Individualisierte Identitätsarbeit in spätmodernen Gesellschaften (s. Anm. 19), 57.

[23] H. Stierlin, Individuation und Familie. Studien zur Theorie und therapeutischen Praxis, Berlin 1989, 93.

bedeutet das, dass Seelsorgende Erfahrungsräume in der Liturgie – aber nicht nur dort! – brauchen, in denen sie mit Unterstützung und konstruktiver Rückmeldung ihres Umfelds einen eigenen Stil entwickeln können. Sie sollen sich in den jeweils vor Ort gegebenen liturgischen Rahmen frei bewegen und gleichzeitig einfügen können. Die Seelsorgenden selber beschreiben diesen als Ressource zur Gestaltung des sozialen Kontextes, der ebenso grundlegenden Veränderungen unterliegt wie ihre eigenen Identitätskompositionen:

- Priester: „Also, ich glaube, dass da nochmal ziemlich Schwung drinliegen würde für beide Seiten, wenn eben das ganze Pastoralstrukturelle eben wirklich in einer geistlichen Form mitgetragen würde, ‚durchbetet' würde, als ein geistlicher Prozess verstanden würde."

Wenn die Mitglieder eines Pastoralteams oder die gemeinsam Gestaltenden innerhalb einer liturgischen Feier sich miteinander verbunden fühlen, entsteht nicht nur für sie selbst, sondern auch und vor allem für die Gläubigen ein lebensdienliches Umfeld. Neben der Förderung von Gemeinschaftserleben braucht es als ergänzenden Gegenpol auch den Blick auf sich:

- Priester: „[Man muss merken], dass da ein Team ist, dass da Menschen sind, die einen Bezug zueinander haben, die sich in ihrer christlichen Identität verbunden wissen und die aufeinander achten, die sich gegenseitig begrüßen. Muss ja jetzt nicht stürmisch um den Hals fallen, aber man merkt das ja, wo man zuwinkt, zunickt, da merkt man doch so eine Atmosphäre."
- Gemeindereferent(in): „Es ist was viel Intimeres, wenn ich vorher in der Anbetung war. [D]ann merke ich auch, wie es sich ganz anders in mir formt und wie ich auch offener rede mit dem Blick auf Dinge, auf eigene Schattenseiten und Sachen, die man den Leuten mitteilen möchte".

### 5.2 Die Fähigkeit, Unterschiedlichkeiten in den liturgischen Perspektiven kommunikativ auszuhandeln

Damit die Seelsorgenden ihr Leben und Wirken als sinnhaft und gestaltbar wahrnehmen können, braucht es Antworten auf zwei Fragen: „Wie kann ich persönlich handeln?" (Autonomie) und „Zu wem gehöre ich und wer gehört zu mir?" (Zugehörigkeit). Gerade das Wechselspiel aus persönlicher Bedeutsamkeit und Beziehungsaufbau zu den Gläubigen kann den Seelsorgenden die Erkenntnis vermitteln: Es ist wichtig, dass sie als individuelle Person in dieser konkreten Gottesdienstfeier oder dieser konkreten Gemeinde wirken. Diese Erfahrung kann nur im dialogischen Prozess entstehen,[24] indem sie ihre Vorlieben, Wünsche und Ideen mitteilen und die ihrer Kolleg(inn)en oder der Gläubigen anhören und – wenn auch nicht immer teilen – respektieren können. Dafür braucht es gut ausgebildete kommunikative Fähigkeit:

- Gemeindereferent(in): „Das es auch manchmal sehr ungesund ist, dass man sich gegenseitig gerne Dinge zuspricht, die gar nicht im Raum stehen oder Dinge abspricht [lacht]. Was dann auch immer wieder zu Konflikten führt, die eigentlich gar nicht im Raum sind."

In dem vorangestellten Zitat zeigt sich deutlich, welchen Fortschritt eine gut ausgebildete Kompetenz zur Kommunikation und Konfliktbearbeitung in der Liturgie für die Seelsorgenden haben kann. Der Psychiater Helm Stierlin (* 1926) erläutert, welche Haltung es bei unterschiedlichen Liturgie- und Weltsichten für eine gelingende Einigung braucht:

- beidseitiger Willen zur Einigung und Vertrauensbereitschaft gegenüber dem gemeinsamen Ziel und allen Beteiligten,
- gemeinsamer Aufmerksamkeitsfokus auf das zu verhandelnde abgegrenzte Gebiet,
- reflektierter Umgang mit eigenen Ambiguitätserfahrungen, damit diese nicht aus einer Abwehrhaltung heraus auf Prozessbeteiligte projiziert werden.[25]

Im Sinne der drei Kohärenzdimensionen kann die soziale Welt dadurch verstehbarer, gestaltbarer und motivationshaltiger werden. Teilhabe und Beteiligung am Zwischen- oder Endergebnis sowie das Wissen und Nachspüren können bei Konfrontation mit fremden liturgischen Perspektiven vielen Seelsorgenden eine neue Verinnerlichung und ein authentisches Wirken ermöglichen. Für die Entwicklung einer solchen Haltung gegenüber Verschiedenheit braucht es jedoch die Erfahrung einer direkten, miteinander ausgestandenen Auseinandersetzung. Erzwungene Einigung „von oben" durch Ver-

[24] Vgl. ebd., 98.
[25] Vgl. ebd., 99–101.

ordnung von engen liturgischen Regelsätzen und Vorgaben wäre kontraproduktiv.

## 5.3 Die notwendigen Ressourcen zur Entwicklung einer eigenen (liturgischen) Identität

Die bisher erläuterten Notwendigkeiten zur Entwicklung identitätsfördernder Fähigkeiten erfordern die Bereitstellung von Ressourcen für liturgisches Handeln. Diese müssen von innen *und* von außen kommen. Dies sei hier exemplarisch erläutert.

### 5.3.1 Erfahrende Gottesbegegnung als innere Ressource

Sowohl in der breit angelegten Seelsorgestudie[26] als auch in den hier betrachteten Interviews wird deutlich: Die stärkste Ressource, die den Seelsorgenden zur Verfügung steht, ist die (gemeinschaftliche) Gottesbegegnung. Neben den strukturellen und organisationspsychologischen Kompetenzen wird es vor allem eine stabile Unterstützung des geistlichen Lebens durch vielfältig gefeierte Liturgie sein, die den jungen Seelsorgenden Halt in einer sich verändernden Welt bietet. Es zeigt sich deutlich, dass eine tragfähige Transzendenzerfahrung („Ich spüre Gottes Gegenwart") einen großen Beitrag zur Identitätssicherung leisten kann.

- Priester: „Eine innere Sehnsucht wird berührt. Und da kann ich was Ausdruck verleihen. Ich glaube, das ist das Wichtige, dass Liturgie das schafft, die Dinge zur Sprache zu bringen, die wir mit Worten auch nicht zum Sprechen bekommen."

### 5.3.2 Externe Ressourcen

Dazu gehören erstens größere Freiheitsgrade für die Gestaltung überkommener Formen von Liturgie und die Eröffnung von Möglichkeitsräumen für „experimentelle" Liturgien und zweitens Ausbildungskonzepte und Training für eine differenzierte liturgische Kompetenz. Beides wird nach Ansicht der Seelsorgenden gegenwärtig zu wenig zur Verfügung gestellt. Hier scheint Investition notwendig zu sein.

[26] Vgl. K. Baumann u. a., Zwischen Spirit und Stress. Die Seelsorgenden in den deutschen Diözesen, Würzburg 2017.

- Priester: „Und ja, mehr Möglichkeiten, mehr Flexibilität. Auch mal machen zu lassen."
- Gemeindereferent(in): „Ich würde mitgeben wollen, das zuzulassen. Das experimentell zuzulassen und nicht direkt schon zu sagen: Okay, das fliegt uns allen um die Ohren. [...] Also, Freiheit zu denken, also wenn unser Glaube auch auf etwas fußt, dann ist das, frei zu sein, weil wir eben von Gott geliebt sind, und in dieser Liebe dürfen wir frei sein, freie Menschen, und dann dürfen wir und müssen wir auch so leben, wie wir glauben, dass das gut ist."

## 6 Liturgie als seelsorglicher Dienst am Volk Gottes bei der Suche nach Identität

Abschließend sei nochmals ein Blick auf die eigentlichen Adressat(inn)en der Seelsorgenden gelenkt – die Christ(inn)en in den Gemeinden vor Ort. Auch für sie dürfte gelten: Liturgie bildet ihre Identität.

Vor dem Hintergrund der aktuellen gesellschaftlichen Lage kann der Gottesdienst einen besonderen Beitrag in der gegenwärtigen Suche nach Heil leisten. In einer Welt, in der Individualisierung immer öfter in Isolation übergehen kann – verstärkt durch die Corona-Pandemie – könnte gerade eine inklusive, einladende Gottesdienstfeier das dringende Bedürfnis nach Gemeinschaft stillen. Das betonen aus ihrer Perspektive auch die jungen Seelsorgenden.

- Priester: „Ich kann mir Kirche, ich persönlich kann mir eine Gemeinschaft der Christen ohne Gottesdienst nicht vorstellen. Ich glaube, das funktioniert nicht. Ich sage, das ist so ähnlich, wie wenn wir sagen, wir sind ein Fußballclub, aber wir spielen [...] alle zu Hause in unseren eigenen vier Wänden Fußball."

Die Suche nach Lebenskohärenz betrifft alle Menschen. Die Liturgie ist ein Raum, der dazu einen Beitrag leisten kann – nicht nur für die Seelsorgenden. Dafür braucht sie – zumal in einer schnellen, flexiblen, sich wandelnden Welt – eine entsprechende Gestalt, die neben der Ästhetik auch die Dimensionen der Anerkennung und Zugehörigkeit bedient:

- Priester: „Das glaube ich, das muss die Liturgie schon liefern oder liefert sie. Das ist die Bestätigung, dass es wertvoll ist, dass ich, dass der Mensch lebt. Dieses Bedürfnis nach Angenommensein im Tiefsten, nach Sinn. Das muss deutlich sein."

Mit diesen Aussagen der jungen Seelsorgenden kommen wir zu dem, was wir als ihre Vision für eine gelingende Entwicklung von Identität durch Liturgie herausarbeiten möchten: Kirche könnte Lebensraum sein, der *durch* die Feier von Liturgie und *für* die Feier von Liturgie vor allem Ressourcen zur Verfügung stellt. Diese dienen den Gläubigen wie den Seelsorgenden als Energiequellen und Orientierungspunkte für die Identitätsbildung.

Mit Blick auf die Institution der Kirchen in Deutschland formuliert Heiner Keupp die These, dass es heute nicht mehr um einen vorgefertigten, starren Rahmen gehe, sondern um die Bestärkung hin zur freiheitlichen und selbstverantworteten Gestaltung von (liturgischen) Projekten.[27] Hier lässt sich sehr gut die Verbindung zur Liturgiekonstitution *Sacrosanctum Concilium* (SC) des Zweiten Vatikanischen Konzil (1962–1965) ziehen, welche die Forderung nach der tätigen, bewussten und aktiven Teilnahme aller Gläubigen stellt (vgl. SC 21). Viele Seelsorgende wünschen sich explizit Möglichkeitsräume für partizipativ gestaltete Liturgie, in der die Gläubigen ihren Bedürfnissen Ausdruck verleihen können. So könnte der Gottesdienst – gedacht als Verwirklichungsraum für selbst verantwortete und gemeinschaftlich entwickelte Gottesbegegnung – ein in der postmodernen Zeit lebensdienliches Angebot machen.

- Gemeindereferent(in): „Natürlich würde ich mir wünschen, dass wir mehr gehört werden auch von der Basis – und vor allen Dingen, nicht nur ich, sondern vor allem auch meine Gemeinde, für die ich ja arbeite vor Ort. [… I]ch merke immer mehr, dass die Leute auch das wollen, dass sie mitbestimmen, und dass es wirklich nicht so eine Pseudo-Partizipation ist, sondern dass wirklich wir partizipativ miteinander arbeiten."

---

[27] Vgl. H. Keupp, Wie leben und was brauchen Menschen in der spätmodernen Gesellschaft? Impulsreferat bei der „Interseel" am 28. Januar 2011 im Predigerseminar Nürnberg, in: http://www.ipp-muenchen.de/texte/keupp_11_01intert.pdf (Zugriff: 15.12.2020).

## 7 Liturgie als lebensrelevante Kraftquelle zur Identitätsbildung

Liturgie ist also ein Feld der Identitätsbildung von Gläubigen und Seelsorgenden. Sie ist nicht der einzige, aber ein wichtiger Lebens- und Wachstumsraum der Kirche – und damit eben auch ein Feld von Krisen. Wichtiger als die häufig gestellte Frage nach dem Kern von Identität ist dabei die nach dem Prozess der Identitätsbildung; wichtiger als die Frage nach der überprüfbaren „Richtigkeit" von Liturgie ist die, ob sie – erfahrbar! – Kraft zur Identitätsbildung bereitstellt und sich im Prozess konstruktiver Entwicklung befindet. Vermittelt über die Menschen, die die Liturgie mit Leben füllen, bietet sie die Chance, die Bedürfnisse der feiernden Gemeinde, geprägt von den Umständen der heutigen Zeit, zu erfüllen und für Gläubige und Seelsorgende gleichermaßen zu einem gelingenden Leben vor und mit Gott zu führen.

Wie jede Lebensäußerung der Kirche lebt die Liturgie von Seelsorgenden, die unter großem Aufwand und mit Begeisterung zur Verwirklichung dieser Chancen beitragen. Diese verdienen alle Unterstützung, die sie auf dem Weg zu einer in sich stimmigen und überdauernden, weil nicht starr und einengend definierten Identität bekommen können. Um der zu vermeidenden Entwicklung hin zu einer intoleranten, vereindeutigenden und damit vereinsamenden Kirche entgegenzuwirken, brauchen sie eine dreidimensionale Erfahrung von Lebenskohärenz:

1. die Erfahrung der Sinnhaftigkeit ihres persönlichen liturgischen Beitrags in der Gemeinschaft der Seelsorgenden,
2. die Erfahrung der Verstehbarkeit ihrer sozialen Umwelt und die Möglichkeit zum wertschätzenden Austausch über Anders-Sein auch im Bereich der Liturgie,
3. die Erfahrung der freien Gestaltbarkeit ihrer Umwelt entsprechend ihrer Grundhaltung.

Die interviewten Seelsorgenden sprechen von dieser Vision der Liturgie als Kraftquelle. Sie versuchen, etwas davon umzusetzen. Sie fordern dies aber auch von den Verantwortlichen ein. Für die Seelsorgenden hat Liturgie große Lebensrelevanz. Dafür lohnt sich alle Investition.

# 2. Biblisch-historische und theologische Vergewisserungen

# Identität und Partizipation

## Alttestamentliche Aspekte und Genderperspektiven

*Irmtraud Fischer*

Weder Identität[1] noch Partizipation sind biblische Begriffe. Das bedeutet freilich noch lange nicht, dass das, was hinter ihnen steht, der Bibel fremd sei. Im Folgenden wird vorerst den Faktoren der Identitätsbildung, wie sie aus biblischen Texten zu erheben sind, nachgegangen. Dabei muss bedacht werden, dass die Bibel als literarischer Text nicht einfach soziale oder politische Realität von Gesellschaften des Alten Orients (AO) und der Antike abbildet, sondern vielmehr nur einen Ausschnitt derselben aus theologischem Interesse ins Bild setzt. Die Frage nach Identitäten, aber auch nach Partizipation ist daher (zumindest) auf drei Ebenen zu stellen: auf historischer, die unterschiedliche Entwicklungen in den einzelnen Epochen aufzeigt; auf soziologischer, die die hierarchische Struktur altorientalischer Gesellschaften reflektiert; und schließlich auf literarischer, die Texte als Literatur, nicht aber – wie fundamentalistische Bibelauslegung dies tut – als simple Wiedergabe von Lebensrealitäten liest und die unterschiedlichen Gattungen ernst nimmt. An einigen Fallbeispielen wird sodann illustriert, was durch diese hermeneutischen Prämissen erhoben wurde.

---

[1] Als grundlegende Artikel zur Frage der Identität in der alttestamentlichen Bibelwissenschaft vgl. M. Grohmann, Diskontinuität und Kontinuität in alttestamentlichen Identitätskonzepten, in: M. Öhler (Hg.), Religionsgemeinschaft und Identität. Prozesse jüdischer und christlicher Identitätsbildung im Rahmen der Antike (BThSt 142), Neukirchen-Vluyn 2013, 17–42; C. Frevel, Person – Identität – Selbst. Eine Problemanzeige aus alttestamentlicher Perspektive, in: J. van Oorschot, A. Wagner (Hg.), Anthropologie(n) des Alten Testaments (VWGTh 42), Leipzig 2015, 65–89; B. Janowski, Wie spricht das Alte Testament von „Personaler Identität"? Ein Antwortversuch, in: E. Bons, K. Finsterbusch (Hg.), Konstruktionen individueller und kollektiver Identität, Bd. 1: Altes Israel/Frühjudentum, griechische Antike, Neues Testament/Alte Kirche. Studien aus Deutschland und Frankreich (BThSt 161), Neukirchen-Vluyn 2016, 31–61.

## 1 Die Konstruktion von biblischen Identitäten zwischen Memoria und Zukunftsvision

Aus biblischen, insbesondere aus alttestamentlichen Texten ist zwar einiges über das Selbstverständnis von einzelnen Menschen zu erfahren und wie diese von anderen wahrgenommen werden; der wesentlich größere Teil der Texte beschäftigt sich aber mit der kollektiven Identität eines Individuums als Teil der Volksgemeinschaft. Eine solche Identitätsbestimmung bettet Einzelne in die Geschichte ihrer Gemeinschaft ein, die damit entscheidend ihre Eigenwahrnehmung in der Gegenwart definiert, die aber ebenso die Gestaltung der Zukunft beeinflusst.[2] Dieses Faktum ist zwar für alle Gesellschaften vorauszusetzen, für die Menschen in biblischen Zeiten aber umso mehr, da mit Fortschreiten der biblischen Überlieferung ein verschriftetes kollektives Gedächtnis[3] geschaffen wurde, das auch für all jene Gemeinschaften prägend ist, die biblische Texte als kanonisch anerkennen.[4]

### 1.1 Identität – in der Bibel kaum im Singular zu erheben

Fragt man nach den Identitätsmarkern des alttestamentlichen Gottesvolkes, so wird man umgehend mit jenen des Judentums antworten: Schabbat, Feste, Beschneidung, Kaschrut und später auch die Synagoge. Dabei zeigt sich allerdings, dass diese später typisch gewordenen Institutionen vorexilisch aus Texten entweder gar nicht oder kaum zu belegen sind.

---

[2] Ralf Koerrenz (* 1963) arbeitet für dieses Spannungsfeld mit dem Begriff „Kollektivindividualität“. – Vgl. R. Koerrenz, Zeit und Sein. Die Grundlegung der Bildung im hebräischen Narrativ, in: JBTh 35 (2020) 1–33 [Jahrbuch zum Thema „Bildung“].

[3] Zu diesem allseits bekannten Konzept vgl. J. Assmann, Das kulturelle Gedächtnis. Schrift, Erinnerung und politische Identität in frühen Hochkulturen (C. H. Beck Paperback 1307), München [8]2018.

[4] Ausführlicher dazu vgl. I. Fischer, Texttreue – Traditionstreue – Treue zu heutigen Menschen. Zu einem reflektierten Umgang mit kanonischen Texten in westlichen Geschlechterdemokratien, in: M. Eckholt, H. El Mallouki, G. Etzelmüller (Hg.), Religiöse Differenzen gestalten. Hermeneutische Grundlagen des christlich-muslimischen Gesprächs, Freiburg i. Br. 2020, 61–76.

*Die* Identität des Volkes gibt es also nicht. Sie verändert sich zumindest mit den großen Epochenbrüchen, die durch den Untergang des Nordreichs (722 v. Chr.) und des Südreichs (586 v. Chr.), des Exils (587/86 v. Chr.), der Perserzeit (539 v. Chr.), des Hellenismus (333 v. Chr.) und der Römerzeit (64 v. Chr.) gegeben sind. Ob der Wechsel von der vorstaatlichen Zeit zur Königszeit sich historisch in den Texten niederschlägt, ist nicht mit Gewissheit zu sagen, da mit keiner frühen Abfassung mehr zu rechnen ist und jene Texte, die diese Zeit thematisieren, als welterzeugende Erzählungen[5] mit theologischer, nicht historischer (!) Intention zu klassifizieren sind.

Diese Epochenbrüche stellen auch kulturelle Einschnitte dar. Am deutlichsten zeigen sie sich an der großen Attraktivität der hellenistischen Kultur, die die Translation der nach und nach entstehenden Teile der Hebräischen Bibel in die griechische Sprache und ihre Denkkonzepte bewirkt. Aber auch die Auseinandersetzungen mit hellenistischen Kulturgepflogenheiten wie etwa mit Gastmählern im Sirachbuch, mit der aktuellen Philosophie bei Kohelet oder der körperlichen Betätigungen in Gymnasien in den Makkabäerbüchern spiegeln sich in den (deuterokanonischen) Texten wider.

Religiöse Zäsuren sind etwa durch den steigenden neuassyrischen Einfluss bedingt, der – religiös intolerant – auch die Verehrung der

---

[5] Diese Bezeichnung geht auf Nelson Goodman (1906–1998) zurück. – Vgl. N. Goodman, Weisen der Welterzeugung, übersetzt von M. Looser, Frankfurt a. M. 1984 [Originalausgabe: Ways of Worldmaking, Indianapolis 1978]. Im deutschen Sprachraum hat Ansgar Nünning (* 1959) diesen Ansatz weiterentwickelt. – Vgl. A. Nünning, Welten – Weltbilder – Weisen der Welterzeugung. Zum Wissen der Literatur und zur Aufgabe der Literaturwissenschaft, in: GRM 59 (2009) 65–80; ferner V. Nünning, A. Nünning, B. Neumann (Hg.), Cultural Ways of Worldmaking. Media and Narratives (Concepts for the Study of Culture 1), Berlin – Boston 2010. – Zur Adaption dieses Konzepts in der alttestamentlichen Exegese vgl. I. Fischer, Dokumentierte Welt versus Welt erzeugende Erzählung. Aspekte zur Sinn stiftenden Funktion der Bibel, in: G. Büttner u. a. (Hg.), Narrativität (Religion lernen. Jahrbuch für konstruktivistische Religionsdidaktik 7), Babenhausen 2016, 23–32; I. Fischer, Menschheitsfamilie – Erzelternfamilie – Königsfamilie. Familien als Protagonistinnen von Welt erzeugenden Erzählungen, in: BiKi 70 (2015) 190–197; dies., Rahel und Lea bauten ganz Israel auf – Rebekka ermöglichte eine gemeinsame Identität, in: M. G. Brett, J. Wöhrle (Hg. in Zusammenarbeit mit F. Neumann), The Politics of the Ancestors. Exegetical and Historical Perspectives on Genesis 12–36 (FAT 124), Tübingen 2018, 167–183.

imperialen Gottheiten fordert (vgl. 2 Kön 16,1–18).[6] Der massivste räumliche Umbruch ist zweifelsohne durch die Exilierung von großen Teilen des Volkes gegeben, der auf Dauer jüdisches Leben an mehreren Orten außerhalb des Landes – in der Diaspora – bedingt. Während Israel in der Königszeit mit dem Großteil seiner Rechtsvorstellungen und Sitten im Kulturraum des Alten Vorderen Orients beheimatet ist, werden diese durch die Hellenisierung und später durch das Römische Recht entscheidend beeinflusst und teils auch transformiert.

### 1.2 Die intersektionale Konstruktion von Identität(en)

Die soziale Gemeinschaft Alt-Israel ist wie alle Gesellschaften des Alten Orients patriarchal-hierarchisch strukturiert. Die folgende, von mir sehr gerne als Überblick verwendete Tabelle zeigt auf, dass die Identität und damit der Status eines Menschen in solchen Gesellschaften durch Kriterien in einzelnen Sektoren bestimmt sind und die Merkmale, die eine höhere oder aber auch niedrigere Position bestimmen, sich nicht nur addieren, sondern sogar potenzieren.

| **Kriterium** | **positiv** | **negativ** |
|---|---|---|
| Bürgerstatus im AO | frei | unfrei |
| Geschlecht | männlich, heterosexuell | weiblich, nicht heterosexuell |
| Alter im AO: frei | alt | jung |
| Alter im AO: unfrei | jung | alt |
| Ökonomischer Status | reich | arm |
| Kolonialer Status | Zentrum | Peripherie |
| Ethnizität/Religion | einheimisch/dominant | ausländisch, fremd/deviant |
| Psychophysischer Status | gesund | krank, „behindert" |

Wer in diesen Gesellschaften zur versklavten Schicht gehört, hat keine Personenrechte. Unfreie Menschen, die mehr wert sind, wenn sie noch jung ist, weil sich die Arbeitskraft, aber auch die vitale Reproduktionskraft lange ausbeuten lässt, gehören zum Besitz ihrer Herrschaft. Wer hingegen als Mann frei und wohlhabend ist, wächst in

---

[6] Auch die in Jer 7,18 und Jer 44,15–19 bezeugte Verehrung der Himmelskönigin als Teil des assyrischen Astralkults ist hierfür ein Beispiel.

seinem Ansehen mit dem Alter. In substaatlichen politischen Einheiten entscheidet sich der Sozialstatus massiv auch dadurch, ob die Person der dominanten Macht oder der kolonialisierten Peripherie angehört. Wie auch heute noch mildert ein hoher ökonomischer Status die übrigen negativen Merkmale (außer unfrei!). Das lässt sich etwa sehr eindrücklich an der reichen Witwe Judit aufzeigen, die unabhängig ihr Leben mit einer ihren Besitz verwaltenden Dienerin lebt (vgl. Jdt 8,1–10) und durch ihr Ansehen imstande ist, selbst den Ältesten der Stadt die Leviten zu lesen (vgl. Jdt 8,11–27).

So ist es evident, dass selbst in derselben Epoche am selben Ort von keiner einheitlichen Identität gesprochen werden kann, sondern diese durch vielfältige Faktoren mit zahlreichen Facetten versehen werden kann.

## 1.3 Identität und individuelle Lebensgeschichte

Bedenkt man, dass es im Laufe eines Lebens zu schicksalhaften Veränderungen kommen kann, etwa wenn ein erstgeborener Sohn durch den frühen Tod seines Vaters jung in die Patriarchenrolle eintreten muss, angesehene Bürgerinnen im Zuge einer Eroberung ihrer Stadt vergewaltigt und zur Prostitution gezwungen oder Sklavinnen freigelassen werden, so wird deutlich, dass auch in diesen alten Gesellschaften nur von Identität*en* gesprochen werden kann und die behauptete Identität einer Gruppe ein sozioideologisches Konstrukt ist, die nur unter Absehen von Individualitäten postuliert werden kann.

Identitäten ändern sich auch im Laufe des Lebens.[7] Dem Kindesalter zu entwachsen, heißt, für sich selbst verantwortlich zu sein, die Arbeiten und Verpflichtungen von Erwachsenen zu übernehmen. Für Frauen bedeutet Heirat nicht nur eine Änderung des Sozialstatus, sondern auch die lokale Trennung von der Herkunftsfamilie, da reguläre Ehen im Hause des Mannes gelebt werden. Stirbt ihr Ehemann früh und gehört die Frau nicht zu den Wohlhabenden, stellt Witwenschaft, insbesondere mit noch nicht erwachsenen Kindern, ein hohes Armutsrisiko dar. Verarmung kann sogar zum Ver-

---

[7] Zur Formung von Identitäten durch Bildungsprozesse und zur Zurichtung von Individuen als taugliche Mitglieder einer Gesellschaft vgl. das soeben erschienene JBTh 35 (2020) zum Thema „Bildung“.

lust der Personenrechte führen, wenn Menschen nur noch die Arbeitskraft besitzen, um ihre Schulden zu tilgen.

Äußerliche Identitätsmarker sind im Alten Orient durch Kleidung visualisiert. So wird etwa der Verlust eines sehr nahen Familienmitglieds durch das Einreißen des Gewandes sichtbar gemacht; der *saq* als Trauerkleidung und die Verwahrlosung des Äußeren oder das Witwengewand zeigen den Todesfall in aller Öffentlichkeit an. Auch freudige Ereignisse, die einen Statuswechsel bedeuten, wie etwa die Hochzeit, werden durch spezielle Kleidung und Schmuck visualisiert. Selbstverständlich gibt es Amtskleidung wie etwa die des Hohepriesters (vgl. Ex 39) und den Prophetenmantel, der für Gottesmänner typisch scheint (vgl. 1 Sam 28,14; 2 Kön 2,8–14). Wenn jemand der Kleider beraubt oder entblößt wird, bedeutet dies Entehrung und einen gravierenden Eingriff in die soziale Position. Der gewalttätige Griff nach dem Gewand ist daher als Angriff auf die Identität zu bewerten. Vor allem katastrophische Erfahrungen, die Menschen ungewollt von einer Kategorie in die andere katapultieren, sind identitätsprägend für ein Individuum. Auch wenn solche Erfahrungen vorübergehen, wie dies etwa bei Ijob der Fall ist, beeinflusst das Erlebte das Selbstverständnis und die Weltbeziehungen der Leiderprobten auf Dauer. Man geht als anderer Mensch aus solchen Erfahrungen heraus, als man hineingegangen ist.

### 1.4 Identität und kollektives Gedächtnis

Identitätsbildung erfolgt in alten Kulturen vor allem durch Nachahmen und teils auch durch rigorose Erziehungsmaßnahmen.[8] Kleine Kinder werden nach dem Säuglingsalter je nach Geschlecht von Vater oder Mutter in die geschlechtsspezifischen Arbeiten eingeführt und damit auf breiter Ebene sozialisiert. *Doing Gender* begann also auch im Alten Orient zu einem recht frühen Lebenszeitpunkt. Die Erziehung eines Kindes machte die jungen Menschen zudem wesentlich rigoroser mit ihrem Status vertraut. Die heute propagierte (wenngleich ziemlich verlogene) Devise, jedes Kind sei königlich

---

[8] Bernd Janowski (* 1943) betont dafür in seinem Buch „Anthropologie des Alten Testaments“ in Kapitel 5 über die Sozialsphäre des Menschen das Prinzip der Anerkennung. – Vgl. B. Janowski, Anthropologie des Alten Testaments. Grundfragen – Kontexte – Themenfelder, Tübingen 2019, 183–224.

und zu allem Großen fähig, wäre in den alten Kulturen als Systembedrohung empfunden worden. *Doing Identity* heißt immer auch, seinen Platz in der Gesellschaft zu finden,[9] wenngleich dieser schließlich an einem ganz anderen sozialen Ort sein kann, als die Eltern es für ihr Kind vorhergesehen hätten.

Der Erwerb einer eigenen Identität ist jedoch kein individualistischer, sondern ein gesellschaftlicher Vorgang, der in den Kulturen, aus denen die Bibel entstand, kollektivistisch stattfindet. Der Prozess vermittelt nicht nur eine Identifikation mit den Geschlechterrollen, den dazugehörigen Aufgaben und den sozialen, religiösen und ethnischen Bedingungen der Gruppe, sondern auch mit deren Selbstverständnis, das aus ihren welterzeugenden Erzählungen entsteht, die einen Teil des kollektiven Gedächtnisses bilden. Solche Erzählungen sind nicht einfach Berichte über historische Ereignisse, sondern geschichtliche Daten verarbeitende Narrative, die für die Zeit, in der sie entstehen – nicht aber für die Zeit, von der sie erzählen und die Jahrtausende zurückliegen kann –, identitätsbildende und -stiftende Funktion haben. Die Bedeutung eines Ereignisses ist somit immer für die erzählende Zeit zu erheben, nicht für die erzählte Zeit.[10]

Israels zentralstes identitätsstiftendes Ereignis ist zweifelsohne der Exodus: Gott führt das versklavte Volk aus der Unterdrückung durch wundersame Errettung vor einer völlig überlegenen militärischen Macht. Als Teil des kollektiven Gedächtnisses wird die Rettungserfahrung zwar auch als historisches Ereignis wahrgenommen, aber vorrangig vielmehr als heilvolles Geschehen an jedem einzelnen Menschen aus dem Volk, das daher beständig aktualisiert werden kann. So spricht nicht nur Jes 40–55 von einem neuen Exodus aus dem Exil, sondern die kollektive Rettung kann sich zu allen Zeiten immer wieder neu ereignen. Die Memoria ist also kein Erinnern an historisch tatsächlich Geschehenes, das mit der Zeit verblasst und damit auch an Bedeutung verliert, sondern ein dynamischer Vorgang

---

[9] In diesem Prozess spielt die Weisheitsliteratur eine tragende Rolle. – Vgl. dazu J. van Oorschot, Bildung und Person als Thema frühjüdischer Weisheitstexte. Eine Spurensuche, in: C. Bouillon, A. Heiser, M. Iff (Hg.), Person, Identität und theologische Bildung, Stuttgart 2017, 15–25.

[10] Vgl. dazu P. Ricœur, Zeit und Erzählung, Bd. 1: Zeit und historische Erzählung (Übergänge. Texte und Studien zu Handlung, Sprache und Lebenswelt 18/1), München 1988, 54f.

der Aneignung in jeder Generation, der immer neue Bedeutungen hinzufügt. Unübertrefflich formuliert dies der Klagepsalm 22,3–6:

> „Mein Gott, ich rufe bei Tag, doch du antwortest nicht,
> und bei Nacht, doch für mich ist keine Ruhe.
> Aber du bist heilig,
> du thronst über dem Lobpreis Israels.
> Dir haben unsere Ahnen vertraut,
> sie haben vertraut und du hast sie gerettet.
> Zu dir schrien sie und wurden befreit,
> dir vertrauten sie und wurden nicht zuschanden.
> Ich aber […]"

Das, was die betende Figur in ihrer Notsituation erhofft, ist bereits so oft in so vielen Generationen geschehen, dass sie hoffen kann, dass es auch für sie geschehen wird: die Erlösung aus der Not, wenn die Gottheit als Helferin angerufen wird. Israels identitätsstiftende Grunderzählung weiß nichts von goldenen Zeitaltern, sondern vielmehr von Unterdrückung und Befreiung, die jedoch das Potenzial hat, sich immer wieder zu erfüllen.

Zum kollektiven Gedächtnis Israels gehört aber nicht nur die Erfahrung der Rettung, sondern auch der Unterdrückung und des Terrors. Neuere Forschungen haben gezeigt, dass Traumatisierungen, die aufgrund nicht zu bewältigender Gewalterfahrungen eintreten, transgenerational weitergegeben werden können.[11] Da die kanonischen Schriften Israels, die stetig neu aktualisiert ausgelegt werden müssen, in allen Epochen so viel von militärischer Bedrohung erzählen, gehören auch die Terrorerfahrungen zur kollektiven Identität:[12] Bedrohung wie Errettung bestimmen nicht nur das Selbstverständnis des Volkes, sondern auch jedes einzelnen Menschen, der sich als Teil dieser Schicksalsgemeinschaft versteht.

---

[11] Vgl. dazu M. Huber, R. Plassmann (Hg.), Transgenerationale Traumatisierung. Tagungsband zur DGTD-Tagung im September 2011 in Bad Mergentheim, Paderborn 2012; A. Kühner, Kollektive Traumata. Konzepte, Argumente, Perspektiven (Psyche und Gesellschaft), Gießen 2007; dies., Trauma und kollektives Gedächtnis (Psyche und Gesellschaft), Gießen 2008.

[12] Ausführlicher dazu vgl. I. Fischer, Durch Kopf abschlagen den Kriegen ein Ende setzen? Zu Aspekten von Gewalt im Alten Testament, in: F. Winter (Hg.), Religionen und Gewalt (TKD 37), Innsbruck 2020, 119–131.

## 2 Partizipation – kein biblischer Begriff, theologisch aber hoch bedeutsam

Das Gottesvolk Israel ist – bis in seine Ausprägung im heute so vielfältigen Judentum – nicht strikt hierarchisch strukturiert. Das wohlbekannte Diktum „So viele Juden, so viele Meinungen" drückt dies anschaulich aus. Es gibt keine Letztentscheidungskompetenz, die autokratisch alles bestimmen könnte, wie dies nach dem *Codex Iuris Canonici* (CIC) in der katholischen Kirche der Fall ist. Auch wenn es im realen Leben Instanzen gibt, die Einzelheiten festlegen, haben diese ihre Befugnisse durch das Volk.

### 2.1 Das Zwölf-Stämme-Volk als egalitäre Konstruktion

Die Volksgeschichte wird in der Tora von Exodus bis Deuteronomium gleichsam auch als Biografie des Mose von seiner Geburt bis zum Tod erzählt. Durch die Vorschaltung der Genesis[13] wird Israel in der dritten Generation der Erzeltern durch Jakob, der den Ehrennamen Israel erhält (vgl. Gen 32,29), als Großfamilie aus zwölf Söhnen gegründet, die zu Stammvätern des Zwölf-Stämme-Volkes werden (vgl. Gen 49; Dtn 33). Genealogisch deutet die Geschwisterrelation ein auf Gleichheit fußendes Verhältnis an. Die zwölf männlichen Geburten der Frauen Jakobs bilden daher kein hierarchisches, sondern ein egalitäres Gefüge. Zudem wird der erbrechtlich bedingte Vorrang des Erstgeborenen durch dessen eigene Tat (vgl. Gen 35,22) und deren Beurteilung durch den Vater im Segen gebrochen (vgl. Gen 49,3f.).

Die welterzeugenden Erzählungen der Genesis konzipieren damit eine auf Gleichheit abzielende Verfassung Israels, das in Ägypten zum Volk anwächst. Unabhängig davon, ob es sich dabei um eine historisch belegbare politische Organisationsform handelt (wie etwa die These von der Amphiktyonie[14] sie vertrat) oder ob dies eine ausschließlich theologische Konzeption darstellt, die nach dem

---

[13] Zu diesen Zusammenhängen ausführlicher vgl. K. Schmid, Erzväter und Exodus. Untersuchungen zur doppelten Begründung der Ursprünge Israels innerhalb der Geschichtsbücher des Alten Testaments (WMANT 81), Neukirchen-Vluyn 1999.

[14] Vgl. K. Usener, S. Kreuzer, Amphiktyonie (November 2008), in: https://www.bibelwissenschaft.de/stichwort/13289 (Zugriff: 15.3.2021).

Verlust der Eigenstaatlichkeit ein abermaliges Machtgefälle innerhalb des Volkes hintanhalten sollte, stellt die Zwölf-Stämme-Konstellation ein entscheidendes Merkmal seiner Gründungserzählung dar und prägt die Identität des Volkes. Israel ist keine hierarchisch festgezurrte Gemeinschaft, schon gar keine absolutistische Mon-Archie, sondern vielmehr ein stark dem Gemeinwesen verpflichteter Verband von gleichberechtigten Gruppen und Individuen.

## 2.2 Ämter als funktionale, nicht hierarchische Zwischenlösung

Die Familienerzählungen der Genesis kennen keine Ämter. Erwachsene Individuen treffen für ihre Familien weitreichende Entscheidungen bezüglich Migration (vgl. etwa Gen 11,31; 12,1–10; 13,5–12; 16,6–14; 20,1; 21,14.20f.; 26,1–6; 31,1–18; 46,1–27) und Eheschließungen (vgl. Gen 24; 27,46–28,7), bestimmen über die ökonomischen Bedingungen des kleinen Verbandes (vgl. Gen 13,8–13; 21,22–32; 30,25–43), entscheiden bei Unstimmigkeiten zwischen Streitparteien (vgl. Gen 16,6), nehmen kultische Handlungen (vgl. Gen 12,7f.; 15,7–11; 22,13f.; 25,22), Gründungen von Heiligtümern und Kultstätten (vgl. Gen 16,14; 22,14; 28,18–22; 35,1–15) und Gottesbenennungen nach Rettungserfahrungen vor (vgl. Gen 16,13; 32,31). Familienmitglieder übernehmen damit all jene (sozial-)politischen, richterlichen und priesterlich-kultischen Funktionen, die in größeren sozialen Einheiten auf Spezialisierte verteilt werden, woraus sich eine Ämterstruktur entwickelt. Dabei ist besonders beachtenswert, dass Männer wie Frauen diese Aufgaben übernehmen, obwohl die Gesellschaften des Alten Orients eindeutig patriarchal geprägt sind.

In den Erzählungen ab dem Buch Exodus, die bereits die Volksgemeinschaft voraussetzen, kommt es unausweichlich zur Einrichtung von Ämtern. Den Anlass dazu gibt jeweils die Überforderung Moses, der aus priesterlichem Geschlecht stammt (vgl. Ex 2,1f.; Num 26,57–61) und dem von Gott alle Funktionen übertragen wurden, sei es die politische Leitung, die prophetische Vermittlung oder die richterliche Entscheidungskompetenz. In den Wüstenerzählungen im Pentateuch wird das Ringen um die Führung in all diesen Bereichen abgehandelt.

Die erste davon findet sich in Ex 18,13–26. Jitro, dem Schwiegervater Moses, kommt dabei entscheidende Bedeutung bei der Ordnung der Ämter zu. Er plädiert aufgrund der Überlastung seines Schwiegersohnes dafür, die richterlichen Entscheidungen nicht weiterhin monokratisch zu treffen, sondern in demokratischer Art an viele fähige und gottesfürchtige Männer abzugeben, die für bestimmte Gruppen des Volkes zuständig sein sollen. Mose wird dabei aber nicht seiner richterlichen Funktion beraubt, sondern soll nach dem Prinzip der Subsidiarität nur noch ganz heikle Fälle behandeln.

Im nächsten Kapitel, das bereits zu den Sinai-Erzählungen (vgl. Ex 19–Num 10) gehört, die von einer Konzentration auf das Kultische geprägt sind, wird ebenso vor der Einsetzung aller kultischen Funktionen und Institutionen das Priesteramt demokratisiert. Gott selbst deklariert das Volk als Königreich von Priestern und heiliges Volk (vgl. Ex 19,6). Ein ganzes Volk, in dem alle priesterliche Funktionen wahrnehmen, braucht freilich keinen Priesterstand. Da es aber die direkte Gottesbegegnung scheut, übernimmt Mose die Kommunikation mit Gott (vgl. Ex 20,18–21). In der Folge wird auch der gesamte Kultbetrieb samt seiner (hohe-)priesterlichen Führung gestiftet (vgl. Ex 25–31.35–40). Zuvor jedoch wird das eigentliche Ideal betont: Auch die priesterlich-kultischen Ämter sollten idealerweise bei allen Volkszugehörigen gegeben sein; die Organisation des Volkes braucht hingegen zwischenzeitlich Kultfunktionär(inn)e(n),[15] die sich auf alle Einzelheiten am Heiligtum spezialisieren können.

Ähnlich stellt sich die Sachlage bei der Prophetie dar: In Num 11,10–30 ist wiederum die Klage Moses der Ausgangspunkt der Demokratisierung der prophetischen Leitungsaufgabe. Da er die Verantwortung für das Volk seiner Gottheit zuspricht, die mit ihm schwanger gewesen sei, es geboren und als Säugling versorgt habe (vgl. Num 11,12), antwortet JHWH selbst mit dem Vorschlag, die Leitung auf 70 der Ältesten (vgl. Num 11,16), die als Patriarchen die Familien vertreten, zu verteilen und sie dafür mit Geist zu bega-

---

[15] Auch wenn die reguläre Priesterschaft von Männern gestellt wird, erfährt man ausgerechnet im Kontext der Heiligtumsausstattung von „Frauen, die am Eingang des Offenbarungszeltes Dienst taten“ (Ex 38,8). Dies ist exakt der Ort, an dem auch die Hohepriester – mit im Hebräischen genau derselben Bezeichnung – ihren Dienst versehen. – Ausführlicher dazu vgl. I. Fischer, Gender-faire Exegese. Gesammelte Beiträge zur Reflexion des Genderbias und seiner Auswirkungen in der Übersetzung und Auslegung biblischer Texte (Exegese in unserer Zeit 14), Münster 2004, 45–62.

ben. JHWH nimmt dabei von dem Geist, der auf Mose ruht, und verteilt ihn auf die ausgewählten Volksvertreter (vgl. Num 11,25). Mose wünscht sich dabei sogar, dass das ganze Volk prophetisch werde, der Geist auf alle kommen solle und es aufgrund der Demokratisierung dieses Amt nicht mehr brauche (vgl. Num 11,29). Wenn im unmittelbar folgenden Kapitel sodann Mirjam und Aaron die prophetische Funktion auch für sich beanspruchen (vgl. Num 12,2) und JHWH dem nicht widerspricht, sondern nur Mose in seiner Bedeutung von Mirjam als Prophetin (vgl. Ex 15,20) und Aaron als Prophet des Mose (vgl. Ex 7,1f.) abhebt, so wird deutlich, dass das *ganze* Volk beileibe nicht nur die männliche Bevölkerung meint.

### 2.3 Frauen in (fast) allen Ämtern

Die Vorschaltung einer Reflexion über das Verhältnis von Volk und alles entscheidendem Funktionär bei den Erzählungen um die Einsetzung der Ämter bewirkt eine Wahrnehmungsverschiebung: Nicht die Ämter sind der ideale Zustand, sondern dass diese hinfällig werden, weil jedes Individuum im Volk alle Begabungen direkt von Gott erhält. Diese Demokratisierungstendenz nimmt jeglichem Amt den Nimbus des nicht anzweifelbaren Gottgewollten oder politisch-strategisch Indispensablen. Sie bewirkt aber auch eine Brechung patriarchaler Dominanz, die durch die historisch anzunehmende Besetzung aller Ämter überwiegend mit Personen männlichen Geschlechts gegeben ist.

Das Alte Testament kennt Frauen in Ämtern aller Bereiche. Nach dem Prophetiegesetz in Dtn 18,9–22 steht jegliche Prophetie in der Sukzession des Mose. Die unmittelbare Nachfolge tritt in Ri 4f. eine Frau an, Debora, die nicht nur Prophetin, sondern auch Richterin in der zweifachen alttestamentlichen Bedeutung ist, nämlich politisch-militärische Führungsfigur (vgl. Ri 4,8–10.14; 5,12–23) und juridische Entscheidungsträgerin (vgl. Ri 4,5) – eine Aufgabenfülle, die sich sonst bei keinem anderen „Richter" im Richterbuch findet. Die letzte prophetische Gestalt in der Vorderen Prophetie ist wiederum eine Frau. Hulda hat es wie Mose mit der Tora zu tun und steht offenkundig im Amt seiner Nachfolge, da die Staatsspitze zu ihr geht, um sich göttlichen Bescheid bezüglich des im Tempel gefundenen Gesetzbuches einzuholen (vgl. 2 Kön 22,8–20), nicht zu Jeremia, der nach der Chronologie des Prophetenbuches zu jener Zeit bereits seit fünf Jahren wirkte (vgl. 2 Kön 22,3; Jer 1,2). Wenn jedoch die erste und die letzte prophetische Figur in Israels Geschichte im Land weiblich ist, bedeutet dies, dass alle Erwähnungen von „Propheten" Frauen miteinbeziehen müssen, da im Hebräischen ein einziger Mann eine Gruppe von Tausenden Frauen grammatikalisch männlich erscheinen lässt. „Propheten" sind also nach unserem heutigen Sprachgebrauch in den meisten Fällen mit „prophetisch begabte Menschen" zu übersetzen. Die exponierte Stellung der beiden Prophetinnen lässt zudem darauf schließen, dass das dahinterliegende Phänomen weiblicher Prophetie wesentlich größer gewesen sein muss, als die Erzählungen erkennen lassen.

Nach der deuteronomischen Theologie ist nun aber die Prophetie das höchste der Ämter, da es als einziges nicht durch Menschen weitergegeben werden kann, sondern von Gott direkt eingesetzt werden muss (vgl. Dtn 18,15.18). In diesem Amt sind jedoch nicht wie im reduzierten christlichen Kanonteil der Prophetie von Jesaja bis Maleachi (fast) nur Figuren männlichen Geschlechts belegt, sondern an ganz prominenter Stelle auch Frauen.

Für den kultischen Bereich wurde bereits auf die Frauen verwiesen, die nach Ex 38,8 und 1 Sam 2,22 am Eingang zum Offenbarungszelt ihren Dienst versehen. Der Dienstort und die Dienstart stellt sie in eine Reihe mit den Hohepriestern. Ungeachtet dieser beiden wenig auskunftsfreudigen Kurznotizen sind für das schlachtopfernde Priestertum, das nach unterschiedlichen Texten von etablierten Priesterfamilien (Leviten/Aaroniden, Zadokiten, Eliden usw.) beschickt wird, keine Frauen in strikt priesterlich-schlachtopfernder Funktion bekannt. Ob dies die historische Realität aller Epochen der Geschichte Israels widerspiegelt, ist fraglich, denn nahezu alle den Kult bis ins Detail regelnden Texte stammen aus nachexilischer Zeit. Die späte Chronik jedoch kennt Frauen unter dem Kultpersonal etwa als Tempelsängerinnen (vgl. 1 Chr 25,5f.; Esr 2,65; Ps 68,26) oder unter den levitischen Diensten der Verwaltung des Tempelschatzes sowie der Weihegeschenke (vgl. 1 Chr 26,20.25).[16]

Auch in der politischen Führungsfunktion finden sich exemplarisch Frauen eingeschrieben. Debora hat wie Mose die Fülle der Ämter beim Richten und prophetischen Vermitteln, aber auch im poli-

---

[16] Schelomit ist eindeutig ein Frauenname. Die häufig zu findende Übersetzung als Männername kommt ausschließlich aufgrund eines Genderbias zustande.

tisch-militärischen Bereich. Wie er zieht sie mit in die Schlacht und begleitet deren Verlauf, kämpft jedoch nicht unter Waffen mit (vgl. Ri 4,6–16; dazu Ex 17,8–15). Ebenso führt Mirjam das Volk gemeinsam mit Mose und Aaron (vgl. Num 12; Num 26,59; Mi 6,4).

Für die Königszeit gibt es im Südreich mehrere Hinweise darauf, dass die Mutter des an die Regierung gelangten jungen Königs mit ihrem Sohn als *gebira* mitregiert.[17] Die Bezeichnung wird auf Maacha in 1 Kön 15,13 sowie Nehuschta in Jer 29,2 und 2 Kön 24,12.15 angewandt. Wenn nach 1 Kön 2,19 für Batseba ein zweiter Thron neben dem ihres Sohnes Salomo aufgestellt wird, lässt dies ebenso auf eine Mitregentschaft schließen. Zudem erzählt die Bibel über Königinnen, allen voran die legendären, sehr positiv gezeichneten Figuren der Königin von Saba (vgl. 1 Kön 10,1–13) und Ester, aber auch von den in der deuteronomistischen Theologie sehr kritisch beurteilten Königinnen Isebel und Atalya (vgl. 2 Kön 11).

Auch Verwaltungsämter wurden von Frauen wahrgenommen, wie Abischag von Schunem erweist, die mit dem Titel *sokenet* nicht als Bettgenossin des greisen Königs, sondern vielmehr als Verwalterin ausgewiesen wird (vgl. 1 Kön 1,2.4),[18] ganz so, wie Schebna in Jes 22,15 mit der männlichen Form *soken* als Verwalter vorgestellt wird. Bei der Übersetzung dieser Funktion zeigt sich in den heutigen Bibelübersetzungen bis zur revidierten Einheitsübersetzung nach wie vor ein gravierender Genderbias. Frauen in Ämtern sind immer noch nicht im Blick von meist männlichen Übersetzern, die überdies die Forschungen von Frauen der letzten Jahrzehnte nicht rezipiert haben. Das Alte Testament jedoch sieht Teilhabe an der Leitung des Volkes durchaus vor. Das Gottesvolk des Alten Bundes sah offen-

---

[17] Zur Bezeichnung *gebira* vgl. G. Molin, Die Stellung der Gebira im Staate Juda, in: ThZ 10 (1954) 161–175; S. Ackerman, Warrior, Dancer, Seductress, Queen. Women in Judges and Biblical Israel (ABRL), New York 1998, 133–154; C. Smith, „Queenship" in Israel? The Cases of Bathsheba, Jezebel and Athaliah, in: J. Day (Hg.), King and Messiah in Israel and the Ancient Near East. Proceedings of the Oxford Old Testament Seminar (JSOTS 270), Sheffield 1998, 142–162; ferner – auch zu Batseba – I. Fischer, Gotteslehrerinnen. Weise Frauen und Frau Weisheit im Alten Testament, Stuttgart 2006, 111–118.

[18] Dies hat Maria Häusl (* 1964) mit Verweis auf ein mit derselben Wurzel belegtes Verwaltungsamt von Frauen am assyrischen Königshof aufgezeigt. – Vgl. M. Häusl, Abischag und Batscheba. Frauen am Königshof und die Thronfolge Davids im Zeugnis der Texte 1 Kön 1 und 2, in: ATSAT 41 (1993) 239–242.

kundig seine Identität nicht dadurch gefährdet, dass Frauen an allen Leitungsämtern partizipierten.

## 3 Vom Zusammenhang von Partizipation und Identität – biblisch und heute

In der katholischen Kirche bedingt die *geschlechtliche* Identität massiv die Partizipation an der Gemeinde. Die vollen Rechte hat nur, wer männlich ist, denn dem steht zumindest die Wahl offen, ob er Priester werden möchte. Frauen sind bis heute von der vollen Partizipation ausgeschlossen, da – wenngleich immer häufiger und heftiger hinterfragt – jegliche Letztentscheidung in dieser Kirche ausschließlich geweihten Männern vorbehalten ist.

Zweifelsohne schränkten die altorientalischen Gesellschaften, zu denen auch jene gehören, aus denen die Bibel stammt, die Partizipation von Frauen ein, wenngleich in anderer Weise. Da in nachexilischer Zeit die kultische Reinheit – die keine moralische ist! – immer mehr an Bedeutung gewinnt, sind Frauen im fruchtbaren Lebensalter aufgrund ihrer Biologie, die zyklische mehrtägige Phasen der Unreinheit mit sich bringt, aus allen jenen Bereichen ausgeschlossen, deren Aufgabenerfüllung von bestimmten Zeiten abhängt.

Obwohl Frauen in allen Amtsbereichen belegt sind und damit das historische Phänomen dahinter sicher wesentlich größer gewesen sein dürfte, als die Texte es darstellen, bilden sie als Königinnen, Richterinnen, kultische Bedienstete und wohl auch Prophetinnen und eigenverantwortliche Wirtschaftstreibende (vgl. Spr 31,10–31) eher eine Ausnahme von der Regel männlicher Besetzung – die Männerquote lag sicher auch zu biblischen Zeiten bei über 90 Prozent.

Die unterschiedlichen Möglichkeiten der Partizipation sind aber nicht nur durch das Geschlecht, sondern auch durch *Ethnizität* geregelt. Auch wenn es in manchen Phasen der Geschichte Israels Tendenzen zur Abschottung gegen fremdstämmige Menschen gab, können zeitgleich entstandene Widersprüche aufgespürt werden, die mithin auf eine rege Diskussion schließen lassen. Wenn in etwa zeitgleich zu den strikt auf die ethnische Geschlossenheit der Gesellschaft bedachten Büchern Esra und Nehemia das Rutbuch entsteht, das eine Gegenerzählung zum sog. Moabiterparagrafen in Dtn 23,2–7 (und dessen Rezeption in Neh 13,1–3) konstruiert und damit eine Angehörige dieses für alle Zeiten auszuschließenden Volkes zur

Urgroßmutter Davids macht, die sogar die Genealogie der Ahnfrauen Israels in der Judalinie fortsetzt (vgl. Rut 4,11–13), werden damit gegensätzliche Konzepte der Partizipation kanonisiert.[19]

Manche Texte ringen um die näheren Umstände einer Partizipation von Menschen aus fremden Völkern, die sich der Gottheit Israels anschließen. So plädiert Jes 56,1–8 für die volle Partizipation von Fremden, die Tora-observant leben. Dem aramäischen Feldherrn Naaman, der in den Wassern des Jordans Heilung von seinem Aussatz findet und so zur Verehrung der Gottheit Israels kommt, wird zugestanden, dass er sich auch weiterhin beim offiziellen Staatszeremoniell gemeinsam mit dem König vor dem aramäischen Nationalgott niederwirft. Der Prophet Elischa akzeptiert ihn als Proselyten, obwohl er als oberster militärischer Leiter das Heer des Feindes zu befehligen hat, und nimmt für dessen Heilung keinerlei Gegengabe an (vgl. 2 Kön 5,1–19). Vielleicht steckt hinter dieser Erzählung und ihrem Zugeständnis an einen Fremden auch die theologische Anschauung, dass dort, wo man auf Wort und Weisung JHWHs hört, die Waffen ohnedies schweigen (vgl. Jes 2,1–5; Mi 4,1–5). Andere Texte plädieren auf dieser Schiene für eine universalistisch konzipierte Religion, wenn in einer Gottesrede Ägypten „mein Volk“ und Assur „das Werk meiner Hände“ genannt wird (vgl. Jes 19,25). Offenkundig vertritt man damit ein ähnlich offenes Verständnis wie die sog. Urgeschichte von Gen 1–11, die JHWH als universalen Schöpfergott, der für alle Menschen und Völker zuständig ist, darstellt.

Zu guter Letzt sei noch darauf hingewiesen, dass auch die anteilmäßig überwiegende Teilhabe der alten Männer an Entscheidungen des Gemeinwesens in mehreren alttestamentlichen Texten kritisch hinterfragt wird. So erweisen sich in der späten Susanna-Erzählung des griechischen Danielbuches die Ältesten, denen die Rechtsprechung und die Entscheidungen für das Gemeinwohl übertragen sind, als Verbrecher. Sie beschuldigen eine Frau mit perfektem Leumund des Ehebruchs, weil diese sich sexuell nicht nötigen ließ und an ihrer Toratreue festhielt. Da man den angesehenen Männern glaubt, wird die unschuldig Angeklagte vor das korrumpierte Richtergremium gezerrt. Nur dem bezüglich positiver Diskriminierung aufgrund von *Alter* und Geschlecht vorurteilslosen jungen Daniel,

---

[19] Diese Deutung begründe ich ausführlich in meinem Kommentar: I. Fischer, Rut (HThKAT), Freiburg i. Br. ³2021.

der das rechte Gottesgericht bereits im Namen trägt, ist es mit seiner ausgeklügelten Verhörtaktik zu verdanken, dass die Ältesten ihr unschuldiges Opfer nicht ungehindert zu Tode bringen können (vgl. Dan 13). Wenn zudem der aufgrund seiner Jugend noch nicht als Krieger taugliche David den philistäischen Vorkämpfer ohne Rüstung zur Strecke bringt, während alle waffenstarrenden Männer keinen Zweikampf wagen (vgl. 1 Sam 17), ist dies ebenso ein Plädoyer für die *Jugend.* Nicht jene männlichen Menschen, denen die Leitung anvertraut ist und die ein Leben lang Erfahrung sammeln konnten, schaffen die Wende, sondern die unbelastete Jugend, die aus dem vorgegebenen Paradigma aussteigt.

Solche Erzählungen zeugen von überaus selbstkritischen Reflexionen darüber, ob die anteilmäßig völlig überrepräsentierte Partizipation der älteren Männer dem Gemeinwesen zuträglich ist. Sie sehen das Ethos der Gottheit Israels eher bei den Frauen, den Fremden und der Jugend verwirklicht. Das Alte Testament hat – gleichsam als Kontrapunkt zur fast hundertprozentigen Männerquote – auch diese Erzählungen kanonisiert und damit für spätere Generationen Anhaltspunkte geschaffen, wie denn die androzentrische Gerontokratie aufzuhebeln wäre. Dies gilt insbesondere für die katholische Kirche, die den Kern ihrer Identität gerade in meist sehr alten, zum Zölibat verpflichteten Männern konzentriert sieht, die dem überwiegenden Teil des christlichen Gottesvolks die volle Partizipation verweigern.

# Lebendiger Gottesdienst

## Qualifizierte Partizipation in urchristlichen Gemeinden

*Thomas Söding*

Der Gottesdienst ist von Anfang an eine prägnante Ausdrucksform urchristlichen Gemeindelebens.[1] Mission, Katechese und Diakonie gehören dabei untrennbar zur Liturgie – programmatisch wie praktisch. Früh bilden sich typisch christliche Formen heraus, aber der urchristliche Gottesdienst ist nicht hermetisch abgeschlossen, sondern kulturell aufgeschlossen: Er ist jüdisch verwurzelt, auch wenn er durch den Bezug auf Jesus Christus einen eigenen Charakter gewinnt; er steht im Austausch mit Riten der Umwelt, auch wenn er sich von ihnen klar unterscheidet, weil er dem einen Gott die Ehre gibt und nicht etwa viele Götter verehrt; die Taufe[2] und die Eucharistie[3] sind christliche Originale, auch wenn es Analogien zu rituellen Waschungen und zu religiösen Gemeinschaftsmählern gibt – und eine genuine Verbindung vom Letzten Abendmahl zur Paschafeier Israels.

Taufe und Eucharistie stehen nicht allein. Auch wenn es nicht möglich ist, ein Gesamtbild urchristlicher Liturgien zu zeichnen – denn es gibt nur wenige Quellen –,[4] wird deutlich, dass die Feier des Wortes Gottes eine sehr große Bedeutung für das Urchristentum hat:[5] durch die Verkündigung des Evangeliums, die Auslegung der Heiligen Schrift, die Prophetie und die Lehre, das Bekenntnis des Glaubens, Gebete, Gesänge, Hymnen und Lieder (vgl. Kol 3,16;

[1] Vgl. J. R. Backes, Liturgy. I. New Testament, in: EBR 16 (2018) 898–901.

[2] Vgl. D. Hellholm u. a. (Hg.), Ablution, Initiation, and Baptism. Late Antiquity, Early Judaism, and Early Christianity (BZNW 176), Berlin 2008.

[3] Vgl. D. Hellholm, D. Sänger (Hg.), The Eucharist – Its Origins and Contexts. Sacred Meal, Communal Meal, Table Fellowship In Late Antiquity, Early Judaism and Early Christianity (WUNT 376), 3 Bde., Tübingen 2017.

[4] Einen Überblick verschafft Peter Wick (* 1965). – Vgl. P. Wick, Die urchristlichen Gottesdienste. Entstehung und Entwicklung im Rahmen der frühjüdischen Tempel-, Synagogen- und Hausfrömmigkeit (BWANT 150), Stuttgart $^{2}$2003.

[5] Vgl. M. Linnenborn, T. Söding (Hg.), Liturgie und Bibel. Theologie und Praxis der Verkündigung des Wortes Gottes, Trier 2020.

Eph 5,19) – auch in der Feier der Taufe und der Eucharistie. Es ist zu erkennen, dass die Zeichensprache elementar und einfach war: mit Wasser, Brot und Wein, Öl, Handauflegung und Salbung – und mit schlichten Worten voller Gotteskraft, Segen und dem Zeugnis von Menschen, die glauben. Es scheint, dass die Klarheit der Adresse mit der Klarheit der Liturgie zu tun hat – die nicht selbstverständlich ist, sondern errungen sein musste, wie Paulus es formuliert: „Denn Gott ist nicht ein Gott der Unordnung, sondern ein Gott des Friedens." (1 Kor 14,33a)

Wenn es auch nicht möglich ist, eine genaue Agenda zu rekonstruieren oder einen umfassenden Überblick zu erhalten, lassen sich doch der Logos und das Ethos der urchristlichen Liturgie analysieren: der Glaube und die Liebe, in denen sie voller Hoffnung auf Erlösung gefeiert wird. Dieser Geist der Liturgie ist orientierend und motivierend bis heute.

## 1 Die Teilhabe aller

Der Gottesdienst der Urgemeinde ist kein Ritus, zu dem nur eine kleine Elite Zutritt hat. Priesterämter werden nicht verkauft (vgl. Apg 8,18–24). Priester kommen aus dem Volk – und alles Volk ist priesterlich, wie mit dem Ersten Petrusbrief gesagt werden kann, der das Buch Exodus zitiert (vgl. 1 Petr 2,9f.; dazu Ex 19,5f.). Deshalb ist die Beteiligung aller Gläubigen ein Charakteristikum frühchristlicher Gottesdienste. Der Hebräerbrief reflektiert, dass dies keineswegs selbstverständlich war: Fernbleiben ist ein Phänomen von Anfang an – aber ein Selbstwiderspruch der Gläubigen, wie der Autor zu erhellen versucht (vgl. Hebr 10,25).[6] Wenn Paulus schreibt, scheint er als selbstverständlich vorauszusetzen, dass alle Gemeindemitglieder teilnehmen (vgl. 1 Kor 11,33; 14,23): Arme und Reiche, Männer und Frauen, Sklaven und Freie, Juden(christen) und Heiden(christen). Auch in der Apostelgeschichte wird der Eindruck erweckt, dass die ganze Gemeinde versammelt ist, wenn gelehrt, gebetet und das Brot gebrochen wird (vgl. Apg 2,42.45; 4,23–37; 6,1–7). Wiewohl diese Darstellungen eher das Soll als das Ist markieren mögen, ist der An-

---

[6] Vgl. P. Garuti, Le lien entre mantique et télestique dans le Phèdre de Platon et dans l'Épître aux Hébreux (en passant par Paul), in: RB 124 (2017) 231–244.

spruch klar: Gottesdienst feiert die gesamte Gemeinde – in der Gemeinschaft der ganzen Kirche (vgl. 1 Kor 1,2; 10,16f.).[7]

Die Teilhabe aller ist keineswegs selbstverständlich. Sie muss theologisch erkannt und erstritten werden. Weit wichtiger als die nicht unwichtige Motivationsfrage ist es, die Begründung zu vermitteln, die der Partizipation Gewicht und Gestalt gibt. Theologisch liegt sie im universalen Heilswillen Gottes (vgl. Joh 3,16; 1 Tim 2,5f.), christologisch in der Lebenshingabe Jesu zur Rettung aller Verlorenen (vgl. Mk 14,24; Mt 26,28; Joh 6,51), pneumatologisch in der Gabe des Geistes für alle, die glauben (vgl. Joh 3,3–5; 1 Kor 12,4–6). An zwei Schlüsselstellen muss den neutestamentlichen Schriften zufolge hart gekämpft werden, um die Beteiligungsrechte der Gläubigen zu sichern. Beide Auseinandersetzungen hat Paulus geführt. Zum einen ruft er die Glaubensüberzeugung ins Gedächtnis, niemand werde durch Werke des Gesetzes, alle würden vielmehr durch den Christusglauben gerechtfertigt, um die volle Teilhabe auch derjenigen Getauften zu sichern, die nicht beschnitten sind (vgl. Gal 2,11–21).[8] Zum anderen kritisiert er in äußerster Schärfe, dass in Korinth das Mahl des Herrn in einer Weise gefeiert worden sei, die zur Demütigung der Armen geführt habe, weil man weder die Speisen und Getränke noch die Gemeinschaft so mit ihnen teilte, dass die Einheit gefördert wurde, die sich in der Stärkung der Schwachen verwirklicht und die Ehre der Marginalisierten wiederherstellt (vgl. 1 Kor 11,17–34).[9] Theologisch und liturgisch gilt:

---

[7] Vgl. T. Söding, Einheit und Vielfalt der Eucharistie. Ein neutestamentliches Votum, in: G. Augustin (Hg.), Eucharistie. verstehen. leben. feiern [FS Kurt Kardinal Koch], Ostfildern 2020, 67–89.

[8] Der Zusammenhang zwischen Rechtfertigung, Eucharistie und Kirche wird inzwischen auch in der multilateralen internationalen Ökumene gesehen. – Vgl. The Biblical Foundations of the Doctrine of Justification. An Ecumenical Follow-Up to the Joint Declaration on the Doctrine of Justification, presented by a task force of biblical scholars and systematic theologians from the Lutheran World Federation, the Pontifical Council for Promoting Christian Unity, the World Communion of Reformed Churches, and the World Methodist Council, Genf 2011; deutsche Übersetzung: W. Klaiber (Hg.), Biblische Grundlagen der Rechtfertigungslehre. Eine ökumenische Studie zur Gemeinsamen Erklärung zur Rechtfertigungslehre, Leipzig – Paderborn 2012.

[9] Vgl. J. Gregur, P. Hofmann, S. Schreiber (Hg.), Kirchlichkeit und Eucharistie. Intradisziplinäre Beiträge der Theologie im Anschluss an 1 Kor 11,17–34, Regensburg 2013.

> „Da gilt nicht Jude oder Grieche, Sklave oder Freier, männlich oder weiblich: Alle seid ihr einer in Christus“ (Gal 3,28).

Die qualitative Partizipation am Gottesdienst ist eine Glaubensfrage. Denn sein Grund kann nur im Glauben erkannt und bejaht werden: die Liebe Gottes zur Welt, an der die Gläubigen Anteil gewinnen können (vgl. Joh 3,16). Diese Begründung zu vergegenwärtigen und zu verinnerlichen, ist durchaus eine katechetische Aufgabe; aber sie soll den ganzen Menschen erreichen, Herz und Verstand, Geist und Seele. Deshalb ist nicht die Information über den Grund, sondern die Feier des Glaubensgeheimnisses selbst die tiefste Form der Erschließung und die innigste Weise der Vergegenwärtigung. Die Motivationsaufgabe erschließt sich aus der Faszination und Irritation der Feier: wie mit so wenigen Worten so viel bewirkt und mit so einfachen Zeichen so viel gesagt werden kann.

Wie aber sieht die Teilhabe aller aus? Mit einer großen Vielfalt muss und darf gerechnet werden, weil es zu Beginn (und auch später) keine Einheitsliturgie gibt, sondern je nach den kulturellen Kontexten, den sozialen Bedingungen und den gottesdienstlichen Gattungen verschiedene Rollen, Beiträge und Anteile. Dieses Bild vermitteln jedenfalls sowohl die neutestamentlichen als auch die frühchristlichen Quellen des zweiten Jahrhunderts, ob sie nun in Rom oder Syrien, in Jerusalem, Nordafrika, Kleinasien oder Griechenland sprudeln. Dass diese Vielfalt der Einheit des Glaubens Ausdruck verleiht (vgl. Eph 4,4–6), braucht und darf nicht im Mindesten bezweifelt zu werden, weil es der eine, der drei-eine Gott ist, in dessen Namen sich die Gläubigen versammeln (vgl. 2 Kor 13,13).[10]

Aufschluss über die Art und Weise qualitativer Partizipation geben die Paulusbriefe, besonders die an die Korinther, wo es echte Probleme im Sozialverhalten der Gemeinde gegeben hat, die in den Augen des Apostels und wohl auch vieler Gemeindemitglieder dringend einer Lösung bedurften, damit nicht einige wenige mit ihren charismatischen Stärken alle beherrschen. Mit seiner Theologie der Charismen, die in der Gemeinschaft des Leibes Christi kooperieren, indem sie ihre jeweiligen Stärken einbinden wie ihre jeweiligen

---

[10] Vgl. G. C. Regopoulos, He megale apostolike eulogia (2 Kor 13,13). Hermeneutike prosengisis, in: DBM 21/22 (2002) 163–200.

Schwächen unterfangen (vgl. 1 Kor 12),[11] und mit dem Hohelied der Liebe, das Gottes Agape im Glauben, in der Hoffnung und in der Liebe der Menschen besingt (vgl. 1 Kor 13),[12] begründet der Apostel eine Ordnung des Gottesdienstes, die auf das Zeugnis des Glaubens aus ist (vgl. 1 Kor 14).[13]

Paulus muss augenscheinlich gegen eine Überschätzung der Glossolalie ankämpfen, die er durchaus achtet und selbst beherrscht, aber wegen ihrer Unverständlichkeit und unkontrollierten Spontaneität geringer als die Prophetie schätzt (vgl. 1 Kor 14,1–5). Das Fallbeispiel diskutiert er so, dass nicht nur ein Einzelphänomen geklärt, sondern eine Grundorientierung für den christlichen Gottesdienst erkennbar wird.

Eine wesentliche Prämisse qualitativer Rezeption besteht darin, dass der ganze Mensch beteiligt ist, und zwar nicht nur mit seinem Geist, sondern auch mit seinem Verstand (vgl. 1 Kor 14,14–19). Der Geist (πνεῦμα) ist hier nicht der Heilige Geist Gottes, sondern dasjenige Organ des Menschen, das seiner Spiritualität Ausdruck verleiht. Der menschliche Geist verbindet mit Gott. Er steht für den ganzen Menschen, sein Selbst,[14] lässt sich aber von anderen Organen und vom Ich des Menschen unterscheiden. Beides kommt im Possessivpronomen „mein" (Geist) zum Ausdruck (vgl. 1 Kor 14,14). In der Glossolalie, wie Paulus sie sieht, ist die Kommunikation nur auf Gott gerichtet, nicht auch auf die anderen Mitglieder,[15] die gleichfalls am Gottesdienst teilhaben sollen – nicht nur, indem sie sich selbst einbringen, sondern auch, indem sie wahrnehmen und

---

[11] Vgl. A. Vanhoye, I carismi nel Nuovo Testamento (AnBib 191), Rom 2011.

[12] Vgl. P. Lampe, Agape als eschatologische Größe (1 Korinther 13), in: M. Oeming (Hg.), Ahavah. Die Liebe Gottes im Alten Testament (ABIG 55), Leipzig 2018, 413–424.

[13] Vgl. D. Gerber, „Car Dieu n'est pas un Dieu de désordre, mais un Dieu de paix" (1 Co 14,33a), in: E. Bons (Hg.), Bible et paix. Mélanges offerts à Claude Coulot (LeDiv 233), Paris 2010, 227–237.

[14] Vgl. S. Vollenweider, Der Geist als Selbst der Glaubenden. Überlegungen zu einem ontologischen Problem in der paulinischen Anthropologie, in: ders., Horizonte neutestamentlicher Christologie. Studien zu Paulus und zur frühchristlichen Theologie (WUNT 144), Tübingen 2002, 163–192.

[15] Kulturgeschichtlich kontextualisiert von Gudrun Guttenberger (* 1962). – Vgl. G. Guttenberger, Glossolalie als Dichtung. Sprache und Stimme diesseits von Religion und Theologie, in: ZNW 111 (2020) 251–288.

mitvollziehen, verstehen und bejahen können, was andere beitragen (vgl. 1 Kor 14,19). Deshalb sollen die Gläubigen im Gottesdienst ihren Verstand einschalten. Paulus verwendet den biblisch-theologisch wie philosophisch zentralen Begriff νοῦς, der sich im Kontext am besten mit „Verstand“ wiedergeben lässt, weil er zum Menschsein der Menschen gehört, aber ebenso ihre Fähigkeit zur Reflexion und Verantwortung, Kritik und Kommunikation erschließt. Damit ist der Verstand nicht nur ein Erkenntnis-, sondern auch ein Kommunikationsorgan, das Sozialität mit Spiritualität verbindet. Aus diesem Grund erklärt Paulus:

> „Wenn ich in Zungen bete, betet zwar mein Geist, aber mein Verstand bleibt ohne Frucht. Was also folgt? Ich will mit Geist beten, aber auch mit Verstand beten.“ (1 Kor 14,14f.)

Wichtig ist, Spiritualität und Rationalität zu vermitteln; entscheidend, dass andere verstehen und zustimmen können.[16] Die Qualität der Partizipation bemisst sich also nicht zuletzt an der kommunikativen Kompetenz, die inspiriert sein muss, wenn sie dem Glauben Ausdruck verleiht, also zur Sprache kommen lässt, was die Liturgie begründet, indem sie dieses Mysterium (vgl. 1 Kor 2,1.5) feiert – die unendliche Nähe des unsichtbaren Gottes zu den Menschen, dessen „Bild“ Jesus Christus ist (vgl. Kol 1,15; dazu 2 Kor 4,4).

Die Teilhabe beruht auf Teilgabe und zielt auf Teilnahme. Sie ist ganz und gar Gottes Gnade, die zur Aufgabe wird, und bringt die menschliche Freiheit zum Ausdruck, die ganz und gar befreite Freiheit ist, wie Paulus formulieren kann (vgl. Gal 5,1). Eben deshalb ist sie Verantwortung, die in der Praxis eingelöst sein will, auch ganz und gar – durch die Liebe (vgl. Gal 5,13f.). Indem von Partizipation und Teilhabe gesprochen wird, kommt das große Ganze zum Ausdruck, das in Gottes Heilswillen besteht. Es wird die Kooperation gefördert, die eine vielstimmige Einheit zum Ausdruck bringt: einen symphonischen Klang, wenn es gut geht, allerdings auch Misstöne, die es auszuhalten gilt.

---

[16] Eine begriffliche Prägung dürfte λογικὴ λατρεία in Röm 12,1 sein. – Vgl. T. Söding, Echtes Opfer. Gottesdienst bei Paulus, in: S. Böntert (Hg.), Objektive Feier und subjektiver Glaube? Beiträge zum Verhältnis von Liturgie und Spiritualität (StPaLi 32), Regensburg 2011, 9–34.

## 2 Vielfalt der Beiträge

Was Paulus zu einzelnen Elementen der Liturgie ausführt, stimmt mit ihrem Ethos und Logos überein (vgl. 1 Kor 14,26–33a.39f.):

> „Wenn ihr zusammenkommt, hat jeder einen Psalm, hat eine Lehre, hat eine Offenbarung, hat eine Zungenrede, hat eine Auslegung." (1 Kor 14,26)[17]

Die Einladung passt gut zum Bild der Kirche als Leib mit vielen Gliedern, die unterschiedlich sind und eng kooperieren (vgl. 1 Kor 12,12–27). Dass tatsächlich alle in allen Form der Liturgie einen eigenen Beitrag leisten, ist nicht gesagt. Aber dass eine Vielzahl von Personen und Aktionen den Gottesdienst prägen soll, ist eindeutig – ebenso, dass der Apostel die Gläubigen ermutigen will, ihre Möglichkeiten zu nutzen und ihre Fähigkeiten zu steigern, etwas Sinnvolles beizutragen. In der Vielfalt der Stimmen kommt der Reichtum des Glaubens zum Ausdruck. Jede einzelne Gattung hat einen inneren Bezug zu dem, was gefeiert wird. Kein Beitrag kann alles abdecken.

Die einzelnen Elemente sind zu einem guten Teil aus griechisch-römischen Ritualen,[18] vor allem aber aus dem jüdischen Synagogen- und Tempelgottesdienst bekannt.[19] Sie finden durch den Christusglauben einen neuen Zusammenhang, einen neuen Ort und einen neuen Sinn: den Zusammenhang des Heilswillens Gottes mit der Sendung Jesu, den Ort mitten in der Welt, wo sich Gläubige versammeln, und den Sinn, das Geschenk der Befreiung mit der Hoffnung auf Erlösung zu verbinden, die Jesus Christus wirkt.

---

[17] Vgl. P. S. de Proença, „Deus não é de confusão, e sim de paz". Liturgia e paz em 1 Coríntos 14,26–40, in: EstB(P) 112 (2011) 60–69.

[18] Vgl. W. Furley, J. M. Bremer (Hg.), Greek Hymns, Bd. 1: The Texts in Translation (STAC 9); Bd. 2: Greek Texts and Commentary (STAC 10), Tübingen 2001.

[19] Vgl. zum einen C. Claußen, Meeting, Community, Synagogue – Different Frameworks of Ancient Jewish Congregations in the Diaspora, in: B. Olsson, M. Zetterholm (Hg.), The Ancient Synagogue From Its Origins Until 200 C.E. Papers Presented at an International Conference at Lund University, October 14–17, 2001 (CB.NT 39), Stockholm 2003, 144–167; zum anderen B. Schmitz, Vom Tempelkult zur Eucharistiefeier. Die Transformation eines Zentralsymbols aus religionswissenschaftlicher Sicht (SOKG 38), Münster 2006.

Der „Psalm“ steht nicht unbedingt für den biblischen Psalter, eher für religiöse Dichtung, ob sie nun rezitiert oder auch intoniert worden ist. An die Seite sind die Hinweise aus der Paulusschule zu stellen, dass Gott „Psalmen, Hymnen und geistliche Lieder“ (Eph 5,19) gesungen werden sollen.[20] „Im Herzen“ mögen sie erklingen, damit nicht nur Lippen-, sondern Glaubensbekenntnisse zum Ausdruck kommen (vgl. Röm 10,9f.). Texte wie der Philipper- und der Kolosserhymnus können einen Eindruck vermitteln, wie dicht, elementar und überzeugend sich der Glaube im Gottesdienst äußern kann (vgl. Phil 2,6–11; Kol 1,15–20). Die *Cantica* aus dem Lukasevangelium[21] und aus der Johannesoffenbarung[22] zeigen, wie reich der Schatz urchristlicher, vor allem judenchristlicher Lieder ist.[23] Sie bringen nicht nur die Wahrheit des Glaubens zum Ausdruck, sondern verdichten diese zugleich so, dass sie von allen ausgesprochen werden kann, konzentrieren sie, sodass die Mitte des Glaubens sichtbar wird, und drücken die Schönheit der Heilsbotschaft aus, indem die Sprache gesteigert und gebunden wird, melodisch und rhythmisch.

Zum Psalmodieren gehört das Lehren, wie es „Lehrer“ als festes Charisma in den Gemeinden ausüben (vgl. 1 Kor 12,28; Eph 4,21), denen es anvertraut ist, die Wahrheit des Evangeliums zu erschließen, also die befreiende Kraft Gottes, die Macht seiner Gnade und die Größe seiner Barmherzigkeit im Namen Jesu zu vermitteln.[24] Die Lehre gehört zum Gottesdienst, weil das Evangelium, das verkündet wird, Sinn ergibt. Sie erschließt das Geheimnis und stärkt

---

[20] Vgl. F. P. Viljoen, Song and Music in the Early Christian Communities. Paul's Utilisation of Jewish, Roman and Greek Musical Traditions to Encourage the Early Christian Communities to Praise God and to Explain his Arguments, in: M. Labahn, J. Zangenberg (Hg.), Zwischen den Reichen. Neues Testament und römische Herrschaft (TANZ 36), Tübingen 2002, 195–213.

[21] Vgl. D. Gerber, Le „Magnificat“, le „Benedictus“ le „Gloria“ et le „Nunc dimittis“. Quatre hymnes en réseau pour une introduction en surplomb à Luc-Actes, in: D. Marguerat (Hg.), La Bible en récits. L'exégèse biblique à l'heure du lecteur. Colloque international d'analyse narrative des textes de la Bible, Lausanne (mars 2002) (MoBi[G] 48), Genf 2003, 353–367.

[22] Vgl. F. P. Viljoen, Die betekenis en funksie van die himnes in Openbaring 4–11, in: AcT(V) 23 (2003) 213–237.

[23] Vgl. C. G. Müller, Zum Gotteslob berufen. Exegetische Beiträge zu den Gesängen im Neuen Testament (FHSS 57), Würzburg 2016.

[24] Vgl. T. Söding, Das Christentum als Bildungsreligion. Der Impuls des Neuen Testaments, Freiburg i. Br. 2016.

das Gewissen. Sie macht den Gottesdienst nicht zur pädagogischen Werkstatt – Kirche und Schule bleiben unterschieden –, aber sichert, dass die christliche Liturgie nicht nur Ritus ist, sondern eine Feier aller, die in Freiheit gemeinsam ihren Glauben ausdrücken.

Mit dem Lehren ist die Prophetie eng verbunden (vgl. 1 Kor 12,28 u. ö.).[25] Ihr Ziel ist weniger, das zu erschließen, was bereits zur Tradition des Glaubens, zur prägenden Überlieferung geworden ist; es besteht eher darin, neue Erkenntnisse, neues Wissen, neue Perspektiven zu gewinnen. Paulus unterstreicht das prophetische Zeugnis im Gottesdienst stark: Prophetie ist ein Charisma (vgl. Röm 12,6; 1 Kor 12,10; 14,6.22; 1 Thess 5,20), das in der Lage ist, die Zeichen der Zeit zu deuten, sodass die Gegenwart, die Vergangenheit und die Zukunft im Licht des Evangeliums gesehen werden können, nach der Analogie des Glaubens (vgl. Röm 12,6). Sie schaut Menschen ins Herz – nicht, um sie zu demütigen, sondern, um in ihnen den Nerv des Evangeliums zu treffen (vgl. 1 Kor 14,22–25). Zur Prophetie gehört Kritik: im Kern die Unterscheidung der Geister (vgl. 1 Kor 12,10).[26]

Mit der Prophetie eng verwandt, weil erkennbar inspiriert, ist die Glossolalie, die sich durch das Reden in „Engelszungen" veranschaulichen lässt (vgl. 1 Kor 13,1f.). Zwar legt sie große spirituelle Expressivität an den Tag, weil sie der Geist Gottes selbst zu sein scheint, der den menschlichen Geist ausschaltet und dadurch die Gläubigen über sich selbst hinausführt zu Gott; aber andere können nicht verstehen, was gesagt werden soll – weil der Verstand aussetzt. Die religiöse Expressivität der Zungenrede in der Antike (und der Moderne) ist evident. Ihr kommunikativer Wert ist allerdings limitiert. Deshalb gehört sie zwar in den Gottesdienst; wer in Zungen zu reden vermag, soll sich dieser Gabe nicht schämen. Aber es soll Maß gehalten werden – „nur zwei […], höchstens drei" (1 Kor 14,27) sollen zu Wort kommen; und es bedarf der Erklärung. Das Charisma der Hermeneutik, das Paulus hier einfordert,[27] ist der Gemeinde nach Gottes

---

[25] Vgl. T. Nicklas u. a. (Hg.), Prophets and Prophecy in Jewish and Early Christian Literature (WUNT II 286), Tübingen 2010.

[26] Vgl. A. Munzinger, Discerning of Spirits. Theological and Ethical Hermeneutics in Paul (MSSNTS 140), Cambridge 2007.

[27] Vgl. H. W. Hollander, Prophecy and Glossolalia and Paul's Concern for Order in the Christian Assembly (1 Cor 14.26–33a), in: ET 214 (2013) 166–173.

Willen geschenkt (vgl. 1 Kor 12,11.30). Die Kunst der Übersetzung besteht nicht darin, eins zu eins in menschliche Sprache zu übertragen, was die Betenden in ihrer Verzückung von sich geben, sondern vor allem darin, das Phänomen zu deuten – und damit auch die Betenden selbst in die Gemeinschaft des Glaubens einzuordnen wie auf seine Wahrheit hin zu orientieren.

Die kurze Aufzählung, die Paulus in 1 Kor 14,26 macht, ist alles andere als erschöpfend, aber in jedem Glied signifikant (vgl. 1 Kor 14,6). Die aktive Teilhabe besteht darin, mit menschlichen Worten auf Gottes Wort zu antworten und Gottes Wort in menschlichen Worten zum Klingen zu bringen: aus dem Hören und Verstehen heraus, ins Staunen und Ahnen hinein, das die Präzision der Gottesrede steigert, weil deutlich wird, dass im Moment noch kein vollkommenes Erkennen möglich ist, sondern nur ein Reflektieren, das Unschärfen hat, auch wenn es nicht im Ungefähren verläuft (vgl. 1 Kor 13,12). Insofern kann die paulinische Liste zwar wortlastig erscheinen, doch nur vordergründig. In Wahrheit fokussiert der Apostel mit dem Reden das Schweigen, mit der Offenbarung das Verhüllen, mit dem Ausdruck die Deutung, die nicht dem Abschluss, sondern dem Aufschluss der Glaubenszeugnisse dient.

Die Vielfalt der Beiträge kann ein Durcheinander bewirken. Deshalb ist Ordnung gefragt (vgl. 1 Kor 14,40) – als kommunikative Tugend, die der wechselseitigen Verständigung dient, der Wahrnehmung anderer, dem Hören auf die leisen, die unterdrückten, die verzerrten Stimmen. Die Prophetie hilft dieser Ordnung, weil sie Klarheit schafft über das, was ist und sein soll – und ebenso die Lehre, weil sie zeigt, inwiefern sie der Freiheit des Glaubens nicht Zügel anlegt, sondern Form gibt. Die Auslegung unterstützt sie, weil sie sinnvolle Möglichkeiten des Verstehens eröffnet. Am schwierigsten vermittelt sich die Glossolalie, weil sie sich so auf Gott zu konzentrieren scheint, dass alles andere vergessen wird.

Die Teilhabe aller besteht nicht nur darin, dass alle etwas beitragen können, weil alle in der Freiheit des Glaubens mit ihren je eigenen Charismen zusammenkommen, sondern ebenso darin, dass die Gemeinschaft als Ganze Gottesdienst feiert. Dies gilt laut Paulus auch und gerade für die Eucharistie:

> „Der Kelch des Segens, den wir segnen, ist er nicht Gemeinschaft des Blutes Christi? Das Brot, das wir brechen, ist es nicht Ge-

meinschaft des Leibes Christi? Ein Brot ist es. Deshalb sind wir vielen ein Leib; denn wir alle haben teil an dem einen Brot." (1 Kor 10,16f.)[28]

Das „Wir" zeigt die Aktivität der gesamten Gottesdienstgemeinde, ja der ganzen Kirche an – ohne dass daraus gefolgert werden dürfte, alle hätten dasselbe gemacht. Als Lukas von der eucharistischen Abschiedsfeier in Troas erzählt, setzt er wie selbstverständlich ins Bild der Erinnerung, dass Paulus der Feier vorsteht und auch das sich anschließende Glaubensgespräch leitet (vgl. Apg 20,7–12). In seinem eigenen Rekurs auf die Taufe erinnert Paulus hingegen daran, dass er keineswegs alle, sondern nur einige wenige bei seinem Gründungsaufenthalt getauft habe (vgl. 1 Kor 1,14–17). Taufe und Eucharistie lassen sich klar unterscheiden. Aber entscheidend ist in der paulinischen *Koinonia*-Theologie, dass viele zusammenwirken und dadurch eins sind. Je mehr teilhaben, desto besser. In der Partizipation kommt die Freiheit der Kinder Gottes zum Ausdruck, ihr Recht, zu Gott öffentlich „Abba" zu rufen (vgl. Gal 4,1–7).

## 3 Das Wachstum im Glauben

Die Teilhabe aller in der Vielfalt der Beiträge dient dem Wachstum im Glauben – wie die Beteiligung auch von diesem Wachstum profitiert. Die Liturgie hat im Sozialleben der frühesten Gemeinden eine zentrale Funktion: Man trifft sich am ersten Tag der Woche, dem Tag der Auferstehung (vgl. 1 Kor 15,4). Es gibt nicht viele andere Gelegenheiten, als Kirche zusammenzukommen. Diese aber, die organisiert wird, wird auch genutzt, um das Wort Gottes zu hören, sein Lob zu singen und seine Liebe zu teilen. Gott gehört alle Zeit und jeder Ort. Deshalb braucht es bestimmte Zeiten und Orte, an

---

[28] Aus der ersten Person Plural folgert Marlis Gielen (* 1959), dass gemeinsam gebetet und gegeben worden sei. – Vgl. M. Gielen, „Der Kelch des Segens, den wir segnen, … das Brot, das wir brechen …" (1 Kor 10,16). Beobachtungen zur Rolle der Gemeinde und zur Frage des liturgischen Vorsitzes bei den urchristlichen Mahlfeiern, in: U. Busse, M. Reichardt, M. Theobald (Hg.), Erinnerung an Jesus. Kontinuität und Diskontinuität in der neutestamentlichen Überlieferung [FS Rudolf Hoppe] (BBB 166), Göttingen 2011, 469–482.

denen dies klar wird: den Sonntag in der Gemeinschaft der Gläubigen, wo immer sie sich treffen.

Paulus sieht die Kirche auf Wachstumskurs – nach innen und außen. Nach innen geht es um die Reife, die Mündigkeit, das Erwachsen-Werden im Glauben, von dem der Brief an die Epheser spricht; die Vorstellung ist verbreitet, dass der Weg in die Tiefe gleichbedeutend mit dem Weg zueinander ist, sodass zugleich mit dem Verständnis auch die Einheit des Glaubens wächst (vgl. Eph 4,7–16).[29] Nach außen geht es um das missionarische Wirken: um die Überzeugung der Umgebung, die Gewinnung von Zustimmung, die Glaubensfreundschaft mit immer neuen Menschen.

Der Gottesdienst ist sowohl ein Ort der Erbauung als auch der Mission. Beide Aspekte hat Paulus stark gemacht; sie gehören zusammen. Er setzt beim inneren Wachstum an, weil nur so die Kirche als Glaubensgemeinschaft attraktiv für andere sein kann. Sie muss überzeugt sein, um überzeugen zu können, und glauben, um glaubwürdig zu sein. Denn im Evangelium selbst – und nur in ihm – liegt die Kraft, mitten in der Welt Gott die Ehre zu geben und dadurch das persönliche wie das soziale Leben zum Guten zu verändern. Dieser Wachstumskurs ist das Kriterium für die Gewichtung wie den Gebrauch der Charismen. Paulus spricht im Vergleich zwischen Prophetie und Glossolalie, der eindeutig zugunsten der verständlichen Rede ausfällt, vom Aufbau der Gemeinde (vgl. 1 Kor 14,3–5.12.17.26)[30] und vom Nutzen, den andere haben (vgl. 1 Kor 14,6).[31] Im Anschluss an seine Rekapitulation zentraler Beiträge zur Liturgie formuliert Paulus das Qualitätskriterium für den gesamten Gottesdienst, ja das ganze Glaubenslebens: „Alles geschehe zum Aufbau." (1 Kor 14,26) Ähnlich zeichnet er das Selbstportrait, mit dem er die liturgischen Aktionen der Korinther indirekt an sein eigenes Wirken rückbindet:

---

[29] Gerhard Sellin (1943–2017) überschreibt die Exegese: „Die Dienste der Einheit" (G. Sellin, Der Brief an die Epheser [KEK 8], Göttingen $^{9}$2008, 338).

[30] Zum Motiv vgl. komparatistisch J. Kok, The Radicality of Early Christian Oikodome. A Theology That Edifies Insiders and Outsiders, in: VeEc 36 (3/2015) 1–12.

[31] Vgl. M. Stare, „Der Prophezeiende aber erbaut die Gemeinde" (1 Kor 14,4b). Prophetisches Reden in der Gemeinde nach 1 Kor 11–14 – „The one who prophesies builds up the community" (1 Cor 14:4b). Prophetic Speech in the Community According to 1 Cor 11–14, in: PZB 24 (2015) 118–133.

> „Wenn ich zu euch komme und in Zungen rede – was kann ich euch nützen [ὠφελήσω], wenn ich nicht mit euch rede: in einer Offenbarung oder in einer Erkenntnis oder in einer Prophetie oder in einer Lehre?“ (1 Kor 14,6)

Der Gottesdienst hat dialogischen Charakter – in der Beziehung zu Gott, aber auch im Verhältnis der Gläubigen untereinander.

Beide Grundbestimmungen – der Nutzen und der Aufbau – wurzeln in der Liebe. Im Götzenopferstreit hat Paulus klargestellt: „[D]ie Erkenntnis bläht auf, die Liebe dagegen baut auf.“ (1 Kor 8,1) Zuvor hat er in der Auseinandersetzung über sexualethische Themen festgehalten: „Alles ist erlaubt – aber nicht alles nützt [συμφέρει]. Alles ist erlaubt – aber nicht alles baut auf.“ (1 Kor 10,23; vgl. 6,12) Der Konnex mit der Liebe ist eindeutig. Auch die Verbindung mit den Charismen ist eng: „Jedem ist das Erscheinen des Geistes gegeben, um Nutzen zu bringen [συμφέρω].“ (1 Kor 12,7)

Was Aufbau und Wachstum wie Nutzen meinen, lässt sich im Blick auf die Liturgie gut rekonstruieren. Die Theologie der Charismen hilft (vgl. 1 Kor 12), das „Hohelied der Liebe“ (1 Kor 13), aber auch die Verkündigung des auferweckten Gekreuzigten (vgl. 1 Kor 1–2.15). Der „Aufbau“ ist nicht immer nur die Steigerung der Intensität, der Emotion und des Wissens, sondern die Gewinnung innerer Stärke und Sicherheit: durch reflektierte Erfahrung, durch aktive Teilhabe, durch eigenes Urteil. Die Perspektive soll nie nur die der eigenen Person sein, sondern immer auch die der anderen. An diesem Kriterium macht Paulus den Unterschied zwischen Glossolalie und Prophetie fest:

> „Wer in Zungen redet, redet nicht mit Menschen, sondern mit Gott; niemand versteht es, im Geist aber spricht er Geheimnisse aus. Wer jedoch prophetisch redet, redet mit Menschen: Aufbau [οἰκοδομή] und Ermutigung und Trost.“ (1 Kor 14,2f.)

Dass die Glossolalie Mysterien ausdrückt, spricht nicht gegen, sondern für das Zungenreden und sichert seinen Rang als begehrenswertes Charisma, das es zu pflegen gilt; das Problem ist nur, dass die Kommunikation mit Gott nicht sozial vermittelt wird – jedenfalls dann nicht, wenn es keine Übersetzung gibt. Dass aber die Prophetie von Gott her und auf ihn hin mit Menschen die Verständigung sucht, verdeutlicht, dass sie an den anderen interessiert ist: an ihrer Gottes- und Lebensgeschichte. Dafür stehen die Begriffe „Aufbau", „Ermutigung" und „Trost". Alle drei gehört zusammen – im Gottesdienst und im Leben. Der Aufbau betrifft Leib, Geist und Seele: Die Persönlichkeit wird gestärkt, der Horizont geweitet, der Glaube genährt. Die Ermutigung öffnet den Blick für die Zukunft bzw. die künftigen Entwicklungsmöglichkeiten; der Trost zeigt an, dass die Last der Vergangenheit getragen werden kann, weil Gott sie trägt und tragen hilft.

Der persönliche gehört mit dem kirchlichen Aufbau zusammen. Bevor er genauer auf den Gottesdienst eingeht, beschreibt Paulus – freilich schon den Kult im Sinn – die Kirche als Gottes Haus, das auf dem Fundament Jesu Christi permanent neu aufgebaut wird. Dieses Haus ist der Tempel Gottes (vgl. 1 Kor 3,9–17).[32] Er besteht nicht aus Steinen, sondern aus den Gläubigen selbst: „Ihr seid Gottes Haus [οἰκοδομή]" (1 Kor 3,9) – als Bauwerk betrachtet, das *under construction* ist. Die Gläubigen bauen das Haus ihres Glaubens auf, indem sie sich selbst aufbauen – und umgekehrt. Entscheidend ist, dass sie mit ihren Möglichkeiten dazu beitragen, dass andere bestärkt und ermutigt werden, das Ihre tun, mag es auch schwach und zerbrechlich sein oder wertlos scheinen.

Das innere strahlt auf das äußere Wachstum ab. Häufig richtet sich der Blick – mit dem Neuen Testament – auf die herausragenden Protagonisten wie Petrus und Paulus, die von Ort zu Ort gezogen sind, um das Evangelium zu verbreiten. Tatsächlich haben sie gerade am Anfang entscheidende Impulse gesetzt. Aber das paulinische Konzept, das besonders erfolgreich war, beruht darauf, dass die Gemeinden vor Ort eine große Ausstrahlungs- und Anziehungskraft entwickeln. Die Art und Weise, wie der Glaube in den Gemeinden gelebt wurde, war der entscheidende Grund für Menschen, sich für das Evangelium zu interessieren und sich womöglich ihr anzuschließen.[33] Die Liturgie ist nicht der unwichtigste Link. Die Gemeinde

---

[32] Vgl. A. Weissenrieder, „Do you not know that you are God's temple?" Towards a new perspective on Paul's temple image in 1 Corinthians 3:16, in: D. L. Balch, A. Weissenrieder (Hg.), Contested Spaces. Houses and Temples in Roman Antiquity and the New Testament (WUNT 285), Tübingen 2012, 377–411.

[33] Wolfgang Reinbold (* 1962) spricht von „Mikrokommunikation". – Vgl. W. Reinbold, Propaganda und Mission im ältesten Christentum. Eine Unter-

versammelt sich, um Gott die Ehre zu geben, der nicht nur der Gott derer ist, die an Jesus Christus glauben, sondern aller (vgl. 1 Kor 8,5f.). In der Liturgie muss diese Weite zum Ausdruck kommen – nicht als Unbestimmtheit der Glaubensposition, sondern als Verbindung derer, die feiern, mit all denen, die Gott in sein Reich berufen will. Das Vaterunser öffnet diese Dimensionen. Wenn gefolgert werden darf, dass es dort anklingt, wo Paulus die Freiheit der Kinder daran festmacht, dass sie (in der Muttersprache Jesu) „Abba“ rufen (vgl. Gal 4,6; Röm 8,15), ist diese Weite in der paulinischen Liturgie präsent. Dafür spricht der Kontext, weil im Galaterbrief die Mündigkeit derer zum Ausdruck kommt, die zuvor versklavt worden waren, und im Römerbrief die Solidarität der Gläubigen mit aller Kreatur, die nach Erlösung schreit.

Die Dynamik des Aufbauens und Wachsens ist weder exkludierend noch inkludierend, sondern proexistent positioniert – gemäß der Proexistenz Jesu, die gefeiert wird und ohne die es gar keine Feier geben würde. Paulus kennt Exklusionen (vgl. Gal 1,6–9; 1 Kor 5f.), auch im liturgischen Format (vgl. 1 Kor 16,22) – derer, die andere exkludieren (weil sie nicht beschnitten sind), und derer, die sich selbst ausschließen (weil sie sexuell übergriffig geworden sind oder nicht der Liebe zu Jesus, sondern zu anderen Herren dieser Welt Ausdruck verleihen wollen). Der Apostel kennt auch Inklusionen – keine Vereinnahmungen, sondern Einladungen anderer, die sich entscheiden können, ob sie sich der Glaubensgemeinschaft anschließen und Gottesdienst mitfeiern wollen oder nicht.

Der Nutzen für andere, den Paulus als Sinn der Charismen markiert, gerade wenn sie im Gottesdienst zur Sprache kommen, führt zum diakonischen Charakter der Liturgie. Dort, wo er von seiner eigenen Verantwortung spricht (vgl. 1 Kor 14,6), benutzt er das griechische Wort ὠφελήσω, das die Verpflichtung unterstreicht – das, was anderen zu geben seine Schuldigkeit ist. Dort hingegen, wo er von der sozialen Verantwortung der Gemeindeglieder spricht (vgl. 1 Kor 10,23; 12,7) gebraucht er das Wort συμφέρω, das die Orientierung an den anderen betont, ihrer Not und ihrer Freude. Die Verteilung der Verben ist signifikant: Stärke zeigt sich im Dienst; wer andere fördert, kann auch von ihnen am besten gefördert werden.

---

suchung zu den Modalitäten der Ausbreitung der frühen Kirche (FRLANT 188), Göttingen 2000, 204–206. Aber das Kleine wird im großen Stil betrieben.

## 4 Die missionarische Diakonie

Die Liturgie feiert die Liebe Gottes. Deshalb ist sie mit dem Dienst am Nächsten untrennbar verbunden, sonst wird sie zur religiösen Show. Wie aber ist die Verbindung geartet?

Populär ist die Vorstellung, dass die gottesdienstliche Feier mit dem Aufruf zu Spenden, zu Solidaritätsaktionen und Hilfsfonds verbunden sein müsse. Tatsächlich ist dies eine uralte Tradition, die im Judentum wurzelt und von Paulus in seinem großen Kollektenwerk weiterentwickelt worden ist (vgl. Gal 2,1–10 – 1 Kor 16,1.4; 2 Kor 8f. – Röm 15,26.28).[34] Die Diakonie stärkt die Solidarität mit den „Glaubensgenossen“ (Gal 6,10), besonders den „Armen“ (Gal 2,10). Sie ist jedoch keine Zugabe zur Liturgie, sondern deren Konsequenz. Die gottesdienstliche Versammlung bietet eine – vielleicht die einzige – Gelegenheit, eine Sammelaktion zu organisieren. Es ist aber die Gemeinschaft des Glaubens selbst, in der die Verbindung geschaffen wird – weil hier wie dort auf Gott geschaut wird, entsteht keine ein-, sondern eine wechselseitige Verbindung des Gebens und Nehmens (vgl. 2 Kor 8,14), sodass die materielle Hilfe eine eigene Spiritualität entwickelt: die der Liebe, die Gemeinschaft stiftet (vgl. 2 Kor 9,13).[35]

Deshalb kommt die Diakonie nicht zur Liturgie hinzu, sondern ergibt sich aus ihr. Die entscheidende Verbindung stiftet Jesus selbst, der – Lukas hat es besonders betont – als Diakon das Letzte Abendmahl als erste Eucharistie feiert (vgl. Lk 22,14–23) und seinen Jüngern erklärt: „Ich bin in eurer Mitte als der, der dient.“ (Lk 22,27)[36] Der Dienst Jesu ist sein Heilsdienst – der durch sein Verhalten, seine

---

[34] Vgl. S. Schapdick, The Collection for the Saints in Jerusalem on μία σαββάτου (1 Cor 16.2), in: C. Tuckett (Hg.), Feasts and Festivals (CBET 53), Leuven 2009, 147–160. Stefan Schapdick (* 1965) ist der Auffassung, am Sonntag sei während des Gottesdienstes eingesammelt worden, was unter der Woche zurückgelegt worden ist – eine naheliegende, aber nicht zwingende Vorstellung. Es kann auch sein, dass während der Liturgie spontan kollektiert wurde.

[35] Vgl. T. Söding, Teilnahme als Teilhabe. Ein paulinischer Leitbegriff der Kirche, in: IKaZ 49 (2020) 353–373.

[36] Vgl. T. Frauenlob, Die Gestalt der Zwölf-Apostel im Lukasevangelium. Israel, Jesus und die Zwölf-Apostel im ersten Teil des lukanischen Doppelwerks (FzB 131), Würzburg 2015. Thomas Frauenlob (* 1963) liest das Mahlgespräch als Rekapitulation des Evangeliums.

Anteilnahme am Leben und Sterben der Menschen, seine Nächsten- und Feindesliebe abgedeckt ist, die in der Gottesliebe wurzeln. Deshalb ist Jesus nicht nur Grund, sondern auch Vorbild christlichen Lebens. In der Liebe Jesu kann das, was die Feiernden empfangen, weitergegeben werden – in veränderter Form: so, wie sie es vermögen, auch durch Geld. Diese Diakonie ist der Inbegriff der Eucharistie und jedes Gottesdienstes. Deshalb kommt das karitative Moment nicht auch noch hinzu, sondern bildet die Substanz der Liturgie – weit über die Ethik hinaus. Paulus erinnert in einem Streit über die Freiheit des Glaubens die (vermeintlich) Starken daran, dass sie diejenigen nicht in Versuchung führen dürfen, die schwach sind, für die aber Christus gestorben ist (vgl. 1 Kor 8,9–11).

Die diakonische Ader muss auch die Feier selbst durchpulsen. Paulus hat dies klar unterstrichen, indem er gegen eine Feierpraxis in Korinth interveniert hat, die geeignet war, die Spaltung zwischen Arm und Reich zu vertiefen (vgl. 1 Kor 11,17–34). Die Einzelheiten sind strittig, aber klar ist, dass in der Zusammenkunft die Armen gedemütigt worden sind, sei es durch eine Tischordnung und Speisenfolge, die sie zurücksetzten (vgl. Jak 2,1–13), sei es durch einen Beginn der Feier, den sie nicht rechtzeitig erreichen konnten (vgl. 1 Kor 11,33).[37] Aus welchen Gründen auch immer ist in Korinth auseinandergebrochen, was zusammengehört: der Inhalt und die Form der Versammlung. Beides müsste von der Gemeinschaft geprägt sein, die Jesus Christus eröffnet und erfüllt (vgl. 1 Kor 10,16f.). Stattdessen werden die herrschenden Gegensätze zwischen Arm und Reich in der Gottesdienstfeier verdoppelt oder sogar noch sanktioniert. Beides ist eine Depravation der Liturgie. Die Feier des Glaubens hat die große Möglichkeit, Gleichheit und Freiheit, Pluralität und Diversität, Personalität und Sozialität zu vermitteln – weil sie Gott ins Zentrum rückt, den Vater aller.

Der diakonische Ansatz umfasst auch die missionarische Strahlkraft der Liturgie. Sie kommt nicht überall im Neuen Testament zum Ausdruck, aber sehr klar dort, wo Paulus den Nutzen, die Wachstumsdynamik, die Aufbaukonstruktion der Prophetie und der Glossolalie miteinander vergleicht. Er schaut nicht nur auf die

[37] Den Horizont weitet Robert Vorholt (* 1970). – Vgl. R. Vorholt, „Dann hungert der eine, während der andere betrunken ist" (1 Kor 11,21). Paulus als Mediator zwischen „Starken" und „Schwachen", in: FZPhTh 67 (2020) 30–39.

Wirkung, die von beiden Charismen auf die anderen Gläubigen ausgeht, sondern ebenso auf den Effekt, den sie auf andere ausüben, die als Fremde und Gäste (wie im Einzelnen auch immer) den Gottesdienst mitfeiern, weil sie offenbar von Gemeindemitgliedern eingeladen und mitgenommen worden sind:

> „Wenn also die ganze Gemeinde in eins zusammenkommt und alle in Zungen reden, es kommen aber Unkundige oder Ungläubige herein, werden sie nicht sagen: ‚Ihr seid verrückt'? Wenn aber alle prophetisch reden und es kommt ein Unkundiger oder Ungläubiger herein, wird er von allen geprüft und von allen beurteilt, das Verborgene seines Herzens wird offenbar, und so wird er auf sein Angesicht fallen und verkünden: ‚Wahrhaftig, Gott ist mitten unter euch!' [Jes 45,14; Sach 8,23]" (1 Kor 14,23–25)[38]

Die Prophetie partizipiert an der Herzenskenntnis Gottes. Sie ist kritisch, um aufzuklären und aufzubauen. Deshalb kann sie kommunikative Kraft entwickelt: Diejenigen, die mit der Fachsprache der Liturgie nicht vertraut sind, werden von der Glossolalie abgeschreckt, von der Prophetie aber angezogen, weil sie die Sprache des Herzens spricht. Paulus zitiert die große Verheißung von der endgültigen Anerkennung Gottes durch alle Völker am glücklichen Ende der Zeit, die in der Prophetie Israels auflebt, um zu erklären, dass dieser Moment schon hier und jetzt anbrechen kann und dass der Zion auf der ganzen Welt zu finden ist – überall dort, wo Menschen Gott die Ehre geben und sein Geheimnis feiern. Dass „alle" prophetisch reden, bedeutet nicht, dass jede einzelne Person es tut, sondern alle zum Charisma der Prophetie stehen und es als Gemeinde bejahen, auch wenn Einzelne aussprechen, was die ganze Kirche bewegt: die Gegenwart Gottes zu entdecken, die der Gemeinde verheißen ist, auch wenn Gott sich verbirgt.

---

[38] Vgl. P. Pokorný, Christliche Verkündigung als Modell des hermeneutischen Prozesses nach 1 Kor 14,23–25, in: ders., J. Roskovec (Hg.), Philosophical Hermeneutics and Biblical Exegesis. Beiträge des Symposiums „Philosophische Hermeneutik und Biblische Exegese" in Prag vom 31. Oktober bis 3. November 2001 (WUNT 153), Tübingen 2002, 245–251.

## 5 Die Kraft des Geistes

Die Liturgie lebt vom Wirken des Heiligen Geistes. Er ist die Kraft der Liebe Gottes, die Immanenz und Transzendenz vermittelt, Gott und Mensch, Glaube und Liebe.[39] Im Gottesdienst wirkt Gottes Geist als Schöpfermacht, weil er die Menschenkinder in der Neuheit der Kinder Gottes agieren lässt, und als Geist der Vergebung, weil er die Sünde vergibt, das Ohr für Gottes Wort öffnet und das Herz mit der Freude am Evangelium erfüllt. Er bewegt dazu, das Wort zu ergreifen und auf andere zu hören, und verleiht den Worten Sinn und den Zeichen Bedeutung.

Im selben Geist, in dem von Anfang an Liturgie gefeiert wird und die lebendige Teilhabe Formen annimmt, die dem Evangelium entsprechen, kann auch die Transformation von Generation zu Generation gelingen, jeweils in das Heute hinein, das Gottes Gegenwart wahrnimmt und seine Liebe feiert. Eine Kopie der Anfangszeit wäre ein blasser Abklatsch, der kein Leitbild sein könnte. Die Welt hat sich sehr stark verändert; ganz neue Chancen und Schwierigkeiten sind entstanden, die aktive Teilnahme, von der das Zweite Vatikanische Konzil (1962–1965) in der Liturgiekonstitution *Sacrosanctum Concilium* (SC) spricht, zu verwirklichen, jenseits von Klerikalismus und Populismus. Entscheidend ist aber die Grundintention, dass es Menschen möglich ist, Gott zu ehren, ohne dass er auf Ehrbezeugungen angewiesen wäre, und sie darin selbst an Ausdruckskraft und Wahrnehmungsfähigkeit, an Empathie und Freude gewinnen.

Wie bei Paulus selbst darf die Liturgie nicht verkopft sein, aber sie schaltet den Verstand nicht aus, sondern ein. Deshalb gibt es einfache Tugenden guter Liturgie, die schon dem Apostel wichtig waren: Verständlichkeit, Klarheit, Relevanz – alles gemessen am Evangelium und durchflutet vom Glauben. Die Beteiligung vieler ist ein Kriterium, das von liturgischer Bildung bis zu liturgischem Training reicht, vor allem aber eine Sache des Herzens sein muss. Wichtig ist zudem, dass die Rollen klar sind, die in der Liturgie gespielt werden. Es ist eine Frage der guten Ordnung, die ihrerseits nicht allein die Funktionslogik eines Ritensystems meint oder die Verwaltungsstruktur und die Compliance-Regel einer Behörde, sondern die Logik der

---

[39] Vgl. R. Feldmeier, Gottes Geist. Die biblische Rede vom Geist im Kontext der antiken Welt (Tria corda 13), Tübingen 2020.

Liturgie, die sich seinem Ethos vermittelt, weil sie von Gottes Liebe charakterisiert wird.

Die Liturgie hat heute einen anderen Sitz im Leben als damals; Taufe und Eucharistie werden in anderen Formen unter anderen Bedingungen gefeiert. Es bleibt aber bei der Orientierung am einen Gott – Vater, Sohn und Heiliger Geist; es bleibt bei der Feier der Gemeinschaft in allen Muttersprachen dieser Welt; es bleibt bei der Vielfalt von Möglichkeiten, das eine Geheimnis des Glaubens in Liedern und Gebeten, in Gesängen und Schweigen, in Lesungen und Deutungen zum Ausdruck zu bringen; es bleibt bei der Taufe und der Eucharistie als den wirksamen Zeichen der Heilsvermittlung am Anfang und während der gesamten Zeit des christlichen Lebens.

# Häresie und Orthodoxie als identitätsstiftende Kategorien in der Alten Kirche und in der frühchristlichen liturgischen Praxis

*Thomas Jürgasch*

„Alle Häretiker leugnen, dass Christus ins Fleisch gekommen ist." Diese durchaus pointierte These stammt aus einer im Jahr 417 im nordafrikanischen Hippo Regius gehaltenen Predigt.[1] In dieser warnt der Bischof der Stadt, bei dem es sich um niemanden Geringeren als den schon damals als herausragend geltenden Theologen und Lehrer Augustinus (354–430) handelt, seine Gemeinde vor dem Umgang mit den sog. *heretici.* Diese, so die Überzeugung des Seelsorgers, greifen zentrale christliche Glaubensüberzeugungen – wie eben beispielsweise die Inkarnation – an und sind daher unbedingt zu meiden. Wie in dieser These schon anklingt und ein Blick auf den Kontext der Predigt als ganzer zeigt, nimmt Augustinus hier eine scharfe Grenzziehung zwischen der Gruppe der aus seiner Sicht durch Irrtümer verblendeten Häretiker(innen) auf der einen und der der Anhänger(innen) der wahren und reinen katholischen Lehre auf der anderen Seite vor.

Doch hält diese Grenzziehung einer genaueren Prüfung stand? Lassen sich Häretiker(innen) und Orthodoxe tatsächlich als präzise definierte Gruppen ansehen, die streng voneinander zu unterscheiden sind? Und welches Verständnis von Häresie und Orthodoxie liegt einer solchen Unterscheidung zugrunde? Im Folgenden sollen einige Bedingungen dieser Entgegensetzungen in den Blick genommen und die diesbezügliche Haltung, wie sie eben schon bei Augustinus zutage tritt, einer kritischen Prüfung unterzogen werden.

Eine solche Überprüfung ist an dieser Stelle nicht nur im Hinblick auf ein tieferes Verständnis der augustinischen Konzeptionen interessant, wurden in der kirchenhistorischen Forschung klassischerweise doch genau diese schon von Augustinus zugrunde geleg-

---

[1] Vgl. Augustinus, *Sermo* 183,13 (CCSL 41Bb).

ten Unterscheidungen zwischen Häretiker(inne)n und Orthodoxen und zwischen Häresie und Orthodoxie als konstitutive Elemente bestimmter Aspekte frühchristlicher Identitätsbildungen angesehen. Dementsprechend kam die Herausbildung solcher Identitäten lange Zeit vornehmlich im Kontext von Auseinandersetzungen um die „wahre" und „rechtmäßige" christliche Lehre und hinsichtlich der daran beteiligten und jeweils als „häretisch" oder „rechtgläubig" qualifizierten Gruppierungen zum Vorschein. Eine solche, auf doktrinäre Fragen enggeführte Sichtweise ist in der Forschung allerdings in den letzten Jahrzehnten immer stärker in Bezug auf die Einheit und den Ursprünglichkeitscharakter der orthodoxen christlichen Lehre wie auch mit Blick auf die Homogenität ihrer Vertreter(innen) bzw. Gegner(innen) und deren jeweiligen Identitäten kritisch erörtert und zugunsten weitreichender Differenzierungen modifiziert worden.[2] Während die Forschung zur Alten Kirche demnach unter Einbezug methodischer Ansätze u. a. der Literaturwissenschaft oder der Soziologie schon seit Längerem immer mehr von einer Pluralität orthodoxer und häretischer Lehren und von der Notwendigkeit einer Differenzierung bezüglich der diese vertretenden Gruppen und Gemeinschaften und ihrer Identitäten ausgeht, ist doch ein wesentlicher Aspekt dieser Thematik in der Forschung erst vor relativ kurzer Zeit kritisch reflektiert worden. Dabei handelt es sich um die noch immer vielfach verbreitete Annahme von Gruppen als einer grundlegenden Analysekategorie, die in der Forschung nach wie

---

[2] Eine zentrale Rolle spielten dabei u. a. bereits die kritischen Impulse, die Walter Bauer (1877–1960) mit Blick auf das Thema der Ursprünglichkeit und Einheitlichkeit der orthodoxen christlichen Lehre in der frühen Kirche gegeben hat (vgl. W. Bauer, Rechtgläubigkeit und Ketzerei im ältesten Christentum [BHTh 10], Tübingen 1934). Bauers Überlegungen bedeuteten eine Art Initialzündung für viele weitere Formen der Kritik, wie sie beispielsweise Alain Le Boulluec (* 1941) unter Einbezug poststrukturalistischer diskursanalytischer Theoriebildungen formulierte. – Vgl. dazu A. Le Boulluec, La notion d'hérésie dans la littérature grecque IIe-IIIe siècles, Bd. 1: De Justin à Irénée, Paris 1985; zu weitreichenden Problematisierungen des Begriffs „christlicher Identität" und zur Notwendigkeit von Differenzierungen bezüglich der unterschiedlichen für den Häresiediskurs bedeutsamen Gemeinschaften und Gruppierungen vgl. J. M. Lieu, The Forging of Christian Identity, in: Mediterranean Archaeology 11 (1998) 71–82 [Band zum Thema: Identities in the Eastern Mediterranean in Antiquity. Proceedings of a Conference held at the Humanities Research Centre in Canberra, 10–12 November 1997].

vor verwendet wird, um nicht nur frühchristliche Auseinandersetzungen und Konflikte, sondern auch und vor allem Herausbildungen frühchristlicher Identitäten zu verstehen.[3] Gerade mit Blick darauf scheint die Voraussetzung der Analysekategorie der Gruppe naheliegend zu sein, erwecken doch Gruppen quasi natürlicherweise den Eindruck, „Trägerelemente" von solchen Identitäten zu sein, deren Formierungsprozesse sich vor allem auch anhand der Interaktionen unterschiedlicher Gruppen studieren zu lassen scheinen.

Dass die Annahme dieser Analysekategorie jedoch in vielerlei Hinsicht problematisch ist und den Blick auf wesentliche Aspekte frühchristlicher Identitätsbildungen eher zu verschleiern als zu eröffnen vermag, soll im Folgenden anhand des Beispiels bestimmter sog. orthodoxer und häretischer Gruppen in der christlichen Spätantike erörtert werden. Dazu sollen zunächst (1) einige grundlegende Bemerkungen zum Konzept der Gruppe gemacht und anhand von sozialwissenschaftlichen Theorien erörtert werden, inwiefern und in welchem Sinne die Annahme von Gruppen problematisch ist. Diese Problematisierung wird anschließend (2) mit Blick auf die Frage nach (spät-)antiken christlichen Gruppen und vor allem in Bezug auf das Beispiel des Konzils von Nicäa (325) veranschaulicht werden. Damit wird die Basis für eine alternative Sichtweise auf Orthodoxie und Häresie geschaffen, gemäß derer diese Begriffe nicht mehr als Bezeichnungen von Gruppen, sondern als Kategorien im Kontext von *sinnstiftenden* und *gruppenbildenden Prozessen* anzusehen sind, die für die frühchristlichen Identitätsbildungen von zentraler Bedeutung sind. In einem letzten Schritt werden (3) schließlich die Konsequenzen erörtert, die sich aus diesen Überlegungen für unser Verständnis frühchristlicher Identitätsbildungen ergeben, was abschließend auch in Bezug auf bestimmte Formen spätantiker religiöser und insbesondere liturgischer Praxis dargelegt werden soll.

---

[3] Vgl. dazu die im Folgenden noch genauer darzulegende Kritik an dieser Analysekategorie, wie sie Éric Rebillard (* 1963) ausgehend von den Arbeiten des Soziologen Rogers Brubaker (* 1956) entwickelt hat, etwa É. Rebillard, Christians and Their Many Identities in Late Antiquity, North Africa, 200–450 CE, Ithaca – London 2012, bes. 1–8; ders., Late Antique Limits of Christianness. North Africa in the Age of Augustine, in: ders., J. Rüpke (Hg.), Group Identity and Religious Individuality in Late Antiquity (CUA Studies in Early Christianity), Washington 2015, 293–317. Grundlegend zu Brubakers Ansatz ist: R. Brubaker, Ethnicity Without Groups, Cambridge, MA – London 2004.

## 1 Was Gruppen sind – und warum es sie nicht gibt

Wie bereits zu Beginn angedeutet, hat sich die klassische Unterscheidung zwischen Orthodoxie und Häresie im Kontext kirchenhistorischer Forschung etabliert, vielfach bewährt und sehr oft als Grundlage für den Gewinn wichtiger Erkenntnisse gedient.[4] Mögen derartige Differenzierungen im Sinne heuristischer Kategorien in mancherlei Hinsicht sehr hilfreich sein, stoßen sie doch bei genauerer Betrachtung an ihre Grenzen, wenn sie auf die Realität konkreter Menschen, ihrer religiösen Konflikte und die Herausbildungen ihrer Identitäten angewendet werden, wenn man also z. B. von „den Häretiker(inne)n" und „den Orthodoxen" im Sinne von fest definierten Gruppen spricht und versucht, die Konflikte und Identitätsbildungen dieser Menschen ausgehend von der Annahme solcher Gruppen zu verstehen – ließe sich doch z. B. mit dem französischen Historiker und klassischen Philologen Éric Rebillard (* 1963) prinzipiell anfragen, inwiefern es überhaupt sinnvoll ist, von der Kategorie religiöser Gruppen wie den eben genannten auszugehen, wenn z. B. religiöse Konflikte in der Spätantike in den Blick genommen werden.[5] Eine solche Skepsis ist laut Rebillard vor allem durch Formen postmoderner Kritik befördert worden, und sie werde auch in der Forschung zum frühen Christentum durchaus rezipiert. Denn zumindest pro forma werde des Öfteren mit Blick auf die Grenzen solcher Gruppen darauf hingewiesen, dass sie fließend bzw. fluktuierend und kontingent seien, dass man sie als konstruiert betrachten könne und dass Gruppen daher nicht als an sich bestehende, stabile und fest definierte Gebilde begriffen werden sollten.[6] Nimmt man die Position Rebillards ernst, ergibt sich u. a. der Schluss, dass die Kategorie der Gruppe nicht dazu geeignet ist, ein adäquates Bild

---

[4] Einen Überblick über die entsprechende Forschungsgeschichte bietet u. a. K. L. King, Which Early Christianity?, in: S. Ashbrook Harvey, D. G. Hunter (Hg.), The Oxford Handbook of Early Christian Studies (Oxford Handbooks in Religion and Theology), Oxford 2008, 66–84; vgl. überdies E. Iricinschi, H. M. Zellentin, Making Selves and Making Others: Identity and Late Antique Heresiologies, in: dies. (Hg.), Heresy and Identity in Late Antiquity (TSAJ 119), Tübingen 2008, 1–11.

[5] Vgl. Rebillard, Christians and Their Many Identities in Late Antiquity (s. Anm. 3), 1–8; ders., Late Antique Limits of Christianness (s. Anm. 3), 293f.

[6] Vgl. Rebillard, Christians and Their Many Identities in Late Antiquity (s. Anm. 3), 1–3.

der historischen Wirklichkeit der damaligen Zeit zu zeichnen – und Gruppen folglich keine passende Analysekategorie für diese Form der Forschung darstellen. Dies bedeutet freilich nicht, dass sich Menschen nicht immer wieder zu solchen flüchtigen Gebilden zusammentun und in ihrem Namen handeln oder sich positionieren – nur eben als wissenschaftliche Analysekategorie müssen „Gruppen" aus den gerade genannten Gründen ungeeignet erscheinen.

Trotz der bisweilen zu beobachtenden Rezeption dieser Kritik, so Rebillard, sei allerdings immer noch eine Tendenz in der Forschung erkennbar, Gruppen als wirklich bestehende und fest definierte Gebilde zu betrachten und Konflikte und Identitätsbildungen in der frühen Kirche mithilfe von Gruppen als den grundlegenden Analysekategorien zu verstehen. So finden sich in der kirchengeschichtlichen Literatur noch immer Einlassungen dazu, dass z. B. „die Christ(inn)en" in einem bestimmten Verhältnis zu „den Paganen" oder zu „den Jüdinnen und Juden" standen[7] oder dass „arianische"[8] oder „gnostische"[9] Gruppierungen diese oder jene Meinung vertraten. Versucht man allerdings, diese nach Art kollektiver Akteure gefassten Gruppen genauer zu bestimmen, so zerrinnen sie einem gleichsam wie Sand zwischen den Fingern.

Für seine Kritik an der Annahme von Gruppen als einer grundlegenden Analysekategorie stützt Rebillard sich u. a. auf die Arbeiten von Rogers Brubaker (* 1956).[10] Vor allem in dessen viel beachteten

---

[7] Vgl. dazu u. a. die in Rebillard, Christians and Their Many Identities in Late Antiquity (s. Anm. 3), 1f., bes. 2, Anm. 2 angegebenen Werke: J. Lieu, J. North, T. Rajak (Hg.), The Jews Among Pagans and Christians in the Roman Empire, London 1992; N. Janowitz, Magic in the Roman World. Pagans, Jews and Christians (Religion in the First Christian Centuries), London 2001; M. Aviam, Jews, Pagans, and Christians in the Galilee: 25 Years of Archaeological Excavations and Survey. Hellenistic to Byzantine Periods (Land of Galilee 1), Rochester, NY 2004.

[8] Vgl. exemplarisch R. Steinacher, Die Vandalen. Aufstieg und Fall eines Barbarenreiches, Stuttgart 2016, 246; zudem Theodoret von Kyros, Unterscheidung von Lüge und Wahrheit. Abriss über die üblen Märchen der Häretiker. Zusammenfassung der göttlichen Lehrsätze, hg. von B. Gleede (GCS NF 26), Berlin 2020, 58.

[9] Vgl. etwa S. Petersen, „Zerstört die Werke der Weiblichkeit". Maria Magdalena, Salome und andere Jüngerinnen Jesu in christlich-gnostischen Schriften (NHMS 48), Leiden 2020, 126; E. E. Popkes, Das Menschenbild des Thomasevangeliums. Untersuchungen zu seiner religionsgeschichtlichen und chronologischen Einordnung (WUNT 206), Tübingen 2007, 30.

[10] Vgl. Rebillard, Christians and Their Many Identities in Late Antiquity (s.

Sammelband „Ethnicity Without Groups“ wendet der amerikanische Soziologe sich gegen die eben skizzierte Tendenz zur Verdinglichung von Gruppen, für die er den bezeichnenden Namen des „Gruppismus“ (*Groupism*) wählt.[11]

Brubakers Überlegungen aufnehmend, empfiehlt Rebillard, anstatt von der Existenz von – in diesem Kontext – religiösen Gruppen auszugehen bestimmte Prozesse in den Blick zu nehmen.[12] Dabei seien zum einen solche interessant, in deren Rahmen Individuen Kategorien benutzen, um Sinn im Bereich ihrer jeweiligen sozialen Welten zu generieren und sich in diesen zurechtzufinden. So kann jemand beispielsweise die Kategorie der „Christlichkeit“ (*Christianness*) verwenden, um Fragen zu beantworten wie die nach der eigenen Identität und der Qualität des eigenen Handelns. Zum anderen richtet Rebillard den Blick auf Prozesse, die gruppenbildende Funktionen haben und in deren Rahmen sich Kategorien wie die eben genannte Christlichkeit als Grundlagen für die Bildung von Gruppen und – so ließe sich ergänzen – ihrer entsprechenden Gruppenidentitäten erweisen. Auf beide Arten von Prozessen soll im Folgenden kurz eingegangen werden, da diese – wie zuvor erwähnt – für die hier vorzunehmende Neubestimmung von Orthodoxie und Häresie als Identitätskategorien zentral sind.

### 1.1 Gruppenbildende Prozesse

Mit Blick auf die gruppenbildenden Prozesse übernimmt Rebillard den Begriff *Groupness* von Rogers Brubaker – was die deutsche Übersetzung des Buches „Ethnicity Without Groups“ mit „Zusammengehörigkeitsgefühl“ wiedergibt.[13] Man könnte hier vielleicht auch von „Gruppenzusammengehörigkeitsgefühl“ sprechen. *Groupness* in diesem Sinne ist laut Brubaker als eine „kontextuell fluktuierende

Anm. 3), 1–3; zudem ders., Late Antique Limits of Christianness (s. Anm. 3), 293f.

[11] Vgl. Brubaker, Ethnicity Without Groups (s. Anm. 3), 7–11.

[12] Dazu und zum Folgenden vgl. Rebillard, Christians and Their Many Identities in Late Antiquity (s. Anm. 3), 2f.

[13] Vgl. R. Brubaker, Ethnizität ohne Gruppen, aus dem Englischen von G. Gockel, S. Schuhmacher, Hamburg 2007, 21f.; überdies Rebillard, Christians and Their Many Identities in Late Antiquity (s. Anm. 3), 2f.

konzeptionelle Variable"[14] aufzufassen, die als kontingentes Ereignis (*event*) – immer nur für einen vorübergehenden Moment andauere.[15] In dieser Hinsicht beziehe sich beispielsweise die Rede von „Christlichkeit" als einer Form von *Groupness* nicht etwa auf fest umgrenzte, stabile Gruppen, sondern auf die dynamische Größe im Kontext gruppenbildender Prozesse, in denen – wenn auch nur flüchtige – Formen des Zusammengehörigkeitsgefühls entstehen und wieder vergehen.[16] Dabei treten Individuen für einen gewissen Zeitraum z. B. zu einer als „christlich" bestimmbaren Gruppe zusammen, ohne dass damit allerdings eine nach innen homogene, nach außen fest umgrenzte oder zeitlich gesehen dauerhaft bestehende Einheit bezeichnet wäre, die zudem eine feste, unverrückbare Gruppenidentität aufwiese.

Veranschaulichen lässt sich das von Brubaker Gemeinte mithilfe durchaus profaner Beispiele wie etwa der Fangemeinschaft in einem Fußballstadion. So gilt für die „normalen" Anhänger in aller Regel, dass ihr Zusammengehörigkeitsgefühl aufkommt und erfahrbar ist, solange sie sich im bzw. um das Stadion herum aufhalten oder ein Spiel ihrer Lieblingsmannschaft an einem anderen Ort anschauen. Verlassen sie das Stadion oder die Kneipe, verfliegt dieses Gefühl – vor allem im Fall einer Niederlage – mehr oder weniger schnell, sodass in der Folge auch die Gruppe, von der die Fans während der Partie ein Teil waren, aufhört, als solche zu existieren. Bei einem erneuten Stadionbesuch oder beim Schauen eines Spiels vor dem Fernseher kann die *Groupness* wieder aktiviert werden, ansonsten ist sie es in den meisten Fällen nicht. Eine Fangemeinschaft im Stadion besteht nur für eine ganz bestimmte Zeit – meist lediglich während des Spiels. Sie bildet keineswegs eine nach innen homogene Gruppe: Das Publikum ist oft stark gemischt, was z. B. die Milieus und sozialen Schichten angeht. Zudem stellt es auch keine nach außen fest umgrenzte Gruppe dar: Immer wieder kommen neue Fans dazu, alte fallen weg. Im Sinne eines festen, beständigen und homogenen Gebildes gibt es diese Gruppe folglich nicht – und zwar eben-

---

[14] Brubaker, Ethnicity Without Groups (s. Anm. 3), 11, zit. nach: Rebillard, Late Antique Limits of Christianness (s. Anm. 3), 294.

[15] Vgl. Brubaker, Ethnicity Without Groups (s. Anm. 3), 12, zit. nach: Rebillard, Late Antique Limits of Christianness (s. Anm. 3), 294.

[16] Vgl. Rebillard, Christians and Their Many Identities in Late Antiquity (s. Anm. 3), 2f.

so wenig wie alle anderen Gruppen, wie Brubaker und Rebillard übereinstimmend annehmen.

## 1.2 Prozesse individueller Sinngenese in der sozialen Welt

In einem weiteren Schritt soll es nun um die zweite Art der oben genannten Prozesse gehen, in deren Rahmen einzelne Menschen Kategorien wie z. B. „Christlichkeit" verwenden, um Sinn in ihrer jeweiligen Welt zu generieren. Mit Blick darauf stellt Rebillard im Anschluss an Brubaker fest, dass die eben angesprochene starke Vergänglichkeit des Zusammengehörigkeitsgefühls u. a. darin begründet liege, dass wir Menschen als einzelne nicht immer nur *eine* bestimmte Kategorie verwenden, um uns in unserer sozialen Welt zurechtzufinden. Vielmehr greifen wir auf eine Vielzahl davon zurück, was der französische Historiker mithilfe des Beispiels von spätantiken Bestattungsritualen zu veranschaulichen sucht.[17]

Im Zuge seiner Forschung dazu hatte er die zunächst überraschend scheinende Beobachtung gemacht, dass nordafrikanische Christ(inn)en bis ins fünfte Jahrhundert in der Regel die Kategorie der „Christlichkeit" nicht als relevant für die Stätte und Art ihres Begräbnisses erachteten. Als entscheidender Faktor für ihre Wahl in diesen Bereichen erwies sich vielmehr die für diese Zeit üblichen, allgemein-römischen Bestattungsstandards und -formen, die nicht nur für Christen, sondern gleichermaßen auch für Pagane und Juden galten. Vereinfacht ließe sich das Ergebnis der rebillardschen Studie daher auch wie folgt formulieren: Bis ins fünfte Jahrhundert ließen sich Christ(inn)en in Nordafrika nicht als Christ(inn)en, sondern als Römer(innen) bestatten.

Wie hier deutlich wird, war damals die Kategorie der Christlichkeit offensichtlich nicht in allen Prozessen vorherrschend, in deren Rahmen Christ(inn)en versuchten, Sinn für sich zu generieren, da sie dazu immer wieder auch auf andere Kategorien wie beispielsweise das „Römer(in)sein" zurückgriffen, das sie mit ihren Mitbürger(inne)n teilten. Dass Christ(inn)en tatsächlich immer wieder derartige Alternativen nutzten, kann interessanterweise gerade dem

[17] Vgl. dazu É. Rebillard, The Care of the Dead in Late Antiquity, übersetzt von E. Trapnell Rawlings, J. Routier-Pucci (CSCP 59), Ithaca 2009.

Umstand entnommen werden, dass Kirchenväter wie Tertullian (um 150–220) oder Augustinus wiederholt Kritik daran üben.[18]

Mit Blick auf die Frage nach dem Bestehen von Gruppen wird dabei auch aus dieser Perspektive deutlich, dass z. B. die Gruppe der Christ(inn)en zwar bisweilen in Erscheinung trat, jedoch auch immer wieder aufhörte zu existieren, da ihre Mitglieder in bestimmten Kontexten auch andere Kategorien zur Sinngenese aktivierten. Dementsprechend erweist sich die Gruppe der spätantiken Christ(inn)en als kein festes, dauerhaft bestehendes und stabiles Gebilde, das es als solches gegeben hätte.

Auch aus diesem Grund schlägt Rebillard vor, nicht mehr von Gruppen als Kategorien auszugehen, um die sozialen Wirklichkeiten der damaligen Menschen zu analysieren. Vielmehr, so seine These, seien die angesprochenen Prozesse der individuellen Sinngenese und der Gruppenbildungen zu untersuchen, was im Folgenden in Bezug auf zwei weitere, eng miteinander verbundene Kategorien geschehen soll – die der Orthodoxie und der Häresie. Rebillards Überlegungen werden dabei vor allem mit Blick auf die Frage zur Anwendung kommen, inwiefern sich ein solches prozessuales Verständnis von Orthodoxie und Häresie im Kontext des Konzils von Nicäa beobachten lässt.

## 2 Orthodoxie und Häresie als Kategorien individueller Sinngenese und gruppenbildender Prozesse

Obwohl sie terminologisch explizit als „Orthodoxie“ erstmalig im vierten Jahrhundert in Methodios von Olympos’ († 311/12) *De resurrectione* greifbar wird, ist die Frage nach der richtigen bzw. auch als „gesund“ (*hygiaínousa*) bezeichneten „Lehre“ (*didaché/didaskalía*) (vgl. Tit 2,1) und ihres Gegenparts der „Häresien“ (*hairéseis*) bzw. Heterodoxie der Sache nach und teilweise auch terminologisch bereits sehr früh ein wichtiges Thema in der frühen Kirche.[19] Dazu

---

[18] Vgl. die angeführten mannigfachen Beispiele in: Rebillard, Christians and Their Many Identities in Late Antiquity (s. Anm. 3), 34–91.

[19] Der „Orthodoxie“ entsprechende Begrifflichkeiten finden sich bereits bei Ignatius (um 160), der in seinem Epheserbrief von der γνόμη ὀρθή spricht (vgl. *IgnEph* 1, 1), in Justins (um 100–165) Rede vom ὀρθὸς λόγος (vgl. Justin, *Dial.* 3,3) oder in Clemens von Alexandriens (um 150–215) Bestimmung der

gehört auch die sich schon bei Paulus findende Ermahnung, sich von denjenigen fernzuhalten, die „gegen diese Lehre" (*parà tēn didachēn*) „Dissens" bzw. „Streit" (*dichostasíai*) und „Ärgernisse/Fallen" (*skándala*) verursachen (vgl. Röm 16,17), was – wie es an anderer Stelle heißt – zu „Spaltungen" (*schísmata*) und „Parteiungen" (*hairéseis*) führe (vgl. 1 Kor 11,17–19; Gal 5,19–21). Vor allem diese Warnung vor dem in Widerspruch gegen die rechte Lehre stehenden „häretischen Menschen" (*ánthropos hairetikós*) (vgl. Tit 2,1; 3,9–11) wird sich in der Folge zu einem zentralen und vielfach rezipierten Motiv frühchristlicher antihäretischer Literatur entwickeln (vgl. etwa 2 Petr 2,1–3; IgnEph 6, 2).[20]

Nun kann man diese Ermahnungen einerseits „gruppistisch" deuten und sie als Warnungen vor den Mitgliedern tatsächlich existierender häretischer Gruppen lesen. Auch wenn dies sicherlich der Eindruck ist, den die genannten Texte zu erzeugen suchen, sollen diese Warnungen vor den falschen Lehren der Häretiker(innen) im Folgenden vor dem Hintergrund des Verständnisses der Orthodoxie als einer Kategorie in einem gruppenbildenden Prozess gedeutet werden.

## 2.1 Orthodoxheit als *Groupness* – Prozesse der Bildung von Gruppenidentitäten?

Wie die gerade angeführten Stellen zeigen, zeichnet sich schon sehr früh in der Kirchengeschichte eine Tendenz zur Ausdifferenzierung bezüglich des mit der Kategorie der „Christlichkeit" verbundenen Zusammengehörigkeitsgefühls ab; reicht es doch Autoren und Texten wie den vorhin genannten zufolge eben nicht aus, lediglich das Zusammengehörigkeitsgefühl der Christlichkeit zu fördern. Vielmehr, so die Forderung, müsse auf die Bildung einer rechtgläubigen christlichen Gruppe und einer entsprechenden orthodoxen Gruppenidentität hingearbeitet werden. Im Kontext derartiger Bestrebungen stellt das Konzil von Nicäa einen entscheidenden Meilenstein und auch einen gravierenden Einschnitt dar, was nicht zuletzt durch

ὀρθότης der Lehre. Eine erste Aufnahme des Verbs ὀρθοδοξεῖν findet sich im vierten Jahrhundert in Eusebius' (260/64–339/40) Kirchengeschichte (vgl. VI,33,2).

[20] Vgl. dazu auch Justin, *Apol.* 1,26,8.

den staatlich-institutionellen Rahmen bedingt ist, in dem die orthodoxe *Groupness* nun entstehen sollte. Bevor wir uns dem Konzil selbst zuwenden, soll allerdings in aller Kürze auf die Situation im Vorfeld zu Nicäa eingegangen werden, um so auch die Veränderungen herausstellen zu können, die sich mit dem Konzil für die *Groupness* der Orthodoxie ergaben.

## 2.2 Gruppen auf dem Konzil von Nicäa?

Den dringlichen Ermahnungen, an der rechten, gesunden Lehre festzuhalten und Kontakte zu Häretiker(inne)n unbedingt zu vermeiden, entspricht der Umstand, dass zumindest bis ins frühe fünfte Jahrhundert tatsächlich eine recht große Pluralität an Formen christlicher Glaubensüberzeugungen und Lehren wahrnehmbar sind. Anders als es Texte wie die eben angeführten suggerieren, gab es – wie schon lange Konsens in der Forschung ist – nicht die eine, wahre orthodoxe Lehre Jesu Christi und schon gar nicht eine einheitliche orthodoxe Kirche im Sinne einer homogenen Gruppe. Wie beispielsweise Lewis Ayres (* 1966) herausgearbeitet hat, spiegelt sich dies u. a. darin wider, dass noch im vierten und frühen fünften Jahrhundert eine Vielzahl von Glaubensbekenntnissen vorlagen, die vor allem in der Taufkatechese zum Einsatz kamen.[21] Anders als viele heutige Interpret(inn)en meinen, so Ayres, seien selbst die nach Nicäa anreisenden Bischöfe keineswegs davon ausgegangen, dass sie ein Glaubensbekenntnis verabschieden würden, das fortan als ein präziser und universell gültiger Maßstab des christlichen Glaubens dienen würde.[22] Vielmehr seien die Bischöfe wenigstens zu Beginn des Konzils der Überzeugung gewesen, dass ihre jeweiligen lokalen Taufbekenntnisse weiter als hinreichender Maßstab zur Definition der Rechtgläubigkeit fungieren würden. Ebenso wenig, wie es im Vorfeld zu Nicäa folglich universelle präzise Glaubensformeln gab, existierte auch so etwas wie eine einheitliche Gruppe „orthodoxer Christ(inn)en", die ihren Glauben auf derartige Formeln gestützt hätten. An diesen Verhältnissen änderte sich nun zunächst

---

[21] Vgl. dazu L. Ayres, Nicaea and Its Legacy. An Approach to Fourth-Century Trinitarian Theology, Oxford 2004, 85f.; zudem C. Humfress, Orthodoxy and the Courts in Late Antiquity, Oxford 2007, 228f.

[22] Vgl. Ayres, Nicaea and Its Legacy (s. Anm. 21), 85.

auch nach dem Konzil von Nicäa in der Praxis nicht besonders viel, selbst wenn die lokalen und auch privaten Glaubensbekenntnisse bisweilen im Rahmen einer pronicänischen Theologie interpretiert wurden.[23]

Was nun das Konzil selbst betrifft, fällt auf, dass auch die in Nicäa versammelten Bischöfe keine homogene Gruppe bildeten – und zwar weder theologisch noch (kirchen-)politisch. Dabei ist nicht nur an die traditionell vorgenommene Unterscheidung zwischen den sog. „Arianern" und „Anti-Arianern" zu denken, die sich letztendlich als eine gruppistische Fiktion des Athanasius von Alexandrien (um 300–373) erweist und in der Forschung schon lange dahingehend aufgeweicht worden ist, dass die meisten der in Nicäa anwesenden Bischöfe der sog. „origenistischen Mittelgruppe" zugehörten.[24] Als solche traten sie weder für die Position des Arius (um 260–327) noch für die seiner Gegner in ihrer reinen Form ein. Überdies lässt sich in Bezug auf die Arianer im Allgemeinen weder eine Schule erkennen, die auf der spezifischen Theologie des christlichen Presbyters aus Alexandrien aufbaut, noch zeigen, dass eine Mehrheit der angenommenen Vertreter der sog. „arianischen Position" überhaupt detaillierte Kenntnis von dessen Schriften hatte.[25] Vielmehr wird man mit Lewis Ayres und Caroline Humfress (* 1971) den Schluss ziehen können, dass häresiologische Labels wie „arianisch" oder „semi-arianisch" nur dem Zweck dienten, dass Theologen ihre Gegner zu distinkten und kohärenten Gruppen zusammenfassen und sie mit ohnehin schon in Verruf geratenen Denkern assoziieren konnten.[26]

---

[23] Vgl. ebd., 86.

[24] Vgl. W.-D. Hauschild, V. H. Drecoll, Lehrbuch der Kirchen- und Dogmengeschichte, Bd. 1: Alte Kirche und Mittelalter, Gütersloh 2019, 82; zu den im Vorfeld zu Nicäa und auf dem Konzil vertretenen Positionen vgl. F. Dünzl, Kleine Geschichte des trinitarischen Dogmas in der Alten Kirche (GrTh), Freiburg i. Br. $^{2}$2011, 51–70. Die verschiedenen Bestimmungen dessen, was eigentlich ein Arianer war, finden sich pointiert zusammengefasst in: M. Edwards, Catholicity and Heresy in the Early Church, Farnham 2009, 109–116.

[25] Vgl. Ayres, Nicaea and Its Legacy (s. Anm. 21), 13; zudem Humfress, Orthodoxy and the Courts in Late Antiquity (s. Anm. 21), 223.

[26] Vgl. Ayres, Nicaea and Its Legacy (s. Anm. 21), 2, zit. nach: Humfress, Orthodoxy and the Courts in Late Antiquity (s. Anm. 21), 223.

Auch die „anti-arianische Fraktion“ in Nicäa stellte keine einheitliche Gruppe dar. Dies zeigt beispielsweise bereits ein oberflächlicher Vergleich der theologischen Positionen von Marcellus von Ancyra (um 285–374) und Athanasius von Alexandrien, die zwar in Nicäa gemeinsam gegen Arius’ Standpunkt agierten, sich aber schon bald nach dem Konzil – zumindest zeitweise – als Gegner gegenüberstanden.[27] Eine nochmals andere Position vertrat z. B. Konstantin (um 285–337), der als Kaiser und Pontifex maximus mit seiner anfänglichen Opposition gegen Arius ganz eigene Interessen verfolgte und offensichtlich eine ganz eigene Agenda bezüglich der von ihm angestrebten orthodoxen *Groupness* im Blick hatte.[28]

## 2.3 Orthodoxe *Groupness* im Kontext des Konzils

Schon diese kurzen Andeutungen zeigen, dass die Annahme von nach innen homogenen und nach außen strikt abgegrenzten Gruppen mit Blick auf die Teilnehmer des Konzils von Nicäa höchst problematisch ist und die dort ausgetragenen Konflikte nicht angemessen als Auseinandersetzungen zwischen orthodoxen (anti-arianischen) und häretischen (arianischen) Gruppen im eben genannten Sinn verstanden werden können. Vielmehr bietet es sich an, auch diese Konflikte vor dem Hintergrund der Gruppenbildung zu betrachten und Orthodoxie und Häresie hier als Kategorien im Kontext derartiger Prozesse aufzufassen.[29]

Sieht man sich beispielsweise das Zusammengehörigkeitsgefühl der Anti-Arianer an, so war es für die *Groupness* dieser in Nicäa zunächst scheinbar siegreichen Gruppe sicherlich förderlich, dass der gemeinsame Feind Arius und seine Anhänger offiziell verurteilt worden waren und exiliert werden sollten. Es war sogar ein „anti-arianisches“ Glaubensbekenntnis verabschiedet worden, das fast alle der anwesenden Bischöfe unterschrieben hatten. Man konnte also

---

[27] Das Verhältnis zwischen Athanasius und Marcellus thematisiert: J. T. Lienhard, Two Friends of Athanasius: Marcellus of Ancyra and Apollinaris of Laodicea, in: ZAC 10 (2006) 56–66; zu Marcellus’ Position vgl. Dünzl, Kleine Geschichte des trinitarischen Dogmas in der Alten Kirche (s. Anm. 24), 74–79.

[28] Vgl. ebd., 59–80.

[29] Nachfolgend liegt der Fokus ausschließlich auf den gruppenbildenden Prozessen im Kontext von Nicäa.

durchaus den Eindruck gewinnen, dass sich diese Gruppe durchgesetzt hatte und die Kirche als Ganze nun die anti-arianische Position als essenziellen Aspekt ihrer Identität aufgenommen hatte – so z. B. das Narrativ, das Athanasius von Alexandrien vor allem ab 350 vehement vertreten sollte.

Bei genauerer Betrachtung fällt jedoch mit Blick auf das Zusammengehörigkeitsgefühl dieser anti-arianischen Fraktion auf, dass es – gleichsam „*Groupness*-typisch“ – höchst flüchtig war:[30] So hatten viele Bischöfe das Glaubensbekenntnis nur auf Druck Konstantins unterschrieben, was zur Folge hatte, dass einige von ihnen ihre Zustimmung schon sehr bald nach dem Konzil wieder widerriefen – z. B. Eusebius von Nikomedien († 341) oder Theognis von Nicäa. Darüber hinaus kehrten die exilierten Bischöfe – wie übrigens auch der Presbyter Arius – auf Betreiben Konstantins hin innerhalb von etwa drei Jahren aus dem Exil zurück. Und – um ein drittes Beispiel zu nennen – das *homoousios*, das als eine Art anti-arianischer Kampfbegriff eingeführt wurde, wurde in der theologischen Diskussion nach Nicäa – wie auch das Glaubensbekenntnis als Ganzes – ca. 30 Jahre lang fast überhaupt nicht rezipiert.[31]

Von der Bildung einer einheitlichen, dauerhaft bestehenden und im Sinne der Orthodoxie fest definierten Gruppe ist mit Blick auf die nachnicänische Kirche folglich nicht auszugehen. Kurz gesagt: Weder gab es nach dem Konzil so etwas wie *die* „nicänisch-orthodoxe Kirche“ noch die Gruppe der sog. „Nicäner“. All dies kann vor dem Hintergrund dessen, was zum Eventcharakter der *Groupness* ausgeführt worden ist, allerdings auch kaum erstaunen.

Während sich die Kategorie der Gruppe mit Blick auf die in Nicäa geführten Auseinandersetzungen als heuristisch ungeeignet erweist, lassen sich ausgehend von der Betrachtung der entsprechenden Formen

---

[30] Vgl. dazu zusammenfassend die Darstellung der nachnicänischen Entwicklungen in: Dünzl, Kleine Geschichte des trinitarischen Dogmas in der Alten Kirche (s. Anm. 24), 71–80.

[31] Dass zunächst nicht einmal Athanasius das *homoousios* rezipiert habe, betont u. a.: Edwards, Catholicity and Heresy in the Early Church (s. Anm. 24), 113; zum Status des nicänischen Symbolons in den ersten Jahrzehnten nach dem Konzil vgl. L. M. Frenkel, The Reception of the Council of Nicaea by Ethnic Minorities in the Eastern Roman Empire, in: AHC 49 (202019) 15–29 – mit Verweis auf den Beitrag von: C. A. Beeley, Response to Brian Daley and Paul Gavrilyuk on *The Unity of Christ*, in: SJTh 68 (2015) 356–365.

der Orthodoxie im Sinne der *Groupness* dagegen einige höchst interessante Beobachtungen machen; weist eine solche auf gruppenbildende Prozesse fokussierende Betrachtungsweise doch u. a. auf die im Hintergrund der besagten Konflikte wirkenden Kräfte hin, die nicht nur religiöse oder theologische, sondern auch politische, soziale und institutionelle Dimensionen aufweisen konnten. So lenkt ein solcher Fokus den Blick z. B. darauf, welche Rolle Konstantin als institutioneller Repräsentant der politischen und auch religiösen Macht des Römischen Reiches auf dem Konzil spielte und inwiefern das Konzil auch von Bedeutung für die gruppenbildenden Prozesse im Kontext der römischen Gesellschaft als Ganzer und nicht nur ihres christlichen Teiles war. Zudem geraten so z. B. auch die Interessen in den Blick, welche die beteiligten Akteure im Kontext der besagten gruppenbildenden Prozesse über ihre theologischen Interessen hinaus an den Tag legten. In welcher Weise wollte z. B. jemand wic Athanasius oder Eusebius von Caesarea (um 260–339) den Prozess der Bildung einer nach ihren jeweiligen Maßstäben definierten orthodoxen christlichen *Groupness* beeinflussen? Kann es sein, dass Autoren wie diese ein „gruppistisches Bild" der Ereignisse in Nicäa zeichneten, um damit ihre eigenen, im Hintergrund laufenden Zielsetzungen zu verschleiern? Jedenfalls wird man mit dem bereits zitierten Lewis Ayres annehmen können, dass häresiologische Labels wie „arianisch" oder „semi-arianisch" ein probates Mittel waren, die Komplexitäten theologischer Entwicklungen und Diskussionen im eigenen Interesse zu verdunkeln. Wie in Bezug auf Konstantin bereits angedeutet worden ist, besteht dabei überdies immer auch die Möglichkeit, dass sich für bestimmte Akteur(inn)e(n) Motive als leitend erwiesen, die gerade *nicht* primär theologischer Art waren.

## 3 *Groupness* als Schlüsselbegriff für das Verständnis frühchristlicher Identitätsbildungen: Konsequenzen und Schlussfolgerungen

Die hier entwickelte Neuinterpretation von Orthodoxie und Häresie als Kategorien im Kontext von sinnstiftenden und gruppenbildenden Prozessen zeigt darüber hinaus auch in exemplarischer Weise auf, welche Konsequenzen sich aus einer solchen auf Formen der *Groupness* statt auf Gruppen fokussierenden Sichtweise für Betrachtungen zu frühchristlichen Identitätsbildungen ergeben. So hat die derart vorgehende Reflexion der in Bezug auf Nicäa erkennbaren

Versuche, ein orthodoxes Zusammengehörigkeitsgefühl zu fördern, gezeigt, dass die entsprechenden Prozesse eben dies waren und vor allem auch blieben: *Prozesse* nämlich. Als solche blieben diese Prozesse dabei insofern unabgeschlossen, als an ihrem vermeintlichen Ende eben keine beständige, nach innen homogene und nach außen fest definierte orthodoxe Gruppe stand. Vielmehr zeigt sich im Anhalt an die für diese Prozesse grundlegenden Formen der *Groupness* der Orthodoxie, dass diese in ihrer Übergänglichkeit kein Fundament für die Herausbildung einer beständigen und klar definierten orthodoxen Identität oder ihres Gegenstückes im Sinne einer häretischen Identität bilden konnten. In der Folge blieben auch die entsprechenden Identitätsbildungen eben dieses: Formen einer niemals abgeschlossenen Bildung von Identitäten, die ebenfalls in einer grundlegenden Prozesshaftigkeit erscheinen und daher nicht als Form des Gebildet-Seins von Identität aufzufassen sind.

Weitet man den Blick ausgehend von diesen bezüglich orthodoxer Identitätsbildungen gewonnener Ergebnisse auf Identitätsbildungsprozesse in der frühen Kirche im Allgemeinen aus, zeigt sich, dass ihr dynamischer Charakter als ein konstantes Merkmal auch in vielen anderen Bereichen beobachtbar ist.[32] Zum Abschluss soll dieser dynamische Charakter noch mit Blick auf einige Aspekte nachnicänischer religiös-liturgischer Praxis erläutert werden.

Eine Möglichkeit, wie sich Identitätsbildungen jenseits von dogmatisch-doktrinären Kategorien orthodoxer und häretischer Lehren beschreiben lassen können, bieten die verschiedenen Formen frühchristlicher religiöser – und im engeren Sinn liturgischer – *Praxis*. Ein solcher Fokus empfiehlt sich in Bezug auf Nicäa u. a. deswegen, weil die Rezeption der Konzilsbeschlüsse und der zentralen theologischen Kernaussagen zunächst allenfalls schleppend voranging. Angesichts dessen erwiesen sich Aufstellungen mit klaren Handlungs-

---

[32] Hier ist neben der bereits angeführten rebillardschen Beobachtung zum Verhältnis römischer und christlicher Identitäten im Kontext von spätantiken Bestattungsritualen z. B. auf die Entwicklung sog. *spectacula Christiana* hinzuweisen. Solche christlichen Schauspiele wurden sowohl in Abgrenzung als auch unter Einbezug von Aspekten und Elementen pagan-römischer Spiele beispielsweise von Tertullian in *De spectaculis* konzipiert. Derzeit fertigt Stefan Metz am Tübinger Lehrstuhl für Alte Kirchengeschichte, Patrologie und Christliche Archäologie eine Dissertationsschrift an, die sich mit Tertullians *spectacula Christiana* vor eben diesem Hintergrund – der Frage nach frühchristlichen Identitätsbildungen – beschäftigt.

anweisungen dazu, was in der orthodox korrekten Praxis konkret zu tun und zu unterlassen sei, als äußerst nützliche Übersetzungshilfen der theoretisch festgehaltenen Lehrinhalte in eben diese Praxis, und zwar nicht zuletzt, weil sich aus ihnen auch Kriterien für die Bestrafung von als häretisch qualifiziertem Fehlverhalten ergaben.[33] Nun fällt mit Blick auf solche „Listen“ – als eine der berühmtesten kann die sog. *Didascalia Apostolorum* gelten – auf, dass sie je nach Region und Sprache beträchtliche Unterschiede in ihren jeweiligen konkreten Ausgestaltungen aufweisen konnten.[34] Derartige Differenzen lassen sich beispielsweise in Bezug auf die verschiedenen Lesarten des Anathemas gegen die Irrlehre des Sabellius erkennen, wie es sich in der eben genannten *Didascalia* findet. In Abhängigkeit von der Region, in welcher die jeweilige Fassung des Werkes verbreitet war, und bestimmt durch die theologischen Grundüberzeugungen, die im Hintergrund der Redaktionen der Texte standen, konnte der Schluss des Anathemas terminologisch höchst unterschiedlich gestaltet ausfallen. Für Frenkel ergibt sich daraus folgendes Fazit:

> „It is therefore difficult to know which criteria were in force in any time and place and could give rise to suspicions about an unusual phrase, and denounce a whole work for it. After all, ancient and modern assessments of the ‚Arianism‘ of some work or complete œuvre are more often than not about the use or absence of key expressions.“[35]

Die Schwierigkeit, den orthodoxen oder häretischen Charakter eines Textes bzw. einer Praxis, die durch eine Schrift motiviert und sanktioniert war, anhand von solchen *Key Expressions* zu bestimmen, begegnet dabei auch mit Blick auf frühchristliche Gebetstexte. Als Beispiel führt Frenkel ein aus dem vierten Jahrhundert stammendes Euchologion an, das Serapion von Thmuis (um 300–370) zugeschrieben wird. Auch mit Blick auf die Gebete dieser Sammlung sei es unmöglich, sie ausgehend von den verwendeten Terminologien eindeutig als orthodox-nicänisch oder als häretisch-arianisch einzuordnen.[36] Im Hinter-

---

[33] Vgl. dazu Frenkel, The Reception of the Council of Nicaea by Ethnic Minorities in the Eastern Roman Empire (s. Anm. 31), 23–28.

[34] Vgl. ebd., 23.

[35] Ebd., 24.

[36] Vgl. ebd., 24f. – mit Verweis auf die Diskussion des im Serapion-Euchologion

grund dieser Problematik steht u. a. der Umstand, dass derartige Zusammenstellungen von Texten zu weiten Teilen Verschriftlichungen von Traditionen mündlicher Gebetspraxis darstellen, die über Jahrzehnte, wenn nicht sogar über Jahrhunderte hin gewachsen sind und als solche konzeptionell und zeitlich heterogene Schichten in sich vereinen.[37] Hinzu kommt, dass sich einige der in den Gebeten zu findenden „arianischen" Formulierungen aus Absetzbewegungen von manichäischem Gedankengut erklären lassen, mit dem sich christliches Denken in unterschiedlichen Regionen mehr oder weniger intensiv auseinandersetzen musste. Gerade die arabische Halbinsel und Persien, aber auch der ägyptische Raum stellten solche Regionen dar, die zudem interessanterweise auch als Kandidaten für den Ursprungsort des oben genannten Euchologions gelten.

Dass auch weitere Formen liturgischer Praxis, wie sie sich im Anschluss an die Auseinandersetzungen in Nicäa entwickelten, in eben dieser prozessualen Dynamik zu betrachten sind, ließe sich des Weiteren mit Blick auf Spielarten der sog. „barbarisch-arianischen" Liturgie und ihrer (Nicht-)Unterschiedenheit im Verhältnis zu ihren römisch-nicänischen Pendants zeigen.[38] So gibt die prinzipiell sehr dürftige Quellenlage zwar einige Hinweise auf solche Differenzen z. B. in Bezug auf einen spezifisch-arianischen liturgischen Kalender oder auch auf liturgische Gesänge, die, wie der Kirchenhistoriker Salamanes Hermeias Sozomenos (um 380–450) berichtet, an die sog. arianische Theologie angepasst worden seien. Gleichzeitig zeigt sich jedoch bei genauerem Hinsehen, dass einige der behaupteten Unterschiede, die angeblich die eucharistische Praxis betrafen, offensichtlich von Autoren wie beispielsweise Gregor von Tours (538–594) bisweilen recht stark aufgebauscht wurden, um Differenzen deutlicher erscheinen zu lassen, als sie es tatsächlich waren.[39] Daher wird man

---

verzeichneten eucharistischen Gebetes in: C. Markschies, Kaiserzeitliche christliche Theologie und ihre Institutionen. Prolegomena zu einer Geschichte der antiken christlichen Theologie, Tübingen 2007, 193–200.

[37] Vgl. dazu und zum Folgenden Frenkel, The Reception of the Council of Nicaea by Ethnic Minorities in the Eastern Roman Empire (s. Anm. 31), 25f.

[38] Vgl. R. W. Mathisen, Barbarian ‚Arian' Clergy, Church Organization, and Church Practices, in: G. M. Berndt, R. Steinacher (Hg.), Arianism. Roman Heresy and Barbarian Creed, Farnham 2014, 145–191, bes. 181–187.

[39] Vgl. ebd., 182.

mit Ralph W. Mathisen (* 1947) festhalten können, dass trotz der eben genannten Hinweise gilt:

> „In other regards, however, there is little evidence for marked differences between Nicene Roman and Arian barbarian liturgies and rituals.“[40]

Während es folglich gleichsam theoretisch auf der doktrinär formulierten Ebene klare theologische Unterscheidungen zwischen sog. Nicänern und „arianischen Homoiern“ gab, die – ebenfalls theoretisch – eindeutige Zuordnungen von Menschen und ihren Positionen ermöglichen sollten, sah die konkrete liturgische Praxis Mathisen zufolge weitaus weniger klare Abgrenzungen vor:

> „This did not mean, however, that there was any ban against attending each other's churches, or participating in each other's liturgy or even sacraments.“[41]

Ohne an dieser Stelle auf weitere Aspekte dieser Formen liturgischer Praxis und ihres Verhältnisses zueinander eingehen zu können, ist hier doch bereits festzustellen, dass auch diese Spielarten liturgischen Handelns keine eindeutigen Marker einer fest definierten, beständigen und homogenen orthodoxen bzw. häretischen Identität darstellen.

Dass die hier zugunsten eines *Groupness*-orientierten und auf Prozesse fokussierenden Ansatzes kritisierte „gruppistische“ Sicht auf Orthodoxie und Häresie an ihre Grenzen stößt, scheint übrigens auch der eingangs zitierte Augustinus gegen Ende seines Lebens intuitiv gespürt zu haben, stellt er doch mit Blick auf die Frage, wie ein Häretiker zu definieren sei, in einem seiner letzten, um 429 entstandenen Traktate, der den bezeichnenden Titel *De haeresibus* trägt, fest:

> „Was also einen Häretiker zu einem solchen macht, mit einer auf Regeln gründenden Definition zu verstehen, dies ist, wie mir scheint, entweder völlig unmöglich oder nur sehr schwer möglich.“[42]

---

[40] Ebd.

[41] Ebd., 184; vgl. auch ebd., 186f.

[42] Augustinus, *De haeresibus*, pr. 7 (CCSL 46. 289, ll. 100–2): *Quid ergo faciat haereticum regulari quadam definitione comprehendi, sicut ego existimo, aut omnino non potest aut difficillime potest.*

# Anatheistisch Kirche sein

## Wie das Volk Gottes jenseits aller Privilegien Gott heute entdecken kann

*Jan Loffeld*

### 1 Am Ende der konstantinischen Formation des Christentums

An Deutungen der gegenwärtigen Weltlage und darin der Situation des Christentums bzw. der christlichen Kirchen mangelt es derzeit nicht. Dabei kann die Vermutung aufkommen, dass die „Krise" zu einem mittlerweile auf Dauer gestellten Szenario wird. Mit einigem Recht kann man allerdings sagen, dass das Christentum in Europa auch unabhängig von allen aktuellen Krisenszenarien derzeit vor einer Auflösung dessen steht, was man die „konstantinische Formation" nennen kann: eine Christianitas, die Kultur und Glauben deckungsgleich und dabei in einer symbiotischen Konstellation versteht.[1] Die Grundfrage, die sich hierbei u. a. stellt, lautet: Ist jene konstantinische Formation eigentlich die einzige und vor allem beste Form einer Kirche bzw. des Christentums in der Welt von heute?[2]

---

[1] Vgl. dazu F. Dünzl, Fremd in dieser Welt? Das frühe Christentum zwischen Weltdistanz und Weltverantwortung, Freiburg i. Br. 2015; H. Leppin, Die frühen Christen. Von den Anfängen bis Konstantin (Historische Bibliothek der Gerda Henkel Stiftung), München 2018.

[2] An dieser Stelle sei kurz auf den Selbstwiderspruch hingewiesen, der diesen Ausführungen freilich unaufhebbar zugrunde liegt: Natürlich sind es Privilegien, die einerseits theologische Forschung, andererseits kirchliches Leben gerade im deutschen Sprachraum ermöglichen – seien es unbefristete, zuweilen verbeamtete Professor(inn)enexistenzen, seien es beamt(inn)enähnliche Verhältnisse im kirchlichen Dienst. Im Folgenden geht es darum, von all dem zumindest für einen Moment gedanklich zu abstrahieren, indem man letztlich wirklich dazu bereit sein müsste, im Zweifelsfall auch all das zu relativieren, wenn ein Mitvollziehen der göttlichen Kenosis dies erforderte. Unter Nutzung der weitgehend ermöglichenden Privilegien kann dies ein Gedankenexperiment bedeuten, das hilft, die eigene Haltung angesichts zunehmender Unselbstverständlichkeiten zu überdenken bzw. zu modellieren. Wesentlich wird in diesem Zusammenhang der Unterschied zwischen Privilegien, die zum Wohl anderer bzw. des Ganzen ge-

Sie hat sicherlich das Zeitargument auf ihrer Seite, denn sie ist die bisher am längsten prägende Formation des Christentums. Zugleich muss angesichts bereits länger sichtbarer Exkulturationsphänomene des Christentums die Frage erlaubt sein, ob nicht eine neue, noch nicht sichtbare, aber sicherlich radikal veränderte Formation die blinden Flecken der alten aufhellen könnte – gerade, wenn wir die Umbruchprozesse als „Zeichen der Zeit“ und nicht als reine Dekadenz verstehen, wenn wir sie nicht als „Flächenbrand“ (und etwa die Corona-Pandemie darin als Brandbeschleuniger), sondern als Transformationen begreifen, in die das Christentum von Gott gestellt ist und innerhalb derer die Kirche ihren eigenen Glauben, ja sogar Gott selber sowie die Aufgaben, die aus solchen Prozessen erwachsen, neu erlernen kann.[3]

Auf die Prozesse jener ersten, konstantinischen Inkulturation, die sich während der ersten Jahrhunderte des Christentums abspielten, lässt sich eingangs passend mit einer Deutung Tomáš Halíks (* 1948) zurückblicken. Er schreibt:

> „Getragen von diesem [jesuanischen Sendungs-]Appell hat das junge Christentum die Grenzen des Judentums überschritten und trat in die durch griechische Philosophie und römische Politik geformte Welt ein. Dieser ersten Rekontextualisierung des Christentums, der Einverleibung des christlichen Glaubens in die antike Kultur und Gesellschaft, verdankt die Geschichte des Westens Vieles. Nicht zu übersehen ist jedoch auch die andere Seite dieser Tatsache, nämlich der Preis, den das Christentum für seinen kulturellen und schließlich auch politischen Erfolg in der antiken Welt gezahlt hat. Das Christentum hat nach und nach eine großartige Kultur entwickelt; ist es aber nicht in den Grenzen und in der Sprache dieser Kultur dermaßen heimisch geworden, dass es aufhörte, die alle Grenzen beseitigende und

---

nutzt werden, und solchen zu markieren sein, die zu einer Elitisierung führen. Letztere verurteilt auch Papst Franziskus (seit 2013) immer wieder scharf, zuletzt noch in seinem Buch „Wage zu träumen!“ (vgl. Papst Franziskus, Wage zu träumen! Mit Zuversicht aus der Krise, München 2020, bes. 154–156).

[3] Vgl. dazu luzide Bischof Michael Gerber (* 1970): M. Gerber, Hirtenwort zum 1. Fastensonntag 2021, Fulda (20. Februar 2021), in: https://www.bistum-fulda.de/bistum_fulda/presse_medien/aktuelles_bischofswort/hirtenbriefe/fastenhirtenbrief2021/pdf/21-02-21-Hirtenwort-zum-1.-Fastensonntag-2021.pdf (Zugriff: 22.2.2021).

die Menschen aller Sprachen wachrüttelnde Kraft zu sein? Das Christentum ist allmählich zur Religion geworden – Religion in jenem ursprünglichen, römischen Sinn des Wortes *religio*, zum System von Symbolen und Riten, das die Identität einer bestimmten Gesellschaft zum Ausdruck brachte und deren Integrität stärkte. Es wurde zu einer Religion neben den anderen Religionen, zu einer Sprache neben vielen anderen. Evangelisation wurde durch Christianisierung ersetzt, durch Christlichmachung – durch Anstrengungen, weitere Gebiete (im kulturellen und geistigen, jedoch auch im geographischen und politischen Sinn – manchmal auch ‚mit Schwert und Feuer') an das bereits existierende kulturpolitische Reich, die Christianitas, anzuschließen."[4]

Hinter dem Phänomen einer Transformation des Christentums und von daher auch der Kirchen steht, wie hier bei Halík schon deutlich wurde, immer die Frage, wie sich das Evangelium heute konkret zur Welt verhält. Sicherlich ist diese Unterscheidung auf weite Strecken hin künstlich und zeugt womöglich noch von Überbleibseln einer strikten Kirche-Welt-Trennung des 19. Jahrhunderts. Dennoch muss sowohl aus offenbarungstheologischer, religionssoziologischer wie auch freiheitstheoretischer Perspektive daran festgehalten werden, dass das Evangelium sich nicht als selbstverständlicher Teil der ganzen Welt zeigt, wenn es auch, wie hier deutlich werden soll, sich neu von genau dort her lernen lässt.[5]

Daher wäre gerade vor dem Hintergrund der von Halík beschriebenen Prozesse zu fragen: Steckt nicht in vielen Köpfen heutzutage

---

[4] T. Halík, Wege einer neuen Evangelisierung?, in: K. Ruhstorfer (Hg.), Das Ewige im Fluss der Zeiten. Der Gott, den wir brauchen (QD 280), Freiburg i. Br. 2016, 217–223, hier: 217f. [Hervorhebung im Original]. – Vgl. ferner T. Halík, West und Ost (1). Europas doppelte Erfahrung, in: StZ 238/145 (2020) 39–50; ders., West und Ost (2). Kulturelle Entwicklungen in Europa seit dem Zweiten Vatikanischen Konzil, in: StZ 238/145 (2020) 105–116.

[5] Zur Begrenzung eines in diesem Sinne korrelativen Paradigmas vgl. J. Loffeld, Die (Praktische) Theologie angesichts des *homo indifferens*. Notwendigkeiten und Potentiale einer kenotischen Grundhaltung, die bei der Praxis des Gottesvolkes ansetzt, in: A. Slunitschek, T. Bremer (Hg.), Der Glaubenssinn der Gläubigen als Ort theologischer Erkenntnis. Praktische und systematische Theologie im Gespräch (QD 304), Freiburg i. Br. 2020, 216–240.

eher das Bild einer primär kulturell orientierten Re-Christianisierung als einer Evangelisierung, die Menschen mit der heilenden Botschaft Jesu in Berührung bringt? Ist etwa Evangelisierung immer nur dann gut bzw. gelungen, wenn sie zu einer bestimmten Form der Christ-, Religions- oder Gesellschaftswerdung führt?[6] Lernen aber nicht auch wir das Evangelium im Nachdenken über Evangelisierung neu verstehen, gerade inmitten seiner säkularen Unselbstverständlichkeit? Auf diese Fragen wird noch zurückzukommen sein.

Ist – so ließe sich zuspitzen – die gegenwärtige Situation nicht auch ein Kairos, der eine andere, neue Gestalt der Kirche inmitten einer mehrheitlich nichtchristlichen Gesellschaft sichtbar werden lässt? Nicht, weil die andere nur schlecht war, sondern vor allem, weil unsere Zeit uns Neues vorstellt und vieles Alte häufig nur noch geradezu palliativ am Leben erhalten werden kann. In diesen Komplex gehören sicherlich auch Themen hinein, die noch fundamentaler sind. Die Kirche hat bekanntlich auf die Grundherausforderung der „säkularen Frage" in der Moderne bislang gegensätzlich reagiert: Nach einer Zeit des radikalen Exklusivismus und Sicherheitsstrebens, die man mit der Formel eines „langen 19. Jahrhunderts" beschreiben kann,[7] kommt es mit dem Zweiten Vatikanischen Konzil (1962–1965) zu einer auf allen Gebieten „inklusiven" Haltung.[8] Aber auch der Inklusivismus steht – sicherlich in den Niederlanden, aber etwas später auch in Deutschland – vor der Frage: Wie verhält sich dieses Verständnis zu einer Mehrheitsgesellschaft, die sich kirchlich nicht inkludieren lassen möchte oder angesichts deren Gleichgültigkeit religiösen und kirchlichen Themen gegenüber

[6] Vgl. dazu auch die instruktive Unterscheidung zwischen Religion und Spiritualität in bzw. nach der Corona-Pandemie von: S. Kiechle, Religion oder Spiritualität?, in: StZ 238/145 (2020) 801f. [https://www.herder.de/stz/hefte/archiv/145-2020/11-2020/religion-oder-spiritualitaet (Zugriff: 1.11.2020)].

[7] Zur aktuellen theologischen Diskussion vgl. P. Neuner, Der lange Schatten des I. Vatikanums. Wie das Konzil die Kirche heute noch blockiert, Freiburg i. Br. 2019; J. Knop, M. Seewald (Hg.), Das Erste Vatikanische Konzil. Eine Zwischenbilanz 150 Jahre danach, Darmstadt 2019; H. Wolf, Der Unfehlbare. Pius IX. und die Erfindung des Katholizismus im 19. Jahrhundert, München 2020.

[8] Zum großen Rahmen dieser Umstellung immer noch instruktiv vgl. R. Bucher, Kirchenbildung in der Moderne. Eine Untersuchung zu den Konstitutionsprinzipien der deutschen katholischen Kirche im 20. Jahrhundert (PTHe 37), Stuttgart 1998.

auch diese Form des Kirchenverständnisses sich in der Praxis als stumpf erweist?[9] Auf eine gewiss vereinfachte Formel gebracht: Wenn der Exklusivismus auf die Insel der Seligen einer *societas perfecta supranaturalis* führt, dann gerät der derzeitige Inklusivismus zur Gefahr, Kirche bzw. Religion als Nichtregierungsorganisation bzw. *Non-Governmental Organization* (NGO) erfahrbar werden zu lassen, deren Verwurzelung im Evangelium und in Gottes rettender Gnade seitens eines säkularen Außen häufig nicht mehr zu dechiffrieren ist bzw. wo sich die Frage nach der Notwendigkeit einer Dechiffrierung (mitunter bereits seit Generationen) gar nicht mehr stellt.[10]

Angesichts dieser Problemlage soll hier in einem längeren Zitat nochmals Tomáš Halík zu Wort kommen, der interessanterweise ebenfalls auf Konstantin und die durch die erste christliche Inkulturation entstandene Formation rekurriert:

> „Einmal habe ich eine berühmte Legende ironisch kommentiert, nämlich jene, die die Anfänge des ‚Reichschristentums' (Christianitas) treffend symbolisiert, die vom Traum des Kaisers Konstantin. Konstantin sah im Traum ein Kreuz und hörte die Worte ‚In diesem Zeichen wirst du siegen'. Am nächsten Morgen ließ er auf die Banner seines Heeres Kreuze anbringen und hat die Schlacht gewonnen. Dies brachte mich zum Nachdenken darüber, wie die Geschichte Europas sowie die der Kirche aussehen würden, wenn der Kaiser seinen Traum ein bisschen intelligenter und nicht so undurchdacht und oberflächlich gedeutet hätte. Auch wir stehen heute vor dem Kreuz als vor einem Dilemma. Wird das Kreuz für uns eine Kampfstandarte sein, eine nostalgische Erinnerung an jene Zeiten, in denen es das Zeichen des Triumphalismus und

---

[9] Vgl. dazu auch R. Bucher, Jenseits von Inklusion und Exklusion. Plädoyer für eine „ökumenische Pastoral", in: ders., An neuen Orten. Studien zu den aktuellen Konstitutionsproblemen der deutschen und österreichischen katholischen Kirche, Würzburg 2014, 161–175.

[10] Als empirischen Aufweis vgl. H. Meffert, N. Kleyboldt (Hg.), Beziehung statt Abgrenzung – Kirche im Wandel. Status und Perspektiven im Bistum Münster, Münster 2016; J. Könemann, Konfessionslosigkeit und ihre Bedeutung für die (Pastoral-)Theologie, in: Zeitschrift für Pastoraltheologie 40 (2/2020) 21–33 [https://www.uni-muenster.de/Ejournals/index.php/zpth/article/view/3179 (Zugriff: 22.2.2021)].

der Macht war? Werden wir die ‚neue Evangelisation' als eine Reconquista verstehen, als eine Re-Christianisierung, ‚religiöse Mobilisation', getragen von der Nostalgie nach einer untergegangenen Zivilisation, nach der Christianitas? Oder werden wir die *kenotische* Sendung des Kreuzes begreifen? Jesus, obwohl er Gott gleich war, entäußerte sich, ist den Menschen gleich geworden und nahm Knechtsgestalt an … Wenn wir Christus nachfolgen wollen, müssen wir auf die Sehnsucht nach einer privilegierten Stellung in dieser Welt verzichten; jeder von uns muss ‚den Menschen gleich werden', muss die Solidarität mit den Menschen unserer Zeit ernst nehmen, zu der sich die Kirche mit den schönen Einleitungsworten der Konzilskonstitution ‚Gaudium et spes' verpflichtet hat. Keine Angst haben, dass wir uns dadurch in der Masse verlieren und unserer christlichen Identität beraubt werden. Das, was uns von der Masse der Menschen um uns herum unterscheiden wird (uns jedoch zugleich auch mit jenen verbinden wird, mit denen wir von uns aus keine Verbundenheit suchen würden), werden nicht Kreuze auf Bannern sein, sondern jene Bereitschaft, ‚die Knechtsgestalt anzunehmen'. Diese Lebensausrichtung (*kenosis*, Selbstverzicht) bedeutet inmitten einer vorwiegend auf materiellen Erfolg ausgerichteten Zivilisation eine auffallend nonkonforme Stellungnahme; die so Lebenden können sowohl verborgenes ‚Salz der Erde' als auch unübersehbares ‚Licht der Welt' sein. Wenn die ‚neue Evangelisation Europas' wirklich neu sein soll, muss sie den Mut haben, diese uralte, ursprüngliche, evangeliumsgerechte Gestalt mit Demut anzunehmen."[11]

Im Folgenden sollen nun diese Gedanken einer Kenosis aufgenommen werden. Sie sollen – wie angedeutet – zu einer Positionierung führen, die sich womöglich – hoffentlich – jenseits der vielen hinlänglich bekannten nachkonziliaren Konfliktlinien befindet. Geschehen soll diese mithilfe der sehr einfachen und für manche Ohren womöglich provokant klingenden Forderung: „Gott nach Gott kennenlernen!"

[11] Halík, Wege einer neuen Evangelisierung? (s. Anm. 4), 219f. [Hervorhebungen im Original].

## 2 Gott nach Gott kennenlernen: über Begegnungen mit dem „heiligen Geheimnis“ heute

Was kann nun damit gemeint sein: Gott nach Gott kennenlernen? Eigentlich ist es ganz einfach: Wir wissen, dass vieles in unserer Kultur, das bislang innerhalb der Gestalt einer oben sog. Christianitas von Gott sprach, nicht mehr verstanden wird: Kirchengebäude, humane Werte, Dogmen. Deren impliziter wie expliziter Gottesbezug ist angesichts der Säkularisierung weitgehend dysfunktional geworden. Der Gott der alten konstantinischen Formation existiert nicht mehr – der Gott der moralischen Überlegenheit, des politischen Einflusses und des Machtanspruchs auf jeden Menschen, mithin der Gott eines einseitig verstandenen christlichen Universalismus; der Gott der Inkulturation in den Hellenismus und weniger des Christentums der biblischen Zeit. Später wurde er mehr und mehr als Gott klerikaler Allzuständigkeiten, gesellschaftlicher Privilegien und kirchlicher Autarkie verstanden – ein Gottesbild, das etwa auch viele davon ausgehen ließ, dass „Männer Gottes“ sich niemals an Kindern vergreifen würden und diesen gleichzeitig die Fantasie eines „Ich darf das, denn ich bin etwas Besonderes“ ermöglichte; vielleicht auch ein Bild von Gott, bei dem man theologisch ganz genau wissen konnte, wie er ist, bzw. von dem man meinte, sich intellektuell Verfügung über ihn verschaffen zu können.

Pastoral war dies der Gott einer volkskirchlichen Präsenz – bisweilen auch Enge – sowie einer gesellschaftlich-kirchlichen Bedeutsamkeit. Es war also der Gott der Notwendigkeit, insbesondere für eine kirchliche Verortung innerhalb einer gesamten Kultur sowie im Leben von Menschen. Von all dem hat sich – und uns! – unsere Kultur mittlerweile befreit. Sicherlich, all das war nicht nur schlecht, trug zweifelsohne zu seiner Zeit auch viel Segen in sich; allerdings sehen wir – worauf Halík eindrücklich verweist – gerade heute immer mehr die Folgekosten einer solchen machtvollen Gottespräsenz und können zunehmend unterscheiden, wo diese heilsam und wo sie es weniger war.

Dieser Beitrag entsteht zudem in Zeiten, in denen gerade diese letzten Bastionen eines konstantinischen Kirche-Seins gehörig und berechtigt geschliffen werden. Denn dies ist ja ein wirklicher Gewinn der Säkularisierung, dass sie den eigentlich fundamentalsten Machtverzicht der Kirche bedeutet, den es seit dem Aufstieg des Christentums zur Weltreligion gegeben hat.[12] Es zeigt sich derzeit etwa im Erzbistum Köln mit seiner sehr offensichtlich misslingenden Missbrauchsaufarbeitung, wie im Rückgriff auf kanonische bzw. zivilrechtliche Kategorien ein altes „Machtbesteck" genutzt werden soll, das Sicherheiten und Eindeutigkeiten zu verheißen scheint, die es allerdings faktisch überhaupt nicht mehr bewirken kann. Ein weiteres Beispiel geben die schon fast kulturkämpferischen Auseinandersetzungen um die Durchführung von Weihnachtsgottesdiensten während der Corona-Pandemie im Jahr 2020. Offenbar ist man hier wenig sensibel dafür, wie sehr man sich mit dem Rekurs auf die Religionsfreiheit auf eine „Insel" zurückzieht, die namentlich die katholische Kirche am längsten bekämpft hat.[13] Dass Souveränität sich auch in Souveränitätsverzicht zeigt und sogar vermehren kann, gerade wenn es um künftige Fragen des Staat-Kirche-Verhältnisses geht, muss offenbar noch gelernt werden.[14] Es wäre die Alternative zu einer Kirche, die um jedes Privileg im Namen einer vermeintlichen überzeitlichen Wahrheit und eines ewig-universalen Heils kämpft. Phänotypisch wird eine solche Glaubensgemeinschaft allerdings eher als eine Art legalistische Rückzugskirche wahrnehmbar.

Wenn wir angesichts dieser Situation Evangelisierung schließlich nicht im Sinne eines Wiederherstellens der alten, privilegien- und machtbasierten konstantinischen Ordnung verstehen (die nicht nur theologisch fragwürdig, sondern auch – nach allem, was wir wissen – soziologisch aussichtslos ist), dann stellt sich die Frage, wo und wie wir den Gott der neuen Zeit finden: den Gott nach Gott. Leitend soll dabei jener Gedanke einer neuen Kenosis sein,[15] die – mit Halík – das

---

[12] Ausführlicher dazu vgl. J. Loffeld, Welche Typen braucht die Zukunft? Pastorale Berufe am „Ende der Eindeutigkeit", in: ThG 62 (2019) 120–136.

[13] Umfassend zum Themenfeld vgl. M. Heimbach-Steins, Religionsfreiheit. Ein Menschenrecht unter Druck, Paderborn 2012.

[14] Für historische bzw. politische Prozesse nachzulesen in: A. Rödder, Wer hat Angst vor Deutschland? Geschichte eines europäischen Problems, Frankfurt a. M. 2018.

[15] Hans-Joachim Sander (* 1959) spricht in diesem Sinne von einer Selbstrelativierung, die er einer Selbstverzwergung in tribale Kirchlichkeitsresiduen gegenüberstellt. – Vgl. H.-J. Sander, Jetzt trennt sich auf, was nicht mehr zusammen gehört. Warum weniger katholisch mehr Katholizität ist, in: http://www.futur2.org/article/jetzt-trennt-sich-auf-was-nicht-mehr-zusammen-gehoert (Zugriff: 22.2.2021).

Kreuz nicht als Waffe und Siegeszeichen gesellschaftlicher Bedeutsamkeit, Kampfstandarte und nostalgische Erinnerung, sondern als Erlösungszeichen des Gottesknechtes betrachtet. Der Gedanke der Kenosis kann darüber hinaus die beiden großen Bewegungen, die die christliche Theologie kennt, verbinden: die Aszendenz- und Deszendenzchristologie und von daher auch -ekklesiologie. Gott nimmt in der Inkarnation Knechtsgestalt an, ohne dass er seine Gottheit aufgäbe.[16] Was er aufgibt, ist die Herrlichkeit, die sich mit seiner Göttlichkeit verbindet, sprich: seine „Standessicherheiten" bzw. -privilegien. Es scheint in Zeiten einer sich zumindest in seinen letzten Residuen erneut in Gestalt alter konstantinischer Herrlichkeiten entsprechender Sicherheiten bzw. pastoralmächtiger Zugriffsstrategien ein sehr wichtiger Impuls: Die kenotische Grundstruktur des christlichen Glaubens beginnt inkarnatorisch in der Entäußerung Gottes selbst, um schließlich im Leiden und Sterben Jesu zu gipfeln.

Hinter den folgenden Ausführungen steht daher die Überzeugung eines inkarnatorisch und daher zutiefst kenotisch gedachten Offenbarungsgeschehens, das gerade im Macht- und Souveränitätsverzicht auf eine neue, wenn auch ganz und gar andere Weise seine Kraft entfaltet und von dem gerade mithilfe der Praktischen Theologie gelernt werden kann. Dies kann als eine wesentliche künftige Aufgabe einer Praktischen Theologie inmitten säkularer Selbstverständlichkeiten gelten: zu sehen und zu hören, wie Gott aufs Neue bereits heilsam inmitten seines Volkes am Werk ist, und zu fragen, wie wir daran mitwirken können und wo sich das womöglich prophetisch auf neue Orte und Ereignisse übertragen lässt.

---

[16] Dies scheint mir eine wichtige Klarstellung gerade angesichts der philosophischen Diskussionen um ein sich im Sinne seiner Selbstentäußerung verflüssigendes und umcodierendes Christentum. – Vgl. etwa G. Vattimo, Jenseits des Christentums. Gibt es eine Welt ohne Gott?, aus dem Italienischen übersetzt von M. Pfeiffer, München – Wien 2004; J.-L. Nancy, Dekonstruktion des Christentums, Zürich – Berlin 2008; zur theologischen Diskussion vgl. F. Schiefen, Öffnung des Christentums? Eine fundamentaltheologische Auseinandersetzung mit der Dekonstruktion des Christentums nach Jean-Luc Nancy (RaFi 64), Regensburg 2018; aus systematischer Sicht dazu klärend B. Fresacher, Funktional oder sakramental? (26. Februar 2021), in: https://www.feinschwarz.net/funktional-oder-sakramental/#more-30530 (Zugriff: 26.2.2021). Ein wichtiger Diskussions- bzw. Distinktionspunkt scheint mir hierbei die Differenz von Dekonstruktion und Destruktion. In diesem Sinne verstehen sich die folgenden Ausführungen als im besten Wortsinn dekonstruktiv.

Als erster Anknüpfungspunkt für einen solchen Ansatz bietet sich die „Theologie des Volkes“ von Papst Franziskus (seit 2013) an. Sein „Haustheologe“ Juan Carlos Scannone (1931–2019) aus Buenos Aires deutet diese vor dem Hintergrund der lateinamerikanischen Ansätze in einem fundamentaltheologischen Sinn:

> „Pope Francis's request that the people bless him almost immediately after appearing in public was striking. Those of us who knew his theological appreciation for the ‚faithful people of God‘ were not surprised since this implies at the same time a specific way of conceiving the church as well as recognizing the ‚sense of faith‘ of the people and the laity's role in it. Hence we can grasp his preference for the term ‚faithful people‘ that is also repeated in *EG* (e.g., 95, 96) and that he explicitly recognizes as ‚a mystery rooted in the Trinity, but that has its historical concreteness in a pilgrim and evangelizing people, and that transcends all necessary institutional expression‘ (*EG* 101). It is this people in its entirety that announces the gospel.“[17]

Und weiter – zitiert aus EG:

> „Expressions of popular piety […] for those who are capable of reading them, are a *locus theologicus* which demands our attention, especially at a time when we are looking to the new evangelization.“ (EG 126)[18]

Wenn das stimmt, dann lässt sich auch heute im Glauben des Volkes Gottes die Grundlage der Evangelisierung finden. Nämlich: eine Wirksamkeit des Evangeliums auf völlig neue Weise. Papst Franziskus umschreibt dies selber so:

---

[17] J. C. Scannone, Pope Francis and the Theology of the People, in: TS 77 (2016) 118–135, hier: 126 [Kursivsetzungen im Original] – mit Verweis auf das Apostolische Schreiben *Evangelii gaudium* (EG) (vgl. dazu Papst Franziskus, Apostolisches Schreiben *Evangelii gaudium* über die Verkündigung des Evangeliums in der Welt von heute vom 24. November 2013, hg. vom Sekretariat der Deutschen Bischofskonferenz [VApS 194], Bonn 2013).

[18] Zum Gesamtzusammenhang vgl. außerdem J. C. Scannone, La teología argentina del pueblo, in: Gr. 96 (2015) 9–24; M. Quisinsky, Prolegomena einer Theologie als Lebenswissenschaft „auf der Grenze“. Papst Franziskus und die theologische Erkenntnislehre, in: ThGl 107 (2017) 137–156; M. Eckholt, Ein Papst des Volkes. Die lateinamerikanische Prägung von Papst Franziskus, in: ThPQ 163 (2015) 4–19.

> „Du musst an die Ränder des Daseins gehen, um die Welt so zu sehen, wie sie ist. […] Du musst an die Ränder gehen, um eine neue Zukunft zu finden. Als Gott die Schöpfung neu schaffen wollte, hat er entschieden, an die Ränder zu gehen – die Orte der Sünde und des Elends, der Ausgrenzung, Krankheit und der Einsamkeit –, weil das die Orte voller Möglichkeiten sind."[19]

Und:

> „Es ist nicht die Aufgabe der Kirche, alles Handeln des Volkes zu organisieren, sondern vielmehr diejenigen zu ermutigen, zu begleiten und zu unterstützen, welche diese Aufgabe übernehmen. Das ist das genaue Gegenteil dessen, was alle möglichen Eliten tun – ‚alles für das Volk, aber nichts mit dem Volk' […] Das Volk weiß, was es will und braucht, es hat einen Instinkt."[20]

Für Theolog(inn)en hieße diese Einsicht, zu rekonstruieren, wo das Volk Gottes bereits Wege in die Zukunft gefunden hat und der Glauben der Christ(inn)en nicht als machtvolles Programm gesellschaftlicher Privilegien bzw. Eliten, sondern als bereits Fleisch gewordene heilsame Wirklichkeit erfahren werden kann. Das würde bedeuten, dorthin zu schauen, wo Gott bereits selbst evangelisiert hat, und zu fragen, was dies konkret für unsere Evangelisierung heißt. Außerdem würde es meinen, insofern am evangelisierenden Tun Gottes selbst teilzuhaben, als wir dorthin gehen, wo es weh tut, wo Christ(inn)en sich womöglich schmutzig machen: in prekäre Lebensverhältnisse, religiöse Indifferenzen, menschliche Ablehnung auch um den Preis der Verleumdung, solidarisch mit den Verlierer(inne)n der gegenwärtigen Megatrends von Globalisierung, neoliberalistischer Wirtschaftsordnungen oder auch der Digitalisierung – um nur weniges zu nennen, was zu einer kenotischen Grundstruktur einer Kirche „nach Gott" gehören könnte.

Im Zentrum steht dabei das Wiederentdecken Gottes als des Heiligen, des ganz Anderen, des vom innerweltlichen Einerlei Verschiedenen – ja, das Wiederentdecken Gottes als „heiliges Geheimnis" in unserem Heute. Denn dies bleibt die schönste Umschreibung für denjenigen, den wir „Gott" zu nennen wagen. Sie stammt von Karl Rahner (1904–1984), der dazu weiter ausführt:

---

[19] Papst Franziskus, Wage zu träumen! (s. Anm. 2), 19f.
[20] Ebd., 156f.

> „Diese Bestimmung ‚Heiliges Geheimnis' kommt Gott nicht zufällig zu wie eine Bestimmung, die ebensogut einer anderen Wirklichkeit zukommen könnte, sondern, was mit Gott gemeint ist, ist überhaupt nur verstanden, wenn das, was mit heiligem Geheimnis gemeint ist, als die Gott und ihm primär und allein zukommende Bestimmung begriffen ist [...]. Gott wäre nicht Er, würde er aufhören, dieses heilige Geheimnis zu sein."[21]

Dazu soll hier programmatisch ein Ansatz rezipiert werden, der gerade für unseren westeuropäischen Kontext Wesentliches beitragen kann.

## 3 Zukünftige Potenziale des Anatheismus

Der irische Philosoph Richard Kearney (* 1954) gilt als einer der kreativsten und kenntnisreichsten Stimmen der sog. Theologischen Wende in der Kontinentalphilosophie. Er ist bekannt als großer zeitgenössischer Vermittler zwischen traditionellen und aktuellen Entwürfen zu narrativer Identität, praktischer Weisheit, Gastfreundschaft oder eben Auffassungen von Gott.[22] Im Gegensatz zu vielen postmodernen Abhandlungen zur Religion, die solche Konzepte nicht selten über Bord werfen, unternimmt er die hermeneutische Anstrengung, diese in Anerkennung moderner und postmoderner Kritik zurückzugewinnen.

Kearney entwirft dabei den Begriff des Anatheismus, indem er das Präfix „Ana-" in einem Sinn gebraucht, der nach tiefen Momenten der Entzauberung immer wieder zu der ursprünglichen Erfahrung zurückkehren kann, jedoch in einem anderen Licht. Es geht um eine Wiederholung nach vorne („Repeating forward, not backward"). Für den Gottesgedanken bedeutet dies eine Rückkehr zu Gott nach Gott, sprich nach dem gesamtgesellschaftlichen „Verlust" Gottes („God

---

[21] K. Rahner, Über den Begriff des Geheimnisses in der katholischen Theologie, in: ders., Schriften zur Theologie, Bd. 4: Neuere Schriften, Einsiedeln – Zürich – Köln 1960, 51–99, hier: 75.

[22] Vgl. R. Dausner, Einleitung zur deutschen Ausgabe, in: R. Kearney, Revisionen des Heiligen. Streitgespräche zur Gottesfrage, übersetzt von K. Pichler, I. Gabler, hg. von R. Dausner, Freiburg i. Br. 2019, 7–16, hier: 13.

*after* God, God *again* after the loss of God").[23] Diese Rückkehr kann dann durchaus die zu einer realeren Gegenwart bedeuten.

> „So it is in this sense that I use the term Anatheismen as returning to god after God: a critical hermeneutic retrieval of sacred things that have passed but still bear a radical reminder an unrealised potentiality or promise to be more fully realized in the future. In this way anatheism may be understood as ‚after-faith' which is more than a simple ‚after-thought' or ‚after-affect'."[24]

Kearney sieht den Anatheismus nicht als Alternative im hegelschen Sinne, die ihre Gegensätze aufheben würde. Beides wohnt dem Anatheismus von Anfang an inne, da er aus einem Raum sowohl vor als auch nach dieser Dichotomie von Atheismus und Theismus agiert.

> „Anatheism is about reimagining – and reliving – the sacred in the least of these. It is lowercase from beginning to end [...]. In short: it is a matter of repeating forward rather than backward, a second retrival of something after one has lost it."[25]

Voraussetzung für den Anatheismus ist allerdings das Moment des Loslassens, des gelebten Verzichts, der Desillusionierung, Desorientiertheit, gefolgt von Momenten der Umkehr. Ohne diese Prozesse bleibt Gott ein Gott der billigen Gnade, eine tröstliche Illusion, schnelle Lösung, ein „Opiat für das Volk". Ohne eine radikale Entleerung ist die anatheistische Erfahrung also nicht zu haben.[26]

Der anatheistische Gott ist „one of perpetual departing and arriving, conjoining negative capability with constant rebirthing of the divine in the ordinary"[27]. Daher:

---

[23] Wörtliche Zitate aus: R. Kearney, God After God: An Anatheist Attempt to Reimagine God, in: ders., J. Zimmermann (Hg.), Reimagining the Sacred. Richard Kearney Debates God, New York 2016, 6–18, hier: 7 [Hervorhebungen im Original].

[24] Ebd.

[25] Ebd., 8f.

[26] Vgl. dazu auch J. Loffeld, Der nicht notwendige Gott. Die Erlösungsdimension als Krise und Kairos des Christentums inmitten seines säkularen Relevanzverlustes (EThSt 117), Würzburg 2020, 238–376 [Teil D: Die Erlösungsdimension als alter und neuer Kairos für Christentum und Praktische Theologie innerhalb säkularer Gesellschaft: Den Glauben neu lernen].

[27] Kearney, God After God (s. Anm. 23), 17.

„Anatheism is not an atheism that whishes to rid the world of god, rejecting the sacred in favor of the secular. Nor it is a theism, that seeks to rid god of the world, rejecting the secular in favor of the sacred. Nor, finally, it is pantheism (ancient or New Age), that collapses the secular and the sacred into one, denying any distinction between the transcendent and the immanent. Anatheism does not say, the sacred *is* the secular. It says it is *in* the secular, *through* the secular, *toward* the secular. I would even go so far as to say that the sacred is inseperable from the secular while remaining distinct. Anatheism speaks of ‚interanimation‘ between the sacred and the secular but not of fusion or confusion. They are inextricably interconnated but never the *same* thing."[28]

Für Kearney geht es beim Anatheismus also zentral um ein Wieder-Sehen, Wieder-Erscheinen des Heiligen, in dem wir den christlichen Gott Wieder-Erkennen können. Charles Taylor (* 1931) sagte in der Diskussion dieses Konzeptes, dass er während der Ausarbeitung seines Werkes „A secular Age" den Begriff des Anatheismus gerne schon gekannt hätte, denn dieser schlösse nahtlos an das an, was er dort als Idee des „Wiederglaubens" entwickelte.[29]

Theologisch kann man hier zwei Linien weiter ziehen: einmal die rahnersche von Gott als „heiliges Geheimnis" und einmal die kenotische Linie in der Spur der argentinischen „Theologie des Volkes". Man kann freilich den Einwand erheben, dass Kearney die Erfahrung des Verlustes bei aller Betonung der Leer-Orte in ihrer existenziellen Anfrage, die sie für viele in der Seelsorge Tätige bedeutet, doch noch zu sehr unterbelichtet. Die Realität eines „Apatheismus", also einer völligen Gleichgültigkeit religiösen Erfahrungen, Fragen wie Antworten gegenüber, kann theologisch und pastoral gar nicht stark genug betont werden – will sagen: Wer von Theismus bzw. Atheismus zu schnell zum Anatheismus hinüberspringt, könnte Gefahr laufen, weite Teile unserer Gegenwartskultur theologisch nicht ernst zu

---

[28] R. Kearney, Anatheism. Returning to God After God, New York 2010, 166 [Hervorhebungen im Original].

[29] Vgl. R. Kearney, Transzendenter Humanismus in einem säkularen Zeitalter. Gespräch mit Charles Taylor, in: ders., Revisionen des Heiligen (s. Anm. 22), 108–126, hier: 109.

nehmen.[30] Im Gegenteil, auch diese Erfahrungen bzw. Nicht-Erfahrungen sind und bleiben ein wichtiger theologischer und pastoraler Ort der Kenosis.

Erfahrbar war dies während der Einleitungsvorlesung Praktische Theologie mit Student(inn)en an der Tilburg University. Studierende ließen sich losschicken, um in diesem säkularen Kontext kenotische oder anatheistische Lernerfahrungen zu machen, und kamen mit einer großen Bandbreite an Initiativen und frischen Glaubenserfahrungen wieder, bei denen u. a. eines deutlich wurde: Nicht alles, das danach aussieht, ist wirklich anatheistisch. Aber es gibt ihn doch: den Gott nach Gott. Wir dürfen ihn neu erfahren, ja kennenlernen. Dabei werden wir allerdings nicht nur an der Diversität gesellschaftlicher, sondern auch kirchlicher und christlicher Wirklichkeiten nicht mehr vorbeikommen. An ihnen kann jedoch deutlich werden, dass der Anatheismus – also die Offenheit, Gott neu als das „heilige Geheimnis" nach dem Verlust seiner gesellschaftlichen Bedeutsamkeit kennenlernen zu wollen – ein Ansatz, ja eine theologische Haltung für einen Weg in die Zukunft bedeuten könnte. Sie kann zur Grundlage unserer Gottesrede und unseres evangelisierenden Tuns werden, wenn wir den uns überlieferten Glauben der Kirche im Heute wieder zu entdecken suchen. Hier könnte deutlich werden, wie Glaube relevant wird, weil er es im Anatheismus bereits auf neue Weise ist. Diese Erfahrung kann Ausgangspunkt aller evangelisierenden Tätigkeit sein: Wo ist Gott auf welche Weise bereits heilsam am Werk, und was bedeutet dies für andere Kontexte? Tomáš Halík drückt es so aus:

> „Ich bin davon überzeugt, dass die Mission der Christen nicht darin besteht, Gewissheiten zu bieten, sondern den Mut zu lehren, in die Wolke des Geheimnisses einzutreten."[31]

Dieser fast mystische Zug gilt sicherlich für die Praktische Theologie, aber auch für eine anatheistisch gewordene Kirche als Ganze.[32]

---

[30] Vgl. T. Halík, Mit der Hypothese Gott – oder ohne sie, in: A. Grün, T. Halík, W. Nonhoff (Hg.), Gott los werden? Wenn Glaube und Unglaube sich umarmen, Münsterschwarzach 2016, 57–76, bes. 57–60.

[31] Halík, West und Ost (2) (s. Anm. 4), 116.

[32] Vgl. dazu in erstaunlicher Parallelität zu Karl Rahner und Tomáš Halík auch Edward Schillebeeckx (1914–2009) in: E. Schillebeeckx, Menschen. Die Geschichte von Gott, Freiburg i. Br. 1990, 98–138 [Originalausgabe: Mensen als verhaal van God, Baarn 1989].

Alfred Delp (1907–1945) formuliert jene Bedeutung eines kenotisch neu gewordenen Gottesglaubens für die Kirche aus der Perspektive seines Lebens, indem er fast prophetisch jene Zukunft in dunkler Zeit voraussah:

> „Die Kirchen scheinen sich durch die Art ihrer historisch gewordenen Daseinsweise selbst im Weg zu stehen. Ich glaube, überall da, wo wir uns nicht freiwillig um des Lebens willen von der [jetzigen] Lebensweise trennen, wird die geschehende Geschichte uns als richtender und zerstörender Blitz treffen. Das gilt sowohl für das persönliche Schicksal des einzelnen kirchlichen Menschen wie auch für die Institutionen und Brauchtümer. Wir sind trotz aller Richtigkeit und Rechtgläubigkeit an einem toten Punkt. Die christliche Idee ist keine der führenden und gestaltenden Ideen dieses Jahrhunderts [mehr]. Immer noch liegt der ausgeplünderte Mensch am Wege. Soll der Fremdling ihn noch einmal aufheben? Man muß, glaube ich, den Satz sehr ernst nehmen: was gegenwärtig die Kirche beunruhigt und bedrängt, ist der Mensch. Der Mensch außen, zu dem wir keinen Weg mehr haben und der uns nicht mehr glaubt. Und der Mensch innen, der sich selbst nicht glaubt, weil er zu wenig Liebe erlebt und gelebt hat. Man soll deshalb keine großen Reformreden halten und keine großen Reformprogramme entwerfen, sondern sich an die Bildung der christlichen Personalität [Persönlichkeit] begeben und zugleich sich rüsten, der ungeheuren Not des Menschen helfend und heilend zu begegnen. […] Erziehung zur Ehrfurcht dem anderen Menschen gegenüber. Weg von der Anmaßung zur Ehrfurcht. Die Kirche muß sich selbst viel mehr als Sakrament, als Weg und Mittel begreifen, nicht als Ziel und Ende. Die personale Verständigung ist heute wichtiger als die ursprüngliche sachliche Integrität. […] Die Wucht der immanenten Sendung der Kirche hängt ab vom Ernst ihrer transzendenten Hingabe und Anbetung. Der anmaßende Mensch ist schon in der Nähe der Kirche immer vom Übel, geschweige denn in der Kirche und gar im Namen der Kirche oder als Kirche.“[33]

---

[33] A. Delp, Kirche in Menschenhänden, hg. von R. Bleistein, Frankfurt a. M. 1985, 90–92.

# Diakonische Liturgie

## Vermittlung des entscheidend Christlichen?

*Hans-Joachim Höhn*

Mit zwei Problemen hat die Kirche seit geraumer Zeit am meisten zu kämpfen: mit ihrer öffentlichen Wahrnehmung und mit der Sicherung ihrer Identität. Während das Image von ihr nur sehr begrenzt steuerbar ist, hofft sie darauf, bei identitätssichernden Maßnahmen *ad intra* noch selbst Regie führen zu können. Dabei setzen kirchliche Führungseliten häufig auf die Devise „Identität durch Differenz“: Es ist angezeigt, die Identität des Katholischen durch die Markierung von Unterschieden zu sichern. Denn die Erfahrung zeigt, dass man sich im Kontext eines sozialen, moralischen und religiösen Pluralismus und in einer Situation des Wettbewerbs um Aufmerksamkeit nur über die Wahrung von Unterschieden behaupten kann. Christen fallen am ehesten dadurch auf, dass sie anders sind und das auch ausnahmslos zeigen – sowohl gegenüber einer säkularen Öffentlichkeit als auch gegenüber anderen Konfessionen und Religionen. Ökumene? Ja, aber bitte ohne Verlust konfessioneller Profile! Dialog der Religionen? Gerne, aber bitte ohne Verzicht auf das „unterscheidend“ Christliche!

Hinter diesen Optionen steht die Überzeugung, dass sich nur durch die Markierung von Differenzen ein besonderes Profil der Kirche sichern lässt. Dieser These ist auf den ersten Blick nur schwer zu widersprechen. In der Regel ist es unumgänglich, um der Identifikation zweier Größen willen einen Unterschied zwischen ihnen auszumachen. Aber fällt auch die Identifizierung des entscheidend Christlichen unter diese Regel? Ist es entscheidend christlich, das Verhältnis zu anderen sozialen und religiösen Akteuren über Unterschiede zu definieren? Ist das Unterscheiden überhaupt geeignet, treffsicher das Entscheidende zu erfassen?[1]

---

[1] Zu dieser Unterscheidung vgl. bereits J. Werbick, Vom entscheidend und unterscheidend Christlichen, Düsseldorf 1992.

Im Folgenden soll eine andere Option vorgestellt und im Kontext der aktuellen kirchlichen Modernisierungsbemühungen[2] zur Diskussion gestellt werden: Entscheidend christlich ist es, für das einzustehen, was alle Menschen verbindet, was sie eint und einander gleich macht. Das ist zugleich das Katholische am Christentum und das Proprium aller kirchlichen Grundvollzüge – inklusive des liturgischen Handelns. Wer dagegen nur auf die Bestimmung von Unterschieden aus ist, macht das, was heute alle tun, um sich zu profilieren. Und wer das macht, was alle anderen auch tun, hat schon aufgehört, sich von allen anderen zu unterscheiden. Wenn sich in einer pluralen Gesellschaften alle Akteure auf dieselbe Weise unterscheiden, sind sie alle auf dieselbe Weise anders – und damit einander wieder sehr ähnlich. Entscheidend für die öffentliche Wahrnehmung und die Identität kirchlichen Handelns ist hingegen ein Leitbild, mit dem deutlich wird, dass alle Unterschiede zwischen Menschen relativiert werden von einer je größeren Gemeinsamkeit. Diesem entspricht eine Praxis politisch-sozialer Diakonie, die sich für den Abbau diskriminierender Unterschiede einsetzt und sich den Verbindlichkeiten stellt, die aus dem Wissen um das alle Menschen Verbindende erwachsen.[3]

An diesem Bild – so die Leitthese der folgenden Überlegungen – müssen sich auch die Überlegungen zur Erweiterung von Partizipationschancen am liturgischen Geschehen in der Kirche und zur Identitätssicherung dieses Geschehens orientieren.[4] Um abzuschätzen, inwieweit dieses Leitbild bereits in Geltung ist, legt es sich nahe, das Repertoire der Kirche auf jene Gottesdienste zu sondieren, die sich durch eine größtmögliche Inklusion jener Menschen auszeichnen, an die sich das Evangelium wendet. In einem weiteren Schritt ist zu prüfen, ob die performative Kraft der dabei eingesetzten Rituale tatsächlich ausreicht, um das Evangelium so zu erschließen, dass es Menschen in ihren säkularen Lebenswelten existenziell an-

---

[2] Vgl. dazu S. Kopp (Hg.), Kirche im Wandel. Ekklesiale Identität und Reform (QD 306), Freiburg i. Br. 2020.

[3] Zur inklusiven Identitätslogik des Christentums vgl. auch H.-J. Höhn, Ich. Essays über Identität und Heimat, Würzburg 2019, 77–106; ders., Fremde Heimat Kirche. Glauben in der Welt von heute, Freiburg i. Br. 2012, 68–90.

[4] Zum Nexus von ekklesiologischen und liturgischen Leitbildern vgl. auch S. Kopp, B. Kranemann (Hg.), Gottesdienst und Kirchenbilder. Theologische Neuakzentuierungen (QD 313), Freiburg i. Br. 2021.

geht. Diese Prüfung leitet über zu einer Fragestellung, die nicht nur den liturgiewissenschaftlichen Diskurs herausfordert: Von welchen Sinn- und Gelingensbedingungen hängt die Vermittlung des entscheidend Christlichen im Kontext einer kirchlichen „Ritendiakonie“ ab?

## 1 Entscheidend christlich: die Logik der Inklusion

Im Anfang war – ein Unterschied. In der Theologie beginnen alle Verhältnisbestimmungen mit der Unterscheidung von Schöpfer und Geschöpf. Es ist der größtmöglich denkbare Unterschied. Denn man kann von Schöpfer und Geschöpf keine Gemeinsamkeit aussagen, die nicht von einer je größeren Verschiedenheit überboten und relativiert wird.[5] Aber zugleich begründet der Unterschied zwischen Schöpfer und Geschöpf, zwischen Gott und Mensch die Gleichheit und Ebenbürtigkeit aller Menschen. Gottes Ebenbild zu sein (vgl. Gen 1,27), ist die größtmöglich denkbare Gemeinsamkeit, die von allen Menschen auszusagen ist. Die geschöpfliche „Gleichstellung“ aller Menschen begründet die Gleichheit von Wert und Würde jeder menschlichen Person. Sie kann durch nichts überboten oder nachträglich relativiert werden. Für diese Gemeinsamkeit steht auch die Rede vom universalen Heilswillen Gottes (vgl. 1 Tim 2,4). Dass jeder Mensch Adressat einer unüberbietbaren Zuwendung Gottes ist, auf die in guten wie in schlechten Zeiten existenziell Verlass ist, kann durch nichts gesteigert oder infrage gestellt werden. Wenn die Kirche das Verhältnis Gottes zum Menschen in ihrem Handeln bezeugen will, ist sie ihrerseits auf die Praxis unbedingter Hinwendung zum Menschen in seinen guten wie in seinen schlechten Tagen verwiesen.

Diese Sätze hören sich an wie der übliche Theologenjargon. Aber sie haben es in sich. In ihnen steckt eine Partitur des Christseins und des Kirche-Seins, die nicht bloß gelesen, sondern aufgeführt werden will. Wer dies tut, fällt auf in einer Gesellschaft, die bei Identitätsvergewisserungen der Logik der Unterscheidung folgt und die Praxis

---

[5] Vgl. die Lehraussage des Vierten Laterankonzils (1215): „Zwischen Schöpfer und Geschöpf lässt sich keine noch so große Ähnlichkeit feststellen, dass zwischen ihnen nicht eine noch größere Unähnlichkeit festzustellen wäre.“ (DH 806)

identitätsstiftender Unterscheidungen favorisiert. Wenn dagegen Christen bezeugen, dass jeder Unterschied zwischen Menschen umgriffen ist von einer je größeren Gemeinsamkeit, profilieren sie sich mit der Herausstellung dieses allen Menschen Gemeinsamen. Auf diese Weise setzen sie in dieser Zeit ein Zeichen des wohltuenden Anders-Seins. Es ist diese Orientierung am alle Menschen Verbindenden, welche das entscheidend Christliche im sozialen und politischen Kontext ausmacht. Diese Orientierung hat Folgen: von der Flüchtlings- und Asylproblematik bis hin zum Thema „Inklusion in der Schule". In der teilweise hysterisch diskutierten Genderfrage möge sich die Kirche an eine Aussage erinnern, die sie sich auf dem Zweiten Vatikanischen Konzil (1962–1965) in der Dogmatischen Konstitution *Lumen gentium* (LG) über die Kirche selbst ins Stammbuch geschrieben hat:

> „Es ist also in Christus und in der Kirche keine Ungleichheit aufgrund von Rasse und Volkszugehörigkeit, sozialer Stellung oder Geschlecht; denn ‚es gilt nicht mehr Jude und Grieche, nicht Sklave und Freier, nicht Mann und Frau; denn alle seid ihr einer in Christus Jesus' (*Gal* 3,28 griech.; vgl. *Kol* 3,11)." (LG 32)

Das Evangelium von Gottes unbedingter Zuwendung zum Menschen lässt sich nur angemessen bezeugen in einer Praxis, die das vollzieht, was sie bezeugt. Genau darin bestehen Auftrag und Identität der Kirche: Ort und Geschehen der Begegnung mit dem unbedingten Heilswillen Gottes in der Weise unbedingter Zuwendung zum Menschen zu sein.[6] Kein anderes kirchliches Dokument hat die-

---

[6] Nicht anders spricht auch das Zweite Vatikanische Konzil von der Sendung der Kirche: „So ist die Kirche, auch wenn sie zur Erfüllung ihrer Sendung menschlicher Mittel bedarf, nicht gegründet, um irdische Herrlichkeit zu suchen, sondern um Demut und Selbstverleugnung auch durch ihr Beispiel auszubreiten. Christus wurde vom Vater gesandt, ‚den Armen frohe Botschaft zu bringen, zu heilen, die bedrückten Herzens sind' (*Lk* 4,18), ‚zu suchen und zu retten, was verloren war' (*Lk* 19,10). In ähnlicher Weise umgibt die Kirche alle mit ihrer Liebe, die von menschlicher Schwachheit angefochten sind, ja in den Armen und Leidenden erkennt sie das Bild dessen, der sie gegründet hat und selbst ein Armer und Leidender war. Sie müht sich, deren Not zu erleichtern, und sucht Christus in ihnen zu dienen." (LG 8) Wesen und Auftrag der Kirche werden hier über den Vollzug der *Diakonia* definiert. Ihr Erkennungsmerkmal ist die Option für die Notleidenden, Bedrückten und Verlorenen.

sen Sachverhalt so deutlich herausgestellt wie die Enzyklika *Deus caritas est*[7] (DCE) über die christliche Liebe von Papst Benedikt XVI. aus dem Jahr 2005. Nirgendwo ist bisher deutlicher gesagt worden, dass die Kirche theologisch als Sakrament der Einheit von Gottes- und Nächstenliebe zu bestimmen ist. Beide Vollzüge sind miteinander verschränkt und „gehören so zusammen, dass die Behauptung der Gottesliebe zur Lüge wird, wenn der Mensch sich dem Nächsten verschließt“ (DCE 16). Gottes- und Nächstenliebe stehen nicht zueinander im Verhältnis von Grund und Folge, sondern schließen sich wechselseitig ein. Caritas ist daher auch keine Art von Wohlfahrtsaktivität, welche die Kirche auch anderen Akteuren überlassen könnte, sondern „unverzichtbarer Wesensausdruck ihrer selbst“ (DCE 25). Die Zuwendung zu Menschen in Bedrängnis ist nicht additiv, sondern konstitutiv für das Kirche-Sein.[8]

Was für die Bestimmung der unbedingten Zuwendung zum Nächsten ausschlaggebend ist, markiert auch das Alleinstellungsmerkmal sozialer Diakonie, um das in der Kirche immer wieder heftig gerungen wird. Dabei geht es um die Frage, ob hinter dem diakonischen Engagement nicht ein explizit religiöses Zeugnis und eine nachdrückliche Einladung zum Glauben sichtbar werden müssen. Solchen Anfragen ist entgegenzuhalten:

> „Wer im Namen der Kirche karitativ wirkt, wird niemals dem anderen den Glauben der Kirche aufzudrängen versuchen. Er weiß, dass die Liebe in ihrer Reinheit und Absichtslosigkeit das beste Zeugnis für den Gott ist, den wir glauben und der uns zur Liebe treibt. Der Christ weiß, [...] dass Gott Liebe ist (vgl. *1 Joh* 4,8) und gerade dann gegenwärtig wird, wenn nichts als Liebe getan wird.“ (DCE 31)

In diesem Sinne kann tätige Nächstenliebe auch niemals das Zeugnis des Glaubens verdunkeln.

---

[7] Papst Benedikt XVI., Enzyklika *Deus caritas est* über die christliche Liebe vom 25. Dezember 2005, hg. vom Sekretariat der Deutschen Bischofskonferenz (VApS 171), Bonn [7]2014.

[8] Vgl. M. Kirschner, J. Schmiedl (Hg.), Diakonia. Der Dienst der Kirche in der Welt (Katholische Kirche im Dialog 1), Freiburg i. Br. 2013; H. Haslinger, Diakonie. Grundlagen für die soziale Arbeit der Kirche (UTB 8397), Paderborn 2009.

Das entscheidend Christliche besteht im „Umsonst“ der Liebe, d. h. in ihrer Voraussetzungs- und Absichtslosigkeit. Sie ist kein Mittel, um damit andere Ziele als die Freiheit und das Wohl der Anderen zu erreichen. Christliche Caritas lebt davon, dass sie nicht kalkuliert, wem sie einen Dienst erweist. Sie hält sich frei von Bedingungen und Hintergedanken. Sie bedient kein Klienteldenken. Über den Grundvollzug diakonischen Handelns wird somit am ehesten deutlich, was das entscheidend Christliche und das verbindend Katholische ausmacht. Die Kirche ist daher gut beraten, ihre Ressourcen für karitative Einrichtungen und Initiativen einzusetzen. Sie sind jene Orte, an denen das Evangelium öffentlich antreffbar wird und wo praktisch zu erleben ist, wie die Kirche ihre Identität wahrt, indem sie sich in den Dienst am Menschen stellt.[9]

Die Kirche mag angesichts sinkender Mitgliedszahlen kleiner werden. Sie kann es sich aber vom Evangelium her nicht erlauben, in Fragen des sozialen Engagements kleinlicher zu werden. Dies gilt auch für den Bereich der kulturellen Diakonie.[10] Ihr Anliegen ist die Sicherung der Sinn- und Wertressourcen des *Humanum*.[11] Dazu ge-

---

[9] Gelegentlich werden für eine Bestimmung des Verhältnisses der Kirche zur modernen Gesellschaft neutestamentliche Metaphern herangezogen, die offensichtlich auf die Betonung eines unaufhebbaren Unterschiedes hinauslaufen und dessen Stilisierung fordern. Das neutestamentliche Bildwort vom „Licht der Welt“ zählt dazu (vgl. Mt 5,14–16). Wer es beim Wort nimmt, dem geht jedoch auf, dass die Identität des Christseins nicht im „Für-sich-Sein“ besteht, sondern erst im „Bezogen-sein-auf-die-Anderen“ verwirklicht wird. Wer direkt in eine Lichtquelle schaut, wird entweder geblendet oder muss die Augen zukneifen – und sieht nichts! Erst wenn man eine Lichtquelle dazu nutzt, etwas auszuleuchten oder anzustrahlen, erfüllt sie einen wohltuenden Zweck. Ansonsten bleibt sie ein folgenloser Selbstzweck. Wenn Christen etwas ausstrahlen, dann rücken sie ihre Umwelt in ein anderes, besseres Licht. Sie machen das Beste an den anderen sichtbar – nicht an sich selbst! Es geht um die Kultivierung einer Beziehung des Zugewandt-Seins, nicht um die Stilisierung eines Verschieden-Seins.

[10] Ausführlich zu diesem Begriff vgl. H.-J. Höhn, Kulturelle Diakonie. Vom verbindend Christlichen, in: R. Bergold, J. Sautermeister, A. Schröder (Hg.), Dem Wandel eine menschliche Gestalt geben. Sozialethische Perspektiven für die Gesellschaft von morgen [FS 70 Jahre Katholisch-Soziales Institut], Freiburg i. Br. 2017, 367–380.

[11] In der Pastoralkonstitution *Gaudium et spes* (GS) des Zweiten Vatikanischen Konzils über die Kirche in der Welt von heute findet sich der Hinweis: Mit dem Begriff „Kultur“ drückt der Mensch aus, „wodurch er endlich seine großen geistigen Erfahrungen und Strebungen im Lauf der Zeit in seinen Werken vergegen-

hört mehr als das Betreiben von kirchlichen „Kulturstationen" wie Bildungswerken und Akademien, Bibliotheken und Medienzentralen, die mit traditionellen und modernen Kulturgütern vertraut machen. Kulturelle Diakonie widmet sich zwar auch der Pflege religiöser Baudenkmäler und dem Erhalt von (Diözesan-)Museen als Beitrag zum Langzeitgedächtnis einer Gesellschaft, aber sie tritt nicht bloß konservatorisch auf. Mit Kultur ist – nicht nur im etymologischen Sinne – ursprünglich das Projekt verbunden, die Welt „bewohnbar" zu machen.[12] Dies verlangt, jene Nachteile und Einschränkungen zu überwinden, die dem Menschen von Natur aus gegeben sind. Kultur bekämpft naturwüchsige Chancenungleichheiten. Diakonisches Handeln findet sich ebenfalls nicht mit schicksalhaftem Unglück ab – und auch nicht mit strukturellen oder institutionellen Behinderungen des Menschseins.

Kulturelle Diakonie nimmt die Zusage Gottes auf, dass Menschen mit ihrer Geburt nicht eine Welt betreten, in der sie sich nur den Tod holen werden. Sie beteiligt sich an der Bestimmung von Werten, die es wert sind, dafür auch ein endliches Leben zu investieren. Sie unterstützt die Ausbildung jener „Lebenskönnerschaft", mit der man gekonnt die Herausforderungen des Lebens zu bestehen vermag. Sie skizziert Leitbilder, die zeigen, wie es gut (aus-)gehen könnte, ein Mensch zu sein. Ebenso leistet sie Beistand in Situationen des Scheiterns und Misslingens. Sie steht in Opposition zu einem Defätismus, der für Menschen, die von Schicksalsschlägen heimgesucht werden, nur die Bekräftigung eines ohnehin trostlosen Lebens übrig hat.[13]

---

ständlicht, mitteilt und ihnen Dauer verleiht zum Segen vieler, ja der ganzen Menschheit" (GS 53).

[12] Zur theologischen Valenz unterschiedlicher Konzepte von „Kultur" vgl. H. Haslinger, Pastoraltheologie (UTB 8519), Paderborn 2015, 55–71.

[13] Vgl. H.-J. Höhn, Was sollen wir tun? – Was dürfen wir hoffen? Humanität und Transzendenz, in: G. M. Hoff (Hg.), Prekäre Humanität (Salzburger Hochschulwochen: Jahrbuch 2015), Innsbruck 2016, 45–75.

## 2 „Für euch und für alle": Erwartungen an eine diakonische Liturgie

Wenn der diakonische Aspekt alle kirchlichen Vollzüge grundiert und formatiert, dann muss auch das liturgische Handeln der Kirche daran identifizierbar sein, ob es die heilsame Zuwendung Gottes zu allen Menschen zum Ausdruck bringt.[14] Sollte daher nicht in Analogie zur kulturellen auch eine liturgische Diakonie entwickelt werden, die sich an kirchlich Fernstehende wendet, ohne sie zugleich mit einem missionarischen Gestus zur Aufgabe ihrer Kirchendistanz zu bewegen?[15] Ist die Kirche fähig und bereit, ihre Ritenkompetenz für die Bewältigung individueller und sozialer Kontingenzerfahrungen einzubringen, auch wenn sie dabei den Vorwurf der Selbstsäkularisierung, des Ausverkaufs des „Heiligen" oder der Verschleuderung ihres „Gnadenschatzes" riskiert? Gelingt es ihr, auf die steigende Nachfrage nach religiösen Riten und Symbolhandlungen einzugehen, die Menschen an biografischen Wendepunkten oder in existenziellen Schwellen-, Krisen- und Grenzsituationen äußern, ohne dass sie bisher eine religiöse Sozialisation erfahren haben?[16]

Vor dem Hintergrund dieser Fragen ergibt sich nicht nur die Herausforderung, in etablierten liturgischen Feiern verstärkt Anstrengungen zu unternehmen, um möglichst vielen Menschen entsprechende Partizipationsmöglichkeiten zu eröffnen. Ob man ihre Teilhabe abhängig machen darf von kirchenrechtlichen Vorgaben, deren Erfüllung nur zu oft auf die Exklusion vieler Kirchenmitglieder hinausläuft, wird seit geraumer Zeit intensiv diskutiert.[17] Wie

---

[14] Vgl. dazu B. Kranemann, T. Sternberg, W. Zahner (Hg.), Die diakonale Dimension der Liturgie [FS Klemens Richter] (QD 218), Freiburg i. Br. 2006.

[15] Zu diesem Spannungsfeld vgl. exemplarisch B. Kranemann, K. Richter, F.-P. Tebartz-van Elst (Hg.), Gott feiern in nachchristlicher Gesellschaft. Die missionarische Dimension der Liturgie, Stuttgart 2000.

[16] Als Problem- und Projektskizzen vgl. P. M. Zulehner, Ritendiakonie, in: Kranemann, Sternberg, Zahner (Hg.), Die diakonale Dimension der Liturgie (s. Anm. 14), 271–283; B. Kranemann, Liturgie im öffentlichen Raum – eine Herausforderung rituell-liturgischer Bildung, in: PThI 35 (1/2015) 35–48; O. Fuchs, Rituale der Kirche für das Heil der Welt. Rückblick und Ausblick in die Zukunft, in: ders., M. Uder (Hg.), Liturgie und Pastoral. Impulse für die Seelsorge aus den gottesdienstlichen Feiern, Trier 2017, 149–174.

[17] Vgl. J. Knop, B. Kranemann (Hg.), Segensfeiern in der offenen Kirche. Neue Gottesdienstformen in theologischer Reflexion (QD 305), Freiburg i. Br. 2020; G. M. Hoff, J. Knop, B. Kranemann (Hg.), Amt – Macht – Liturgie. Theologische

aber stehen die Chancen, wenn es darüber hinaus darum geht, das alle Menschen Verbindende in einem Ritus zur Geltung zu bringen bzw. alle von einer besonderen existenziellen Herausforderung betroffenen Menschen in einem Ritus zusammenzubringen?[18]

In den letzten Jahren sind – vor allem in ostdeutschen Diözesen – etliche Formen und Formate liturgischer Feiern entwickelt worden, die sich nicht nur an kirchlich „Fernstehende" wenden, sondern auch an Menschen, die allenfalls als religiös „aufgeschlossen" charakterisierbar sind und dies auch nur bei besonderen Anlässen. Hierzu zählen u. a.

- die Lebenswendefeier als Alternative zur Jugendweihe, die sich ausschließlich an konfessionslose Jugendliche wendet und ihnen einen Passageritus im Übergang vom Jugend- ins Erwachsenenalter anbietet;
- die Segnungsfeier am Valentinstag, die Menschen anspricht, die partnerschaftlich einen gemeinsamen Weg beschreiten wollen und sich dafür ein „gutes Wort" – im wörtlichen Sinn: Benediktion – der Wertschätzung und Ermutigung erhoffen;
- das „Weihnachtslob für Ungläubige", das am Heiligen Abend anstelle einer Christmette mit Eucharistiefeier einen niederschwelligen Zugang zur christlichen Weihnachtsbotschaft ermöglichen will.[19]

---

Zwischenrufe für eine Kirche auf dem Synodalen Weg (QD 308), Freiburg i. Br. 2020.

[18] „Im Hintergrund steht die Wahrnehmung eines zunehmenden Verlustes an Kirchen- und Traditionsbindung bei einem gleichzeitig wachsenden Bedürfnis nach lebensdeutenden und sinnstiftenden Ritualen. Sie sollen vor allem Umbruchsituationen des Einzelnen, von Gruppen wie der Gesellschaft insgesamt (Lebensübergänge, Katastrophen, Zeiträume im Jahreslauf etc.) begleiten, aber beispielsweise auch gemeinschaftliches Gedenken und Trauern ermöglichen." (Kranemann, Liturgie im öffentlichen Raum [s. Anm. 16], 35) „Der deutsche Staat selbst soll ausdrücklich auf eigene ‚Leistung' im Bereich religiöser und weltanschaulicher Kommunikation, also auf Zivilreligion verzichten. Er setzt stattdessen auf die ‚Leistungen' der Religionen und Weltanschauungen. Welche Rolle spielen angesichts der Forderung nach solchen ‚Leistungen' Liturgien und Rituale der Kirchen? Sie müssen als Teil religiöser Kommunikation verstanden werden, es muss sich um religiöse Rituale handeln, die durch die jeweilige Glaubensgemeinschaft geprägt sein sollen und nicht einfach marktförmig sein dürfen. Sie müssen zugleich ‚in Zielrichtung, Sprache und Symbolik über die eigene Klientel hinausreichen'" (ebd., 38).

[19] Zu diesen Beispielen vgl. B. Kranemann, Offenheit für eine „scheue Frömmig-

Eine genuine Ritendiakonie bzw. diakonische Liturgie repräsentieren Gottesdienste, die nach dramatischen Katastrophenereignissen (Flugzeugabstürze, Amokläufe, Terroranschläge) stattfinden und deren gesellschaftliche Akzeptanz in einem gewissen Kontrast zu ihrer in der Liturgiewissenschaft teils kontroversen Reflexion steht.[20] Bisweilen wird dort moniert, dass Inhalt und Ablauf solcher Feiern sich derart an einem kleinsten Nenner religiöser und ethischer Überzeugungen orientieren, dass genuin christliche Glaubensinhalte nur noch in einer „Lightversion" oder im schlimmsten Fall „anonymisiert" zur Sprache kommen. Nimmt man jedoch eine religionssoziologische Außenperspektive ein, erscheint diese Form der Ritendiakonie als ein prominentes Beispiel für das erfolgreiche Bemühen der Kirche, ihre

> „Ressourcen an sinnbezogener Deutung, lebensprägende Motive und Einstellungen […], soziale Bindekräfte […], aber auch symbolische Repräsentationen in den kulturellen Prozess einzubringen"[21].

Dass damit zugleich eine wichtige Schnittstelle von Kirche und Gesellschaft, von Religion und Moderne markiert wird, hat Jürgen Habermas (* 1929) nach einer umfassenden Rekonstruktion der Wechselbeziehungen religiöser und säkularer Weltdeutungen herausgestellt.[22] Seine Aufmerksamkeit gilt dabei der bleibenden kulturellen Bedeutsamkeit religiöser Traditionen,

---

keit". Neue christliche Rituale in religiös pluraler Gesellschaft, in: H. G. Hödl, J. Pock, T. Schweighofer (Hg.), Christliche Rituale im Wandel. Schlaglichter aus theologischer und religionswissenschaftlicher Sicht, Göttingen 2017, 235–252.

[20] Vgl. dazu B. Kranemann, B. Benz (Hg.), Trauerfeiern nach Großkatastrophen. Theologische und sozialwissenschaftliche Zugänge (Evangelisch-katholische Studien zu Gottesdienst und Predigt 3), Neukirchen-Vluyn – Würzburg 2016; dies. (Hg.), Deutschland trauert. Trauerfeiern nach Großkatastrophen als gesellschaftliche Herausforderung (EThS 51), Würzburg 2019; B. Kranemann, Trauerfeiern nach Großkatastrophen. Die Rolle der Kirchen im öffentlichen Raum, in: A. Anter, V. Frick (Hg.), Politik, Recht und Religion (Politika 18), Tübingen 2019, 199–217; W. Haunerland, Religiöse Trauerfeier oder christlicher Gottesdienst? Kirchliche Rituale nach Großschadensereignissen, in: StZ 235/142 (2017) 247–256; ders., Prophetisches Zeichen statt moralischer Instanz. Gottesdienstliches Handeln im Dienst an der Gesellschaft, in: MThZ 68 (2017) 355–365.

[21] K. Hilpert, Kirche und Kultur. IV. Aktuelle Problemfelder, in: LThK[3] 5 (1996) 1489–1492, hier: 1490.

[22] Vgl. dazu J. Habermas, Auch eine Geschichte der Philosophie, Bd. 1: Die okzi-

„sofern sich in ihnen auch weiterhin Wahrheitsgehalte auffinden lassen, die gegebenenfalls auf dem Weg einer hermeneutisch sensiblen Übersetzung als wahrheitsfähige Aussagen in allgemein zugängliche Diskurse eingeholt werden können"[23].

Mit besonderem Nachdruck misst er dabei der liturgischen Glaubenspraxis eine prominente Stellung zu:

„Die säkulare Moderne hat sich aus guten Gründen vom Transzendenten abgewendet, aber die Vernunft würde mit dem Verschwinden jeden Gedankens, der das in der Welt Seiende im Ganzen transzendiert, selber verkümmern. [...] Der Ritus beansprucht, die Verbindung mit einer aus der Transzendenz in die Welt einbrechenden Macht herzustellen. Solange sich die religiöse Erfahrung noch auf diese Praxis der Vergegenwärtigung einer starken Transzendenz stützen kann, bleibt sie ein Pfahl im Fleisch der Moderne, die dem Sog zu einem transzendenzlosen Sein nachgibt – und so lange hält sie auch für die säkulare Vernunft die Frage offen, ob es unabgegoltene semantische Gehalte gibt, die noch einer Übersetzung ‚ins Profane' harren."[24]

Es ist bemerkenswert, dass Habermas einer liturgischen und nicht einer politisch oder moralisch ausgelegten Glaubenspraxis die von der Theologie erhoffte kritische Gegenwartsrelevanz religiöser Überlieferungen zuschreibt. Nicht minder lässt die These aufhorchen, dass ausgerechnet der Ritus und nicht die semantischen Gehalte einer religiösen Dogmatik oder Ethik ein nachmetaphysisches Denken zu inspirieren vermag. Wenn Religion ausgerechnet im Ritual ein „Bewußtsein von dem, was fehlt"[25], wachhält, kann sie dann auch mit den Mitteln des Ritus das Fehlende vermitteln? Vor allem aber: Was wird dabei vom Evangelium als das „fehlende Passende" erschlossen?

---

dentale Konstellation von Glauben und Wissen; Bd. 2: Vernünftige Freiheit. Spuren des Diskurses über Glauben und Wissen, Berlin 2019.

[23] Habermas, Auch eine Geschichte der Philosophie 1 (s. Anm. 22), 77f.

[24] Habermas, Auch eine Geschichte der Philosophie 2 (s. Anm. 22), 807.

[25] M. Reder, J. Schmidt (Hg.), Ein Bewußtsein von dem, was fehlt. Eine Diskussion mit Jürgen Habermas (Edition Suhrkamp 2537), Frankfurt a. M. 2008.

## 3 Ritus – Identität – Solidarität: Koordinaten liturgischer Diakonie?

Den Fokus auf Riten und Rituale zu legen, wenn es um die kulturelle Manifestation einer religiösen Tradition geht, liegt für die Religionssoziologie ebenso nahe wie für die Theologie. Dogma und Moral sind nicht das Erste, das man in einer vom Christentum geprägten Lebenswelt zu sehen und zu hören bekommt. Die primären Äußerungsformen und Selbstdarstellungsweisen sind hier – wie in jeder anderen Religion – lebensweltliche Praktiken, Ästhetiken und Liturgien. Erst danach und hinter diesen Ausdrucksweisen des Glaubens werden ein dogmatisches Lehrgebäude und eine moralische Werteordnung erkennbar.

Wenn Religion sich vor allem in jener Praxis manifestiert, mit der religiöse Gemeinschaften die Inhalte ihres Glaubens performativ bezeugen, dann muss für eine theologische wie für eine kulturtheoretische Ritualforschung ein Zugang zu diesem Komplex gewählt werden, der zum einen die „praktische" Verfassung des religiösen Glaubens im Blick hat und zum anderen ein individuell wie gesellschaftlich relevantes Bezugsproblem dieser Praxis ausmachen kann. Daher verknüpft Habermas die funktionale Beschreibung religiöser Riten als Kontingenzbewältigungspraxis – ausgelöst von Krisen gesellschaftlicher Kollektive durch unerwartet unbeherrschbare Bedrohungen ihres Zusammenhaltes oder verursacht von individuellen Identitätskrisen angesichts biografischer Brüche – mit einer kulturanthropologischen Perspektive.[26] Als Bezugsproblem für die Ausbildung einer religiösen Praxis identifiziert er den gegenläufigen Prozess von Individuierung und Sozialisation und eine damit verbundene Ambivalenz: Ein Mensch wird nur in dem Maße zu einem selbstbewussten Individuum, in dem er sich erfolgreich kommunikativ „vergesellschaftet". Ein „eigener" Mensch kann nach Habermas nur werden, wer ein artikulierbares Selbstverständnis aufzubauen lernt. Zugleich kann sich eine kommunikativ strukturierte Gesellschaft nur erhalten und reproduzieren, wenn ihre Mitglieder ihre systemrelevanten Interaktionen wirksam koordinieren und die Be-

---

[26] Das Folgende bündelt einige Erörterungen in: H.-J. Höhn, Religion – Ritus – Transzendenz, in: F. Gruber, M. Knapp (Hg.), Wissen und Glauben. Theologische Reaktionen auf das Werk von Jürgen Habermas „Auch eine Geschichte der Philosophie", Freiburg i. Br. 2021, 105–123.

deutung der dabei eingesetzten Medien und Symbole verstehen, verinnerlichen und weitergeben können. Allerdings ist gerade diese Form der Integration und des Systemerhalts auch sehr scheiternsanfällig. In jeder gesellschaftlichen Krise wird deutlich, wie rasch es misslingen kann, jene Verhaltensmuster zu reproduzieren, deren Funktion und Bedeutung bei der Bewältigung sozialer Fliehkräfte für alle Mitglieder der Gesellschaft plausibel sind. Umgekehrt erlebt jedes Individuum in existenziellen Krisen und an biografischen Wendepunkten den doppelläufigen Prozess von Individuierung und Sozialisierung als eine Zerreißprobe. Wer in einer Lebenskrise zum (sozialen) Problemfall wird, riskiert entweder, von der Gemeinschaft isoliert zu werden, oder sieht sich damit konfrontiert, dass seine Individualität strukturell absorbiert wird.

Vor diesem Hintergrund kommt nach Habermas Religion als Errungenschaft der soziokulturellen Evolution ins Spiel.[27] Sie hat einen „sakrale[n] Komplex" ausgebildet, der im Krisenfall eine Art „Ausfallbürgschaft" für den Erhalt individueller und sozialer Identität übernimmt. Zu diesem sakralen Komplex zählen mythische Narrative und rituelle Umgangsformen mit einander widerstreitenden heilbringenden und unheilvollen Mächten bzw. das Versprechen von Erlösung und ausgleichender Gerechtigkeit.

> „Der Ritus lässt sich als Versuch begreifen, zu der als überwältigend erfahrenen sakralen Gewalt, die Menschen Rettung aus höchster Not verheißt, Abstand und eine eigene Einstellung zu finden, um in der Form einer praktischen Bewältigung des Widerfahrenen auch ein Stück Handlungsfähigkeit und damit die verlorene Fassung zurückzugewinnen."[28]

Zwar ist mit dem Hinweis auf den inneren Zusammenhang ritueller Praktiken mit der Restabilisierung gesellschaftlicher Solidarität eine zentrale kulturanthropologische Bestimmung des Religionsphänomens verbunden. Davon ist aber keineswegs eine verlässliche Zukunftsprognose ableitbar. Um eine kontinuierliche soziokulturelle Relevanz religiöser Rituale zu sichern, ist auf die Dynamik und

---

[27] Vgl. dazu auch J. Habermas, Eine Hypothese zum gattungsgeschichtlichen Sinn des Ritus, in: ders., Nachmetaphysisches Denken, Bd. 2: Aufsätze und Repliken, Frankfurt a. M. 2012, 77–95.

[28] Habermas, Auch eine Geschichte der Philosophie 1 (s. Anm. 22), 198.

Wechselwirkung säkularer und religiöser Weltbilder einzugehen. „Ebenso wichtig wie die performative ist die kognitive Selbstthematisierung der Gesellschaft in identitätsstabilisierenden Weltbildern."[29] Für die Religion ergibt sich daraus die Notwendigkeit, „das in der Gesellschaft verfügbare Wissen jeweils in den begrifflichen Rahmen des Heilswissens einzuführen und zu einem Welt- und Selbstverständnis zu integrieren"[30].

An dieser Stelle werden gleichermaßen die Grenzen und die Herausforderungen der kirchlichen Ritenpraxis und -diakonie deutlich. Ihre unabgegoltenen semantischen Gehalte harren ja nicht nur einer synchronen Übersetzung ins Profane, sondern auch einer diachronen Vermittlung an die jeweils nächste Generation von Kirchenmitgliedern. Genügt es, einfachhin auf die performative Kraft von Riten und Ritualen zu setzen? Zwar sind sie dadurch definiert, dass man sich durch eine Symbolhandlung dasjenige „einhandelt", was symbolisch dargestellt wird.[31] Aber eine Definition des Performativen sichert noch nicht dessen Wirksamkeit. Unter welchen Gelingensbedingungen stellt sich eigentlich die Wirkung performativer Vollzüge ein? Kann gegenüber einer weitgehend säkularisierten Öf-

---

[29] Ebd., 199.

[30] Ebd., 198f.

[31] Performative Vollzüge verweisen nicht auf etwas, das schon besteht, sondern lassen etwas entstehen, das ohne den jeweiligen Vollzug nicht zustande käme und über ihn hinaus Folgen hat. Das Abgeben eines Versprechens, die Ableistung eines Gelübdes oder Eides, das Verzeihen einer Verfehlung, die Verurteilung eines Angeklagten – all das sind Sprachhandlungen, mit denen in der Sphäre zwischenmenschlicher Beziehungen außersprachliche Wirkungen herbeigeführt werden. Der Satz „Ich bekenne mich schuldig" ist keine Tatsachenfeststellung, sondern setzt den Sprecher in ein Verhältnis zu seinem Tun, das für ihn erhebliche Folgen hat. Mit performativen Sprechakten werden keine physischen Realitäten beschrieben oder geschaffen, sondern (inter-)personale Wirklichkeiten realisiert bzw. bedeutsame Objekte in eine neue Sphäre der Bedeutung übertragen. Daher verändert der Satz „Hiermit vermache ich Dir meine Uhr!" nichts an der Uhr, aber er ändert Besitzverhältnisse. Performative Sprechakte haben somit nicht nur eine Hinweis-, Wahrnehmungs- und Darstellungsfunktion. Sie lassen das, wovon sie reden, zugleich Ereignis werden. Was hier Ereignis wird, hat keine andere Möglichkeit, als sich in und über diese Form des Handelns in und mit einem performativen Sprechakt zu ereignen. – Zur semiotischen Bestimmung und theologischen Bedeutung performativer Vollzüge vgl. ausführlich H.-J. Höhn, Gottes Wort – Gottes Zeichen. Systematische Theologie, Würzburg 2020, 86–99.245–299.

fentlichkeit die performative Kraft religiöser Symbolhandlungen entfaltet werden, wenn diese auf religiös konnotierte Sinnbedingungen angewiesen sind?

Diese Fragen stellen sich vor allem dort, wo nach dramatischen Ereignissen das soziale Leben erschüttert wird. Nicht selten können Trauergottesdienste, die aus Anlass eines Terroraktes, einer Naturkatastrophe oder eines Unglücks nationalen Ausmaßes mit der Absicht der Kontingenzbewältigung stattfinden, gerade deswegen nur schwachen Trost spenden, weil sie lediglich zum Ort der Bekundung zwischenmenschlichen Beileides gemacht werden. Manche Traueransprache meidet vor einem mehrheitlich säkularen „Publikum" jeglichen Bezug auf religiöse Topoi (z. B. „ewiges Leben", „Auferstehung"). Stattdessen lädt sie ein zu einer Symbolhandlung, bei der Kerzen angezündet werden und deren Lichtmetaphorik als Sinn- und Trostofferte herangezogen wird. Wenn aber himmelschreiendes Elend nicht so artikuliert wird, dass es den Himmel anschreit, woher will man dann mehr als schwachen Trost erwarten? Wie will man mit dem Ausbleiben jeden Trostes leben können, wenn man nicht bei Gott und mit den Leidenden Klage erhebt – selbst wenn dies zunächst zwecklos erscheint? Was die Klage wachhält, ist das Bewusstsein von dem, was fehlt. Im Klagegebet weigert sich der Mensch, sich damit abzufinden, sich mit dem Leiden abfinden zu müssen. In dieser Weigerung entsteht eine Solidarität mit den Leidenden, die weiter reicht als das Zahlen von Abfindungen oder das Anbringen von Gedenktafeln. Es geht um den Protest, dass ihr Leben nur Fragment geblieben ist, dass sie um ihre Zukunft betrogen wurden. Zugleich wird die Hoffnung auf eine „rettende Gerechtigkeit" artikuliert – im Modus der „Hoffnung wider alle Hoffnung" (vgl. Röm 4,18).

An diesem Beispiel wird deutlich, wie voraussetzungsreich eine kirchliche Ritendiakonie ist. Eine Haltung der resignationsresistenten Hoffnung kann bei einem säkularen „Publikum" nicht einfachhin unterstellt werden. Und dass ein religiöses Ritual diese Haltung wecken kann, ist eine höchst riskante Annahme. Die Aufarbeitung solcher Risiken geht weit über eine liturgiewissenschaftliche Expertise hinaus. Sie ist gegenüber kirchlichen und säkularen Skeptiker(inne)n auszuweiten auf die Erörterung von Einwänden, welche die kirchliche Ritenpraxis ins Mark treffen: Verlangt die behauptete Relevanz religiöser Traditionen nicht auch überzeugende Argumente, um Inhalt und Praxis des Glaubens von haltlosen Projektionen und haltgebenden Illusionen unterscheiden zu können? Müssen religiöse Rituale nicht eindeutig von „faulem Zauber“ unterscheidbar sein? Und geschieht dies nicht am besten dadurch, dass der kognitive Gehalt von Ritualen als anschlussfähig für säkulare Plausibilitäten demonstriert wird?

Folgt man Habermas’ Ausführungen, hat das, was in der Moderne vom „sakralen Komplex“ der Religion noch übrig ist, weitreichende Rationalisierungs- und Transformationsschübe hinter sich, welche die Reichweite und Akzeptanz rituell formatierten „Heilswissens“ zunehmend einschränken. Es mag sein, dass das Spannungsverhältnis von Individuierung und Sozialisation noch immer existenzielle Krisen verschärft und soziale Konflikte forciert. Aber wer erwägt noch ernsthaft, dass dies Probleme sein könnten, die man nur mit den rituellen Mitteln der Religion oder unter maßgeblicher Beteiligung religiöser Institutionen bewältigen könnte?[32] Religiöse Institutionen stehen doch ihrerseits in der Verlegenheit, moderne Standards der Sozialintegration auf dem Wege des Ausbalancierens individueller Selbstbestimmung und gleichberechtigter Teilhabe an demokratischen Entscheidungsprozessen mit einem dogmatischen

---

[32] Es fällt auf, dass in den letzten Jahren der Staat in eigener Regie Gedenkveranstaltungen mit zivilreligiösem Charakter ohne kirchliche Beteiligung durchführt. Im Februar 2012 fand in Berlin ein Trauerstaatsakt für die Opfer des Rechtsterrorismus der Gruppe „Nationalsozialistischer Untergrund“ (NSU) statt. Zu Beginn der Gedenkveranstaltung trugen Berliner Schüler nacheinander und langsam zwölf Kerzen auf die Bühne im prunkvollen Konzerthaus am Gendarmenmarkt: „Dort flackern sie in einer Reihe und erinnern an die zehn Ermordeten. Eine weitere Kerze steht für das Gedenken an andere, vielleicht sogar noch unbekannte Opfer von Rechtsextremisten. Und ein letztes Licht soll Zuversicht symbolisieren.“ (L. Caspari, Elf Kerzen für die Trauer, eine für die Zuversicht. Gedenkfeier in Berlin [23. Februar 2012], in: https://www.zeit.de/gesellschaft/zeitgeschehen/2012-02/staatsakt-neonazi-opfer-gedenkveranstaltung/komplettansicht [Zugriff: 18.2.2021]) – Am 18. April 2021 hat am selben Ort eine zentrale Gedenkfeier für die Opfer der Corona-Pandemie stattgefunden. Bei der Veranstaltung sollte es darum gehen, als Gesellschaft innezuhalten, den Hinterbliebenen eine Stimme zu geben und in Würde Abschied von den Toten zu nehmen. Erneut wählte man eine Symbolhandlung, bei der Angehörige der Verstorbenen und Repräsentant(inn)en der Verfassungsorgane Deutschlands Kerzen in der Mitte des Raumes aufstellten. Religions- und Kirchenvertreter(innen) waren bei diesem Staatsakt nicht anwesend. Sie hatten wenige Stunden zuvor einen ökumenischen Gedenkgottesdienst in der Kaiser-Wilhelm-Gedächtnis-Kirche abgehalten, an dem auch führende Politker(innen) teilnahmen.

Verständnis vom sakrosankten Charakter ihrer Ämter und Strukturen zu vermitteln.

Es mag auch zutreffen, dass innerhalb religiöser Gemeinschaften der Ritus noch immer eine Quelle der Solidarität und ein kritisches Korrektiv gegen verletzte Solidarität, gegen Exklusion und Missachtung darstellt. Allerdings kann er dies nur leisten, wenn er nicht seinerseits „exklusiv“ praktiziert wird. Die Auseinandersetzungen um die Liturgiereform des Zweiten Vatikanischen Konzils und die Kontroversen bei der Zulassung der „tridentinischen Messe“ als „außerordentliche“ römische Liturgie haben in der katholischen Kirche gezeigt, dass rituelle Praxisformen weniger zur Überwindung sozialer Zerreißproben als vielmehr zur Vertiefung religionsinterner Konflikte beitragen können. Ein kritisches Korrektiv gegen Exklusion und Missachtung, die geeignet sind, die Ausbildung von Selbstachtung und Solidarität zu behindern, kann ein religiöser Ritus nur dann sein, wenn er in Inhalt und Form einerseits „sensibel ist für verletzte Solidarität, Exklusion und Missachtung im sozialen Raum“[33] und andererseits religionsinterne Praktiken der Exklusion und Diskriminierung überwindet.

---

[33] J.-F. Albrecht, Ritus und Wahrheit. Eine kommunikationstheoretische Perspektive, in: NZSTh 58 (2016) 16–38, hier: 38.

# 3. Zwischenrufe aus Kunst, Kultur und kirchlicher Praxis

# Raum und Identität

*Albert Gerhards*

Die interdisziplinäre Erforschung des Raums, an der sich auch die Liturgiewissenschaft zunehmend beteiligt, hat längst Abschied genommen von einem statischen Raumkonzept. Räume sind keine objektiven Gegebenheiten, sondern Ergebnisse von andauernden interaktiven Prozessen.[1] Sie tragen zur Identitätsbildung von menschlichen Individuen und von Gemeinschaften bei, werden aber in ihrer Identität ständig verändert und wahren so ihren Bestand. In Bezug auf die Liturgie – hier im weitesten Sinn verstanden – ist der Raumbegriff zunächst zu klären. Dabei geht es keineswegs nur um den Kirchenraum als physikalische Größe, die anscheinend relativ einfach zu definieren ist als ein mehr oder weniger stark gegliedertes Gebilde aus Boden, Wänden und Decke. Der Raum der Liturgie ist gebäudeübergreifend, ja sogar die Stadt und das Land übersteigend. Es geht um Erfahrungsräume jenseits des empirisch Messbaren, um den *Thirdspace*[2]. Die Dimensionen der Beziehung von Raum und Identität im Kosmos der Liturgie können hier nur angedeutet werden und sollen allein dort vertieft werden, wo sie für heutige Fragestellungen von größerer Relevanz sind.

Entsprechend dem hier intendierten Verständnis von Raum ist auch Identität als dynamische Größe aufzufassen.[3] Die Identität des Menschen in der Zeit kann „nur als Kontinuität des Bewußtseins in Form der Erinnerung begriffen werden“[4]. Der Aufbau der Identität einer Person vollzieht sich „durch immer neue Integrationsleistungen des Subjekts in Intersubjektivität“[5]. Religiöse Identität ist stark

---

[1] Zum aktuellen Diskurs vgl. K. Karl, S. Winter (Hg.), Gott im Raum?! Theologie und *spatial turn*: aktuelle Perspektiven, Münster 2021.

[2] Zu diesem von dem amerikanischen Geografen Edward W. Soja (1940–2015) eingeführten Begriff vgl. A. Odenthal, Rituelle Erfahrung. Praktisch-theologische Konturen des christlichen Gottesdienstes (PTHe 161), Stuttgart 2019, 23–25.

[3] Vgl. L. Honnefelder, Identität. I. Philosophisch, in: LThK[3] 5 (1996) 397–399.

[4] Ebd., 398.

[5] H.-G. Ziebertz, Identität. III. Praktisch-theologisch, in: LThK[3] 5 (1996) 401.

an Symbolen und an religiöser Praxis wie Gottesdienst und Gebet[6] orientiert.

## 1 Der Nicht-Ort als Ursprung

Der fluide Raumbegriff hat durchaus religiöse Wurzeln in der biblischen Tradition des Alten und Neuen Testaments.[7] Israel ist seiner Identität am nächsten im Exodus, fernab gestalteter Städte und Räume. Das Gelobte Land und der Tempel bilden zwar die räumlichen Bezugspunkte, doch bleibt stets die eschatologische Differenz, unabhängig davon, ob man im Land wohnt und der Tempel existiert. Nicht anders ergeht es den Christ(inn)en. Am Beginn der Kirche steht die doppelte Verlusterfahrung des Kreuzestodes und des leeren Grabes. Am Ende des Hebräerbriefs heißt es: „Lasst uns also zu ihm vor das Lager hinausziehen und seine Schmach tragen! Denn wir haben hier keine bleibende Stadt, sondern wir suchen die zukünftige." (Hebr 13,13f.) Dennoch braucht es in der Jetztzeit immer wieder Erfahrungen räumlicher Nähe. Diese ereignet sich in der Versammlung der Gläubigen. Jesus verheißt seine Selbstvergegenwärtigung, wenn zwei oder drei in seinem Namen versammelt sind (vgl. Mt 18,20). Der Geist Gottes kommt auf die Schar der Apostel herab, als sie zum Gebet versammelt sind (vgl. Apg 2,1–4). Der Ort der Versammlung, an dem man sich der Heilsereignisse erinnert, wenn man aus den Schriften liest, betet und das Brot bricht, wird so zum Erfahrungsraum und zum Ort, an dem Identität gebildet wird und wächst. Dies geschieht durch regelmäßige Versammlung. Wo dies stattfindet, ob für die Christ(inn)en zunächst in den Synagogen oder in den Privathäusern, ist von untergeordneter Bedeutung. Entscheidend ist die Erfahrung der Präsenz Christi und die Erfüllung mit seinem Geist.

---

[6] Vgl. A. Gerhards, A. Doeker, P. Ebenbauer (Hg.), Identität durch Gebet. Zur gemeinschaftsbildenden Funktion institutionalisierten Betens im Judentum und Christentum (Studien zu Judentum und Christentum), Paderborn u. a. 2003.

[7] Zu den biblischen Wahrnehmungen und Konstrukten des Raums vgl. S. Beyerle, Raum: Phänomene und Wahrnehmungen im Alten Israel und im antiken Judentum, in: Karl, Winter (Hg.), Gott im Raum?! (s. Anm. 1), 19–48; C. Blumenthal, Neutestamentliche Raum-Politik. Theoretische Grundlegungen und exemplarische Spurensuche im Philipperbrief und im Markusevangelium, in: ebd., 49–78.

Bereits die Struktur der Erscheinungsberichte zeigt, dass die Erfahrung des leeren Grabes und die mystische Begegnung mit dem Auferstandenen zu einem Dritten führt: zur Sendung. Dies gilt schon für den ursprünglichen Schluss des Markusevangeliums, wo berichtet wird, dass die Frauen vor lauter Schrecken und Entsetzen niemandem etwas sagen (vgl. Mk 16,8). Erst im Anhangkapitel wird Maria von Magdala zur ersten Verkünderin der Osterbotschaft (vgl. Mk 16,10). Bei Matthäus weitet sich der Radius – wie bei Markus – auf die ganze Welt aus, verbunden mit der Zusage der bleibenden Gegenwart des Herrn (vgl. Mt 28,16–20). Das Johannesevangelium spiritualisiert den Ort der Begegnung im ursprünglichen Schluss mit dem Jesuswort an Thomas: „Selig sind, die nicht sehen und doch glauben." (Joh 20,28) Auch hier kommt erst im Anhangkapitel mit der Erzählung vom reichen Fischfang und der Zahl 153 der universale Charakter der Sendung zur Sprache. Das Lukasevangelium endet zunächst nach der Schilderung der Auffahrt Jesu mit dem Verweilen der Jünger im Tempel (vgl. Lk 24,51–53). Die Apostelgeschichte, die mit dem Weggang Jesu den Erzählfaden aufnimmt, setzt mit der Versammlung im Obergemach an und endet mit der Ankunft des Paulus in Rom, der Hauptstadt des damaligen Weltreichs. Damit ist das Ziel, die Frohe Botschaft bis an die Enden der Erde zu bringen, idealiter erreicht.

Zweifellos spielt die Stadt und spielen Gebäude in der biblischen Tradition eine große Rolle.[8] Jerusalem ist als reale und als idealtypische Stadt omnipräsent, aber auch hier wird die Wirklichkeit von der Idee übertroffen. In der Geheimen Offenbarung muss das Neue Jerusalem vom Himmel herabkommen; es ist nicht von Menschenhand erbaut. Außerdem findet sich dort kein Tempel (vgl. Offb 21,22). Das Gotteshaus des von Gott aus allen Völkern zusammengerufenen Volkes sind die Menschen, lebendige Steine, zusammengehalten durch den Eckstein Jesus Christus (vgl. 1 Petr 2,4–6). In der apokalyptischen Sicht der Frühzeit ist die Bau-Metaphorik an die Stelle der realen Bauten getreten, was nach den Erfahrungen der Jahre 70 bzw. 135 mit der Zerstörung des Jerusalemer Tempels bzw. der Vertreibung der Juden aus ihrem Stammland auch nicht verwundern kann.

---

[8] Vgl. M. Ebner, Das Urchristentum in seiner Umwelt, Bd. 1: Die Stadt als Lebensraum der ersten Christen (GNT N.S. 1/1), Göttingen 2012.

## 2 Memoria

Dennoch spielt sich das Leben der ersten Christ(inn)en vor allem in Städten ab. Sie nehmen mehr oder weniger am Leben der jeweiligen Bevölkerung teil, geraten damit in Konflikt oder passen sich im Rahmen des Möglichen an. Schon vor der Konstantinischen Wende sind erste Sakralräume bezeugt, die über das rein Notwendige des Versammlungsraums hinausgehen.[9] Besonders hervorzuheben ist hier die Entstehung der biblisch orientierten Ikonografie sowohl in jüdischen wie in christlichen Kontexten, die sich im Bereich der Grabkultur (Katakomben) wie auch der Sakralgebäude (in Dura Europos) nachweisen lässt. Die sog. Rettungsbilder, die auf Paradigmen der Heiligen Schrift Bezug nehmen, sind Identifikationsmotive par excellence. Zu nennen sind hier beispielsweise Jona im Alten oder Lazarus im Neuen Testament.

Die Totenmemoria ist vielleicht die ursprüngliche Weise der Verortung von Identität im Kontext des christlichen Glaubens. Hier spielt schon früh der Märtyrerkult eine Rolle. Diese Blutzeug(inn)en verbinden durch ihre besondere Christusnachfolge die jeweilige Ortskirche mit ihrem Haupt. Der Gedanke, dass jemand der eigenen Vorfahr(inn)en den Glaubensmut bis zum Ende bewiesen hat, stärkt den eigenen Glauben und die Gemeinschaft. Aus antiken Gebräuchen entwickeln sich an den Begräbnisstätten der Märtyrer(innen) rituelle Formen des Gedenkens, und dort werden im Laufe der Zeit Monumente und Gebäude errichtet, die vor allem seit der Konstantinischen Wende zunehmend repräsentativen Charakter annehmen. Sicherlich ist zunächst noch ausschließlich der Kontakt mit der bzw. dem Heiligen von Relevanz, doch gewinnen mit der Zeit u. U. der Ort und der konkrete architektonische Raum an Eigenbedeutung. Dies war spätestens dann der Fall, als mit dem Pilgerwesen die großen Wallfahrten zu den heiligen Stätten einsetzten.[10]

---

[9] Vgl. A. Gerhards, Liturgie in den ersten Jahrhunderten, in: J. Bärsch, B. Kranemann (Hg. in Verbindung mit W. Haunerland, M. Klöckener), Geschichte der Liturgie in den Kirchen des Westens. Rituelle Entwicklungen, theologische Konzepte und kulturelle Kontexte, Bd. 1: Von der Antike bis zur Neuzeit, Münster 2018, 83–153, hier: 98–102.

[10] Vgl. C. Markschies, H. Wolf (Hg. unter Mitarbeit von B. Schüler), Erinnerungsorte des Christentums, München 2010.

## 3 Pilgern

Das Judentum ist mit den drei großen Wallfahrtsfesten Pessach, Schawuot und Sukkoth als Wallfahrtsreligion zu bezeichnen, auch wenn es seit der Zerstörung des Jerusalemer Tempels kein zentrales Heiligtum mehr hat. Der Wallfahrtsgedanke wird spiritualisiert, und Identitätsbildung kondensiert sich an den Gebetstraditionen.[11] Dennoch spielen die drei Anlässe im jüdischen Festkalender eine bedeutende Rolle. Das Christentum hingegen hat nie einen zentralen Kultort gekannt. Nichtsdestotrotz entwickelte sich Jerusalem (wie Bethlehem) seit dem vierten Jahrhundert mit seinen heiligen Stätten, die durch den Bau der großen konstantinischen Basiliken ausgezeichnet wurden, zum Wallfahrtsziel und Sehnsuchtsort für Christ(inn)en aller nachfolgenden Zeiten.[12] Die Auswirkungen dieser Initialzündung auf die Gestaltung der Liturgien in Ost und West, auf die Sakralbautopografie der Städte sowie auf die christliche Ikonografie sind kaum zu überschätzen. Dazu gehören auch die dunklen Kapitel der Kreuzzüge, des Antijudaismus und der kriegerischen Auseinandersetzungen mit dem Islam. Durch die Verlagerung der Pilgerströme auf andere Ziele wie Rom, Santiago de Compostela und in späterer Zeit auf unzählige regionale und lokale Wallfahrtsorte ist auch das Christentum zu einer Pilgerreligion geworden, wobei die Reformation für die eigene Tradition hier einen Riegel vorgeschoben hat. Dies führte freilich aufseiten der katholischen Reform zu einer noch größeren Gegenbewegung. Im Barock entstanden unzählige neue Wallfahrtsstätten, die zu Identifikationsorten und Markenzeichen katholischen Glaubens wurden.[13]

Mit dem Stichwort Pilgerwesen ist die Ambivalenz der Raumkategorie in Bezug auf das Christentum angesprochen, wie sie bereits bei den biblischen Streiflichtern anklang. Pilgern ist und war vor allem in früheren Zeiten mit Anstrengungen und oft auch mit Gefahren verbunden, die auf sich zu nehmen eine besondere Wertschätzung des Ziels voraussetzt. Der Wallfahrtsort muss daher ein herausragender

---

[11] Vgl. Gerhards, Doeker, Ebenbauer (Hg.), Identität durch Gebet (s. Anm. 6).

[12] Vgl. M. Küchler, Jerusalem. Ein Handbuch und Studienreiseführer zur Heiligen Stadt (OLB 4/2), Göttingen 2007.

[13] Vgl. A. Gerhards, Wallfahrt. VI. Praktisch-theologisch, in: TRE 35 (2003) 431–435.

Ort sein. Heilige Stätten zeichnen sich dadurch aus, dass sie die Gläubigen einer Religion mit ihrem Gott, mit Personen, die ihm besonders nahestanden, oder mit Ereignissen der Geschichte der Gemeinschaft nahebringen, dass etwas vom Ursprung bei der physischen Berührung auf die Pilger(innen) übergeht. Das haptische Element, oft in bestimmten Ritualen habituell angeeignet, spielt hier eine besondere Rolle. Überhaupt kommt bei der Wallfahrt durch die starke körperliche Komponente bezogen auf den Raum der identitäre Zug besonders stark zum Tragen. Dass hier die Schwelle zum Fetischismus mitunter sehr niedrig ist, liegt auf der Hand. Dies erklärt auch die rigide Haltung der Reformation und Aufklärung gegenüber diesem Phänomen. Dahinter verbirgt sich jedoch ein menschliches Desiderat, das räumliche Identität nicht nur im Eigenen, in der Heimat, sondern gerade auch in der Ferne, im Anders-Ort oder dem Utopischen sucht. Vielleicht ist es die Sehnsucht nach Grenzüberschreitung und letztlich nach dem Unendlichen, die das Menschsein auszeichnet.

## 4 Reliquien

Mit dem Gedanken der Memoria und dem Pilgern verbindet sich das Phänomen der Reliquien. Der Reliquienkult ist einer der wesentlichen Motoren der Liturgieentwicklung und des Kirchenbaus.[14] Begnügte man sich zunächst damit, die Gräber der außerhalb der Stadt begrabenen Heiligen aufzusuchen, so transportierte man deren Gebeine in späterer Zeit in die Städte und setzte sie in den dortigen Kirchen bei. Die Reliquientranslation ins römische Pantheon, das dadurch zu einer Allerheiligenkirche (S. Maria ad Martyres) wurde, ist dafür ein berühmtes Beispiel.[15] Mit der Verbreitung des Christentums und der Herausbildung von Liturgiefamilien wurden Reliquien zum Exportartikel. Patrozinien römischer Heiliger verbanden die

---

[14] Vgl. A. Odenthal, „Hier ist nichts anderes als das Haus Gottes und das Tor des Himmels“ (Gen 28,17). Zur Genese der „Sakralität“ mittelalterlicher Kirchenbauten, in: M. Delgado, V. Leppin (Hg.), Bilder, Heilige und Reliquien. Beiträge zur Christentumsgeschichte und zur Religionsgeschichte (Studien zur christlichen Religions- und Kulturgeschichte 28), Basel – Stuttgart 2020, 113–140.

[15] Vgl. H. Brandenburg, Die frühchristlichen Kirchen in Rom vom 4. bis zum 7. Jahrhundert. Der Beginn der abendländischen Kirchenbaukunst, Regensburg $^{3}$2013, 254–256.

Ortskirchen nördlich der Alpen mit der Kirche Roms. Durch Reliquienteilung konnte nun in jedem Gotteshaus die Präsenz der heiligen Person und damit deren heilsame Gegenwart am Ort gewährleistet werden. Bei der Feier der Messe an deren Altar durfte man sich ihrer Fürbitte am himmlischen Altar gewiss sein.[16] Auch wenn dieser starke Bezug zwischen irdischer und himmlischer Liturgie heute kaum mehr so empfunden werden kann, so wird seit einiger Zeit der Zeichenhaftigkeit der Reliquien gegenüber ihrer Geringschätzung Jahrzehnte zuvor wieder mehr Gewicht beigemessen. Dies hängt möglicherweise damit zusammen, dass Reliquien angesichts der zunehmenden Erfahrung von Haltlosigkeit in Raum und Zeit Konkretisierungen von Lebensgeschichten und damit Identifikationshilfen sind.

## 5 Stationskirchenwesen

In dem bisher abgesteckten Bezugsrahmen ist noch ein weiterer Begriff einzubringen: die Stationsliturgie.[17] Auch hier ist der Ursprung in Jerusalem, wo sich im Lauf des vierten Jahrhunderts mit dem sich herausbildenden Kirchenjahr ein reiches Stationswesen entfaltete: Die Stadtbevölkerung suchte an bestimmten Tagen und zu bestimmten Zeiten Kirchen und Gedenkorte auf, um dort die biblisch überlieferten Begebenheiten liturgisch zu kommemorieren.[18] Dieses System wurde zunächst in den Metropolen der Spätantike adaptiert, vor allem in Rom. Von dort aus gelangte es in die Städte des Einflussbereichs der römischen Liturgie. Dahinter stand der Gedanke, die heiligen Stätten des Heiligen Landes abzubilden und so die eigene Stadt zum Heilsort werden zu lassen. Die jeweilige Sakraltopo-

---

[16] Vgl. den Abschnitt *Supplices* im Römischen Kanon. – Vgl. dazu A. Odenthal, Canon Romanus, Konsekration und Amtsverständnis. Überlegungen zur mittelalterlichen Hermeneutik der römischen Messe und ihren Auswirkungen, in: R. Dürr u. a. (Hg.), Religiöses Wissen im vormodernen Europa. Schöpfung – Mutterschaft – Passion, Paderborn 2019, 603–644.

[17] Vgl. J. F. Baldovin, The Urban Character of Christian Worship. The Origins, Development, and Meaning of Stational Liturgy (OCA 228), Rom 1987.

[18] Vgl. Egeria, Itinerarium – Reisebericht, eingeleitet und übersetzt von G. Röwekamp (FC 20), Freiburg i. Br. $^{3}$2017 [mit Auszügen aus Petrus Diaconus, De locis sanctis – Die heiligen Stätten].

grafie war freilich nie eine genaue Kopie des Ursprungs, sondern geschah stets in kreativer Aneignung und Adaption auf die jeweiligen topografischen und kulturellen Besonderheiten. Dadurch kam es zu jeweils neuen Synthesen von universal- und teilkirchlichen Bräuchen. Diese ermöglichten vielfältige Formen der Identifikation, die das Lokale und das Universale miteinander verbanden.

Elemente dieser ortsübergreifenden Identitätsstiftung waren vor allem die schon erwähnten Reliquientranslationen, oft mit großem Aufwand inszeniert wie die Übertragung der Gebeine der Heiligen Drei Könige nach Köln 1164 durch den dortigen Erzbischof Rainald von Dassel (um 1120–1167). Um 1200 wurde für sie der kostbare Reliquienschrein angefertigt, ab 1248 mit dem Bau des neuen Doms anstelle des kleineren karolingischen begonnen.[19] Dieser war doppelchörig angelegt, wobei der West- als Petruschor die Ringkrypta der römischen Peterskirche abbildete. Wichtigste Reliquie war dort der sog. Petrusstab, der für die Stationsgottesdienste im Laufe des Kirchenjahres eine bedeutende Rolle spielte.[20] Am Beispiel des Kölner Doms lässt sich zeigen, dass Raum und Identität sich im Laufe der Zeit verändern. Den alten Dom prägte das Petrus-Patrozinium, das mit dem Petrusaltar im Westchor mit der Ringkrypta sowie der Petrusreliquie verbunden war. Mit dem Abriss des alten Doms verschwand diese Identität. Mit dem Hochchor des neuen Doms, in dem nun der Marien- den einzigen Hauptaltar bildete, gewann der Dom eine neue Identität, die insbesondere durch den in der Chorkapelle aufgestellten Dreikönigenschrein als bevorzugtes Wallfahrtsziel bestimmt wurde. Das alte Stationskirchensystem der Stifte und Klöster trat im Lauf der Zeit gegenüber der stärker individuell geprägten Wallfahrtsfrömmigkeit in den Hintergrund. Auto-

---

[19] Vgl. L. Honnefelder, N. Trippen, A. Wolff (Hg.), Dombau und Theologie im mittelalterlichen Köln. Festschrift zur 750-Jahrfeier der Grundsteinlegung des Kölner Domes und zum 65. Geburtstag von Joachim Kardinal Meisner 1998 (Studien zum Kölner Dom 6), Köln 1998.

[20] Vgl. dazu A. Odenthal, Vom Stephanusfest zum Palmsonntag. Die theologische Bedeutung der Gereonskirche für die mittelalterliche Kölner Stationsliturgie, in: ders., A. Gerhards (Hg.), Märtyrergrab – Kirchenraum – Gottesdienst. Interdisziplinäre Studien zu St. Gereon in Köln (SKKG 35), Siegburg 2005, 223–243; wiederveröffentlicht in: A. Odenthal, Liturgie vom Frühen Mittelalter zum Zeitalter der Konfessionalisierung. Studien zur Geschichte des Gottesdienstes (SMHR 61), Tübingen 2011, 103–124, hier: 114.

biografische Quellen der Frühen Neuzeit veranschaulichen diesen Wandel.[21]

Ein besonderes Kapitel der Identitätsbildung durch den Raum bzw. das Gebäude bildet die Kampagne des Wiederaufbaus des Kölner Doms im 19. Jahrhundert, der dadurch zu einem nationalen Denkmal wurde.[22] Damit war die identitäre Funktion von der ursprünglichen weitgehend abgekoppelt. Ähnliches gilt auch für andere zentrale Sakralbauwerke wie etwa Notre-Dame in Paris. Dies zeigten die Reaktionen und Auseinandersetzungen infolge des Brandes im Jahre 2019. Die Identitätsfunktion symbolträchtiger Gebäude ist also von multiplem Charakter, was allerdings nichts Neues ist. Dies entspricht der Idee der Kathedrale im Hochmittelalter, die unterschiedlichste Spiritualitäten und Identitäten unter einem Dach vereinte. Die vielen Altäre, Seitenkapellen und anderen Orte boten dazu breiten Raum.[23]

## 6 Breitenreligiosität, Raum und Identität

Im Vorigen kamen schon Spannungsverhältnisse zur Sprache, die die Identitätsfrage in Bezug auf Räume kennzeichnen. Sie hängen großenteils mit der sog. Wende zum Subjekt zusammen, die sich auf vielfache Weise im Lauf des Mittelalters vollzogen hat. Dies zeigt sich an zahlreichen Einzelaspekten. So wird die nüchterne römische Liturgie mit teilweise emotional aufgeladenen Einschüben (Tropen, Sequenzen) angereichert. An der Entwicklung des Weihnachtsfestes lässt sich dies anschaulich darstellen. Romano Guardini (1885–1968) hat

---

[21] Vgl. F. Lurz, Erlebte Liturgie. Autobiografische Schriften aus liturgiewissenschaftlichen Quellen (Ästhetik – Theologie – Liturgik 28), Münster 2003.

[22] Wie sehr verstrickt die Vollendung des Doms mit politischen Belangen war, zeigt die Kölner Papstadresse des Dombauvereins von 1848. – Vgl. Die Kölner Papstadresse von 1848. Ein Meisterwerk der Buchmalerei des 19. Jahrhunderts. Nachdruck der Handschrift mit erläuternden Beiträgen von Ludwig Gierse u. a., Köln 1987.

[23] Vgl. A. Gerhards, Raum für eine reich entfaltete Liturgie. Zum Verhältnis von Liturgie und Architektur in Kathedralkirchen des 13. Jahrhunderts, in: C. Stiegemann (Hg.), Gotik. Der Paderborner Dom und die Baukultur des 13. Jahrhunderts in Europa. Katalog zur Ausstellung im Erzbischöflichen Diözesanmuseum Paderborn, Petersberg 2018, 50–58.

den Wandel an der Ablösung des objektiven Kultbildes durch das subjektive Andachtsbild aufzuzeigen versucht.[24] Die abendländische Entwicklung des religiösen Bildes, die immer mehr den emotionalen Ausdruck in den Vordergrund stellt bis hin zum Kitsch, gibt dieser Einschätzung anscheinend recht. Bestimmte Bilder haben sowohl für Gruppen als auch für Individuen eine große identitätsbildende Kraft, etwa die Fatima-Madonna oder der Barmherzige Christus. Dies gilt auch für Raumensembles wie z. B. das vielfach reproduzierte „Heiligtum" der Schönstattbewegung.

Solche mimetischen Phänomene gab es schon vorher im Zusammenhang mit dem Pilgerwesen. Sie finden sich z. B. in den Nachbauten des Heiligen Grabes, die im frühen Mittelalter in dem liturgischen Kontext der Osterliturgie standen, dann aber zunehmend breitenreligiös adaptiert wurden.[25] Ein anderes Beispiel sind die Loretokapellen.[26]

Die beiden Pole im Spannungsverhältnis bilden die Liturgie als objektives anamnetisches Geschehen einerseits und der religiöse Akt als subjektiver mimetischer Vollzug andererseits. Freilich lässt sich keine rein lineare Entwicklung vom einen zum anderen behaupten, da immer beides vorhanden war, wenn auch mit unterschiedlicher Gewichtung. Unbestreitbar führte die abendländische Liturgieentwicklung aber zu einer Separierung der Liturgie als objektiver Kult von der Breitenreligiosität, die sich aus anderen Quellen speiste. Die Kirchenräume mit ihren vielfältigen Ausstattungselementen sollten beides miteinander verbinden, wobei es wohl mehr bei einem Nebeneinander blieb. Der reich bebilderte Raum des Barocks oder des Historismus bot den privatreligiös anwesenden Gläubigen viel-

[24] Vgl. R. Guardini, Kultbild und Andachtsbild. Brief an einen Kunsthistoriker, Würzburg $^{2}$1952; dazu A. Gerhards, Kultbild – Andachtsbild – Mysterienbild. Eine Relecture von Romano Guardini und Urban Rapp, in: H. Körner, J. Wiener (Hg.), „Kultbild und Andachtsbild". Moderne Bilder im christlichen Sakralraum, Essen 2013, 11–18.

[25] Vgl. A. Odenthal, „Surrexit dominus vere". Osterfeiern um das Heilige Grab als Ausdruck eines veränderten religiösen Empfindens im Mittelalter, in: ThQ 189 (2009) 46–65; wiederveröffentlicht in: ders., Liturgie vom Frühen Mittelalter zum Zeitalter der Konfessionalisierung (s. Anm. 20), 125–142.

[26] Vgl. P. Schwarz, Clemens August und die Verehrung der Loreto-Madonna, in: F. G. Zehnder (Hg.), Hirt und Herde. Religiosität und Frömmigkeit im Rheinland des 18. Jahrhunderts (Der Riss im Himmel 5), Köln 2000, 213–226.

fältige Möglichkeiten geistlicher Erbauung, während der Priester vorn am Altar den Kult vollzog. Der Kirchenraum wurde so zum Surrogat der verhinderten substanziellen Beteiligung der Gläubigen am heiligen Geschehen. Durch seine Verschönerung und Ausschmückung, durch seine Bereicherung mit kostbaren Geräten und Gewändern wuchs aber die Identifikation mit dem Raum durch die Generationen hindurch. Somit konnte zumindest indirekt auch die Identifikation mit dem liturgischen Geschehen am Altar erfolgen.

## 7 Versammlungs- oder Andachtsraum? Zur Diskussion um den „Einheitsraum"

Die Liturgische Bewegung setzte bei der Versammlung zum Gottesdienst an und implizierte damit die Vorrangigkeit der Funktion vor dem Zeichen. Zwar gibt es aus dieser Zeit zahlreiche symbolische Kirchenbauten,[27] doch finden sich ebenso reine Funktionsgebäude, die als solche kaum zur Identität beitragen. Diese konnte sich indessen durch den regulären Gebrauch und die Erfahrung von Feiern an Lebenswenden mit dem Gebäude verbinden. Oft hat man durch spätere Ausschmückung, z. B. durch Buntverglasung oder Ausmalung, den identitätsstiftenden Charakter des Gebäudes zu verstärken gesucht.[28] Brutalistische Architektur wurde mitunter durch Verkleidungen oder Verzierungen kaschiert. Die Idee des Einheitsraumes, die eine homogene Gemeinde voraussetzt, erwies sich vielerorts als wenig tragfähig. Orte für individuelle Andacht und individuelles Gedenken fehlten in solchen Räumen und wurden mitunter nachträglich geschaffen, sofern das Gebäude dies zuließ. Individuelle Frömmigkeit suchte sich gegenüber dem vermeintlich aufgedrängten Gemeinschaftsgedanken ihr Recht.

Die einseitige Funktionalisierung des Kirchenraums als Versammlungsraum für die Feier der Eucharistie hatte eine fatale Konsequenz: Bei abnehmenden Kirchenbesucherzahlen verloren die

---

[27] Vgl. K. Wittmann-Englert, Zelt, Schiff und Wohnung. Kirchenbauten der Nachkriegsmoderne, Lindenberg im Allgäu 2006.

[28] In Bezug auf Kirchen von Rudolf Schwarz (1897–1961) vgl. A. Gerhards, Liturgische Handlungsräume bei Rudolf Schwarz und ihre Nutzung früher und heute, in: Mün. 64 (2011) 27–31.

Räume zunehmend ihre Daseinsberechtigung, zumal sie außerhalb der Gottesdienstzeiten kaum mehr zugänglich waren. Bei knapper werdenden Ressourcen wurden bald Kosten-Nutzen-Rechnungen aufgestellt, nach denen solche Kirchenräume schnell obsolet wurden. Stand ein Sanierungsbedarf an, wurde dies zum Anlass genommen, das Gebäude abzustoßen. Dies wurde und wird durch die Neuordnung der pastoralen Räume und der damit verbundenen Auflösung der gewachsenen Pfarrstrukturen erleichtert. Entscheidungen, welche Kirchenräume in einem der neuen Pfarrbezirke aufzugeben sind, werden nicht selten nach rein quantitativen Erhebungen getroffen, unabhängig von Fragen der Identitätszuschreibung.

## 8 Entwidmungsproblematik: Translation von Identität?

Der Zusammenhang von Raum und Identität stellt sich besonders prägnant im Fall der Entwidmung eines Kirchenraums dar.[29] Der Bischof oder sein Vertreter feiert ein letztes Mal die Eucharistie mit der Gemeinde in einem Gebäude, das am Anfang seiner Nutzung für alle Zeiten Gott gewidmet worden ist. Möglicherweise nehmen auch solche Menschen daran teil, die die Kirchweihe erlebt haben. Ein zumindest emotional zentrales Element der Weiheliturgie ist die Einfügung der Reliquien in das Sepulcrum des Altars und dessen Verschließung mit Mörtel, also ein Akt des Bauens. Damit wird der Kirchbau vollendet. Mit der oft gewaltsamen Beseitigung des Sepulcrums beginnt die Zerstörung des Gebäudes. Die Prozession mit den eucharistischen Gefäßen, den Reliquien und sakralen Gegenständen aus der einen Kirche in eine andere symbolisiert den definitiven Abschied. Kann sie auch die Translation von Identität bewirken? Spatialität ist eine anthropologische Kategorie, die sich nicht übertragen und wahrscheinlich auch nur unvollkommen virtuell simulieren lässt. Die Erfahrungen, die vielleicht über Jahrzehnte in und mit einem Raum gemacht wurden, sind mit ebendiesem Raum verbunden und haben mit allen Sinnen zu tun. Wer etwa nach Jahrzehnten einen bestimmten Raum wieder betritt, erinnert sich unweigerlich an Bege-

[29] Zur Problematik des Entwidmungsrituals vgl. K. de Wildt, Ritual Void or Ritual Muddle? Deconsecration Rites of Roman Catholic Church Buildings, in: Religions 11 (2020) 517 [https://doi.org/10.3390/rel11100517 (Zugriff: 23.3.2021)].

benheiten, die dort stattgefunden haben. Dies gilt nicht nur für den Innenraum, sondern bei Sakralbauten auch für das Gebäude in seiner Außenwirkung. Dabei sind es nicht nur die historischen Bauten, die Stadt und Land prägen und ihnen oft als einzige einen individuellen Charakter verleihen, sondern gerade auch die neueren Kirchen in den Stadtrandlagen, die den Neubaugebieten der Nachkriegsjahrzehnte ein Gesicht geben. Sie wegen einer lukrativen Kommerzialisierung des Bauplatzes abzureißen, ist oft nicht nur städtebaulich ein Desaster, sondern auch eine Verletzung des Heimatgefühls der Bevölkerung ringsum, und zwar nicht nur derjenigen, die die Kirche besuchen.

## 9 Umgenutzte und hybride Kirchengebäude

Der Abriss eines Kirchengebäudes darf stets nur die Ultima Ratio sein. Davor müssen zahlreiche Umnutzungsvarianten durchgespielt werden.[30] Für viele mag es unerheblich sein, was sich im Inneren eines umgenutzten Kirchengebäudes abspielt; Hauptsache für sie ist die Erhaltung des äußeren Erscheinungsbildes. Aus der Perspektive von Kunsthistoriker(inne)n ist es für das Raumerleben von Belang, ob Einbauten für neue Nutzungen zumindest noch eine Ahnung der ursprünglichen Atmosphäre zulassen. Die Denkmalpflege wird interessieren, ob die Einbauten reversibel und wichtige Ausstattungsstücke erhalten geblieben sind. Für die identitäre Funktion eines solchen Raumes ist es aber nicht unerheblich, was sich darin abspielt. Ein nur noch kommerziellen Zwecken dienender Raum, dessen sakrale Aura womöglich zusätzlich vermarktet wird, kann dieser Funktion sicherlich nicht mehr gerecht werden. Auch eine vollständige Privatisierung etwa für Wohnungen erscheint problematisch. Anders verhält es sich, wenn das Gebäude für ein Sozialprojekt umgenutzt wird. Dies können dann auch Sozialwohnungen sein. Hier bleibt zumindest eine der sinnstiftenden Dimensionen erhalten. Die vom Päpstlichen Kulturrat 2018 veröffentlichten Leitlinien für die Weiterverwendung von Kirchengebäuden, die nicht mehr im liturgi-

[30] Als Leitlinien der Deutschen Bischofskonferenz (DBK) vgl. Sekretariat der DBK (Hg.), Umnutzung von Kirchen. Beurteilungskriterien und Entscheidungshilfen (24. September 2003) (ADBK 175), Bonn 2003.

schen Gebrauch stehen, plädieren daher für deren Nutzung in einem spirituellen, kulturellen oder sozialen Kontext.[31]

In jüngerer Zeit wird die Möglichkeit einer hybriden Nutzung von Sakralräumen stärker diskutiert.[32] Erscheint sie in der evangelischen Kirche unproblematisch, so wird sie katholischerseits aufgrund des anderen Verständnisses von Sakralität als kritisch angesehen oder auch grundsätzlich abgelehnt. Damit beraubt man sich aber oft der Möglichkeit, nicht nur einen Raum weiterhin in kirchlicher Nutzung zu erhalten, sondern auch andere einzuladen, mit dem Kirchenraum und seiner Atmosphäre in Kontakt zu kommen. Die Nutzungsteilung setzt freilich voraus, dass die dort beteiligten Personengruppen auch interagieren. Hier könnten neue Formen eines sozialen Miteinanders entstehen, sodass ein Kirchenraum zu einem neuen Kristallisationspunkt in einem anonymisierten Quartier werden kann.[33] Wie sich ein solches Konzept räumlich realisieren lässt, hängt wiederum von verschiedenen Faktoren ab, nicht zuletzt von den architektonischen Gegebenheiten. Auch bei einer Entwid-

---

[31] Vgl. Päpstlicher Rat für die Kultur, Stilllegung und kirchliche Nachnutzung von Kirchen. Leitlinien, aus dem Englischen übersetzt vom Sekretariat der DBK, Nr. 4, in: https://www.deutsche-bistuemer-kunstinventar.de/images/Paepstl-Rat-Kultur-2019_LEITLINIEN-Stilllegung-u-kirchliche-Nachnutzung-von-Kirchen.pdf (Zugriff: 22.3.2021), 8–10; dazu die Kongressakten: F. Capanni (Hg.), Dio non abita più qui? Dismissioni di luoghi di culto e gestione integrata dei beni culturali ecclesiastici – Doesn't God Dwell Here Anymore? Decommissioning Places of Worship and Integrated Management of Ecclesiastical Cultural Heritage, Rom 2019. – Vgl. dazu A. Gerhards, Mit dem Pfund des kulturellen Erbes wuchern. Zu den jüngsten vatikanischen Leitlinien zur Stilllegung und Nachnutzung von Kirchen, in: Kirchenzeitung für das Erzbistum Köln, Nr. 10 vom 18. März 2019, 17.

[32] Vgl. T. Erne, Hybride Räume der Transzendenz. Wozu wir heute noch Kirchen brauchen. Studien zu einer postsäkularen Theorie des Kirchenbaus, Leipzig 2017, 122f.; dazu A. Gerhards, Transformation von Kirchenräumen. Ein zukunftsweisendes Projekt für Kirche und Gesellschaft, in: ders., K. de Wildt (Hg.), Wandel und Wertschätzung. Synergien für die Zukunft von Kirchenräumen (Bild – Raum – Feier 17), Regensburg 2017, 13–29, hier: 17–20.

[33] Ein Beispiel ist das Stadtteilzentrum Q1 in Bochum-Stahlhausen. – Vgl. Stadtteilzentrum Q1 – Eins im Quartier in Bochum-Stahlhausen. Umbau mit Nutzungserweiterung, in: Wüstenrot Stiftung (Hg.), Kirchengebäude und ihre Zukunft. Sanierung – Umbau – Umnutzung, Ludwigsburg 2017, 110–115; dazu A. Gerhards, Kirchenräume avantgardistisch bewahren, in: Heilige Kunst. Mitgliedsgabe des Kunstvereins der Diözese Rottenburg-Stuttgart 41 (2018/19) 19–31, bes. 30f.

mung des Hauptraums für die Bereitstellung zu profanen Zwecken besteht u. U. die Möglichkeit, eine Kapelle oder einen „Raum der Stille“ einzurichten, der als Identifikationsort dienen kann.[34]

## 10 Aneignung als Ansatz neuer Identitätsbildung

Kirchengebäude gehören in der europäischen Kultur zu den gesellschaftlichen Ordnungsprinzipien. Würde man sie aus dem Gefüge von Städtebau oder Landschaft entfernen, verlöre es weitgehend seine Konsistenz. Diese Omnipräsenz der Sakralgebäude und ihre dominante städtebauliche Funktion zeugen von der jahrhundertelangen privilegierten Stellung der Kirchen in den Kulturen Europas. Diese ist inzwischen Vergangenheit. Die Frage ist, wie dieses aufgrund der religionssoziologischen Entwicklung entstandene Machtvakuum gefüllt wird. Bisherige Strategien vieler Diözesen und Landeskirchen messen diesem Faktor kaum Bedeutung bei. So zieht man sich mehr und mehr aus der Fläche zurück und konzentriert sich auf wenige Zentren. Die überzähligen Standorte werden vermarktet, die Sakralbauten fremdgenutzt oder durch andere Gebäude ersetzt. Damit geht ihre ursprüngliche gesellschaftliche Bedeutung verloren.

Die rein kommerzielle Vermarktung von Sakralgebäuden ist oft nicht nur ein Verstoß gegen kirchenrechtliche Bestimmungen,[35] sondern widerspricht u. U. auch dem Sendungsauftrag der Kirche. Allzu schnell entziehen sich manche Gemeinden oder Pfarrverbände ihrer gesellschaftlichen Verpflichtung, über ihre eigenen Belange hinaus mit dafür Sorge zu tragen, dass die Umwelt zu einem menschlich gestalteten Lebensraum wird. Dies kann in einer Zeit globaler Verände-

---

[34] Vgl. K. de Wildt, R. Plum, Kirchenumnutzung [Church Reuse], in: M. Klöcker, U. Tworuschka (Hg.), Handbuch der Religionen. Kirchen und andere Glaubensgemeinschaften in Deutschland und im deutschsprachigen Raum, Bd. 2, 60. Ergänzungslieferung, Hohenwarsleben 2019, 1–30; Gerhards, de Wildt (Hg.), Wandel und Wertschätzung (s. Anm. 32); dies. (Hg.), Der Sakrale Ort im Wandel (Studien des Bonner Zentrums für Religion und Gesellschaft 12), Würzburg 2015.

[35] Zu den kirchenrechtlichen Bestimmungen vgl. C. Leonhard, T. Schüller (Hg.), Tot in die Kirche? Rechtliche und liturgische Aspekte der Profanierung von Kirchen und ihre Umnutzung zu Kolumbarien, Regensburg 2012.

rungen nicht darin bestehen, alles beim Alten bzw. den Dingen ihren Lauf zu belassen. Der Transformationsprozess, dem die Kirchen in unserer Gesellschaft unterliegen, betrifft die Gemeinden und ihre Immobilien gleichermaßen. Kirchengebäude werden dabei aber überwiegend negativ konnotiert. In den pastoralen Konzepten und Zukunftsentwürfen der Bistümer sind sie meistens entweder methodisch ausgeklammert oder als Problemfälle verbucht. Potenziale werden ihnen nicht zugetraut. Dabei könnten sich gerade in ihnen und in ihrem Umfeld Prozesse in Gang setzen lassen, die zu neuen Sozialisationsformen und damit auch zu neuer Aneignung des Raums als Identifikationsfaktor führen. Dazu lassen sich Beispiele nennen.[36] Der Beginn eines solchen Prozesses kann z. B. das temporäre Leer-Räumen des Kirchenschiffs sein, um ein anderes Raumerleben sowie neue Formen liturgischer und außerliturgischer Interaktion im Raum zu erproben. Auf diese Weise geschicht Aneignung des Raums durch die bisherigen Nutzer(innen) und durch neue Personengruppen, die mit der traditionellen Gemeinde möglicherweise erstmals in Kontakt treten. Dies wird umso leichter gelingen, je besser die Nutzungserweiterung mit dem diakonischen Grundvollzug der Kirche korrespondiert. Hier erweist sich die organisatorische und oft auch weltanschauliche Ferne von Caritas bzw. Diakonie zu den Kirchengemeinden als eine fatale Fehlentwicklung in der reichen Kirche Deutschlands. Die Wiederannäherung von Kirche und diakonischem Engagement wäre ein Gewinn für beide Seiten. Allerdings ist man sich seitens der Gemeinden und Kirchenleitungen dessen oft nicht bewusst, da man sich dem Anspruch des Evangeliums für das Handeln im konkreten Leben anscheinend nicht stellen will. So wurden schon manche zukunftsweisende Nachnutzungen von Kirchengebäuden für karitative Zwecke verhindert.[37]

---

[36] Vgl. etwa das Projekt „St. Maria als …" in Stuttgart, in: http://st-maria-als.de (Zugriff: 23.3.2021); zu diesem Ansatz auch M. Schüßler, Mit Gott neu beginnen. Die Zeitdimension von Theologie und Kirche in ereignisbasierter Gesellschaft (PTHe 134), Stuttgart 2013.

[37] Zur ursprünglich geplanten Nachnutzung von St. Elisabeth in Aachen – jetzt *Digital Church* – als Caritas-Zentrum vgl. A. Gerhards, Alte Kirchen versilbern? Umnutzung von Sakralgebäuden, in: HerKorr 72 (3/2018) 40–43.

## 11 Raumidentität als interaktiver Prozess: die drei *Player*

Die identitäre Qualität eines Kirchenraums ist im Feld der Interaktion von drei Komponenten zu bedenken. Ich habe dies am Beispiel der romanischen Kirche St. Gereon in Köln dargestellt.[38] Diese besteht im Kern aus einem spätantiken Zentralbau, der über einem Gräberfeld errichtet wurde. Seit fränkischer Zeit werden die Märtyrer der Thebäischen Legion, Gereon und seine Gefährten, dort verehrt. Bis zur Säkularisation wurde die Kultstätte von einem Stiftskonvent betreut, seitdem ist sie Pfarrkirche. Bei einem dynamischen Raum- und Identitätsverständnis ist nach den Aktionen im Raum oder nach seiner „Funktionalität" zu fragen, die drei Dimensionen hat: material, formal und personal. Diesen Dimensionen der Funktionalität entsprechen jeweils Identitäten. Die „materiale Identität" eines Kirchengebäudes hängt wie bei jeder Immobilie wesentlich am Standort.[39] Bei einer Kirche, die über Märtyrergräbern errichtet ist wie St. Gereon, spielt der Standort eine besondere Rolle. „Heilige Orte" als Ziel oder Station einer Wallfahrt haben aber durch die Zeiten hindurch einen kontinuierlich hohen Stellenwert.[40]

Markanten Kirchengebäuden kommt für das Stadtbewusstsein eine große Bedeutung zu. Unzweifelhaft dienten sie innerhalb einer Stadttopografie in der Regel zugleich religiösen wie außerreligiösen Zwecken. Diese sind freilich kaum voneinander zu trennen. Kirchenstiftungen z. B. dienten einerseits der Sicherung des Seelenheils, andererseits aber auch der ruhmreichen Memoria der Stifter(innen). Dedikationen, Patrozinien und ihre Festorganisationen, die gesamte liturgische Ordnung kann man zur „formalen Funktionalität" zäh-

---

[38] Vgl. A. Gerhards, St. Gereon – Identität eines Kirchenraums im Wandel der Geschichte, in: Odenthal, Gerhards (Hg.), Märtyrergrab – Kirchenraum – Gottesdienst (s. Anm. 20), 9–23.

[39] Die Identitätsproblematik ist ablesbar an Umsiedlungsprojekten im rheinischen Braunkohlegebiet, wo es zwar nicht zu Translozierungen ganzer Kirchengebäude kam, jedoch zur Übernahme zahlreicher Einrichtungsstücke in die neue Architektur. Dem Kirchenraum kommt hier die Rolle eines „Identifikationsobjekts" zu. – Vgl. A. Künzel, Kirche bauen – Gemeinde bilden. Zur Beziehung von Architektur, Kunst und Liturgie im Leben katholischer Pfarrgemeinden. Fünfzehn Skizzen aus dem Bistum Aachen, Darmstadt 1996, 104–117.

[40] Vgl. O. Krüger u. a., Wallfahrt/Wallfahrtswesen, in: TRE 35 (2003) 408–435, bes. 431–435.

len. Die „personale Funktionalität" erweist sich in der adäquaten Nutzung durch bestimmte Personengruppen. Der Funktionalität entspricht jeweils eine Identität. Dabei ist stets das Strukturmodell von Identität und Differenz im Blick zu behalten: Wie verhält es sich mit der formalen Identität bei einem Traditionsabbruch, etwa in der Säkularisation? Zweifellos wandelt sich die personale Identität durch die Mutation von der Stifts- zur Pfarrkirche. Die liturgischen Ordnungen des Stiftes werden außer Kraft gesetzt. Manches wird aber in veränderter Form übernommen. Welche Auswirkungen hat dies auf die materiale Identität? Die Zahl der Altäre wird sich verringern, dafür braucht die Gemeinde ihren Versammlungsraum samt entsprechendem Gestühl und eigenen Andachtsorten.

Die aus der Historie gewonnenen Erkenntnisse lassen sich auf die neue Nutzung von außer Dienst gestellten Kirchengebäuden anwenden. Es geht darum, die Potenziale der Kirchengebäude, der darin sinnvoll zu vollziehenden Handlungen sowie der möglichen Personengruppen zu erkunden. Dies kann in einer Phase des Experimentierens in einer Zeit des Übergangs geschehen, an deren Ende möglicherweise etwas Neues steht, das vorher noch nicht erahnt werden konnte. In seiner großen Studie „Sakralbauten. Bedeutung und Funktion in säkularer Gesellschaft" spricht Maximilian Gigl (* 1989) am Ende in Anlehnung an Friedrich Nietzsche (1844–1900) von der Chance, Sakralbauten als „offene Gräber" in der säkularen Gesellschaft zu begreifen.[41] Wenn sie offene Orte der Begegnung sind, dann können sie auch zu Orten und Räumen österlicher Identität werden.

---

[41] Vgl. M. Gigl, Sakralbauten. Bedeutung und Funktion in säkularer Gesellschaft (Kirche in Zeiten der Veränderung 3), Freiburg i. Br. 2020, 522f.

# Gegenseitige Achtung in respektvoller Distanz

## Zwischenruf aus der Kunst-Station Sankt Peter Köln

*Guido Schlimbach*

Wenn ich etwas über die Bedeutung von zeitgenössischer Kunst für die Identität von Kirche und Liturgie sagen soll, kann ich diese Überlegungen nicht abgelöst von den über 20 Jahren anstellen, in denen ich mich in der Kunst-Station Sankt Peter Köln als Mitglied der Gemeinde, als Mitfeiernder der Liturgie und als Kunstkurator an diesem geschichtsträchtigen Ort engagiere. Die Kunst-Station ist ein offener Raum, in dem Kunst und Kirche, Kunst und Religion, Kunst und Glaube aufeinandertreffen.

In dieser romanisch-spätgotischen Kölner Pfarrkirche hat die Beschäftigung mit der Kunst im Laufe der Jahre vielfach Früchte getragen – mit einem anspruchsvollen Ausstellungsprogramm aktueller Kunst, einer Folge von jährlich bis zu 60 Konzerten neuer Musik und mit einem architektonischen und ästhetischen Konzept, das spirituelles und künstlerisches Leben und Empfinden miteinander verbindet. Dieser besondere Raum beeinflusst die Feier der Liturgie ebenso wie die Ausstellungen und Konzerte.[1]

Und über Kunst, Kirche und Identität kann man nicht schreiben, ohne den „garstigen Graben" zwischen zeitgenössischem Kunstschaffen und der Kirche zu benennen. Es reicht eben nicht, ein paar Bilder in die Kirche zu hängen oder die Kirche als spannenden Ausstellungsraum zu nutzen. Um heute als religiöses und kulturelles Angebot glaubwürdig auftreten und damit eine wirkliche Alternative zu vielfach anzutreffenden Nischen gestriger Milieus anbieten zu können,

---

[1] Für grundlegende Überlegungen dazu vgl. G. Schlimbach, Für einen lange währenden Augenblick. Die Kunst-Station Sankt Peter Köln im Spannungsverhältnis von Religion und Kunst (Bild – Raum – Feier 7), Regensburg 2009; in der Folge: S. C. Kessler, Zurückhaltung beim Übersetzen – Kulturelle Differenz in der Kirche als Ermöglichung neuer Offenheit, in: PrKat 158 (2019) 570–579; ders., Missionarisch durch den Verzicht auf Mission. Gegenwärtigkeit als ästhetischer und pastoraler Stil der Kunst-Station Sankt Peter Köln, in: https://www.euangel.de/ausgabe-3-2019/aesthetik/kunst-station-sankt-peter-koeln (Zugriff: 7.3.2021).

muss sich Kirche den Herausforderungen der kulturellen Themen von heute auf dem ästhetischen Niveau der Gegenwart stellen.

Abb. 1: Die Kunst-Station Sankt Peter Köln ist ein offener Raum, in dem Kunst und Glaube aufeinandertreffen.
*Foto: Engelbert Reineke, Kunst-Station Sankt Peter Köln 2008.*

## 1 Gemeinsamkeiten autonomer Gesellschaftsbereiche

Grundlage der Auseinandersetzung mit den Ausdrucksmöglichkeiten aktueller Kunst in Sankt Peter ist die Anerkennung des problematischen Verhältnisses von Kirche und bildender Kunst seit der Neuzeit. Zugegeben, auch andere Kulturbereiche tun sich schwer mit der Kunst. Offenbar gegensätzlich erscheinen der freie und der in einer Institution gefasste Geist. „Kunst stößt an, treibt voran und legt Wunden bloß. Institutionen verteidigen, rechtfertigen und arrangieren sich“[2], so der Begründer der Kunst-Station Sankt Peter, Friedhelm Mennekes (* 1940). Kunst und Kirche sind Sinnbereiche,

[2] F. Mennekes, Neue Kunst in alten Kirchen. Über die Konzeption und Erfahrungen in der Kunst-Station Sankt Peter Köln, in: ders., Künstlerisches Sehen und Spiritualität, Zürich – Düsseldorf 1995, 188–215, hier: 188f.

die vielfältig miteinander verflochten waren, inzwischen aber zumeist auf Distanz bleiben. Basiert die Kirche auf tradiertem Offenbarungsgeschehen, muss die Kunst ihre Grundannahmen jeweils neu erringen – oder, anders ausgedrückt: „[W]ährend christliche Verkündigung an den Kanon der biblischen Tradition gebunden bleibt, sind die Künste frei“[3], so der heutige Pfarrer von Sankt Peter, Stephan C. Kessler (* 1959).

Die Kunst bezieht ihre Inspiration weitgehend aus nichtreligiösen Quellen und erfährt theoretische Hilfestellung von ästhetischen Disziplinen, der Philosophie, der Kunstgeschichte oder anderen Wissenschaften. Die Theologie hingegen hat wenig oder gar keinen Einfluss mehr. Viele Künstler(innen) schaffen es, den Menschen und seine gegenwärtige Situation authentisch zu interpretieren; eine Nähe zur Religion, schon gar zur Kirche, nehmen heute nur noch wenige für sich in Anspruch.

Um das Verbindende von Kunst und Religion zu benennen, muss man beide zunächst als Teilbereiche unserer Kultur erfassen. Anthropologisch betrachtet ist Kultur alles, was nicht von der Natur vorgegeben, sondern vom Menschen geschaffen ist.[4] Die soziologische Definition von Kultur geht freilich weiter und beschreibt die Gesamtheit der Lebensformen, Wertvorstellungen und der von Menschen geschaffenen Lebensbedingungen einer Bevölkerungsgruppe innerhalb eines historisch und regional definierten Bereichs und eines bestimmten Zeitraums. Dazu gehören alle aus der Vergangenheit übernommenen und dann weiterentwickelten und veränderten natürlichen Gestaltungsformen der Umwelt, das Wissen um die gesetzmäßig ablaufenden Prozesse der Natur und ihre Nutzung, die daraus entstandene Technik und Wissenschaft, alle Ideen, Werte und Ideale, Sinngebungen und Symbole, Methoden und Institutionen des gesellschaftlichen Zusammenlebens.[5]

---

[3] Kessler, Missionarisch durch den Verzicht auf Mission (s. Anm. 1).

[4] Zur philosophisch-anthropologischen Definition vgl. H. J. Türk, Kultur. I. Philosophisch-anthropologisch, in: LThK[3] 6 (1997) 514f.

[5] Vgl. K.-H. Hillmann, Wörterbuch der Soziologie, Stuttgart [5]2007, 471f.; darüber hinaus: W. Perpeet, Kultur, Kulturphilosophie, in: HWPh 4 (1976) 1309–1324; H. Brackert, F. Werfelmeyer (Hg.), Kultur. Bestimmungen im 20. Jahrhundert (Edition Suhrkamp 1587), Frankfurt a. M. 1990.

In der Kultur werden individuelle Erfahrungen aus ihrem jeweiligen Kontext gelöst, objektiviert und in einen theoretischen und allgemein verständlichen Zusammenhang gebracht, um alle Erkenntnisse, Erfahrungen, Lebensstrategien und Weisheiten einer Gesellschaft bzw. einer Kultur kollektiv aufzuheben, vermittelbar und damit auch tradierbar zu machen. Die wesentliche Funktion der Kultur besteht im Übersteigen der individuellen, in Raum und Zeit gemachten Erfahrung. Religion, Wissenschaft und Kunst, vor allem aber die Sprache ermöglichen dem Einzelnen, Standpunkte zu beziehen und sich auf sie festzulegen und somit Weltanschauungen oder „Sinnwelten" zu entwickeln.[6] Hier findet das Individuum zu sich selbst, kann Antworten auf Fragen finden, die über seinen eigenen Erfahrungshorizont hinaus reichen, Leid ertragen und Sinn in seiner Freiheit erkennen. Beide, Religion und Kunst, beschäftigen sich als kulturelle Erscheinungen mit den Fragen der Gesellschaft und mit dem Individuum in der Gesellschaft. Dies ist die große Gemeinsamkeit der ansonsten inzwischen getrennten Kulturbereiche.

Unterstützten in zurückliegenden Jahrhunderten Religion und Kunst den Menschen in seiner Suche nach Sinn, indem sie ihm Anregung und Provokation anboten, ist diese Einheit seit der Moderne zerbrochen. Im pluralistischen Sinn kann allenfalls noch von einem Nebeneinander die Rede sein. Seit der Aufsplitterung der Gesellschaft in relativ autonome Teilbereiche wie Politik, Wirtschaft und eben Religion und Kunst schreiten die Differenzierung und Spezialisierung in den einzelnen Sinnzonen voran.[7] Auch wenn die soziologische Trennung der beiden Bereiche längst vollzogen ist, verfolgen Religion und Kunst existenzielle Fragen, was für die Kunst-Station

---

[6] Zum Begriff „Sinnwelt" vgl. den wissenssoziologischen Ansatz von Thomas Luckmann (1927–2016) in: P. L. Berger, T. Luckmann, Die gesellschaftliche Konstruktion der Wirklichkeit. Eine Theorie der Wissenssoziologie, übersetzt von M. Plessner (Fischer-Taschenbücher 6623), Frankfurt a. M. 1980, bes. 98–138. Luckmann stellt in diesem mit Peter L. Berger (1929–2017) verfassten Überblick statt großer Ideologien und Weltanschauungen die Alltagswelt und die Wahrnehmungsweisen der in ihr lebenden Menschen in den Mittelpunkt der Analyse. Systematisch beschreiben sie die intersubjektiven Prozesse, in denen die Menschen ihr Wissen um die Welt und die Umwelt erwerben, dieses gesellschaftlich manifestieren, kontrollieren und tradieren.

[7] Vgl. dazu auch Mennekes, Neue Kunst in alten Kirchen (s. Anm. 2), 190.

Sankt Peter *der* entscheidende Grund ist, Künstler(innen) im sakralen Kontext auszustellen.

## 2 Ästhetische und religiöse Erfahrung autonomer Kunstwerke

Die oben beschriebene Religiosität geht offenbar längst nicht mehr allein im Glauben, in der Theologie und in der Liturgie der Kirche auf. Und wie die Kunst sich in die freie ästhetische Produktivität der Künstler(innen) verlagerte, so verlagerte sich auch die christliche Religion in die kirchlich weitgehend ungebundene Transzendenzgläubigkeit der Menschen.[8] Zumindest das in diesem Sinne individuelle Christentum könnte also neue Koalitionen mit der autonomen Kunst eingehen, wobei es über keine objektiven Inhalte verfügt, wie sie die Kunst und die Kirche über Jahrhunderte miteinander verbunden hat. Die Kunst liegt allein in der Hand der Künstler(innen), deren Werke eben nicht mehr der religiösen Andacht und Verehrung oder der Belehrung und Unterweisung dienen, sondern ausschließlich Vorgaben der Ästhetik folgen. Wenn gleichzeitig auch die Religion zur Privatsache wird, wenn Glaube nur mehr individuell und subjektiv zu sein scheint, sind für das Verbindende und Trennende von Kunst und Glaube die individuellen Erfahrungen, die in und mit der Kunst und der Kirche gemacht werden, entscheidend[9] – eine Konstruktion von Kunst, die im Gegensatz zur Religion die Rezipient(inn)en außen vor lässt.

Die offene Frage ist, inwieweit nicht nur ästhetische, sondern auch religiöse Erfahrungen mit den Kunstwerken gemacht werden können.

> „Das Ästhetische dabei ist der transrationale und transpragmatische Bezug auf die subjektive Bestimmtheit, das Gefallen, die

---

[8] Vgl. W. Gräb, Kunst, die zum Kult wird. Zum Verhältnis von ästhetischer und religiöser Erfahrung, in: U. Schedler, S. Tauss (Hg.), Kunst und Kirche. Beiträge der Tagung Kunst und Kirche, 20.–22. September 2000 in Osnabrück (Kulturregion Osnabrück 19), Osnabrück 2002, 77–98.

[9] Vgl. W. Gräb, Kunst und Religion in der Moderne. Thesen zum Verhältnis von ästhetischer und religiöser Erfahrung, in: J. Herrmann, A. Mertin, E. Valtink (Hg.), Die Gegenwart der Kunst. Ästhetische und religiöse Erfahrung heute, München 1998, 57–72.

> Lust, welche die durch Kunstwerke vermittelte Weltinterpretation erzeugt."[10]

Die Kunst ist an der nichtsprachlichen Ausprägung der Gefühle und Identität beteiligt, sie kann eine Deutung von Wirklichkeit vermitteln, die möglicherweise sinnlich das Innerste berührt und gleichzeitig unmittelbar auf sich selbst beziehen lässt. Ebenso vermittelt die religiöse Erfahrung eine solche Weltdeutung, anders als die ästhetische führt sie jedoch zu einer expliziten Ausdeutung dieser Gefühle. Der Linzer Theologe Günter Rombold (1925–2017) räumt ein, dass Kunst und Religion oft mit ähnlichen Fragen zu tun hätten. Beide bildeten aber eigene Bereiche, hätten eine eigene Sprache und ihre eigene Bedeutung. Während es in der Kunst darum gehe, eine konkrete Gestalt für Probleme zu finden, sei die Religion in erster Linie eine existenzielle Auseinandersetzung mit den Problemen des Lebens und impliziere immer auch so etwas wie Nachfolge. Das könne man in diesem Sinne von der Kunst nicht behaupten.[11]

Am konkreten Ort der Kunst-Station Sankt Peter Köln kann die ästhetische Erfahrung, die ein Kunstwerk vermittelt, im sakralen Raum durchaus „religiös" verstanden werden. Dies hängt aber von der entsprechenden Ausdeutung der Betrachtenden ab, denn die Künstler(innen) wollen diese ja nicht zwingend vermitteln. Anders als das von der Kirche losgelöste, neu formierte Christentum, bei dem sich das Religiöse nicht mehr an klaren Inhalten, einer bestimmten Ikonografie oder einer definierten Sprache orientiert, trifft sich die Gemeinde von Sankt Peter im liturgischen Rahmen. Der religiöse Gehalt der Kunst ist selbstverständlich eine Frage der Interpretation von Erfahrungen und damit der Stimmung, in die jene die Betrachtenden versetzt. Diese Erfahrungen korrelieren am konkreten Ort aber mit der gefeierten Liturgie, der vorgetragenen Predigt, dem Zusammenspiel von Raum, Licht, Bewegung, Sprache und Musik. Es ist daher durchaus wahrscheinlich, dass eine religiöse

---

[10] Gräb, Kunst, die zum Kult wird (s. Anm. 8), 79. Zu klären bliebe, ob Wilhelm Gräb (* 1948) nicht vielmehr „ultrapragmatisch" meint.

[11] Vgl. G. Rombold, Autonomie, Spiritualität und Transzendieren des Kunstwerks. Im Gespräch mit Johannes Rauchenberger und Alois Kölbl, in: KuKi 68 (2005) 228–235, bes. 229.

Deutung der ausgestellten Kunst evoziert wird, auch wenn dies nicht in der Absicht der Ausstellenden liegt.

Zeitgenössische Kunst dient primär nicht mehr der religiösen Verehrung, sie präsentiert keine objektiv vorgegebenen Inhalte einer transzendentalen Wirklichkeit und symbolisiert kein übernatürliches Heilsgeschehen, allerdings kann sie diese zitieren. So beziehen sich die in die Kunst-Station eingeladenen Künstler(innen) z. T. konkret auf den Raum, auf dessen Geschichte, Anlage oder Kunstwerke. Eine Sakralität kommt den Arbeiten allerdings nicht zu. Auch als Inhalt der Predigt eignen sich die zeitgenössischen Bilder nicht. Inwiefern sie aber neue Einsichten vermitteln, neue – nicht nur ästhetische – Erfahrungen ermöglichen, hängt wesentlich von den einzelnen Besucher(inne)n von Sankt Peter ab, sei es während der Liturgie oder außerhalb der Gottesdienste in Stille, sei es als Gruppe oder als Einzelne. Und es darf erwähnt werden, dass einem solchen Kunstwerk, indem es im sakralen Raum gezeigt wird, eine völlig neue Qualität zukommt, die es nie hätte, würde es stattdessen im Museum, in einer Galerie oder im öffentlichen Raum ausgestellt.

## 3 Das Belebende der kulturellen Differenz

Die Kunst-Station Sankt Peter will die Gegenwartskunst nicht einfach für die christliche Verkündigung einspannen, betont Stephan C. Kessler.[12] Vielmehr bietet sie einen offenen Raum, in den Kunstschaffen sowie Gemeindeleben eintreten können und in dem Kirche einen neuen Stil der Gastfreiheit gewinnt. Anders als die besonders im protestantischen Raum verbreiteten „Kulturkirchen“ sucht die Kunst-Station Sankt Peter nicht mehr die Begegnung von Kunst und Kirche. Es geht um anderes, vielleicht um mehr. Die Verbindung von Kirche und Kunst ist – wie oben beschrieben – längst zerrissen. Sie scheint bis heute trotz zahlloser versöhnlicher Initiativen von beiden Seiten nicht wieder herstellbar. Allzu oft führt der von rückwärtsgewandten Sehnsüchten bestimmte Versuch nach einer Versöhnung von Kirche und Kunst in ausweglose Aporien oder zu stilarmen Übergriffigkeiten. Dem Aachener Künstler und Priester

[12] Vgl. Kessler, Missionarisch durch den Verzicht auf Mission (s. Anm. 1).

Herbert Falken (* 1932) ist deshalb unbedingt zuzustimmen, wenn er unideologisch und lapidar feststellt, dass „das Thema christlicher Kunst […] abgehakt“[13] sei.

> „Die Kunst-Station möchte anders als ein Museum, aber in vergleichbarer Professionalität, respektvoller Distanz und gegenseitiger Achtung den Raum eröffnen, in dem sich der überlieferte Glauben und die zeitgenössische säkulare bzw. nachchristliche Kultur einander aussetzen. Es geht um nicht mehr und nicht weniger als das vorurteilsfreie Sich-einander-Aussetzen. Wehrlos stehen sich im Kirchenraum von Sankt Peter Kunst und Glaubenspraxis gegenüber. Unter dem gleichen Dach treffen sie aufeinander. Sie teilen den gleichen Raum. Gottesdienst wird im von Skulpturen verstellten Raum gefeiert und säkulare Bilder finden sich von Weihrauchschwaden der Liturgie vernebelt. Es geht nicht um ein Nacheinander von Gottesdienst und Kunst, sie wirken ineinander und auch aufeinander, achten aber auf ihre jeweilige Freiheit. Die ehrliche Konfrontation von Religion und Ästhetik ist angezielt, die sich jeder vorschnellen gegenseitigen Interpretation entzieht.“[14]

Das vorurteilsfreie Aushalten der kulturellen Differenz macht Sankt Peter zu einem Ort des praktischen Diskurses, in dem Kunst und Religion ihre je eigene Sprache sprechen. Die leicht ambivalente Spannung verleiht sowohl den künstlerischen Positionen als auch dem gefeierten Gottesdienst eine neue, unvermutete Relevanz. Das präsentische Wort der biblischen Offenbarung, das den jüdischen und christlichen Gläubigen anvertraut ist, erhält als gesprochenes Wort in der auf viele sensorische Reize ausgerichteten Gegenwartskultur eine eigene Leichtigkeit. Die kulturelle Differenz wirkt belebend. Denn normalerweise sind kirchliche Milieus nur wenig auf die Begegnung mit der gegenwärtigen Welt ausgerichtet.

---

[13] H. Falken, Ohne Zeichnen fällt mir nichts ein. Stefan Kraus und Philipp Wittmann im Gespräch mit Herbert Falken, in: Erzbischöfliches Diözesanmuseum Köln (Hg.), Herbert Falken. Arbeiten der 70er und 80er Jahre (Kolumba 1), Köln 1996, 46. Vgl. auch S. Kraus, „Das Thema christliche Kunst ist abgehakt“. Überlegungen zum Verhältnis von Ästhetik und Seelsorge (Freiburger Impulse: Kunst Kultur Kirche 1), Freiburg i. Br. 2018.

[14] Kessler, Missionarisch durch den Verzicht auf Mission (s. Anm. 1). – Vgl. dazu auch ders., Du vide et de l’acceuil. L’Espace des Arts Sankt Peter Köln, in: Choisir 693 (2019) 55–58.

Vor allem der im 19. Jahrhundert verordnete Rückzug der Kirche in die Sakristeien und damit in restaurative Gegenwelten hat vielfach in dezidiert antimoderne Gettos geführt. Sozialpolitische und erst recht ästhetische Gegenwartsströmungen waren im Binnenraum der Kirche bzw. der Liturgie qua ihrer Aktualität suspekt. Auch wenn in der Folge des Zweiten Vatikanischen Konzils (1962–1965) versucht wurde, konfessionelle Milieuenge und kirchliche Sonderwelten aufzubrechen, fand die Kirche auf künstlerischem Gebiet nur mühsam Anschluss an die weitgehend säkularen Gegenwartskulturen.[15]

Die Kunst-Station Sankt Peter Köln versteht sich als Ort der vom Konzil geforderten Aktualisierung des *Aggiornamento* und damit – möge es im Sinne des Erfinders sein oder nicht – als hier verorteter Beitrag zum „Pastoralen Zukunftsweg“ des Erzbistums Köln.[16] Die folgende kurze Darstellung dreier Ausstellungsprojekte, die alle in der Taufkapelle von Sankt Peter[17] realisiert wurden, mögen dies beispielhaft belegen.

### 3.1 Christian Boltanski: Memoria

Für den französischen Künstler Christian Boltanski (* 1944) ist die Erinnerung zentrales Element seines Schaffens. Die Nachlässe Verstorbener, die sog. *inventaires*, die er in den 1970er-Jahren sichtete und inszenierte, die dunklen Installationen mit Fotos, Kleidungsstücken und Archivkästen, die in vielen wichtigen Museumssammlungen vertreten sind – sie zeugen von seiner Auseinandersetzung mit Trauer, Tod, Verdrängen und Erinnerung.[18] In seinen Arbeiten greift

---

[15] Vgl. Kessler, Missionarisch durch den Verzicht auf Mission (s. Anm. 1).

[16] „Mit dem Pastoralen Zukunftsweg lädt das Erzbistum Köln alle Menschen ein, die Kirche von morgen mitzugestalten. Gott will gemeinsam mit uns in die Zukunft gehen. Er macht uns zu seinem Volk auf einem gemeinsamen Weg durch die Zeit. So werden wir eine Kirche, die noch stärker als bislang auf die Zeichen der Zeit achtet, sie im Licht des Evangeliums deutet und daraus lernen will.“ (Gemeinsam nach vorne gehen. Der Pastorale Zukunftsweg im Erzbistum Köln, in: https://www.zukunftsweg.koeln [Zugriff: 7.3.2021])

[17] Die Kapelle des Kirchturms, der um 1170 gebaut wurde und in dem sich heute das Taufbecken aus dem Jahr 1569 befindet, ist der älteste zugängliche Ort in Sankt Peter.

[18] Vgl. U. M. Schneede (Hg.), Christian Boltanski, Inventar. Katalog zur Ausstellung vom 12. April bis zum 9. Juni 1991 in der Hamburger Kunsthalle, Hamburg

Abb. 2: Christian Boltanski (* 1944) inszeniert die Namen der 1 713 Getauften, die an dieser Stelle binnen 60 Jahren das Sakrament empfangen haben.
*Foto: Karl Wilhelm Boll, Kunst-Station Sankt Peter Köln 2001.*

Christian Boltanski stets Namen oder Fotografien zahlloser Lebender wie Verstorbener auf. Der Name ist untrennbar mit einem Individuum verbunden, er macht es unterscheidbar, benennbar. Im Zentrum von Boltanskis Werks steht das tiefe Empfinden, „dass wir alle einzigartig sind und keiner von uns einen anderen ersetzen kann. Es ist die Frage nach der Identität.“[19] Der Künstler entschied sich im

1991; T. Lentes, Liturgien des Verschwindens. Materialreferenz in Kunst und Religion, in: B. Jussen (Hg.), Signal – Christian Boltanski (Von der künstlerischen Produktion der Geschichte 5), Göttingen 2004, 59–82.

[19] C. Boltanski im Gespräch mit F. Mennekes, in: V. Scheibler, K. Danch (Hg.), Christian Boltanski, lichtmesz. Katalog Kunst-Station Sankt Peter, Köln 2001, [o. S.].

Rahmen seiner Ausstellung „lichtmesz" im Frühjahr 2001, in der Taufkapelle von Sankt Peter im romanischen Kirchturm die Namen der hier Getauften auf die umlaufenden Wände zu installieren.

Das aktuell geführte Taufbuch der Pfarrei beginnt im Jahr 1941 und verzeichnet in den 60 Jahren bis 2001 insgesamt 1 713 Taufen. Eine an sich nicht ungewöhnlich hohe Zahl, die von vielen Gemeinden bei Weitem übertroffen wird. Zu bedenken ist aber, dass Sankt Peter zwar vor dem Zweiten Weltkrieg (1939–1945) die zweitgrößte Innenstadtgemeinde war, dass aber von den vor dem Krieg 7 500 Mitgliedern bei Kriegsende nur noch 50 in der Gemeinde wohnhaft waren; heute sind es um die 400. „Was geschah mit all diesen Menschen?", fragte sich Boltanski beim Aufbringen der Namensschilder auf die Wand. „Wo leben sie jetzt, was arbeiten sie, glauben sie, leben sie überhaupt noch?" 1 713 Namen stehen für ebenso viele Individuen. Sie stehen auch stellvertretend für die Tausenden, die zuvor schon hier getauft wurden, und für alle, die sich noch heute diesem Ort verbunden fühlen. Sie alle kommen mit ihren individuellen Bedürfnissen und Anliegen an diesen Ort, um ihre Fragen zu stellen, genau wie der Künstler mit seiner Installation.

### 3.2 Jack Pierson: Identität

Der US-amerikanische Künstler Jack Pierson (* 1960) konfrontierte die Besucher(innen) von Sankt Peter im Herbst 2009 mit eigenartigen „Selbstporträts". Auf einem großformatigen Foto war ein kleiner nackter Junge zu sehen, nicht älter als drei Jahre, der mit einer Streitaxt gewalttätig auf Holzscheite einschlug; daneben zwei Jugendliche, die mit nacktem Oberkörper vor der Kamera posierten, der eine keck, provozierend grinsend, der andere seine Wut kontrollierend und feindselig.[20] Sollten das tatsächlich Porträts des Künstlers sein? Wohl kaum. In seinen sog. *Self-Portraits* führt Pierson Jungen vor, die in für ihr Alter untypischen Positionen irritierend inszeniert sind. Nach näherer Betrachtung dieser farbschönen *Pigment Prints* wird deutlich, dass die Außen- vielmehr die Innenperspektive spiegelt. Die Arbeiten sind bloße Imaginationen des Künstlers, die er mithilfe von Models visualisiert.[21]

---

20 Vgl. R. D. Marshall, Jack Pierson. Desire Despair, New York 2006, 180–183.

21 Vgl. R. Goldmann, ANYONE. Leporello zur Ausstellung, Köln 2009, [o. S.].

Abb. 3: Was ist Einzigartigkeit? Was ist prägend im Leben? Was ist Identität? Jack Piersons (* 1960) Wortobjekt „ANYONE" in der Taufkapelle von Sankt Peter.
*Foto: Stephan Brendgen, Kunst-Station Sankt Peter Köln 2009.*

Neben diesen Fotoarbeiten waren auf der Kirchenempore weitere Werke zum Themenkomplex der Identität ausgestellt. In einem großformatigen Doppelporträt eines Mannes aus Grafit, Sprühlack und Kreide sowie weiteren Grafitzeichnungen variiert der Künstler das Bild eines Menschen aus abstrakt vielschichtigen Perspektiven. Sie zeigen Köpfe und Gesichter, übereinander gelagert, auf andere Körperteile geblendet, Porträts voller Unsicherheit und Zwiespältigkeit. Bei dem Dargestellten handelt es sich um den amerikanischen Bildhauer Tom Burr (* 1963), der sich in seinem Werk ebenfalls mit der Konstruktion von Identität auseinandersetzt, um die es auch Pierson geht.

Wer bin ich? Diese Frage stellen sich nicht nur pubertierende Jugendliche, auch Kleinkinder probieren sich aus, um ihr Temperament und ihre Emotionen äußern oder im Zaum halten zu können. Die Frage nach der eigenen Identität ist eine Aufgabe, die sich durch alle Lebensalter zieht. Die Ausstellung mündete in der Taufkapelle, wo das aus verschiedenen Buchstaben alter Werbeschriften gebildete Wortobjekt „ANYONE" hing. *Anyone* – irgendeiner, irgendjemand, jemand? Was ist Einzigartigkeit? Was ist prägend im Leben? In der Taufe, so glauben Christ(inn)en, verleiht Gott das Siegel des Einzigartigen. Die Getauften erhalten nicht nur Anteil am Leben Jesu Christi, sie erfahren auch, dass sie mehr sind als nur das biologische Produkt ihrer Eltern, dass jede(r) Einzelne ein Kind Gottes ist. Die Taufe macht aus *anyone someone*.

Piersons Arbeiten reflektieren Identität als dynamisches Ganzes, das der Fragmentierung, Veränderung und Kommunikation unterliegt. Die Ausstellung bot vielfach Gelegenheit, über das Individuum und seine Mitmenschen in unserer Gegenwart ins Gespräch zu kommen. Dass Fragen wie Intimität und Schutz, Voyeurismus und Missbrauch von den Besucher(inne)n gerade vor den fotografischen Selbstporträts zur Sprache kamen, erscheint aus heutiger Sicht für 2009 – zwei Jahre vor der Aufdeckung zahlloser sexueller Übergriffe und sexualisierter Gewalt innerhalb der Kirche – geradezu prophetisch.

### 3.3 Susanna Schoenberg: Grenzüberschreitung

Als letztes Beispiel soll die Spiegelarbeit „Monitoring Outlines" der deutschen Medienkünstlerin Susanna Schoenberg (* 1967) beschrieben werden, die um die Jahreswende 2018/19 im Kontext des Kölner Krippenwegs gezeigt wurde. Die Kunst-Station Sankt Peter beteiligt sich an diesem eher traditionellen Krippengang durch die Kölner Innenstadt gern mit Installationen, die nicht einer figürlichen Weihnachtsdarstellung entsprechen und auf andere Weise das in dieser Zeit bedachte Geheimnis der Inkarnation berühren. Hier ist es das Thema „Grenzen und deren Überschreitung". Mit Blick auf die Installation wird dieser Grenzfall plausibel, wenn sie und die Botschaft der Menschwerdung Gottes aufmerksam nebeneinander betrachtet werden.[22]

[22] Vgl. Kessler, Zurückhaltung beim Übersetzen (s. Anm. 1), 578f.

Abb. 4: Susanna Schoenberg nimmt mit der Installation ihrer kunstvollen Spiegelarbeiten „Monitoring Outlines" im Mittelmeer dokumentierte, nicht autorisierte Grenzübertritte in den Blick.
*Foto: Susanna Schoenberg, Kunst-Station Sankt Peter Köln 2018.*

Gezeigt wurden Kunstwerke, die stark reduziert und abstrahiert Grenzen und Grenzübertritte in den Blick nehmen. Die Künstlerin greift dabei auf ihre Beobachtungen bei der Europäischen Agentur für Grenz- und Küstenwache Frontex und der Guardia Civil im Mittelmeer zurück, die als politische Einrichtung und Teil der spanischen Exekutive Grenzübertritte im Mittelmeer dokumentieren. Unsichtbare Grenzen in den Griff zu bekommen und durchzusetzen, ist deren Aufgabe. Die kondensierten, imaginären Linien der Spiegel mit abgebildeten Grenzlinien und -verläufen und jeder Punkt geben nicht autorisierte menschliche Grenzübertritte in einem bestimmten Zeitraum wieder. So politisch, so moralisch und so persönlich Grenze ist, bleibt das Kunstwerk beobachtend und neutral. „Monitoring Outlines" zeigt, was *ist* angesichts von Grenzen. Es zeigt Wirklichkeit.

Grenzüberschreitung ist auch das Thema von Weihnachten. Krippendarstellungen setzen – meist figürlich beschreibend – diese ungeheuerliche Grenzüberschreitung in Szene. Gott wird in Jesus Mensch. Da wird die Grenze vom Unbegrenzten zum begrenzten Menschen überwunden. Diesen solidarischen Übertritt Gottes in die begrenzte Welt durch die Geburt eines Kindes an der Peripherie feiert die Christenheit an Weihnachten. Deshalb sind Grenzen, an die wir stoßen, die wir ziehen, an denen wir leiden, nicht allein entscheidend. Weihnachten ist in diesem Sinn ein Grenzfall. Die weihnachtliche Botschaft und Schoenbergs Installation regen dazu an, Grenzen wahrzunehmen, zu überspringen und diese Spannung auszuhalten.

## 4 Ein vertieftes Verständnis des Künstlerischen und des Religiösen

Die künstlerischen und gottesdienstlichen Aktivitäten der Kunst-Station Sankt Peter Köln zielen nicht vorrangig auf die ethisch-moralische Belehrung von Individuen. Der Fokus liegt auf einem voraussetzungslosen Durchdringen von sozialen und ästhetischen Räumen der zeitgenössischen Kultur mit abstrakter Gegenwartskunst und neuer Musik. Mag uns der Vorwurf treffen, das sei elitär, weil es nicht alle erreicht. Aber auch die vermeintliche Volkskirche erreicht zunehmend einen immer kleiner werdenden Bruchteil der Gesellschaft. Der Erhalt ihrer Strukturen ist kein ausdrücklicher Auftrag des Evangeliums. Es geht um die Menschen von heute in ihren kulturellen Ausdrucksformen. Die biblische Sendung, in die ganze Welt und zu allen Völkern zu gehen (vgl. Mt 28,19), hat eine bedrängend universale Dynamik jenseits eingetretener Pfade kirchlicher Verkündigung in allzu bekannten Milieus.

Vor einer Hyperästhetisierung bewahrt die Kunst-Station Sankt Peter die Rückbindung der künstlerischen Aktivitäten an das Leben einer realen, wenn auch kleinen Pfarrgemeinde mit allem, was dazugehört. Neben der bewussten Feier des Kirchenjahres und der regelmäßigen Spendung der Sakramente liegt ein Schwerpunkt auf der Arbeit mit Kindern und Jugendlichen unter ihren heutzutage nicht ganz einfachen Bedingungen. Die diakonische Arbeit mit Sprachunterricht für geflüchtete Menschen im Gemeindesaal sowie die Arbeit der kommunalen Drogenambulanz auf dem Cäcilienhof verleihen Sankt Peter einen zusätzlichen Akzent, der Liturgie und Kultur jenseits der Ästhetik im Hier und Jetzt erdet.[23]

Wer die Offenheit mitbringt, autonome Kunst und ungewohnte Klänge im Raum der Kirche wahrzunehmen und auszuhalten, ohne vorschnell zu vermitteln, wird mit einem vertieften Verständnis des Künstlerischen und des Religiösen belohnt.

---

[23] Vgl. Kessler, Missionarisch durch den Verzicht auf Mission (s. Anm. 1).

# Gesellschaft, Raum und Sakralität

*Andreas Denk im Gespräch mit Paul Böhm*

*Andreas Denk*: Herr Böhm, können Sie beschreiben, was eine sakrale Atmosphäre ausmacht? Wann ist ein Raum sakral?
*Paul Böhm*: Mein Vater Gottfried Böhm hat einmal mit seinem Großvater Dominikus Böhm in einer Kirche gestanden und hat ihn dasselbe gefragt: Was das sei, das diesen Raum sakral, was ihn zu einem Kirchenraum mache? Mein Großvater, der Süddeutscher war, hat ihm geantwortet: „Bub, wenn du das nicht spürst?!" Er konnte es nicht formulieren, und mein Vater kann es auch nicht. Ich wiederum kann nur Vermutungen anstellen: Es sind mitunter nur wenige Dinge. Es sind die Proportion, das Licht, es sind das Material und der Klang des Raums. Und vielleicht auch die Nutzung des Raumes.
*Andreas Denk*: Diese Kategorien gehören zu jedem stimmungsvollen Raum. Aber hier geht es sicherlich um die Art und Weise, in welchem Maß und mit welchem Effekt sie aufeinandertreffen …
*Paul Böhm*: Material, Klang und Licht gehören auch zu einem vernünftigen Wohnzimmer. Ein guter Fußboden gehört zu einer guten Kneipe. Aber der gekonnte Umgang mit diesen architektonischen Elementen, die absichtsvolle Kombination im Entwurfsprozess machen schließlich ihre Wirksamkeit aus, die sich eher an unser Empfinden als an unsere rationale Wahrnehmungsebene richtet. Wenn ich von Proportion spreche, dann meine ich ein besonderes Verhältnis von Höhe zu Breite und Erstreckung eines Raums, die ein Vielfaches von dem eines normalen Zimmers sind. Und wenn ich sage, das Licht eine Bedeutung für die Erzeugung von Sakralität hat, meine ich, dass das Licht in einem sakralen Raum wahrscheinlich stärker, präziser und konzentrierter in den Raum geführt wird als beispielsweise in einem Künstleratelier.
*Andreas Denk*: Und das Gleiche gilt dann auch für das Material …
*Paul Böhm*: Das Material ist wahrscheinlich in jeder Situation anders zu bewerten. Seine Auswahl ist nicht nur eine Frage der Konstruktion. Sie hängt unmittelbar mit der Größe des Raums und mit den Lichtverhältnissen und den akustischen Effekten zusammen, die

dort herrschen sollen. Ich würde für Sakralräume Materialien verwenden, die Wärme und zugleich Beständigkeit ausstrahlen, also eher ein hartes Material – einen Stein oder Beton – als ein transparentes oder leichtes Material. Ich würde nicht mit Stahl oder Holz bauen, wohlwissend, dass es da Ausnahmen gibt, die sehr gut funktionieren.

*Andreas Denk*: Also entsteht Sakralität durch die Zuspitzung bestimmter räumlicher und materieller Eigenschaften, die eine Beeindruckung auslösen, in dem sie in möglichst purer Form in Erscheinung treten. Ist es die bloße Dimension – die große Höhe oder die schier unendliche Erstreckung des Raums –, die bewusst die Sinne genau auf diese Eigenschaft lenkt? Und sind es die Lichtführung, das Vorführen des Lichts als Medium und die Darstellung des Materials mit seinen bloßen haptischen und optischen Eigenschaften, die im Zusammenspiel, in einer Inszenierung den Eindruck eines sakralen Orts ergeben?

*Paul Böhm*: Den Begriff der Inszenierung möchte ich vermeiden, weil er den Verdacht des theatralischen Scheins mit sich führt. Genau das darf es nicht sein. Es ist eben nicht ein gemalter Beton, sondern es ist echter Beton, der unter Umständen auch die Härte und Kälte des Materials ausstrahlt. Und nicht zurückweicht oder als Pappendeckel entlarvt wird, wenn man ihn anfasst. Es geht bei einem sakralen Raum nicht um Inszenierung, sondern um einen wahrhaftigen Raumeindruck.

*Andreas Denk*: Im sakralen Raum werden die elementaren Eigenschaften von Dimension, Licht und Material spürbar, weil sie auf eine bestimmte Art und Weise offenbar werden. Nehmen wir einmal das Licht als sakrales Ingrediens: Das Licht erscheint als reines Licht, als Konzentrat einer physikalischen Erscheinung, nicht als Helligkeit. Durch den Kontext der Raumgröße und des Materials erreicht es metaphorische Ebenen und trägt zu einer Gestimmtheit des Menschen bei, die über das sensorische Erleben zu einem Prozess der Reflexion führt, die zur Meditation, zur Verinnerlichung anleitet.

*Paul Böhm*: Ja, genau. Nicht das Licht, das Material, der Klang oder der Raum an sich sind sakral, sondern es ist die Komposition des Lichts mit Raumproportion, Material, Form und Akustik. Wenn dieses Zusammenspiel glückt – es ist immer wieder ein Experiment –, kann es zu einem Raum führen, den wir als „sakral“ auffassen und in dem sich Spiritualität entwickeln kann.

Abb. 1: Die Pfarrkirche St. Theodor in Köln-Vingst, erbaut von Paul Böhm in den Jahren 1999 bis 2001, ist eindeutig als Sakralbau erkennbar.
*Foto: Dieter Leistner, Würzburg.*

Abb. 2: Ein Blick in den Kirchenraum von St. Theodor vermittelt durch das Zusammenspiel von Licht, Raumproportion, Material, Form und Akustik eine sakrale Atmosphäre.
*Foto: Klaus Zölzer, Lindlar.*

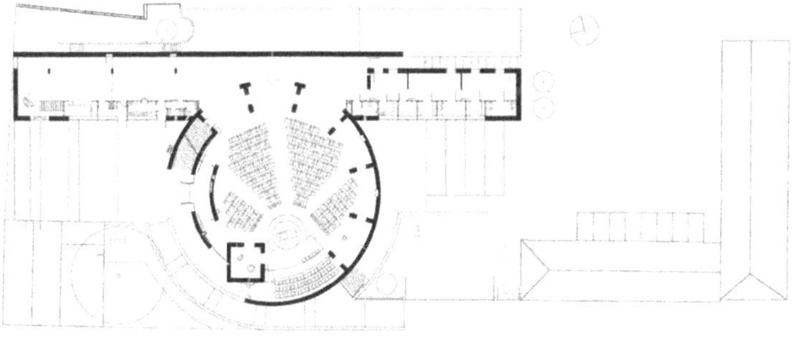

Abb. 3: Grundriss von St. Theodor in Köln-Vingst.
*Foto: Architekturbüro Paul Böhm, Köln.*

*Andreas Denk*: Ihre Konzeption des sakralen Raums resultiert aus einer kritischen Sicht auf die jüngste Architekturgeschichte. Wie beurteilen Sie den Kirchenbau der späten Moderne, und welche Kriterien haben zu Ihrem Urteil geführt?
*Paul Böhm*: Die Entwicklung des Kirchenbaus der Sechziger-, Siebziger- und Achtzigerjahre hat in meiner Wahrnehmung dazu geführt, dass die sakralen Räume, die in dieser Zeit entstanden sind, oftmals kein spirituelles Empfinden ermöglichen. Viele dieser Kirchenräume haben die Atmosphäre von Sporthallen oder Sparkassenschalterhallen. Die räumliche Ausformulierung eines Gotteshauses muss in erster Linie einen sakralen Charakter haben. Wenn ein sakraler Raum eine solche Atmosphäre hat, kann er durchaus anders genutzt werden, kann das Weltliche mit dem Sakralen verwoben werden.
*Andreas Denk*: Ist das tatsächlich nur eine Frage der Entwicklung der Räumlichkeit, oder ist diese atmosphärische Verwandlung, die Sie beklagen, ein Resultat der Veränderung der Auffassung des Kirchenraums überhaupt? Die Kirche St. Josef in Oer-Erkenschwick von 1972 von Joachim und Margot Schürmann mit ihrem Mero-Stabwerk als Deckenkonstruktion oder die Wallfahrtskirche St. Maria vom Sieg in Wigratzbad von Ihrem Vater Gottfried Böhm aus den Jahren 1972 bis 1976 zeigen eine deutliche Annäherung an strukturalistische Gestaltungsprinzipien der späten 1960er-Jahre. Sie knüpfen damit an eine nichthierarchische Raumauffassung an. Jeder Ort in der Kirche ist gleichberechtigt. Diese Räume betonen viel mehr als frühere Raumschöpfungen die Gemeinschaft der Gläubigen. Ist das nicht auch eine Form der Spiritualität?
*Paul Böhm*: Ja, das stimmt. Aber der Zwang, diesen Räumen dennoch durch eine zeichenhafte Ausstattung bildhaft einzuschreiben, dass sie als Sakralraum zu verstehen sind, führt meistens zu einer kunstgewerblichen Ausstattung mit sakralen Gegenständen, die den architektonischen Absichten nur selten entspricht. Wir müssen die Aufgabe des sakralen Raums architektonisch lösen.
*Andreas Denk*: Jetzt können wir einen Schritt weitergehen: Was, glauben Sie, ist der Zweck eines sakralen Raums heute?
*Paul Böhm*: Die Atmosphäre von Sakralräumen hilft dabei, zwischen dem Alltäglichen und dem Besonderen zu unterscheiden. Heute fällt es vielen Menschen schwer, religiöse Ambitionen oder spirituelle Gedanken und Handlungen zu entwickeln. Deshalb ist es wichtig, zu unterscheiden zwischen dem Gang in ein Sportstudio und dem

Gang zum Gottesdienst oder in einen Meditationsraum, in dem man für sich alleine meditiert oder nur seinen Gedanken nachhängt. Diesen Niveauunterschied kann und muss Architektur verdeutlichen.

*Andreas Denk*: Glauben Sie, dass trotz der zivilisatorischen Einschränkungen, denen die Menschen im Laufe ihrer Entwicklung unterlegen sind, das Verlangen nach Spiritualität eine Rolle spielt?

*Paul Böhm*: Das erlebe ich immer wieder, gerade bei Jugendlichen. Das Thema hat beispielsweise meine Kinder sehr beschäftigt, die sehr liberal aufgewachsen sind, aber von mir und meiner Herkunftsfamilie mitbekommen haben, dass es etwas gibt, das dem menschlichen Leben übergeordnet ist und uns wichtig ist. Das treibt sie um. Auch wenn ich in der Hochschule über Sakralräume rede, bekomme ich viel Aufmerksamkeit. Das ist auch für unsere Studierenden ein Thema. Um so ärgerlicher ist es, wenn diese zweifelnd Interessierten von der Amtskirche verprellt werden. So werden viele Chancen vertan.

*Andreas Denk*: Ich meine vielmehr, dass die Ökonomisierung und die Individualisierung unseres Lebens vordergründig wenig Platz für Spiritualität lassen. Trotzdem kann man den Eindruck bekommen, dass viele Menschen zwar nicht mehr einen konkreten Gottesglauben haben, aber trotzdem Möglichkeiten und Anregungen suchen, über etwas nachzudenken, das jenseits unseres Fassungsvermögens und jenseits unserer Existenz liegt.

*Paul Böhm*: Ich glaube, es bedarf gerade in der durch und durch säkularisierten Welt eines Ausgleichs zum Weltlichen. Das Grübeln über die Rahmenbedingungen der materiellen Existenz führen letztendlich immer wieder in eine Sackgasse. Die Frage stellt sich vielmehr, was es sein kann, das den Mehrwert des Lebens bildet. Ich meine, das sogar in China beobachtet zu haben, wo die Religion quasi per Gesetz abgeschafft war. Nach der Lockerung der letzten beiden Jahrzehnte haben die Menschen eine fast kindliche Annährung an den Glauben entwickelt. Obwohl darüber oft gelächelt wird, hat sich dort eine Neugier entwickelt, was jenseits der Glitzer- und Konsumwelt ist, die paradoxerweise im kommunistischen China noch mehr als in Europa der Gottesersatz ist.

*Andreas Denk*: Sie haben in verschiedenen Kulturkreisen Erfahrungen mit dem Spirituellen gemacht. Sie haben in Köln eine Kirche und eine Moschee gebaut, Sie waren in China, wo Sie einen taoisti-

Abb. 4: Die DITIB-Zentralmoschee in Köln-Ehrenfeld, erbaut von Paul Böhm in den Jahren 2006 bis 2011, greift die religionsübergreifende Sehnsucht nach sakralen Räumen auf. *Foto: Christopher Schroeer-Heiermann, Köln.*

schen Tempel geplant haben, Sie haben Moscheen in der Türkei und im Iran studiert. Hat das Ihr Nachdenken über das Sakrale des Raums oder über das Erleben des Spirituellen in solchen Räumen beeinflusst?

*Paul Böhm*: Wie ich schon andeutete: Ich habe erkannt, dass das Bedürfnis der Gläubigen nach spirituellen Orten sowohl in den drei monotheistischen Religionen als auch bei den asiatischen Glaubensformen dasselbe ist. Abgesehen von den liturgischen und rituellen Unterschieden ist diese Sehnsucht nach sakralen Räumen und nach spirituellen Erlebnissen in solchen Räumen vergleichbar, wenn nicht gar identisch.

*Andreas Denk*: Heißt das, dass die atmosphärischen Bedingungen sakraler Räume unabhängig von der Religion überall gleich sein können?

*Paul Böhm*: Nein, keineswegs. Die Räume unterscheiden sich schon dadurch, dass sie für unterschiedliche Riten gemacht sind. Hingegen stellt sich die Frage, wie unterschiedlich sie sein *müssen*. Das hängt

Abb. 5: Blick in den Innenraum der Kölner Zentralmoschee.
*Foto: Christopher Schroeer-Heiermann, Köln.*

natürlich mit der kulturellen Entwicklung der Gesellschaft und damit eben auch des Ritus zusammen. Vielleicht gibt es eines Tages keine Trennung mehr zwischen einem christlichen, einem muslimischen und einem jüdischen Gebetsraum. Ich denke, dass diese Entwicklung irgendwann kommen wird, kommen *muss.* Es ist jetzt schon anachronistisch, dass sich die Religionen in unserer globalen Gesellschaft so sehr voneinander unterscheiden wollen, dass sie sich

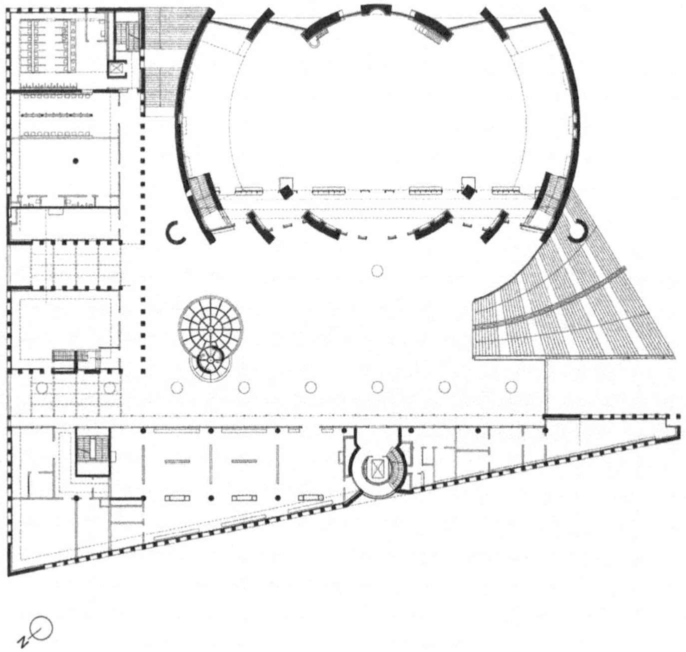


Abb. 6: Grundriss der DITIB-Zentralmoschee in Köln-Ehrenfeld.
*Foto: Architekturbüro Paul Böhm, Köln.*

sogar bekriegen und damit ihre ureigene Intention verraten, nämlich Frieden zu stiften und Gemeinschaft zu schaffen. Vielleicht wird es noch 100 oder 500 Jahre dauern, aber irgendwann wird es eine Vereinigung der Religionen und der Gläubigen geben. Das muss kein Kulturverlust sein, dabei geht nicht zwangsläufig Geschichte oder Identität verloren: Eine solche Gemeinschaft kann sich nur kontinuierlich entwickeln, muss zusammenwachsen, vielleicht, weil es größere Probleme wie den Klimawandel gibt, die man nur zusammen lösen kann. Es gibt in letzter Zeit auch bei uns verschiedene Versuche, Räume für verschiedene Religionen zusammenzuführen.

*Andreas Denk*: Sie meinen so etwas wie die Simultankirchen, die es seit dem späten Mittelalter gibt und in denen sich mehrere christliche Konfessionen einen Raum teilen?

*Paul Böhm:* Ja, vielleicht könnten auch die Ibrahimi-Moschee in Hebron oder die Geburtskirche in Bethlehem als Beispiel dienen, wo heute schon Moslems, Juden und Christen verschiedener Observanz aufeinandertreffen – wenngleich in wenig harmonischen Verhältnissen. In Freiburg-Rieselfeld gibt es beispielsweise die ökumenische Maria-Magdalena-Kirche von Kister Scheithauer Gross, die zwischen 1999 und 2004 nach Plänen von Susanne Gross entworfen und gebaut worden ist: Solche Bauten sind ein erster Schritt in eine gemeinsame Zukunft. Es ist wichtig, dass solche gesellschaftlich-religiösen Bemühungen einer Einigung auch in Architektur abgebildet werden, weil Architektur einer Gemeinschaft den notwendigen gemeinsamen Raum für einen langen Zeitraum einräumt, der nötig sein wird, um die Gemeinsamkeit entwickeln und leben zu können.

Abb. 7: Die 1999 bis 2004 erbaute Maria-Magdalena-Kirche in Freiburg-Rieselfeld vereint die evangelische und katholische Gemeinde in einem Bau – hier: Blick in den katholischen Feierraum.
*Foto: Joergens.mi/Wikipedia; veröffentlicht in: https://commons.wikimedia.org/wiki/File: Maria_Magdalena_(Freiburg)_10.jpg; genutzt unter den Bedingungen der CC-Lizenzierung (CC-BY-SA-3.0), vgl. https://creativecommons.org/licenses/by-sa/3.0/de/legalcode.*

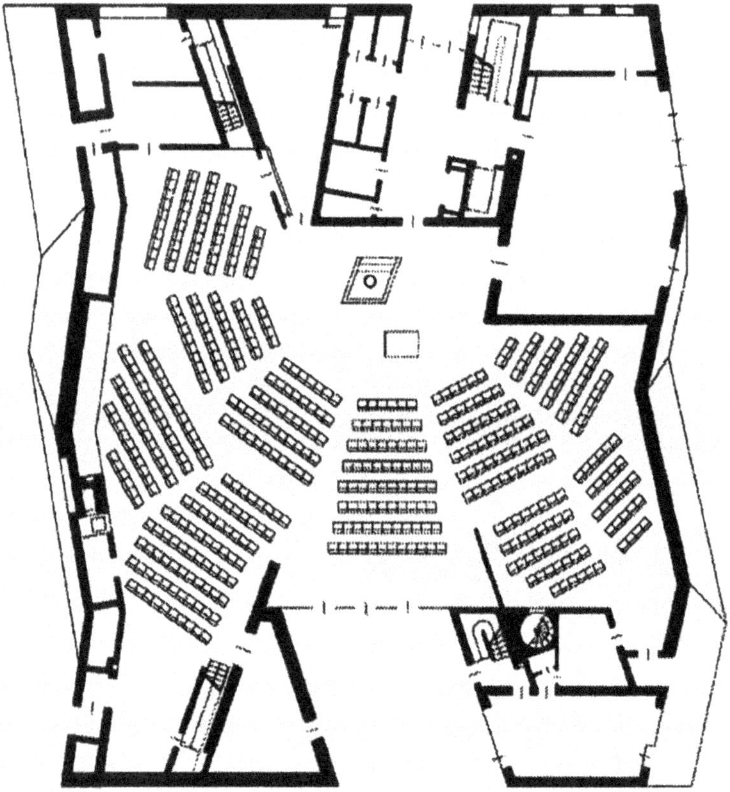

Abb. 8: Der Grundriss zeigt die Bestuhlung der Maria-Magdalena-Kirche bei gemeinsamer Nutzung durch eine ökumenisch vereinte Gemeinde.
*Foto: Büro Kister Scheithauer Gross, Köln.*

*Andreas Denk*: Neben den ideologischen Hindernissen sind es vielleicht die liturgischen Unterschiede, die ein Miteinander der Religionen erschweren. Vielleicht kann die Architektur der Rahmen sein, der es ermöglicht, dass wenigstens heute noch konkurrierende Liturgien im gleichen Raum stattfinden können. So ergäbe sich vielleicht über eine kontinuierliche Adaption eines Raumes durch verschiedene Glaubensrichtungen ein besseres Kennenlernen und damit vielleicht auch eine Auflösung von Grenzen, die aus Unkenntnis der anderen Religion entstehen.
*Paul Böhm*: Aber das wird sicherlich noch viele Jahrhunderte dauern.

*Andreas Denk*: Nähmen wir diese Hypothese ernst, würde es dem sakralen Raum eine gewisse Nutzungsneutralität abverlangen. Dem widerspricht wahrscheinlich der Wunsch nach einer Identifikation mit der eigenen Gruppe, dem eigenen Raum, dem eigenen Ritus als identifikatorischem Zentrum.
*Paul Böhm*: Bei einer Fusion dürfte kein kultureller Verlust entstehen. Es lässt sich heute nicht vorausdenken, wie und ob das funktionieren wird. Man müsste erst einmal anfangen, das Wissen über die Gemeinsamkeiten der Religionen zu verbreiten. Als ich mit dem Wettbewerb um die Kölner Moschee begonnen habe, hatte ich erschreckend wenig Wissen über die Gemeinsamkeiten von Islam und Christentum. Mittlerweile weiß ich, dass es da sehr viel Ähnliches gibt – fast mehr Gemeinsames als Unterschiede.
*Andreas Denk*: Wenn wir diese Erkenntnis auf die Räumlichkeit der Architektur übertragen, sollten neue Sakralräume fortan für alle Religionen zugänglich, vielleicht sogar nutzbar sein? Müssen Kirchen grundsätzlich anders konzipiert werden, als wir es gewohnt sind?
*Paul Böhm*: Das müsste das Ziel sein, ist aber aus Gründen der verschiedenartigen Riten noch nicht möglich. Der Aufenthalt in Kirchen und in Moscheen hat bei mir eine ähnliche spirituelle Erfahrung ausgelöst. Bei den taoistischen Tempeln in China hatte ich zuerst Schwierigkeiten, weil sie anders strukturiert sind. Aber nach mehrmaligen Besuchen habe ich auch da entdeckt, dass ihr Raum auf eine andere Art, aber doch vergleichbar eine Sakralität ausstrahlt, die der der Kirchen und Moscheen ähnelt.
*Andreas Denk*: Wenn wir uns vom Spirituellen des Sakralraums entfernen, kommen wir zur alltäglichen Nutzung von solchen Räumen. Es gab traditionell neben der Nutzung der Kirche als Sakralraum immer auch Nebennutzungen. Im Mittelalter hat man in Kirchen Handel abgeschlossen, weil das gewissermaßen vor Gott geschah. Kirchen waren auch Passerellen, die als Durchgang zwischen zwei Stadtteilen genutzt wurden. Kirchliches Leben wurde da mit dem alltäglichen Leben verschnitten. Heute haben viele evangelische Gemeinden angefangen, Teile ihrer Kirchen in Gemeinderäume umzuwandeln. Da kann man sich aufhalten, Rat suchen, sich unterhalten, Kaffee trinken, Kuchen essen oder Bücher ausleihen. Ist solch eine Multifunktionalität als öffentlicher Raum eine Möglichkeit, um angesichts der sinkenden Zahlen von Gläubigen wieder eine größere

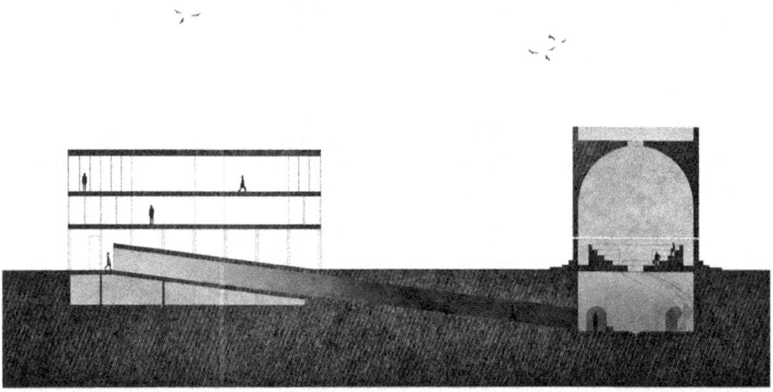

Abb. 9: Der Längsschnitt zeigt einen von Lynn Kunze entworfenen, zweiteiligen interreligiösen Meditations- und Gebetsraum – ein Entwurf im Rahmen ihrer Masterarbeit „Via Portalis. Kettenglied einer multireligiösen Stadtgesellschaft am Barbarossaplatz" bei Andreas Denk und Paul Böhm an der Technischen Hochschule Köln 2018.
*Foto: Lynn Kunze, Köln.*

Relevanz nicht nur von solchen Bauten, sondern auch von der Institution Kirche herbeizuführen?
*Paul Böhm*: Der Entwurf einer Kirche darf nicht zu einem neutralen Raum führen. Der Raum muss eindeutig als sakral erkennbar sein. Das ist das höchste Ziel des Entwurfs. Trotzdem kann dieser Raum anderen Zwecken dienen. Und vielleicht gibt er diesen anderen Zwecken durch seinen sakralen Charakter auch eine besondere Bedeutung. Unsere Kirche St. Theodor in Köln-Vingst hat eine relativ große Bücherei. Es gibt eine Art Kneipe, die unmittelbar an den Sakralraum anschließt. Das sind wichtige Teile des Gemeindelebens, die aber nicht in den eigentlichen Kirchenraum eingreifen. Es ist sicherlich sinnvoll, die Hemmschwelle für das Betreten der Kirche niedriger zu machen. Kirchen müssten eigentlich 24 Stunden offen sein. Ich fände es gut, Bücher- oder Kleidermärkte, Festivals und Diskussionen, also alltägliche Dinge, anzubieten. Die sakrale Ausgestaltung des Raums bedeutet nicht den Ausschluss aller anderen Dingen des Lebens, sondern das Gegenteil. Der Klerus hat sich eigentlich aus dem Leben zurückgezogen und die Gesellschaft ausgeschlossen: In die Kirche geht man nur zum Beten. Das ist fatal.

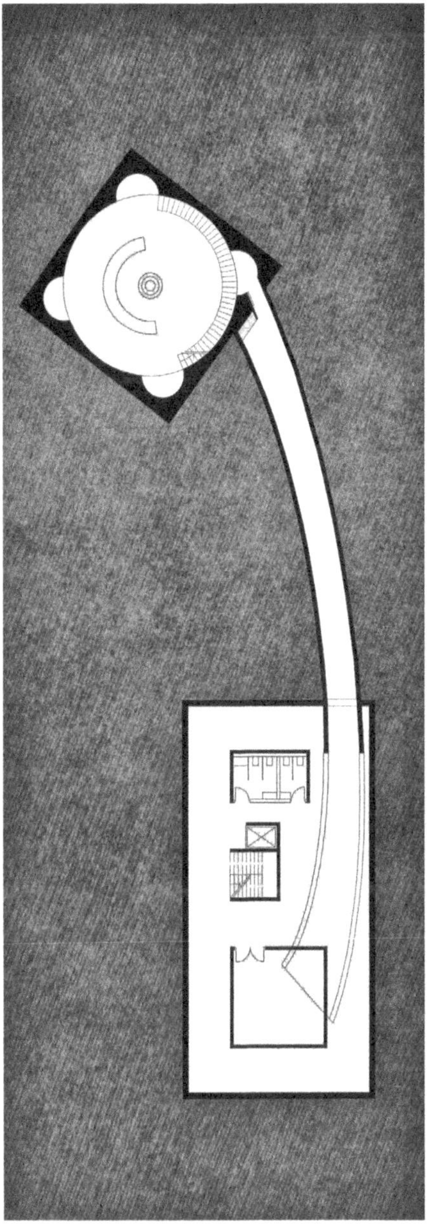

Abb. 10: Der Grundriss zeigt die beiden Baukörper, die unterirdisch miteinander verbunden sind. *Foto: Lynn Kunze, Köln.*

*Andreas Denk*: Das Betreten einer christlichen Kirche ist mit einem Verhaltenskodex verbunden, mit einer gesellschaftlichen Konvention, die den Aufenthalt in der Kirche sehr stark reglementiert.
*Paul Böhm*: Ich glaube, dieses oft devote Verhalten ist von der Kirche oder zumindest von denen, die an der Basis arbeiten, gar nicht gewollt. Wenn in Kirchen auch andere Aktivitäten stattfänden, würde das die Anziehungskraft von Gotteshäusern steigern: Dann würde der Kirchgang nicht nur für Gottesgläubige zu einem Weg zu einem kulturellen, geistigen und spirituellen Schnittpunkt in der Stadt – und ein Kern des gesellschaftlichen Lebens.

# Alleinstellungsmerkmal Kirchenraum

## Plädoyer für eine Neuentdeckung der Raumerfahrung von Kirchengebäuden als niederschwellige spirituelle Einladung

*Monika Willer*

Die Protagonistin dieses Zwischenrufs hat selten Gelegenheit, eine Messe zu besuchen; sie arbeitet samstagabends und an den Sonntagen. Fast zwei Jahrzehnte lang hat sie an Weihnachten ihrer Mutter Gesellschaft geleistet, die keinen Weihrauch vertrug und später zu gebrechlich war, um an einem überfüllten Gottesdienst teilzunehmen. Die erste Christmette nach dem Tod der Mutter war wie eine Heimkehr. Und sie war eine beklemmende Erfahrung. Warum?

Die Liturgie spielt bei dem Gefühl des Aufgehoben-Seins eine eher untergeordnete Rolle, wohl aber die Raumerfahrung, die Musik und die frohe Erkenntnis, zu einer weltweiten Gemeinschaft zu gehören, die vom Leben mehr erwartet als Kaufen und Konsumieren. Dazu kommt das Bewusstsein von Kontinuität. Die Vorfahr(inn)en der Protagonistin haben das Gotteshaus durch Hand- und Spanndienste mit aufgebaut; sie alle wurden seit vielen Hundert Jahren dort getauft, verheiratet und „ausgesegnet"; auch sie selbst ist an jenem Ort über das Taufbecken gehalten worden. Und natürlich haben in der Pfarrkirche St. Willibrordus in Nöthen Totenwache und Seelenamt für die Mutter stattgefunden – mit einem befreundeten Priester als Zelebranten, weil sich der Gemeindepfarrer nicht meldete, nachdem die Familie ihn über den Tod der frommen Katholikin informiert hatte. Keine Zeit für ein Trauergespräch, zu viel zu tun – Kirche schafft es heute eben nicht mehr, Kirchensteuerzahler(innen) und andere Interessierte in lebenswendenden Situationen zu begleiten. Die Prioritäten scheinen heute anders zu liegen – bei den Themen „Priestermangel" oder „Großgemeinden" beispielsweise.

Die Protagonistin ist alt genug, um als Kind noch lateinische Messen erlebt zu haben: Sie weiß, wie ein Priesterrücken aussieht, und sie ist sicher, dass sie in diesen Ritualen die ersten Impulse ihrer Begeisterung für das Theater empfangen hat. Als frühere Schülerin eines katholischen Gymnasiums erinnert sie sich an Gottesdienste im Stuhlkreis, bei denen Schulgeistliche verbissen neue moderne Lieder klampften – in dem verordneten Bemühen, die Jugend zu gewinnen. Einige Schulfreunde besuchen heute bewusst Messen nach altem Ritus, weil sie dort nicht Gefahr laufen, Mädchen als Messdienerinnen zu begegnen. Andere setzen sich gerne in protestantische Gottesdienste, da die Freude am Wort und die oft klugen Predigten ihnen besondere Impulse geben und sie manchmal auch einen hervorragenden Organisten mit Werken von Johann Sebastian Bach (1685–1750) erleben können. In diesem Spannungsfeld – zwischen Stuhlkreis und vorkonziliarem Ritus, zwischen Gewohnheit und Wunsch nach intellektueller Ansprache – bewegen sich die Erfahrungen der Katholik(inn)en mit der Liturgie. Immer häufiger sind es ausgrenzende Erfahrungen, die sie beschreiben.

Die katholische Kirche ist aus der Sicht der Protagonistin dieses Beitrags keine einladende Kirche, sie geht nicht mit offenen Armen auf Menschen zu. Im Gegenteil: Sie sortiert die Christ(inn)en nach einem vermeintlichen Wert, sie teilt sie ein, auch wenn heute nur noch wenige Getaufte überhaupt regelmäßig die Messe besuchen. Wem der liebe Gott nach einer gescheiterten Ehe eine zweite Chance geschenkt hat, der braucht sich gar nicht erst in die Kommunionschlange einzureihen. Und wer sein Lebensglück in einer konfessionsverbindenden Ehe gefunden hat, erfährt nicht selten eine Ausgrenzung vom Tisch des Herrn. Vom Umgang mit homosexuellen Paaren gar nicht zu reden. Dazu kommen immer öfter Konflikte zwischen strengen Regeln und Kirchensteuerzahler(inne)n, die diese Regeln einfach nicht mehr kennen. Micky Beisenherz (* 1977) hat im Mai 2019 im Wochenmagazin „Der Stern“ einen solchen Konflikt beschrieben: Der Kolumnist ging als „passives Vereinsmitglied“ bei einer Gelegenheit zu einem Gottesdienst und auch zur Kommunion; er nahm seine kleine Tochter mit und reichte ihr die Hostie, was den Pfarrer irritierte. Dessen Verhalten wiederum empörten Vater Beisenherz so sehr, dass er über den Vorfall eine Kolumne schrieb. Er hat vergessen, dass die Kommunion ein Sakrament ist, das einer Initiation bedarf. Der Pfarrer hat korrekt nach den Regeln „gespielt“, aber keinen Weg gefunden, dem Kind in seiner Neugierde zu begegnen und den Vater nicht zu verärgern.[1] Das sind die großen verpassten Chancen.

---

[1] Vgl. M. Beisenherz, Kommunion – zwischen Oblate Night Show und Hostienrebellion (10. Mai 2019), in: https://www.stern.de/kultur/micky-beisenherz/micky-

Priester ärgern sich, wenn Messbesucher(innen) bei Taufen oder Hochzeiten überhaupt nicht wissen, wann sie aufstehen oder sitzen sollen, von den Antworten der Gemeinde im Ablauf der Feier ganz zu schweigen. Darüber kann man klagen; man kann aber auch jeden Besuch eines Menschen in einem Gottesdienst, ob zur Taufe, Hochzeit oder Beerdigung, zu Weihnachten oder aus Zufall, als Chance begreifen und sich fragen, ob es mit den digitalen Möglichkeiten des 21. Jahrhunderts nicht machbar ist, sozusagen Handlungsanweisungen auf die Wand zu projizieren; beim Credo funktioniert das doch auch schon.

Die Diskussionen um eine neue Liturgie verweisen auf ein anderes, tieferliegendes Problem, und zwar auf das heute als problematisch empfundene hierarchische Gefälle zwischen Priester und Gemeinde, und auf den Wunsch nach Teilhabe der ganzen (inzwischen sehr verkleinerten) Gemeinde. Sicher gibt es auch das Bedürfnis, die emotionale Qualität beispielsweise eines evangelikalen Gottesdienstes zu reproduzieren, wie sie in den lateinamerikanischen Ländern die Christ(inn)en zu Millionen von Ambo und Tabernakel weglocken. Und was passiert, wenn solche Wünsche laut werden? Man „schraubt“ am Raum herum. Der gute alte Stuhlkreis erlebt eine Auferstehung und soll die Hierarchie vergessen machen. Die schuhkartonförmigen evangelikalen multifunktionalen Gemeindesäle werden zum Vorbild für gleichberechtigte Innenarchitektur. Also engagiert man Innenarchitekten, die in wunderbare Kirchenschiffe – jedem Goldenen Schnitt zum Trotz – Trennwände setzen, damit es behaglicher wird. Und was passiert dann? Im schlimmsten Fall führen solche Bemühungen zu einer „Verzwergung“ eines der wichtigsten Alleinstellungsmerkmale der katholischen Christ(inn)en, der Raumerfahrung, die – eventuell im Dreiklang mit Musik und Ritus – den von Zeitnot geplagten Angehörigen der digitalen Ära eine durch und durch analoge Stunde des Innehaltens schenken kann.

Der Umgang der Katholik(inn)en mit ihren Räumen ist besorgniserregend. In den begehrtesten Innenstadtlagen verfügen die katholischen Kirchengemeinden über im besten Sinne nutzlose Bauten, die keinem kommerziellen Zweck unterliegen – und die sie inzwischen vielfach gerne loswerden möchten. Ob kleine Stadtteil-

---

beisenherz–kommunion—zwischen-oblate-night-show-und-hostienrebellion-8703966.html (Zugriff: 2.3.2021).

oder Dorfkirche oder großer Dom, all diese Gebäude fallen seit Jahrhunderten und gerade in der Gegenwart aus dem zweckoptimierten Alltag heraus – das ist ihre Funktion und ihre Daseinsberechtigung.

Wie mag es dem mittelalterlichen Menschen zumute gewesen sein, dessen Alltag vom Bücken auf den Feldern diktiert wurde und der in lichtlosen Häusern oder Hütten wohnte, wo das Herdfeuer im Winter oft die einzige Lichtquelle darstellte, weil Kerzen zu teuer waren und die Fenster zum Schutz vor Wind und Wetter geschlossen bleiben mussten? Wie mag es diesem Bauern oder Handwerker zumute gewesen sein, wenn er die romanische oder gar gotische Kirche seines Wohnortes betrat, nun nicht mit dem Kopf nach unten gebückt, sondern frei, die Ausmalungen und vor allem die Fenster zu bewundern? Er muss sich wie im Himmelreich gefühlt haben, und das war genau die Absicht der Baumeister: ein Abbild des Himmlischen Jerusalems auf Erden zu schaffen. Die Darstellungen von Heiligenlegenden und biblischen Szenen sind in einer analphabetischen Gesellschaft sozusagen Liturgie und Katechismus in einem; die können die Kirchgänger(innen) studieren, am eigentlichen Ritus haben sie ja keine Teilhabe.

Doch was die Menschen wirklich ehrfürchtig werden lässt, ist die Verknüpfung von Licht und Raumhöhe. Die Kirchengewölbe ragen weiter auf als jeder andere denkbare Profanbau des Mittelalters; überhaupt so bauen zu können, bleibt für die meisten Bürger(innen) ein Geheimnis, ein Wunder. Die Deckengewölbe stellen eine Übersetzung des Himmelsgewölbes dar. Spätestens seit der Gotik sind sie von Licht durchflutet. Spätestens seit der Gegenreformation im Barockzeitalter wird diese Wirkung von Licht und Raum kunstvoll inszeniert.

Die Kirchenfenster von Gerhard Richter (* 1932) haben jüngst ein neues Interesse an der Kunst der Glasmalerei geweckt. Die Frankfurter Allgemeine Zeitung (FAZ) hat am Beispiel seiner Arbeiten für die Abtei Tholey so treffend getitelt: „Denn alles Licht will Ewigkeit“[2]. Was wird aus solchen Fenstern, wenn die Kirchen der Finanzknappheit geopfert werden? Bereits jetzt gibt es bürgerliche Rettungsaktionen für Glasmalereien in von Säkularisierung bedrohten

---

[2] S. Trinks, Denn alles Licht will Ewigkeit. Boom moderner Glasmalerei (23. August 2020), in: https://www.faz.net/aktuell/feuilleton/kunst/kirchenfenster-von-gerhard-richter-in-tholey-rauch-und-luepertz-16912410.html (Zugriff: 2.3.2021).

Gotteshäuser. Macht die Kirche nicht einen kardinalen Fehler, wenn sie ihre Glaskunst so stiefmütterlich behandelt?

Im Mittelalter ist das Licht, eben weil es nur so schwer künstlich herstellbar ist, eine prägende liturgische Erfahrung im Kirchenraum. Sie korrespondiert mit der theologischen Botschaft, denn mit Christus kommt das Licht in die Welt. Diese Aussage konnten die mittelalterlichen Menschen wörtlich nehmen. In der Postmoderne hingegen klagen die Zeitgenoss(inn)en über Lichtverschmutzung. Die Sterne am Firmament verblassen angesichts der Helligkeit, die sich aus Fußgängerzonen, Fußballstadien, Flughäfen und Industrieanlagen in die Welt ergießt. Diese Helligkeit schreit. Das Licht, das durch Kirchenfenster fällt, schreit nicht. Es ist zeitlos. Es lädt ein, die Transzendenz der Dinge zu erkunden, ihre Veränderlichkeit, ihre Beständigkeit. So wie die Sonne am Kirchenfenster vorbei wandert, so ändern sich das Spiel der Farben und Formen zueinander und mit dem Raum. Und doch bleibt es immer dasselbe Fenster.

In dem durch den Missbrauchsskandal noch einmal erheblich beschleunigten Wandlungsprozess unserer Zeit macht die Kirche mehrere Fehler. Sie vernachlässigt jene Christ(inn)en, die nicht aktiv in der Gemeinde mitwirken (können) und nur zu Lebenswenden Kontakt aufnehmen möchten. „Weihnachtschrist(inn)en“ werden diese Leute spöttisch genannt. Wie arrogant. Statt sie in ein Regelwerk zu zwingen, in dem sie Fleißkärtchen sammeln müssen, sollte die Kirche in der Ansprache nach außen die eigenen Stärken ausspielen, und dazu zählt die Raumerfahrung heute mehr denn je.

Kirchen, ob mittelalterlich, gotisch, barock oder modern, bieten eine Raumerfahrung, die sich kategorial von jeder anderen unterscheidet, die ein Mensch heute in der Gegenwart erleben kann. Es sind Stätten, an denen Besucher(innen) weder etwas kaufen noch etwas erleben müssen, es sind Fluchtorte aus der postmodernen Konsumwüste, an denen Begriffe wie Einkehr, Muße, Entschleunigung zu Lebenserfahrungen werden, die nur in diesen Gebäuden möglich sind. Gerade ihre Nutzlosigkeit macht sie erhaben, diese grandiose Platzverschwendung in Länge und Höhe. Auch in früheren Jahrhunderten sind Kirchen und Kathedralen nicht so groß gebaut worden, weil es so viele Gläubige gab, die sonntags ins Hochamt wollten. Sie wurden so lang und so hoch errichtet, weil man es konnte, und mit diesem Können wollte man den Höchsten preisen und ihm ein weithin sichtbares Zeichen setzen.

Will die Kirche den Begriff der Kathedrale wirklich den Hochhaus-Glaspalästen überlassen, die sich die Banken bauen und wo jeder Quadratmeter kein steinernes Gebet ist, sondern brüllt, dass hier der Gott des Geldes angebetet wird? Sollen auf dieser Erde nur noch Gebäude stehen, die stadtplanerisch oder merkantil funktionieren? Platz wird – gerade in den Städten – immer mehr zum Luxus. Da mag es aus finanziellen Gründen verführerisch erscheinen, Kirchengrundstücke anderweitig zu bewirtschaften. Ist allerdings nicht vielmehr eine Einladung geboten, die Raumerfahrung der Kirche für präliturgische niederschwellige Begegnungen zu nutzen – und zwar für alle, die einen Moment von Stille und Besinnung suchen?

Kirchen sind Räume, in denen das Wort und die Musik sich in Architektur verwandeln und zur Meditation einladen – und umgekehrt. Die Töne des Gregorianischen Chorals sollen in vollkommener Harmonie mit dem Kirchenraum korrespondieren. Damit das gelingt, denken sich Komponist(inn)en viel aus. Guillaume Dufay (um 1400–1474) z. B. hat seine Motette *Nuper rosarum flores* auf die florentinische Kathedrale Santa Maria del Fiore abgestimmt. Das Kirchenschiff fasst etwa 30 000 Personen. Die gewaltige Kuppel von Filippo Brunelleschi (1377–1446) wird als technische Meisterleistung der frühen Renaissance angesehen. Die Maße und Proportionen des Bauwerks gelten als vollendet; sie spiegeln sich in der Komposition der Motette wider. Dufay ist nicht alleine. Die Übersetzung von Architektur in Klang ist in der Renaissance beliebt. Jede Kathedrale hat ihren eigenen Ton. Die gerade erst erfundene Notation von Musik berücksichtigt die unterschiedlichen akustischen Verhältnisse und den Nachhall. Unter bestimmten physikalischen Bedingungen entsteht ein schwebender Raumklang, der sich nicht mehr auf eine auslösende Quelle verorten lässt. Das wirkt auf die Zeitgenoss(inn)en wie Himmelsmusik.

Auch heute wäre es wünschenswert, wenn jedes Gotteshaus nach seinem eigenen Ton suchen könnte. Kirchenkonzerte sind gerade wegen der besonderen Verbindung von Raum und Klang ausgesprochen beliebt; auch sie sind ein niederschwelliges Angebot, mit der Frohen Botschaft in Kontakt zu kommen. Kirchen sind aber vor allem Orte der Stille. Die Stille aber wird mehr und mehr zur kostbarsten Musik. Man muss nichts tun in einer Kirche, man muss nicht einmal beten. Es reicht völlig, wenn man sich in eine Bank setzt und atmet.

Abgesehen von der Sehnsucht der heutigen, vom Zwang zum Funktionieren getriebenen Menschen nach Orten, in denen zweck- und druckfreie Erfahrungen möglich sind, bleiben Kirchen weiterhin Orte der persönlichen Bindung; das darf man nicht vergessen. Ihr Inventar inklusive der Glasfenster ist nicht vom Himmel gefallen; darauf haben einmal Gläubige gespart. Viele Ausstattungsgegenstände in ganz normalen, unscheinbaren Kirchen haben eine Geschichte – man denke nur an die zahlreichen Pietas und Schmerzensmütter, die nach dem Ersten Weltkrieg (1914–1918) von den Frauenvereinen im Gedenken an gefallene Söhne bei Holzschnitzern und Steinmetzen in Auftrag gegeben wurden, oder an die vielfältigen Josefsaltäre, die von den örtlichen Handwerkern gestiftet wurden. Nicht alle diese Ausstattungsgegenstände haben den Rang eines Altarbildes von Peter Paul Rubens (1577–1640), aber sie alle sind mit Fleiß, Respekt, persönlichen Opfern und häufig vielen Tränen ermöglicht worden.

Es ist auch eine Aufgabe der Kirche, das Gotteshaus als identitätsstiftendes steinernes Archiv einer Ansiedlung lesbar und die Anstrengungen einer vergangenen Zeit bewusst zu halten, diese Kirche zu dem Ort zu machen, zu dem man sonntags geht, an dem man heiratet, die Kinder tauft und verabschiedet wird. Die Aussage, Kirchen wären nichts weiter als ein Haufen Steine, hört man heute häufiger aus den Generalvikariaten, wenn es um Finanzen geht. Wie will man denn die Achtung der Menschen erhalten oder zurückgewinnen, wenn man nicht zwischen einem Gemeindezentrum als Funktionsgebäude und einem vom Geld früherer Gläubiger errichteten Gotteshaus unterscheiden kann?

Derweil geht die Protagonistin dieses Beitrags immer noch zur Christmette. Die meisten Besucher(innen) kennen nur noch die erste Strophe der bekannten Weihnachtslieder, nicht alle haben ein „Gotteslob“ mitgenommen, vermutlich, weil sie nicht mehr wissen, was das ist und was man damit macht. Der betagte Aushilfspfarrer lässt nicht vom Weihrauchkübel, bis noch in der letzten Bank geröchelt und gewürgt wird. Kirche kann Christ(inn)en auch die Luft zum Atmen nehmen. Wo kämen wir denn hin, wenn wir die Menschen und ihre Bedürfnisse in den Mittelpunkt der Liturgie stellten? Stattdessen wird Kirche zum kleinen exklusiven Verein, in dem streng auf die Einhaltung der „reinen Lehre“ geachtet wird und sowohl Geistliche als auch Gläubige ihren Lebenssinn darin finden,

Verstöße dagegen bei den Mitschwestern und -brüdern zu ahnden. So stellen sich viele angesichts der Austritte die Zukunft der katholischen Kirche vor und fühlen sich sicher dabei. Doch was hat Kirche zu verlieren, wenn sie es nicht der Wellness-Industrie überlässt, spirituelle Orte zu schaffen?

Dieser Beitrag möchte Mut machen, Kirchen als Räume wiederzuentdecken, als entrückte Räume, die eine Ahnung des Himmels vermitteln mögen und gleichzeitig das Gedächtnis des sozialen Raums sind, den sie überragen. Vielleicht, wenn sie sich willkommen fühlen, bleiben die kirchenfernen Besucher(innen) doch über die nächste Messe oder Andacht. Mit dem *Dona nobis pacem* ziehen sie dann wieder hinaus in die Welt, nach einer Stunde, die sie völlig anders verbracht haben werden als sonst. Natürlich geht es dabei auch um sichtbare Zeichen. Ein Kirchturm ist selbst zwischen Hochhäusern sichtbar. Er zeigt: Hier sind wir. Es ist Sache der Gemeinden, ob dieses Bekenntnis als Einladung zu verstehen ist.

# Applaus

*Nora Gomringer*

Ich bin die Christin
mit dem Schandfleck am Knie,
das ich aufschlug, nicht aufrieb im Dienst.
Ich bin die Christin, die blutet bis auf den Hosenboden
und die, die den Pulli um die Hüfte bindet.
Ich bin die Christin,
die beim Chatten nach Fotos von Händen fragt,
so ungläubig ist sie.
Ich bin die Christin,
die mal textsicher ist, die das Singen nach der Orgel aber meistens vertut.
Ich bin die Christin,
die sich im Lammkostüm vor den Bischof setzt.
Ich bin die Christin,
die im Leben, im täglichen, das Brot verschmäht.
Ich bin die Christin,
die nach Kunst in der Kirche fragt.
Ich bin die Christin,
die durch die Riten die Rätsel annimmt.
Ich bin die Christin,
die bewundert, wenn einer aus einem Schrank steigt, der ihn eingesperrt hielt.
Ich bin die Christin,
die ernst macht mit der Liebe für den immer Nächsten.
Ich bin die Christin,
die den Tag lobt und den Abend dazu, selten das eine vor dem anderen.
Ich bin die Christin,
die zu ihrem Gott hält, wenn er sich outet und alles sich wendet.
Ich bin die Christin,
die beim Weltuntergang und im Höllenfeuer besonders gut angezogen sein möchte.

Ich bin die Christin,
die an zu viel Weihrauch, nicht an zu wenig sterben möchte.
Ich bin die Christin,
die die weißen Westen der Diener Gottes anschwärzt.
Ich bin die Christin,
die langbeinig schwankend den Männchen die Köpfe verdreht, sie zu essen.
Ich bin die Christin,
die verzückt bei der Wandlung klatscht, weil die Show so täuschend, perfekt.[1]

[1] Erstveröffentlichung in: N. Gomringer, Gottesanbieterin, Berlin – Leipzig – Dresden 2020.

# Kirche geht anders weiter

## Die Zeltkirche in Elkeringhausen

*Silke Otte / Andreas Rohde*

Das Bildungs- und Exerzitienhaus St. Bonifatius ist eine Einrichtung des Erzbistums Paderborn und befindet sich in der Nähe von Winterberg im Sauerland. Das Areal ist mit fünf Häusern und einer Kapelle wie ein kleines Dorf angelegt. Die Bildungseinrichtung blickt auf eine lange Geschichte zurück und ist seit 1929 ein Ort, an dem der Versuch gewagt wird, Bildung und Seelsorge miteinander zu verknüpfen. Gemäß diesem Streben gibt es seit 2009 auf dem Gelände ein besonderes Projekt: die „Zeltkirche".

Nach einer kurzen biblischen Beschreibung des Zeltes als Ort der Präsenz Gottes im Alten Testament sowie einer ekklesiologischen Einordnung stellt dieser Beitrag das Projekt der Zeltkirche vor. Dabei stehen liturgiewissenschaftliche sowie pädagogische und soziokulturelle Erwägungen im Vordergrund. Schließlich werden Erkenntnisse und Perspektiven für eine partizipative Kirche im Heute beschrieben. Leitend sind für uns dabei folgende Fragen: Ist Kirche heute eher „Zelt" oder „Tempel"? Was macht die Liturgie in der Zeltkirche so attraktiv für Menschen? Welches zukunftsträchtige Kirchenbild vermittelt sich durch die Zeltkirche?

### 1 Gott zeltet

Gott hat eine besondere Schwäche: seine Vorliebe für die Menschen. Er will dort sein, wo der Mensch ist. Dieser Wille ist Ausweis seiner wesentlichen Eigenschaft, nämlich, dass er Liebe ist. Und Liebe will Kontakt mit einem Du, will Beziehung. So ist die Geschichte Gottes mit den Menschen eine – zugegeben manchmal etwas komplizierte – Beziehungsgeschichte. Ur-Kunde davon gibt die Bibel.

Wenn man über die Liebe Gottes zu den Menschen sprechen will, kann man bei Adam und Eva anfangen – man muss es sogar. In der Schöpfungsgeschichte wird – freilich in einem mythischen Bild – die

Beziehung Gottes zu den Menschen grundlegend konstituiert. Dem Menschen als Gottes eigenhändig gestaltetem Kunstwerk gilt sein Heil in vollumfänglichem Sinne in einer durch nichts gestörten Schöpfung. Seine unmittelbare Gegenwartserfahrung ist darin einbegriffen.

Der paradiesische Zustand hält nach dem Sündenfall nicht an, aber bereits der Fortgang der Geschichte mit Adam und Eva zeigt – ebenso wie die Geschichte der Patriarchen einige Verse später –, dass Gott seinem Bund mit den Menschen treu bleibt. Ganz existenziell erfährt das Volk Israel dies im Geschehen des Exodus. Gott hat Mose im Dornbusch-Ereignis seinen Namen geoffenbart. Er ist und will immer „JHWH" sein, der „Ich-bin-da". Dass dies nicht bloß ein – wenn auch wohlklingender und verheißungsvoller – Name ist, zeigt sich in der für das Volk Israel initiierenden Erfahrung des Exodus. Im Auszug aus Ägypten in das Gelobte Land und dem damit verbundenen Ende der Sklaverei vollzieht JHWH, was seinem Namen gebührt: Er ist da und tritt – vermittelt durch die Gestalt des Mose – in Beziehung zu seinem Volk.

Das, was sich heute so selbstverständlich liest, verdient ein besonderes Augenmerk. Für die Verehrung JHWHs muss das Volk Israel keine besonderen Kultstätten aufsuchen. Die Herrlichkeit (*kabod*) Gottes ist in der Diaspora-Erfahrung des Exodus überall dort erlebbar, wo das Volk ist. In allen Irrungen und Wirrungen, von denen die Exoduserzählung berichtet, ist Gott bei seinem Volk. Er zieht mit ihm umher. Zeichen dafür ist der Umstand, dass Gottes Präsenz in einem eigens dafür aufgestellten Zelt erfahrbar wird.

Gottes Vorliebe für das Heil der Menschen lässt ihn zelten. Nach Ex 33,7 dient ein außerhalb des Lagers der Israeliten aufgestelltes Zelt als „Offenbarungszelt". Dieses Zeltheiligtum (*mischkan*) wird zum Ort der Gottesbegegnung. Wenn Mose das Zelt betritt, zeigt eine Wolke das theophane Geschehen an, indem sie sich am Eingang niedersenkt. Mose könne, so der eigentlich ungeheuerliche Aussagegehalt dieser Verse, mit Gott wie „mit seinem Freund" (Ex 33,11) reden.

Das Zelt, das in Num 9,15 auch als Zelt des Bundeszeugnisses bezeichnet wird, ist ein Heiligtum. Es beherbergt einen Altar und heilige Geräte, die für den Opferkult benötigt werden, und wird besonders bewacht. Nach Auskunft von 2 Sam 6,17 birgt es in seiner Mitte später auch die Bundeslade. Nicht durch die goldenen Kultgegenstände wird das Zelt zu einem Heiligtum. Heilig wird es erst durch die zeitweilige Gegenwart der *kabod* JHWHs, die ihn zugleich nahe und unberührbar sein lässt. Das Zelt gilt in diesem Sinne also nicht nur als Ort der Gottesbegegnung und als Raum für dessen „Niederlassung" mitten in seinem Volk, sondern auch als Ort von Gottesdienst und Kult.

In herausragender Verbindung zum Sinnbild des Zeltes als irdische Wohnstatt Gottes unter den Menschen steht im Neuen Testament ein Vers aus dem Johannesprolog. Es heißt, der Logos sei Fleisch geworden und habe „unter uns gewohnt" (Joh 1,14). Das griechische Wort für „wohnen" hat auch die Bedeutung von „zelten". Im Logos schlägt Gott von Neuem sein Zelt mitten unter den Menschen auf. Er will weder in der Ferne thronen noch auf von Menschen gemachten Thronen in Palästen sitzen, sondern wie in einem Zelt wohnen. Die Gegenwärtigkeit Gottes ist nicht an bestimmte Kultstätten gebunden, sondern gilt universal, wie der Evangelist Johannes im Gespräch Jesu mit der Frau am Jakobsbrunnen verdeutlicht (vgl. Joh 4,21). Die ganze Schöpfung ist der „Wohn-Raum" Gottes.[1]

Wer von uns gerne zeltet, wird diese Art des Wohnens und Unterwegs-Seins sicher sehr zu schätzen wissen. Das unmittelbare Verwoben-Sein mit der Natur, der Reiz der Freiheit, die Leichtigkeit des Aufbrechen-Könnens, all das fasziniert den modernen Menschen, der ansonsten in festen Häusern lebt, zumindest für ein paar Tage im Jahr.

Auch Gott zeltet gerne, um im Bild zu bleiben. Dies bedeutet, dass er mit den Menschen mitgeht und sie begleitet. Das Zweite Vatikanische Konzil (1962–1965) erinnert die Kirche als Ganze wieder an ihre pilgernde Existenz und stellt somit die Verbindung zum Volk Israel her. Die Kirche bildet keinen monolithischen und starren Block. Sie wandert vielmehr durch Zeit und Geschichte. Sie ist, so könnte man sagen, also eher Zelt als Tempel.

Was könnte diese Selbstbeschreibung deshalb besser zur Geltung bringen als ein Kirchenraum, der als Zelt konstruiert ist und damit die Kirche zum einen an deren Vorläufigkeit, zum anderen aber auch an ihr großes Ziel erinnert: das Himmlische Jerusalem?

---

[1] Vgl. dazu K. Wengst, Das Johannesevangelium, Teilband 1: Kapitel 1–10 (Theologischer Kommentar zum Neuen Testament 4/1), Stuttgart [2]2004, 68–76.

Architekt(inn)en und Künstler(innen) haben in der Vergangenheit an verschiedenen Stellen versucht, modernen Kirchbauten den Charakter eines Zeltes zu verleihen, indem sie das Kirchenschiff entsprechend konstruiert haben, mit der höchsten Stelle des Raumes genau in der Mitte des Daches und dem Altar exakt darunter. Die Symbolsprache verdeutlicht: Die Mitte der Kirche ist Christus. Von ihm her empfängt sie, aber auch jede(r) einzelne Gläubige Heiligkeit.

Das Zelt in seiner alttestamentlichen Bedeutung wie in seiner neutestamentlich-christologischen Zuspitzung im Johannesprolog ist der symbolhafte Raum der Gegenwart Gottes, ein Raum der Begegnung und des Gespräches mit ihm, ein Raum des Bekenntnisses und des Bundesgedenkens, ein Raum zur Feier des Glaubens, ein Raum, in dem Gottes Für-Sorge und Zuwendung, seine Treue und Liebe existenziell erfahrbar werden. Diese Bestimmungen sollten auch in der Zeltkirche in Elkeringhausen von Beginn an eine zentrale Rolle spielen. Im folgenden Abschnitt sollen nun die Zeltkirche und ihre Genese näher vorgestellt werden.

## 2 Die Zeltkirche im Bildungs- und Exerzitienhaus St. Bonifatius

Schon bei der ersten Erkundung des Ortes fällt ein schlichtes weißes Zelt auf, das neben den festen Häusern und der Kapelle provisorisch und prunklos wirkt und gerade dadurch eine äußerlich starke Symbolkraft erzeugt. Dem damaligen Direktor der Einrichtung lag an der Gestaltung von ansprechenden Gottesdiensten für jene Personen, die zu den Kursen des Hauses kommen. Außerdem wurde von anderen Menschen aus der Region immer wieder der Wunsch geäußert, an den Gottesdiensten des Bildungshauses teilnehmen zu können. Das führte zu der Idee, neben dem Gottesdienst für Kursgruppen in der eher kleinen Bonifatius-Kapelle am Sonntag eine Gottesdienstmöglichkeit zu schaffen, sodass Hausgäste und auch Gläubige aus der Umgebung teilnehmen konnten.

Ursprünglich wurde im Team des Hauses über ein Zirkuszelt nachgedacht, das sich jedoch in der Experimentierphase als zu kostenintensiv erwies. Die Recherche ergab, dass auf der Insel Fehmarn ein Restaurantzelt zum Verkauf stand. Nach einem spontanen Ausflug an die Ostsee stand fest, dass das Projekt der Zeltkirche mit diesem rechteckigen, 200 Quadratmeter großen Zelt begonnen werden sollte. Von Anfang an war klar, dass es sich aufgrund der Sauerländer Klimaverhältnisse um ein temporäres Angebot von Ostern bis Oktober handeln musste. Auf dem großen Gelände des Bildungshauses war schnell ein Platz für das Zelt gefunden: in unmittelbarer Nähe zur Kapelle.

Die Einbettung in die wunderbare Landschaft, das Erleben von Natur und Schöpfung, die Sorge um Gesundheit und die Sehnsucht nach Sinn ermöglichen an diesem Ort ein riesiges Repertoire an Zugängen, um dem Leben, sich selbst und der Frage nach Gott nachzugehen und auf die Spur zu kommen. Seit einigen Jahren grenzt an das Gelände des Bildungshauses der Ruhewald der Stadt Winterberg und eröffnet damit einen Zugang zum Thema „Tod und Bestattung". Ein Pfad zu den Elementen des Sonnengesangs, der als Projekt eines Familienkurses entstanden ist, umgibt das Gelände von der nördlichen Seite und verknüpft die erlebnispädagogischen Orte wie Bogenschießanlage, Kletterinstallationen und Mehrgenerationenspielplatz.

Seitdem das Projekt existiert, hat sich das Bildungs- und Exerzitienhaus auch als pastoraler und geistlicher Ort profiliert. Die Zeltkirche mit ihrer sonntäglichen Liturgie ist zu einem integralen Bestandteil der Einrichtung geworden, führt aber auch zu einer situativen Verankerung der Liturgie im Leben der „Vorübergehenden" (*en passant*). Neben den biblischen Texten lebt diese Liturgie von den Themen und Menschen, die im Haus zu Gast sind. Dieser Hintergrund ist entscheidend für das, wovon im Gottesdienst die Rede und was sein Sitz im Leben ist. Gleichzeitig haben die aus der Region angereisten Gäste Anteil an den Themen, welche die Kursteilnehmenden bewegen und beschäftigen. Auf diese Weise kann ganz unvermittelt etwas Nachdenkliches angeregt, Mut zugesprochen, Ungewohntes bedacht und Trost gefunden werden. Die Bildungsarbeit bietet mit ihrem reichen Spektrum an existenziellen Themen zahlreiche Möglichkeiten, um auch der Liturgie den Boden zu bereiten – und umgekehrt. Damit realisiert sich, was Hans Hobelsberger (*1960) bei einem Forum in der Zeltkirche 2011 zu dem Thema „Pastorale Orte und Gelegenheiten" als Kennzeichen eines solchen Ortes charakterisierte, nämlich die Begegnung von Evangelium und Existenz an einem Ort und mit konkreten Menschen.

Die Zeltkirche ist mittlerweile mehr als ein Projekt, sie hat sich verfestigt und verstetigt. Und doch verändert sie in einem stetigen

Entwicklungsprozess jedes Jahr ihr Gesicht als liturgischer Ort. So wird etwa im Team immer neu darum gerungen, wie das Zelt eingerichtet wird, welches Motto durch die Zeit des Jahres trägt und welche Beteiligungsformen und Rituale vorgesehen sind – nur drei Beispiele seien genannt: Nach einer Philippinenreise 2013 zum Thema „Lokale Kirchenentwicklung", an welcher ein Teammitglied teilnahm, ergab sich vor dem Hintergrund der dortigen Erfahrungen und einem ausführlichen Auswertungsgespräch, dass durch die Verortung des Altares im Zelt explizit deutlich werden soll, dass Jesus Christus die Mitte ist. Aufgrund einer Priestervakanz entwickelte sich 2019 die Idee, eine größere Zahl von ehrenamtlichen Koordinator(inn)en an der Realisierung der Zeltkirche zu beteiligen. Auf diese Weise wurde ein *Welcome*-Dienst installiert, der dafür sorgt, dass sich Gottesdienstbesucher(innen) willkommen und begrüßt fühlen. Im Jahr 2020 schließlich verhinderte die Corona-Pandemie einen Start zu Ostern, sodass die Zeltkirche erst im Juli beginnen konnte. Wieder ging es anders weiter: Aus der Zeltkirche wurde aufgrund der Umstände und Bedingungen ein Freiluftgottesdienst. Das Zelt wurde zu zwei Seiten vollständig geöffnet, und die Gottesdienstbesucher(innen) wurden gebeten, Sitzgelegenheiten für die Rasenflächen mitzubringen, wobei eine kleine Anzahl an Leuten auch weiterhin im Zelt ihren Platz fand.

Überraschen mag vielleicht, dass es sich bei der Zeltkirche nicht um eine Eventkirche handelt. Die Gottesdienstkultur ist eher als konzentriert und reduziert zu beschreiben und hat den Anspruch, eine sehr heterogene Gruppe von Personen anzusprechen. Das Zelt als Kirchort bietet einen niederschwelligen Zugang, ermöglicht einen selbst zu bestimmenden Abstand zum Geschehen und zieht damit sehr verschiedene Menschen an.

## 3 Liturgie als Feier von Beziehung und Da-Sein

Die Feier der Liturgie bezeichnet einen Grundvollzug kirchlichen Lebens und Seins und ist selbstverständlicher und integraler Bestandteil im Leitbild unseres Bildungs- und Exerzitienhauses. Grundsätzlich verstehen wir Liturgie so, dass jede(r) dazu eingeladen ist, ganz gleich, ob jemand gläubig ist oder welcher Konfession sie bzw. er angehört.

Die Liturgie der Zeltkirche bietet einen Raum, in dem jede(r) mit der je eigenen inneren Verfassung da sein kann. Da-Sein in der Liturgie bedeutet für manche unserer Gäste schon sehr viel, da sie oft nach langer Zeit überhaupt wieder an einem Gottesdienst teilnehmen. Da-Sein meint nicht die passive Teilnahme an einem vorbeiziehenden und vielleicht fremdartigen Geschehen. Da-Sein meint – grundlegend verstanden –, als Mensch zu existieren und sich dieser leibhaften Existenz bewusst zu sein. Zugleich ist Da-Sein die Möglichkeitsbedingung einer bewussten und tätigen Teilnahme an der Liturgie, die erst das Zweite Vatikanische Konzil in seiner Liturgiekonstitution *Sacrosanctum Concilium* (SC) wiederentdeckte. Bewusst und tätig – das bedeutet vor allem, dass die Liturgie als ein Raum erfahren wird, in dem Menschen mit der eigenen Geschichte anwesend sein können und dürfen. Es ist eine Einladung, sich ganz von Gott annehmen und bejahen zu lassen.

Der siebte Schöpfungstag ist ein Tag der Freude, an dem sich Gott sein Werk ansieht. Einem jeden gilt das Wort aus dem Buch Jesaja: „Wie der Bräutigam sich freut über die Braut, so freut sich dein Gott über dich.“ (Jes 62,5) Die sonntägliche Eucharistiefeier ist ein Fest der Daseinsbestätigung und der Anerkennung durch Gott ohne Einschränkung.[2] Diese göttliche Annahme, die in der liebenden Hingabe Jesu ihren ureigenen Ausdruck findet, spiegelt sich in vielen Elementen der Liturgie wider: von der Vergebungsbitte zu Beginn über die Zuwendung Gottes in seinem Wort und Sakrament bis hin zum Segen am Ende. In all dem spricht Gott sein Ja zum Menschen aus. Somit erinnert, vergegenwärtigt und erneuert die Liturgie eine Beziehung, die sie bereits voraussetzt: die Beziehung zwischen Schöpfer und Geschöpf, die über alle Brüche des Lebens erhaben ist, weil Gottes Liebe größer und immerwährend ist.[3] Durch und in der Liturgie geschieht die Berührung von Evangelium Jesu und Existenz des Menschen[4] und ermöglicht so ein Geschehen von Bezie-

---

[2] Vgl. M. Kunzler, Liturge sein. Entwurf einer Ars celebrandi, Paderborn $^{2}$2009, 131–137.

[3] Zum Beziehungsgeschehen als liturgiewissenschaftlicher Grundkomponente vgl. Michael Kunzlers (1951–2014) „Entwurf einer Theologie der Erfahrung“ in: Kunzler, Liturge sein (s. Anm. 2), 138–150.

[4] Vgl. dazu Abschnitt 2 in diesem Beitrag.

hung und Kommunikation zwischen Gott und Mensch. In dieser Hinsicht eignet ihr ein identitätsstiftender Charakter.

Um es konkret zu sagen: Der Gast unseres Hauses mit seinen lebensgeschichtlichen Brüchen und Sinnfragen, mit seinem Hoffen und Aufbrechen erfährt sich von Gott her als gewollt und angenommen und zur Kommunikation mit ihm befähigt. Es geschieht Heil. Auf diese Weise eröffnet sich auch eine größere Perspektive. Liturgie weist immer über die irdische Dimension hinaus, indem sie ein Licht wirft auf die Ewigkeit, auf die gottgeschenkte Freiheit des Menschen von Sünde und Tod und auf die Zusage gelingenden Lebens. Wenn Liturgie als Kulminationspunkt des eigenen Lebens erfahrbar, wenn die innere und äußere Verfasstheit von Gott her eingeholt und verwandelt wird, dann wird die Feier qualitativ als „Höhepunkt" und „Quelle" (vgl. SC 10) erlebt.

Die Gottesdienstgemeinde ist freilich mehr als die Summe der versammelten Individuen mit ihren ganz persönlichen Gottesbeziehungen. Das liturgische Geschehen, die Feier der Eucharistie, bestätigt und konstituiert immer auch kirchliche Gemeinschaft. Das ist ja der Sinngehalt, wenn Liturgie als einer der Grundvollzüge der Kirche beschrieben wird. Kirche vollzieht nicht Liturgie, sie vollzieht *sich* in der Liturgie. Jeden Sonntag konstituiert sich im Gottesdienst der Zeltkirche – wie in allen Gottesdiensten – die Gemeinde und Gemeinschaft Jesu Christi. So entsteht immer neu ein Beziehungsgefüge, das sich im Horizont von Teilnahme und Teilhabe am göttlichen Heilsgeschehen ereignet. Im wahren Wortsinn ist Liturgie *Gottes Dienst* an den Menschen.

## 4 Menschen im Zelt

Zu den Teilnehmenden der Gottesdienste zählen besonders die Kurs- und Hausgäste von St. Bonifatius. Eine weitere Gruppe bilden Menschen aus der regionalen Umgebung, die sich im Gottesdienstangebot der jeweiligen örtlichen Gemeinde nicht wiederfinden und sich mit dem Auto, per Fahrrad oder zu Fuß auf den Weg zur Zeltkirche begeben. Eine dritte kommt aus dem weiteren Umfeld von Elkeringhausen und ist z. T. durch frühere Kursteilnahmen mit dem Haus verbunden. Für sie verbindet sich der Besuch der Zeltkirche mit einem Tagesausflug in das schöne Sauerland. Dazu kommen als vierte Gruppe Urlauber(innen), die in ihren Unterkünften die Empfehlung zum Besuch der Zeltkirche erhalten. Dabei fallen die auf, die seit Jahren immer wieder da sind. Neben diesen Tourist(inn)en, die gezielt zum Gottesdienst kommen, wandern häufig Menschen eher zufällig an dem Zeltgottesdienst vorbei, bleiben stehen oder gehen einfach weiter.

Die Gemeinde der Zeltkirche ist insgesamt sehr heterogen hinsichtlich des Alters, der regionalen Bezüge und der kirchlichen Nähe. Die Sammlung dieser Gruppe wird ermöglicht durch die schlichte Ästhetik der Zeltkirche und darüber hinaus durch die Willkommenskultur, das Erleben von Natur, die musikalische Gestaltung, die dialogisch gestaltete Liturgie und die Picknickstimmung danach rund um das Imbisszelt, das separat in der Nähe der Zeltkirche steht. Getragen und gestaltet wird die Zeltkirche von dem pädagogischen Team des Hauses, den ehrenamtlichen Koordinator(inn)en und Techniker(inne)n und den unterschiedlichen Musikgruppen, die sich zur Mitgestaltung anbieten.

Seit nun schon über zwölf Jahren wird die Zeltkirche von ca. 150 bis 250 Personen sonntäglich besucht. Was ihre Attraktivität ausmacht, zeigen folgende Statements von Besucher(inne)n:

- „Der regelmäßige Besuch der Zeltkirche in der Bildungsstätte St. Bonifatius ist für mich zum frei gewählten Ritual geworden. Der vertraute liturgische Ablauf, die anspruchsvolle und kreative Auslegung der für mich sehr wertvollen Texte, die mich immer zum Singen anregende, tolle musikalische Gestaltung der Messfeier und alles ‚Drumherum' geben mir immer Kraft und Zuversicht für die nächste Alltagswoche."
- „An der Zeltkirche spricht mich besonders die ‚offen-heit' an, mit der dort Gottesdienst gefeiert wird. Zum einen die Offenheit zur Schöpfung hin, da wir ja quasi im Freien sitzen und einen herrlichen Blick in die Natur haben. Und das andere ist die Offenheit, mit der jede und jeder willkommen ist – so wie sie bzw. er eben ist. Immer wieder wird in der mich besonders ansprechenden Liturgie und Feier des Gottesdienstes deutlich gemacht, dass nicht der Priester oder das Vorbereitungsteam einlädt, sondern Jesus."
- „Wir kommen gern zur Zeltkirche nach St. Bonifatius. Alle machen mit und sind auf Augenhöhe, auch die Priester. Es ist schon ein besonderes Flair dort im Zelt und in Corona-Zeiten

um das Zelt herum: immer abwechslungsreich, schöne Musik, kräftiger Gesang, Gläubige von jung bis alt. Auch ist hier immer mal ein Lachen erlaubt oder sogar erwünscht. Es hat sich über die Jahre auch eine schöne Gemeinschaft entwickelt."

- „Für mich sind die Zeltkirche und die Gottesdienste zu einem zweiten Zuhause geworden. Es trifft sich dort, frei und ungezwungen, eine große Anzahl Menschen, ohne Herkunft und Stand zu hinterfragen. Ich erfahre und erhalte dort die Kraft und Hoffnung, positiv in die neue Woche zu gehen und diese zu leben."
- „Die Zeltkirche in St. Bonifatius ist für uns zu einer wichtigen spirituellen Tankstelle geworden. Die Gottesdienste dort sind frisch, lebendig und lebensnah gestaltet, inhaltlich wie auch musikalisch! Vor allem die Dialogpredigten gefallen uns: Gespräche zwischen Frau und Mann, Priester und Laie. Das ist Verkündigung auf Augenhöhe, die etwas mit unserem Leben, mit unserem Alltag zu tun hat, die zum Nachdenken und Weiterdenken anregt. Man kann gar nicht weghören. Zwei Christen, die sich über ihren Glauben unterhalten, ihre Erfahrungen, ihre offenen Fragen. Frau und Mann – das kommt bei jedem an. Das wünschen wir uns auch für andere Gottesdienste. Obwohl Menschen aus ganz verschiedenen Orten und Gemeinden zusammenkommen, entsteht eine tiefe Verbundenheit und Gemeinschaft untereinander und mit Gott."
- „Uns zieht es immer wieder sonntags zur Zeltkirche im schönen Elkeringhausen. Nicht nur die atemberaubende Natur lässt uns durchatmen – auch die Art, wie Kirche verstanden und gelebt wird, bringt frische Luft in die Gottesdienste. Das moderne, fortschrittliche Denken wird in der Zeltkirche an vielen Stellen deutlich. Die Auffassung, dass jede und jeder vor Gott gleich ist, begeistert uns besonders in der Dialogpredigt, in welcher deutlich wird: Kirche kann unabhängig vom Geschlecht von jedem mitgestaltet und mitbestimmt werden. Das Verständnis einer modernen Kirche, die Begegnung mit interessanten Menschen und – nicht zu vergessen – auch die tolle Musik machen die Sonntage in der Zeltkirche so besonders."

Die Statements haben bereits bestimmte Elemente der Zeltkirche angesprochen; einige davon sollen nun näher vorgestellt werden.

## 5 Elemente der Zeltgottesdienste

Die Zeltkirchenjahre werden in der Regel mit einem Motto überschrieben, das vom pädagogischen Team erarbeitet wird, aktuellen Bezug hat und den momentanen Lebensgefühlen und -themen in der Bildungsarbeit entspricht. Die einzelnen Themen der Sonn- und Feiertage werden in der Kombination von Texten des Lesejahres, des Jahresmottos und der Kursthemen entwickelt und veröffentlicht. Diese Vorgehensweise ist herausfordernd, zumal auch jedes Sonn- oder Feiertagsthema ansprechend und attraktiv formuliert sein soll. Die Erfahrungen und Rückmeldungen zeigen, dass die Anziehungskraft eines Themas nicht unterschätzt werden darf.

Ein entscheidendes Element der Zeltgottesdienste ist, das Ankommen der Gottesdienstbesucher(innen) bewusst wahrzunehmen und sie willkommen zu heißen. Die Menschen persönlich zu begrüßen, prägt den Anfang des Gottesdienstbesuchs und öffnet sie für das liturgische Geschehen. Der Dienst der Begrüßung wird mittlerweile von zahlreichen Ehrenamtlichen übernommen. Neben der persönlichen Begrüßung wird ein Liederbuch überreicht; gleichzeitig ergeben sich kurze Begegnungen und Gesprächssequenzen vor dem Gottesdienst.

Ein wesentlicher Bestandteil des Gottesdienstes im Zelt ist die Musik. Es wird Wert gelegt auf eine abwechslungsreiche Gestaltung durch unterschiedliche Musikgruppen: Bands, Solist(inn)en und Chöre. Auch eine Variation an Instrumenten (Klavier, Geige, Gitarre, Querflöte, Klarinette, Fagott usw.) bereichert das musikalische Angebot. Es kommen zum überwiegenden Teil Neue Geistliche Lieder zum Einsatz. Trotz eines etablierten Gesangbuches werden immer wieder auch neue Lieder einstudiert, um eine musikalische Entwicklung zu ermöglichen.

Es besteht der Anspruch an den Verkündigungsteil, dass dieser möglichst knapp und prägnant ausfällt. Die Vorbereitung dazu findet im Rahmen eines Predigtgesprächs im pädagogischen Team statt. Dabei werden die Gedanken protokolliert. Zielführend ist dabei die Frage nach dem sog. „Küchenzuruf", also dem prägnanten Kernsatz der Predigt. Wichtig sind uns folgende Kriterien für den Rahmen von Deutung und Verkündigung: Die Predigt ist dialogisch, theologisch begründet, persönlich, erfahrungs- und teilnehmerorientiert. Es geht darum, das Evangelium zu deuten und in Beziehung zu den Lebenswelten der Zuhörenden zu setzen.

Nach dem Gottesdienst der Zeltkirche wird allen, die bleiben möchten, ein Mittagsimbiss angeboten. Bierzeltgarnituren laden zum Verweilen und Essen ein. Sehr häufig ergeben sich noch tiefe und seelsorgliche Gespräche, und es besteht so die Möglichkeit, als Seelsorger(in) Kontakt zu den Besucher(inne)n der Zeltkirche herzustellen. Das gemeinsame Essen hat neben dem leiblichen somit auch einen sozialen und kulturellen Nährwert.

## 6 Erkenntnisse und Perspektiven einer partizipativen Kirche

Ein Zelt weckt viele Assoziationen. Zunächst fasziniert daran sein ursprünglicher Charakter, das Nomadenhafte und im guten Sinne Unstete, das für uns heutige Menschen Freiheit und Unabhängigkeit verheißt. In seiner Einfachheit, Schlichtheit und Nüchternheit stellt das Zelt einen Kontrast zu manchen prunkvollen Vorstellungen von Kirche dar und verknüpft sich immer neu mit dem Unterwegs-Sein als Kirche. Ein Zelt ist ein Provisorium, es kann ab- und an anderer Stelle wiederaufgebaut werden. Dennoch bietet es eine vorläufige Bleibe in aller Flüchtigkeit und Bewegung, die die heutige Zeit kennzeichnen. Ein Zelt ist aber auch der sinnbildliche Fingerzeig und Weckruf, nicht stehen zu bleiben, sondern stets bereit zum Aufbruch zu sein. Was lässt sich daraus für das Grundverständnis von Kirche ableiten? Es seien dazu sieben Thesen formuliert.

*These 1: Aufbrechen steckt in der DNA der Kirche.*

Das Innovationspotenzial der Zeltkirche bleibt Anspruch und Herausforderung. Es reicht eben nicht, einfach nur ein Zelt in der Landschaft aufzubauen. Wir gestalten in der Kirche pastorales Handeln häufig unter der Prämisse des Bleibens. Was einmal ins Leben gerufen ist, soll bleiben. „Bleiben" verspricht Konstanz und Stabilität. Veränderungen hingegen werden bisweilen als Bedrohung erlebt, Gestaltwandel als Abbruch von kirchlicher Bindung oder als Anpassung an den Zeitgeist etikettiert. In der inneren und äußeren Gestaltung der Zeltkirche fragen wir nach den „Zeichen der Zeit". Veränderung verstehen wir als Entwicklung, die synchron zu gesellschaftlichen Entwicklungen gedacht wird. Die stetige Erneuerung wohnt dem Kirche-Sein inne und kann auch von außen angestoßen werden. Wenn die

Kirche durch Zeit und Geschichte pilgert, dann befindet sie sich in einem dynamischen Modus. Um ihren Auftrag zu erfüllen, muss Kirche beweglich bleiben, d. h. im Dialog mit den Lebenswelten der Menschen: Hinwendung statt Abgrenzung, Einladung statt Ausschluss, Ermöglichung statt Verweigerung, Weite statt Enge.

*These 2: Die Kirche ist provisorisch.*

Die Zeltkirche ist ein Provisorium – nicht nur, weil das Zelt im Winter abgebaut wird, sondern auch, weil die Menschen kommen und gehen, stehen bleiben, etwas aufnehmen und weitergehen. Kirche ist unterwegs. Das heißt aber auch: Sie ist nicht das Ziel. Was ekklesiologisch längst formuliert ist, bedarf der Einholung im realen Selbstverständnis der Kirche und ihrer Gemeinden. Die Kirche ist vorläufig, eben provisorisch. Und das erkennt sie dort, wo sie sich wirklich von Gott und dem Evangelium leiten lässt und nicht von Machtfragen und Hierarchie. Gott kann in der Diaspora-Erfahrung des Volkes Israel, im Exodus, mit dem Provisorium eines Zeltes gut leben. Das sollte uns in der heutigen Diaspora-Erfahrung ermutigen.

*These 3: Die Verkündigung der Kirche ist die „Verjetztigung" der Liebe Gottes.*

Gott ist da, wo wir sind, er will Beziehung, Kommunikation und Begegnung aus Liebe. Genau das ist es, was in der Gestaltung der Gottesdienste in der Zeltkirche zum Ausdruck gebracht wird, von der Auslegung der biblischen Texte über die Musik bis hin zum Segen. Es geht nach einem Wort von Andreas Knapp (* 1958) um eine „Verjetztigung" der Liebe Gottes, die sich in der Liturgie dann ausdrückt, wenn sie von der Bejahung, Anerkennung und Annahme des Menschen durch Gott geleitet ist.

*These 4: Die Kirche hat offene Türen.*

Ein Zelt ist hellhörig und dünnwandig, jede(r) Camper(in) weiß das. Doch was auf dem Campingplatz manchmal zum Nachteil gereicht, ist in der Zeltkirche ein beredtes Zeugnis für das Kirche-Sein: Kirchenwände müssen hellhörig sein, dünnwandig und durchlässig, innen und außen gehören zusammen, d. h., die Lebenswelten der Menschen müssen Platz finden in Kirche und Liturgie – umgekehrt ist der Glaube ein Angebot für die Lebenswelt auch außerhalb der Kirchenwände.

Wie auch immer Menschen sich (nicht) kirchlich gebunden fühlen, die Gottesdienstteilnehmer(innen) bestimmen rund um die Zeltkirche selbst ihren Platz, ihre Distanz bzw. Nähe zum liturgischen Geschehen. Das Zelt bietet einen niederschwelligen Zugang, Hürden müssen nicht überwunden werden. Diese Selbstbestimmung von Nähe und Distanz zum liturgischen Geschehen wirkt befreiend. Es gibt kein oben und unten in der Zeltkirche, es gibt eine Mitte, die der Altar markiert. Papst Franziskus (seit 2013) bringt es auf den Punkt, wenn er in seinem ersten Apostolischen Schreiben *Evangelii gaudium*[5] (EG) über die Verkündigung des Evangeliums in der Welt von heute sagt, dass „eine Kirche ‚im Aufbruch' […] eine Kirche mit offenen Türen" (EG 46) ist. Die Zeltkirche will in diesem Sinne eine Kirche ohne Hürden sein, keine „Zollstation" (EG 47), an der geprüft wird, wer dazugehört und wer nicht.

*These 5: Die Kirche ist nicht gemütlich.*

Die Zeltkirche ist nicht bequem, die Stühle stehen eng und haben keine Sitzpolster, draußen ist es im Sauerländer Bergwind oft ungemütlich. Sie ist nicht prunkvoll und dient auch nicht als Eventkirche. Die Menschen kommen, weil sie die Reduktion und Schlichtheit als heilsam empfinden. Hier lenkt nichts ab. Die Zeltkirche steht für die Einfachheit einer Kirche, die der Welt die Botschaft des Evangeliums verkündet. Die Kirche verliert nicht durch Reduktion, sondern gewinnt neu den Blick für das Wesentliche. Die Mitte der Kirche ist Christus mit seinem herausfordernden Wort und seiner unkonventionellen Tat. Diese Eindeutigkeit in der Verkündung lässt die Kirche in der Tat ungemütlich sein für die Welt und ihre ungerechten Verhältnisse.

*These 6: Die Kirche hat Schöpfungsverantwortung.*

In der die Zeltkirche umgebenden Natur erfährt der Mensch sein Eingebunden-Sein in die Schöpfung und zugleich sein Rückgebun-

[5] Papst Franziskus, Apostolisches Schreiben *Evangelii gaudium* über die Verkündigung des Evangeliums in der Welt von heute vom 24. November 2013, hg. vom Sekretariat der Deutschen Bischofskonferenz (VApS 194), Bonn 2013.

den-Sein an den Schöpfer. Dieses Koordinatensystem bildet den Rahmen für das Dasein des Menschen mit seiner Lebensgeschichte und seinen Beziehungen inmitten der Welt. Die Zeltkirche ist ein spiritueller Kraftort in einer beeindruckenden Landschaft. Dies ist nicht nur ein Geschenk für jede(n), die bzw. der hier lebt, arbeitet oder zu Gast ist. Wir sehen daraus auch die Verantwortung für das „gemeinsame Haus", wie Papst Franziskus die Schöpfung nennt, erwachsen. Der Mensch ist Teil von ihr und zu ihrem Erhalt herausgefordert und berufen. In seiner Enzyklika *Laudato si'*[6] (LS) über die Sorge für das gemeinsame Haus ruft Papst Franziskus die Kirche zu einer „ökologische[n] Umkehr" auf (vgl. LS 216–221) und erinnert sie so an ihre Berufung, Anwältin für die Schöpfung zu sein, deren Teil sie ist. Das Eingebunden-Sein in die Schöpfung ruft den Besucher(inne)n der Zeltkirche die besondere Liebe und Fürsorge Gottes in Erinnerung.

> „Das ganze materielle Universum ist ein Ausdruck der Liebe Gottes, seiner grenzenlosen Zärtlichkeit uns gegenüber. Der Erdboden, das Wasser, die Berge – alles ist eine Liebkosung Gottes. Die Geschichte der eigenen Freundschaft mit Gott entwickelt sich immer in einem geographischen Raum, der sich in ein ganz persönliches Zeichen verwandelt, und jeder von uns bewahrt in seinem Gedächtnis Orte, deren Erinnerung ihm sehr gut tut." (LS 84)

*These 7: Die Kirche lebt von Partizipation und Diversität.*

Was uns an der Zeltkirche besonders ermutigt: Sie ist entstanden aus den Gläubigen selbst. Sie wurde nicht „erfunden", sondern hat sich entwickelt aus dem Wunsch, gemeinsam Gottesdienst zu feiern. Die Partizipation aller am liturgischen Geschehen Beteiligten gilt für uns als Weg und bleibende Vision und charakterisiert die liturgische Kultur vor Ort. Um dies ins Leben zu bringen, braucht es die offene und einladende Haltung der Liturg(inn)en. Dies wird bereits an der Art und Weise ablesbar, wie der Gottesdienst vorzubereitet wird: professionell und redlich, liebevoll und intensiv, dialogisch und ziel-

---

[6] Papst Franziskus, Enzyklika *Laudato si'* über die Sorge für das gemeinsame Haus vom 24. Mai 2015, hg. vom Sekretariat der Deutschen Bischofskonferenz (VApS 202), Bonn [4]2018.

gruppenorientiert sowie nah am Evangelium ausgerichtet. Diesen lebendigen und frischen Geist gilt es zu erhalten. Das geht nur im Hören auf den Geist Gottes, der dynamisch und kraftvoll ist. Dafür ist der Blick nötig auf das, was die Menschen heute bewegt, wie sie leben und welche Fragen sie haben. Diese Realität ist wie der Geist Gottes selbst: Diversität, Spontaneität und Vielstimmigkeit hauchen der Kirche Leben und Reichtum ein.

Die Botschaft dürfe nicht die Frische verlieren, schreibt Papst Franziskus in *Evangelii gaudium*, es brauche den „Duft des Evangeliums" (EG 39) in der Kirche. Dieser Geist treibt uns in der Zeltkirche an. Nur so, in der Gewissheit, dass die Mitte der Verkündigung Christus und sein Evangelium sind, und in dem Bestreben, Evangelium und Existenz in Berührung zu bringen, können und wollen wir Kirche sein.

# Kirchenmusik im Spannungsfeld von Identität und Partizipation

## Neue Variationen über ein altes Thema

*Meinrad Walter*

Von der „Kirche in Zeiten der Veränderung“ kann auch die Kirchenmusik ein Lied singen.[1] Was der Titel dieser Buchreihe signalisiert, wirkt sich, ohne dass es bislang breit diskutiert wird, auf die Musik in der Kirche aus.[2] Sie hätte es leicht, wenn die „pastorale Zukunftsmusik“ bereits als fertige Partitur vorläge. Dann müssten nur jede(r) Kirchenmusiker(in) den eigenen Part finden, um klangvoll in das „Gesamtkonzert“ einzustimmen. Bekanntlich aber ist das Komponieren dieser Partitur für morgen – um im Bild zu bleiben – mit vielen Reformkonzepten, neuen Rollenumschreibungen und vergrößerten pastoralen Räumen gerade in vollem Gange, während zugleich die heutige Praxis mehr oder minder reibungslos weiterläuft und manche den Gewissheiten und den vertrauten Klängen von gestern nachtrauern.

Die Situation der Kirchenmusik ist deshalb ebenso komplex wie reizvoll. Den pastoralen und kirchenmusikalischen Ungleichzeitigkeiten lässt sich jedoch kaum mit fertigen Konzepten begegnen. Deshalb sollen in diesem Beitrag persönliche Einschätzungen zu Fragen der Partizipation und Identität, die durchaus mit Kritik rechnen, eine Rolle spielen. Immer wieder kommen zudem Beispiele aus der kirchenmusikalischen Praxis zur Sprache, zu denen es nicht selten auch Gegenbeispiele gibt. Überdies lohnt es sich, den musikalischen

---

[1] Zu generellen Aspekten und Daten vgl. M. Walter, Musik in der Kirche, in: S. Schulmeistrat, C. Schwerdtfeger (Hg.), Musikleben in Deutschland, Bonn 2019, 414–443; vorab (Stand September 2018) als Fachbeitrag zum Musikleben auf der Internetseite des Deutschen Musikinformationszentrums (MIZ) online veröffentlicht in: http://www.miz.org/static_de/themenportale/einfuehrungstexte_pdf/archiv/walter_2018.pdf (Zugriff: 1.3.2021).

[2] Vgl. jedoch S. Kopp, M. Schwemmer, J. Werz (Hg.), Mehr als nur eine Dienerin der Liturgie. Zur Aufgabe der Kirchenmusik heute (Kirche in Zeiten der Veränderung 4), Freiburg i. Br. 2020.

Horizont über die Kirchenmusik hinaus zu weiten. Auf dieser Basis werden Perspektiven zur künstlerischen und kirchlichen Identität zukünftiger Kirchenmusiker(innen) in den Blick genommen. Zuletzt sollen einige wichtige Spannungsfelder diskutiert werden, die nicht im Sinne eines Entweder-oder aufzulösen sind, weil ihre Gestaltung unter dem sensibel zu handhabenden Motto Sowohl-als-auch zur täglichen Aufgabe der Kirchenmusik gehört.

## 1 Musik und Partizipation

Bei Themen wie Identität und Partizipation ist die Musik in ihrem Element! Menschen identifizieren sich – einzeln und gemeinsam – mit Komponist(inn)en und Klängen, mit Orten wie Philharmonie, Jazzkeller, Disco, Konzertkirche oder Volksmusikbühne, mit stilistischen Idealen oder popmusikalischen Idolen. Oft ist die Rede von „meiner Musik“ oder „unserer Musik“. Auch eröffnet Musik viele Chancen des Teilnehmens, denen hier zunächst nachgegangen werden soll.

Partizipation äußert sich ganz unspektakulär im Mitsummen, Mitbewegen und Mitsingen zu gehörten Klängen. Musik kann Menschen körperlich und seelisch bewegen, sogar bis zur Ekstase. Aber sie wirkt auch beruhigend. Zudem inspiriert sie zu geistiger und geistlicher Resonanz. All dies gelingt dank der facettenreichen Partizipation an komponierten oder improvisierten Klängen, wie und wo immer sie live oder medial präsentiert werden.

Ein allbekannter Aspekt des Partizipierens sind die konzertant-ritualisierten Beifalls- oder Missfallensbekundungen, mit denen das Publikum seine Einschätzung ausdrückt. Auch im Kirchenraum ist Applaudieren schon deshalb üblich, weil alle Versuche des Verbietens oder Regulierens sich als kaum durchführbar erwiesen haben.[3] Doch sei als Beispiel ein weltweit bekanntes Konzert genannt, das alljährlich in fast hundert Ländern von schätzungsweise 50 Millionen Menschen gesehen und gehört wird: das Neujahrskonzert der Wiener Philharmoniker. Dazu gehört bei der dritten Zugabe ein par-

[3] Vgl. W. Ratzmann, Gott allein die Ehre? Zum Applaus in der Kirche, in: N. Bolin, M. Franz (Hg.), Im Klang der Wirklichkeit. Musik und Theologie [FS Martin Petzoldt], Leipzig 2011, 486–499.

tizipatives Ritual. Beim „Radetzky-Marsch“ von Johann Strauss (1804–1849) klatscht das Publikum mit, und zwar genau zum Dirigat. Der musikalische Leiter dirigiert das Auditorium so, wie er auch die Philharmoniker leitet, mit „Einsatz geben“ und „Abwinken“. Sogar forte und piano beherrscht das Publikum, wenn es ihm deutlich gezeigt wird. Partizipation ist hier also nicht nur ein launiges Surplus, sondern das Angebot an die Hörerschaft, sich als kollektives Percussionsinstrument zu erleben. Das klappt meistens vorzüglich, weil sich ja niemand blamieren will – etwa durch einen „falschen“ Klatscher, der zugleich die Identifikation stören würde, die sich gerade zwischen Dirigent, Orchester und Publikum ereignet.

Weitere Beispiele des Partizipierens führen ins Vorfeld des musikalischen Aufführens. Zu denken ist im kirchlichen Bereich etwa an die Musikauswahl für Trauungen und Trauerfeiern. Wie viel Partizipation soll es daran geben? Und ist es nicht letztlich ein Konflikt von Identitäten, wenn es bisweilen zu Auseinandersetzungen kommt, weil die Wünsche etwa eines Brautpaars nach seiner Lieblingsmusik nur schwer in Einklang zu bringen sind mit dem, was haupt- oder nebenberufliche Kirchenmusiker(innen) in der Liturgie für stimmig halten und spielen oder singen wollen? Hier öffnet sich ein spannendes „Spielfeld“ verschiedener Kompetenzen und Zuständigkeiten mitsamt der Einsicht, dass es bei Partizipation zugleich um Macht geht.

Weniger dissonant geht es bei expliziten Wunschkonzerten zu, entweder live oder im Radio unter dem Motto „Hörer wünschen Klassik“. Eine spezielle Variante hiervon gibt es im kirchlichen Bereich bei Orgel-Improvisationskonzerten. Bei diesem partizipativen Format können der bzw. dem Aufführenden die Wünsche bis kurz vor Konzertbeginn übermittelt werden, seien es musikalische Themen, Liedmelodien aus vielen Genres, Bibelverse, Gedichte oder Bilder. Hier treffen Partizipation und Improvisation aufeinander, was eine anspruchsvolle Aufgabe darstellt. Wenn sie gelingt, haben Publikum und Improvisator(in) viel Spaß bei einem gemeinsam kreierten Programm. Eine weiterführende Frage am Rande könnte heißen: Warum gibt es zur kirchenmusikalischen Ausbildung mitsamt Prüfungen in den Fächern Improvisation und Liturgisches Orgelspiel eigentlich kein theologisches Pendant? Wäre die Vermittlung der Fähigkeit, spontan über ein religiöses Thema oder über ein Kirchenlied zu sprechen – vielleicht sogar im Dialog mit musikalischer Improvisation –, nicht auch ein sinnvolles Ausbildungsziel?

Vieles deutet darauf hin, dass Gesten und Aktionen der Partizipation bei musikalischen Darbietungen in den letzten Jahrhunderten insgesamt abgenommen haben, was man begrüßen oder bedauern mag. Höchstens in der Oper kommt es noch zu Applaus-Rekorden – das Guinnessbuch der Rekorde verzeichnet für Luciano Pavarotti (1935–2007) im Februar 1988 an der Deutschen Oper Berlin einen 67 Minuten langen Applaus[4] – sowie zu den früher selbstverständlichen Rufen wie „Bravo!" oder gar „Da capo!" als Aufforderung zur Wiederholung etwa einer Arie. Damit gesteht sich ein(e) Rezipient(in) ja nichts weniger zu als die Mitsprache am Programm! Der Komponist Joseph Haydn (1732–1809) war damit noch ganz vertraut. Bei den ersten öffentlichen Aufführungen seines berühmten Oratoriums „Die Schöpfung" hat er das Wiener Publikum jedoch mittels eines Theaterzettels in die Schranken gewiesen. Zu lesen war darauf zunächst, dass auch Haydn „eifrigst bestrebt" sei, sich den „Beyfall des Publikums" zu verdienen. Allerdings wolle er „denselben wohl als ein höchstschätzbares Merkmal der Zufriedenheit [des Publikums], nicht aber als einen Befehl zur Wiederholung irgend eines Stückes" ansehen,

> „weil sonst die genaue Verbindung der einzelnen Theile, aus deren ununterbrochenen Folge die Wirkung des Ganzen entspringen soll, notwendig zersthöret, und dadurch das Vergnügen […] merklich vermindert werden müsste".[5]

Kirchenmusiker(innen) sind bei diesem Zitat aus dem Jahr 1799 vielleicht versucht, Haydns Argumentation auf die liturgische „Verbindung der Teile" und die „Wirkung des Ganzen" anzuwenden! Diese „Wirkung" verdankt sich vielen Akteur(inn)en und vor allem ihrem gelingenden Zusammenspiel. Vielleicht sind die musikalisch Tätigen hier bisweilen sensibler als pastorale Mitarbeiter(innen), weil ihnen die Situation des Aufführens vertrauter ist. Auch die Liturgie folgt einer „Partitur". Wenn Sätze zu hören sind wie „Statt der biblischen Lesung hören wir heute …", fragen sich Kirchenmusi-

---

[4] Vgl. dazu Most Curtain Calls, in: https://www.guinnessworldrecords.de/world-records/69661-most-curtain-calls (Zugriff: 1.3.2021).

[5] Wörtliche Zitate aus: Die Schöpfung. Ein Oratorium in Musik gesetzt von Herrn Joseph Haydn, Doktor der Tonkunst und hochfürstlich Esterházischer Kapellmeister, zit. nach: G. Feder, Joseph Haydn. Die Schöpfung (Bärenreiter Werkeinführungen), Kassel u. a. 1999, 144.

ker(innen) nicht nur, warum sie die Lieder gerade mit Blick auf die liturgisch vorgesehenen Texte ausgewählt haben. Sie überlegen auch, was es bedeuten würde, wenn in einem ihrer Konzerte etwa der Oboist dem Publikum bekannt geben würde, dass anstatt des Solos, das in seinen Noten steht, heute irgendetwas anderes zu hören sei.

Partizipation ist ein wichtiges Stichwort im komplexen Spiel mit Regeln, Rollen und einem kaum überschaubaren Repertoire von Möglichkeiten. Bei den partizipativen Rollen ist zudem zu unterscheiden zwischen ihrem Tun und ihrem liturgisch-theologischem Stellenwert. Das wird deutlich am Beispiel des gemeinsamen Singens. Das älteste Lied der Gemeinde, welches bis heute gesungen wird, ist wohl „Christ ist erstanden". Die früheste Quelle der ersten Strophe mit dem Hinweis *populus cantat* führt in das österreichische Stift Klosterneuburg, gegründet Anfang des zwölften Jahrhunderts. Was hat das mit Partizipation zu tun? Hansjakob Becker (* 1938) spricht mit Blick auf die Leise „Christ ist erstanden" vom „Geburtsvorgang des deutschsprachigen Kirchenliedes", denn mit diesem Lied „ersingt sich das Volk seinen Platz im Gottesdienst".[6] Das geschah am Rand der Liturgie. Der „Sitz im Leben" dieses Gesangs waren Osterspiele als Schwesterwerke der bekannten Krippenspiele. Bis zur Würdigung des gemeindlichen Singens *als* Liturgie ist es noch ein weiter Weg. Dass die singende Partizipation mehr als ein schönes und willkommenes, aber zugleich entbehrliches Beiwerk zur Liturgie ist, hängt mit der Sicht Martin Luthers (1438–1546) und späteren protestantischen Entwicklungen zusammen, die sich zumindest umrisshaft auf die Formel „Singen und Musik *als* Gottesdienst" bringen lassen. Umstritten ist, ob dies bereits auf Luther selbst zurückgeht. An einem weiteren Beispiel: Das Lied „Allein Gott in der Höh sei Ehr" (1523) erklingt im protestantischen Gottesdienst nicht zusätzlich zu einem am Altar leise rezitierten lateinischen Gloria, sondern eben als *das* Gloria. Diese theologische Errungenschaft „Musik als Liturgie" hat auf katholischer Seite erst das Zweite Vatikanische Konzil (1962–1965) mitvollzogen. Manche nennen das „Protestantisierung".

Um die Möglichkeiten der singenden Partizipation der Gemeinde noch zu vertiefen, lässt sich in einer groben Aufzählung vom

---

6 Wörtliche Zitate aus: H. Becker, Christ ist erstanden, in: ders. u. a. (Hg.), Geistliches Wunderhorn. Große deutsche Kirchenlieder, München 2001, 29–42, hier: 41.

Schlichten zum Komplexen gehen: Das gemeinsame „Amen“ nach einem vorgesungenen Gebet artikuliert, ja es *ist* die Zustimmung aller, wobei die musikalisch meistens karge Gestalt dieser Bedeutung kaum entspricht. Sie wirkt „viel zu kurz, zu schnell, zu unwichtig, ja zu unwürdig, vor allem beim langen und tiefgründigen Eucharistischen Hochgebet“[7]. Eine „opulentere“ Gestaltung wird vielfach diskutiert, wobei bisweilen das Wort „Inszenierung“ fällt, das durchaus zu bejahen ist, wenn man es richtig versteht. Vorschläge zu einer musikalischen Ausgestaltung des „Amen“ finden sich auch im Gebet- und Gesangbuch „Gotteslob“[8] (GL), etwa in Form einer „Amen-Coda“ in einfacher Mehrstimmigkeit (vgl. GL 201,2) oder eines Kanons, der sich an das zweisilbige Amen anschließt (vgl. GL 201,3).

Kirchenlieder erklingen damit als partizipative „Muttersprache“ der Gemeinde, wenn „zwei oder drei in [s]einem Namen versammelt sind“ (Mt 18,20), aber auch etwa als „Adventsmitspielkonzert“ mit über tausend Mitwirkenden an verschiedensten Instrumenten im Kölner Dom, angeleitet von der populären Gruppe „Höhner“.[9] Bewährte partizipative Formate sind das Offene Singen mit einem kirchlich sozialisierten und kulturell interessierten „Publikum“, das hierbei aber nicht Publikum bleibt, sondern zum Akteur wird: sei es im Kirchenraum mit Adventsliedern oder im Frühling *open air* unter dem Motto „Geh aus, mein Herz, und suche Freud“.[10] Hier wird zugleich deutlich, dass partizipativ-musikalische Formate eine gewisse Flexibilität brauchen. Wer sie anleitet, muss auch unterhalten und darauf achten, die ihm vorher meistens nicht bekannte Gruppe von Menschen weder zu unter- noch zu überfordern. Ein inspirie-

---

[7] I. M. Blecker-Guczki, Doxologie gemeinsam beten?, in: Gottesdienst 55 (2021) 79.

[8] Gotteslob. Katholisches Gebet- und Gesangbuch (Stammausgabe), Stuttgart 2013.

[9] Vgl. dazu B. Tomasetti, Zehn Jahre „Höhner“-Adventsmitspielkonzerte. „Alle sind eingeladen mitzuspielen, mitzusingen, mitzubeten“ (6. Dezember 2019), in: https://www.domradio.de/themen/advent/2019-12-06/zehn-jahre-hoehner-adventmitspielkonzerte-alle-sind-eingeladen-mitzuspielen-mitzusingen-mitzubeten (Zugriff: 1.3.2021).

[10] Vgl. „Geh aus, mein Herz, und suche Freud …“ in fast 90 Open-Air-Gottesdiensten (4. Mai 2015), in: https://www.kirche-koeln.de/geh-aus-mein-herz-und-suche-freud-in-fast-90-open-air-gottesdiensten (Zugriff: 1.3.2021).

rendes „Modell“ – freilich aus einer ganz anderen musikalischen Tradition – könnte das antiphonale Psalmensingen der Tagzeitenliturgie sein, das aus der organischen Abwechslung zwischen den Aktivitäten des Singens, Hörens und Schweigens lebt. „Alle machen möglichst viel“ ist hingegen keine sinnvolle Maxime für Partizipation, weil sich genau das rasch abnutzt.

Insgesamt ist die „komponierte“ Partizipation im Gottesdienst heute durchaus selbstverständlich, was zuletzt *ex negativo* deutlich wurde, als die Corona-bedingten Einschränkungen einen Verzicht darauf erforderlich machten. Kontrovers diskutiert wird, ob zumindest die feierliche Liturgie mit der (Un-)Möglichkeit des Gemeindegesangs steht und fällt, sodass „ein grundsätzliches Verbot des Gemeindegesangs auch in Corona-Zeiten liturgietheologisch widersinnig ist“[11]. Wer der Liturgiekonstitution *Sacrosanctum Concilium* (SC) des Zweiten Vatikanischen Konzil folgt, kann diese These – feierliche Liturgie kann es ohne musikalische *participatio actuosa* im Sinne von Gemeindegesang gar nicht geben – nur bejahen. Dort heißt es nämlich:

> „Ihre vornehmste Form nimmt die liturgische Handlung an, wenn der Gottesdienst feierlich mit Gesang gehalten wird und dabei Leviten mitwirken und das Volk tätig teilnimmt.“ (SC 113)

Das ist aber nicht die einzig mögliche Interpretation. Der Konzilstext lässt sich auch so verstehen, dass sich ein genereller und willentlicher Ausschluss jeglichen Gemeindegesangs mit dem Konzept einer feierlichen Liturgie – und letztlich mit jedem gottesdienstlichen Feiern – nicht verträgt. Die Problematik einer das gemeinsame Singen verhindernden Pandemie stand ja gewiss nicht im Horizont der Konzilsväter. Insofern muss nicht von vornherein *ein* fehlender Aspekt der Feierlichkeit diese gänzlich und in jedem Fall verhindern. Auch hier kommt man argumentativ rasch auf den Gedanken einer möglichen Stellvertretung, wie er beim Stichwort Orchestermesse[12] eine Rolle spielt: Wann und wie oft darf der Gesang der Gemeinde „nur“ stellvertretend durch Chor oder Kantor(inn)en erfolgen? Und

---

[11] M. Uhl, Das Verbot von Gemeindegesang in Zeiten der Corona-Krise – eine liturgietheologische Unmöglichkeit?, in: MS(D) 140 (2020) 184–186, hier: 185.

[12] Vgl. J. J. Koch, Traditionelle mehrstimmige Messen in erneuerter Liturgie – ein Widerspruch?, Regensburg 2002.

ist es möglich, dass andere Formen der Partizipation den fehlenden Gemeindegesang sozusagen ausgleichen, was die Feierlichkeit zwar mindert, aber nicht grundsätzlich verhindert? Bei der ersten Frage scheint es wichtig, dass das unabdingbare Pendant zur musikalischen Stellvertretung nicht die völlige Passivität aller anderen ist, sondern ein aufmerksames Hören, vielleicht nicht unähnlich dem traditionellem *corde cantare*, dem Singen im Herzen. Das einzuüben und zu praktizieren, ist eine überaus anspruchsvolle Aufgabe. Die zugespitzte und die Vorschrift des Messbuchs faktisch ins Gegenteil wendende Position Joseph Ratzingers (* 1927) kann wohl kaum am Anfang solcher Bemühungen stehen, sondern höchstens am Ende, wenn die Partizipation qua Stellvertretung beim Sanctus, auf das er sich insbesondere bezieht, in diesem Sinne liturgisch-musikalisch glückt:

> „Die am Ort versammelte Gemeinde öffnet sich ins Ganze. Sie vertritt auch die Abwesenden, sie vereint sich mit den Fernen und mit den Nahen. Wenn es in ihr den Chor gibt, der sie stärker als ihr eigenes Stammeln in den kosmischen Lobpreis und in die offene Weite von Himmel und Erde hineinziehen kann, dann ist gerade in diesem Augenblick die stellvertretende Funktion des Chores besonders angebracht. Durch ihn kann mehr Transparenz auf den Lobpreis der Engel und daher ein tieferes inneres Mitsingen geschenkt werden, als es vielerorten das eigene Rufen und Singen vermöchte."[13]

Nach diesen liturgischen Überlegungen sei der Blick nochmals auf Konzerte gerichtet, konkret auf die oratorischen Werke und Kirchenopern von Benjamin Britten (1913–1976). Sehr eindrücklich ist es, wenn mitten in einem abendfüllenden Werk für Soli, Chor und Orchester plötzlich das Publikum sich erhebt und, indem es eine Liedstrophe mitsingt, sogar zur „Gemeinde" wird. Britten setzt solche Partizipationsmomente etwa in seiner Kirchenoper „Noye's Fludde" („Noahs Flut") aus dem Jahr 1958 geradezu raffiniert und identitätsstiftend ein. In einer älteren Terminologie lässt sich das so

---

[13] J. Ratzinger, „Im Angesicht der Engel will ich dir singen". Regensburger Tradition und Liturgiereform, in: ders., Theologie der Liturgie. Die sakramentale Begründung christlicher Existenz (JRGS 11), Freiburg i. Br. 2008, 549–570, hier: 565.

beschreiben: Die biblisch-musikalische Erzählung (*narratio*) mündet zunächst in die oratorische Kommentierung (*explicatio*) und diese wiederum, als Höhepunkt, in das Angebot zur persönlichen Aneignung (*applicatio*) mit aktiv singender *participatio.*

Gelegentlich wurde diskutiert, ob auch bei Johann Sebastian Bachs (1685–1750) Aufführungen seiner großen Passionsmusiken in den Karfreitagsvespern der Leipziger Thomas- und Nikolaikirche von einer solchen *participatio actuosa* der Gemeinde auszugehen sei. Das ist jedoch sehr unwahrscheinlich, denn wie hätte eine einstimmig und ohne Noten singende Gemeinde mit der Mehrstimmigkeit des vokal-instrumentalen Ensembles zusammengehen können, wenn weder die geforderten Tonhöhen noch die differenzierten Rhythmen im Bereich des gemeindlich Möglichen liegen? Bei Bachs Passionen singt der Chor *für* die Gemeinde, sozusagen in ihrem Namen und in ihrer musikalischen Muttersprache. Deshalb sind die Hörer(innen) bei den Chorälen anders innerlich beteiligt, als es bei den Rezitativen und Arien der Fall ist.

Ein weiteres „weltliches“ Beispiel gibt der Klang in einem Fußballstadion. Wenn hier beim Einlaufen der heimischen Mannschaft ein(e) Stadionsprecher(in) die Vornamen der Spieler(innen) ruft und die Fans jeweils laut skandierend den Nachnamen ergänzen, wirkt das als geradezu perfekte Partizipation und „aufwärmende“ Einstimmung in ein „Kampfspiel“. Die weltweit wohl berühmteste „Ouvertüre“ zu einem Fußball-Endspiel ist seit dem Jahr 1927 der Choral „Eventide“ mit dem Textbeginn „Abide with me“, der unmittelbar vor dem Finale des FA-Cups in England erklingt. Nachdem dieses Lied – mit der auch aus dem „Gotteslob“ von den Liedern „Bleib bei uns, Herr“ (GL 94) und „Bleibe bei uns, du Wandrer durch die Zeit“ (GL 325) bekannten Melodie von William Henry Monk (1823–1889) aus dem Jahr 1861 – oftmals von Solist(inn)en vorgetragen und zugleich von allen mitgesungen worden ist, gibt es seit einigen Jahren die Möglichkeit, sich für den „Fan-Chor“ zu bewerben, der stellvertretend für alle (und mit allen) auf dem Spielfeld singt. Hier sind nicht nur Anhänger(innen) vieler Mannschaften, sondern auch alle Generationen vertreten, vom Kleinkind bis zum Fan im Rollstuhl – ein eindrucksvolles Bild für Identität und für Partizipation, quasi-liturgisch abgestuft in Profi-Vorsänger(in), Stellvertreter(innen) der gesamten Fußballwelt und alle im Stadion Anwesenden.

Liturgie ist bekanntlich kein Kampfspiel, jedenfalls sollte sie es nicht sein. Alle Gesetze des Spielens gelten aber auch im Gottesdienst, wenngleich Verstöße gegen liturgische „Spielregeln“ eher selten geahndet werden. Interessant ist, was im Gottesdienst noch hinzukommt und dieses Spiel heilig werden lässt. Letztlich geht es sogar hier um Partizipation und Identität, nämlich um irdische Teilhabe an der himmlischen Liturgie und um eine Feier der geschenkten Identität. Das ist ja der liturgietheologische Anspruch, dass die Erdentöne sich mit den Himmelsklängen verbinden, wie es oft besungen wird, am deutlichsten beim Sanctus. Die Präfation kündigt den Höhepunkt der Partizipation mit den Worten an:

> „Darum preisen wir dich mit allen Engeln und Heiligen und singen vereint mit ihnen das Lob deiner Herrlichkeit“ (GL 588,3).

Ähnlich partizipativ klingt es in Bachs „Weihnachtsoratorium“ gegen Ende des zweiten Teils, der den „sinfonischen“ Zusammenklang irdischer und himmlischer Musik zum Thema hat. Die „Moderation“ aus dem Mund der solistischen Bassstimme lautet hier: „Auf denn! Wir [Menschen] stimmen mit euch [Engeln] ein; uns kann es so wie euch erfreun.“[14] Darauf wird die angekündigte Partizipation Gegenwart, nämlich im vierstimmigen Schlusschoral, bei dem die Soprane in himmlischer Höhe einsetzen: „Wir singen dir in deinem Heer / aus aller Kraft Lob, Preis und Ehr“[15]. Wenn dazu durchweg im 12/8-Takt die punktierten Rhythmen aus der diesen Oratoriumsteil eröffnenden „Sinfonia“ erklingen, wird musikalisch deutlich, wer alles – unter der Verheißung es weihnachtlichen *Hodie Christus natus est* – an diesen Klängen partizipiert: die Engel und die Hirten sowie das gottesdienstliche oder konzertante Wir in ihrer jeweiligen Gegenwart.

Als erste Erkenntnis der bisherigen Überlegungen halten wir nun fest: Das musikalische Phänomen der Partizipation ist breiter und tiefer, als es zunächst zu erwarten war.

---

[14] J. S. Bach, Weihnachtsoratorium, in: https://www.bachipedia.org/werke/bwv-248-weihnachtsoratorium (Zugriff: 1.3.2021), 22. Rezitativ.

[15] Ebd., 23. Choral.

## 2 Musik und Identität

Ähnlich wie mit der Partizipation verhält es sich mit dem Thema Identität. Auch diesem komplexen und viel diskutierten Phänomen des Hörens wie des Musizierens lässt sich besser mittels einiger Beispiele als mit einer vorgefassten Definition nähern.

Dass Kinder ihre Identität auch musisch und musikalisch finden, ist heute unbestritten. Musizieren ist ein Sich-selbst-Erleben als Ich und Wir. Singen im Kindergarten, in der Schule sowie in Kinder- oder Jugendchören vermittelt nicht nur musikalische Fähigkeiten, sondern zudem sog. Schlüsselqualifikationen wie die Stimme zu erheben, aufeinander zu hören oder sich im Gesamtklang einzufinden. Im Jugend- und Erwachsenenalter sind musikalische Stile ein Aspekt der Identität und zugleich eine Art von „Erkennungsmelodie" des jeweiligen sozialen Milieus, wie es die bekannte Sinus-Milieustudie aufgezeigt hat.[16] So hören etwa „Traditionelle Jugendliche" eher deutsche Schlager und Volksmusik, wohingegen „Postmaterielle Jugendliche" klassische Instrumentalmusik, Weltmusik und Oper bevorzugen. „Hedonistische Jugendliche" finden überdurchschnittlich Gefallen an Hardrock und Heavy Metal.[17]

Was aber bedeutet das für die Kirche? Pastoral wie kirchenmusikalisch wäre es keine Lösung, solchen Erkenntnissen anbiedernd hinterherzulaufen. Es wäre aber auch falsch, sie einfach zu ignorieren. Eine milieusensible Kirchenmusik muss vielmehr konstruktiv darauf reagieren mit Fragen wie: Wen wollen wir erreichen und wen erreichen wir tatsächlich? Wo gibt es milieuspezifische Verengungen, die viele an der Partizipation hindern? Welche Angebote zählen zum Identitätskern unserer Grundaufgaben und welche sind eine Art Kür, die schwerpunktmäßig an ausgewählten Orten hinzukommen sollten?

Schließlich gibt es konfessionelle Identitäten, wozu auch Identifikationsfiguren zählen: die heilige Cäcilia (200–230) etwa als Patronin der (katholischen) Kirchenmusik und Namensgeberin vieler kirchlicher Chöre;[18] Johann Sebastian Bach hingegen als lutherischer

---

[16] Vgl. Bund der Deutschen Katholischen Jugend, Misereor (Hg.), Wie ticken Jugendliche? Sinus-Milieustudie U27, Düsseldorf – Aachen 2008.

[17] Vgl. ebd., 116–312.

[18] Vgl. H. Maier, Cäcilia. Essays zur Musik, Frankfurt a. M. 2005.

Prediger in Tönen, den manche als „fünften Evangelisten“ bezeichnen und der im Ulmer Münster wie ein Apostel dargestellt ist. Hier zeigt sich deutlich, dass das Phänomen der Identität im Fluss ist und dass die – von wem auch immer – behaupteten Identitätsmerkmale auf Resonanz angewiesen sind. So haben etwa die Bedeutung und Verehrung der heiligen Cäcilia, bedingt nicht zuletzt durch ihre historische „Entzauberung“, in den letzten Jahrzehnten gewiss abgenommen, und auch die Rede von Bach als fünftem Evangelisten steht im Verdacht ideologischer Vereinnahmung.[19]

Wie sich Identitätskonzepte verändern, wird besonders deutlich an den Themen Orgel und Gregorianik, die in der Liturgiekonstitution des Zweiten Vatikanischen Konzils als identitätsstiftend erwähnt werden. Zur Orgel heißt es dort:

> „Die Pfeifenorgel soll in der lateinischen Kirche als traditionelles Musikinstrument in hohen Ehren gehalten werden; denn ihr Klang vermag den Glanz der kirchlichen Zeremonien wunderbar zu steigern und die Herzen mächtig zu Gott und zum Himmel emporzuheben.“ (SC 120)

Indem das Konzilsdokument das festhält, wiederholt es zugleich nicht mehr das frühere Verbot von Instrumenten wie Pianoforte oder „Trommeln aller Formen und Größen“ in der Liturgie, wie es noch im Motuproprio *Tra le sollecitudini* von 1903 zu finden ist,[20] das bekanntlich auch – mit wenig Erfolg – die Partizipation von Frauen am kirchlichen Chorgesang ausgeschlossen hat, weil „[d]ie Sänger [...] in der Kirche ein liturgisches Amt im eigentlichen Sinne“ bekleiden und somit „die Frauen, die doch zu einem solchen Amt nicht ‚fähig‘ sind, zu keiner Partie des Chores und überhaupt zu keiner Mitwirkung beim Kirchenchor zugelassen werden dürfen“.[21]

---

[19] Vgl. M. Walter, Protestantisch, catholisch, ökumenisch? Bach-Deutungen zwischen Konfessionalität und Universalität am Beispiel der Passionen und der h-Moll-Messe, in: M. Fischer, N. Haag, G. Haug-Moritz (Hg.), Musik in neuzeitlichen Konfessionskulturen (16. bis 19. Jahrhundert). Räume – Medien – Funktionen, Ostfildern 2014, 261–276.

[20] Vgl. Papst Pius X., Motuproprio *Tra le sollecitudini* über die Restauration der Kirchenmusik vom 22. November 1903, Nr. 19; deutscher Text zit. nach: H. B. Meyer, R. Pacik (Hg.), Dokumente zur Kirchenmusik. Unter besonderer Berücksichtigung des deutschen Sprachgebietes, Regensburg 1981, 23–34, hier: 32.

[21] Wörtliche Zitate aus: ebd., Nr. 13.

Inzwischen sind sowohl Frauen zugelassen als auch alle Instrumente,

> „sofern sie sich für den heiligen Gebrauch eignen oder für ihn geeignet gemacht werden können, der Würde des Gotteshauses angemessen sind und die Erbauung der Gläubigen wirklich fördern“ (SC 120).

Jeder dieser Aspekte wäre ausführlich zu diskutieren. Im Blick auf die musikalische Identität hat das Konzil Türen geöffnet und die zuvor dominierende kasuistische Haltung aufgegeben. Allerdings stehen die einzelnen Aussagen eher unverbunden nebeneinander, sodass in der Rezeption die Kontroversen nicht ausgeblieben sind, weil man sich, je nach eigener musikalischer Vorliebe, auf die eine oder andere Konzilsaussage berufen kann. Das Fazit heißt wohl: Nichts Musikalisches ist mehr generell verboten – aber nicht alles ist erlaubt.

Ähnlich, aber doch etwas anders verhält es sich mit dem Gregorianischen Choral. Er ist der römischen Liturgie eigen (vgl. SC 116), so das Konzil. Doch auch hier begegnet in der Liturgiekonstitution eine – wenn man es positiv formulieren will – ausgleichende und die Spannungen eher verschleiernde Sicht: Der Gregorianische Choral soll zwar „in [den] liturgischen Handlungen [...] den ersten Platz einnehmen“, aber dies ausdrücklich *ceteris paribus*, also „wenn im übrigen die gleichen Voraussetzungen gegeben sind“ (SC 116). Hier ist in praktischer Hinsicht zu fragen: Was bedeutet es im Hinblick auf die musikalische Identität, wenn der Gregorianische Choral sich zwar der lehramtlichen Hochachtung als katholisches Proprium erfreut, zugleich aber immer weniger in den Gemeinden erklingt? Identitätsstiftung in Abwesenheit scheint schwierig: der Choral als eine Art Schirmherr der Kirchenmusik, der sein Amt in Abwesenheit ausübt? Doch das ist die derzeitige Gesamtsituation vielerorts. Zu denken gibt auch, dass eben dieser Versuch einer „gregorianischen Identität“ vor zehn Jahren beim Papstbesuch von Benedikt XVI. (2005–2013) in Freiburg gescheitert ist. Das Gebet, das alle verbinden soll, war kein Gemeinschaftserlebnis, weil die meisten Feiernden mit der gregorianisch-lateinischen Fassung des Paternoster überhaupt nicht vertraut waren, also nicht mitsingen konnten. Die Möglichkeit zur Identität ist an der fehlenden Partizipation gescheitert.

Identität kann gefährdet sein, sogar musikalisch. Ein protestantisches Beispiel für den Dissens ist eine Aufführung der „Marienvesper“ von Claudio Monteverdi (1567–1643) in der Stuttgarter Markuskirche am 14. November 1954. Dazu gab es ein „Nachspiel“ mit kontroversen Identitätsdiskussionen – der erhobene Vorwurf hieß Beteiligung am „Götzendienst katholischer Marienverehrung“ – und schließlich ein Machtwort des Oberkirchenrats:

> „Evangelische Kirchen können zur Aufführung von Werken der Tonkunst, die einer unevangelischen Mariengläubigkeit Ausdruck geben, nicht eingeräumt werden.“[22]

Monteverdis Litanei *Sancta Maria, ora pro nobis* durfte demnach in einer auf ihre Identität bedachten protestantischen Gemeinde nicht erklingen. Die Identitätskontroverse kreiste damals um Stichworte wie „Schriftzeugnis und dessen reformatorisches Verständnis“ sowie „alleinige Mittlerschaft Christi“. Das Fazit des Oberkirchenrats hieß:

> „Auch die schönste Musik rechtfertigt es nicht, dass die evangelische Kirchenmusik sich dem Verdacht aussetzt, sie gebe um ästhetischer Gesichtspunkte willen die Wahrheit preis.“[23]

Faktisch durchgesetzt hat sich freilich die Gegenposition des Dirigenten Hans Grischkat (1903–1977) und des Pfarrers der Stuttgarter Markuskirche, Rudolf Daur (1862–1976), der auf viele Punkte verweist: die vielschichtige christliche Tradition der Marienverehrung, den Respekt vor Kunstwerken versus Bilderstürmerei sowie die Gefahr, dass eine Versuchung zum „Götzendienst“ nur bei den anderen gesehen wird. Daur entwirft zudem eine Erläuterung für Gemeindeblätter und Zeitungen, die mit der Überzeugung schließt,

> „dass Werke wie Bachs Passionen, Monteverdis Vesper und Motetten oder Bruckners Messen der ganzen Christenheit gehören und dass es auch dem Protestanten, der manche der im Text stehenden Worte nicht nachsprechen kann, möglich sein sollte, sie

[22] Evangelischer Oberkirchenrat, Erlass Nr. A. 14337 vom 21. Dezember 1954, zit. nach: http://www.hermann-keller.org/content/anderekuenstlerpersoenlichkeiten/hansgrischkat/diemarienvespervonclaudiomonteverdi.html (Zugriff: 1.3.2021). Auf der angegebenen Internetseite ist der gesamte Vorgang dokumentiert.

[23] Ebd.

in Ehrfurcht vor dem Glauben und Beten des Bruders zu hören“[24].

Heute ist bei Monteverdis „Marienvesper“ wohl ein Spiel mit Identitäten festzustellen, das Grischkats und Daurs Position aufgreift. Auch Protestant(inn)en sind gern zu Gast in katholischer Marienfrömmigkeit, zumal dann, wenn die Komponist(inn)en vom Rang Claudio Monteverdis oder Anton Bruckners (1824–1896) sind.

Die entscheidende Frage lautet: Wo findet das Zu-Gast-Sein seine Grenze um der Identität willen? Ein Beispiel dafür, das derzeit kontrovers diskutiert wird, ist der Antijudaismus in künstlerischen Spielarten: Darf etwa die in Georg Philipp Telemanns (1681–1767) Passionsmusik „Seliges Erwägen“ (1722) gewählte Titulierung der jüdischen Gegner Jesu als „Gottesmörder“,[25] die von keiner heutigen Theologie mehr akzeptiert werden kann, dennoch unkommentiert im Kirchenraum erklingen? Hier könnten sich interessante Fragen anschließen: Gibt es in der Kirchenmusik und überhaupt in der christlichen Kunst nicht auch „gestrige Identitäten“, die zitathaft und vielleicht sogar mahnend noch präsent sein dürfen? Oder wird die heutige, leidvoll errungene Identität unglaubwürdig, wenn der Bruch mit dem Früheren nicht klar vollzogen wird? Solche Fragen im hermeneutischen Spannungsfeld von Kontinuität und Bruch stellen sich bei der Kirchenmusik in ähnlicher Weise wie in allen anderen Bereichen von Kirche und Theologie.

---

[24] R. Daur, Die Marienvesper in der evangelischen Kirche?, zit. nach: http://www.hermann-keller.org/content/anderekuenstlerpersoenlichkeiten/hansgrischkat/diemarienvespervonclaudiomonteverdi.html (Zugriff: 1.3.2021).

[25] Vgl. dazu das Digitalisat des Librettos, das sich physisch im Bestand der Staatsbibliothek zu Berlin befindet: G. P. Telemann, Seliges Erwägen des bittern Leidens und Sterbens Jesu Christi. Zur Beförderung der Andacht in verschiedene Betrachtungen […], Hamburg 1760, in: https://digital.staatsbibliothek-berlin.de/werkansicht?PPN=PPN728974398&PHYSID=PHYS_0005 (Zugriff: 1.3.2021).

## 3 Zur Identität der Kirchenmusiker(innen) und ihren Spannungen

Im Kontext einer auch musikalischen Berufungspastoral und bei vielen Berufsbild-Diskussionen rückt die Frage nach der Identität von Kirchenmusiker(inne)n ins Zentrum.[26] Wenn diese ihren Aufgaben – musikalisch wie pastoral, menschlich wie fachlich, überdies pädagogisch kompetent und spirituell fundiert – gerecht werden wollen, muss ihre Identität künstlerische und kirchliche Aspekte umfassen. Das geht nicht ohne Spannung – wie bei der Saite eines Instruments, die ja auch nur klingt, wenn sie gespannt ist. Zudem sind die beiden Identitätsaspekte nicht voneinander zu trennen. Sie überlagern sich vielmehr, ja sie bedingen sich gegenseitig.

Dass zur künstlerischen Identität viel Können gehört, das im Studium vermittelt wird, leuchtet ein. Und doch ist dies keineswegs statisch festgeschrieben. Vielmehr entwickelt es sich – nicht zuletzt im Kontext einer „Kirche in Zeiten der Veränderung“. Ein Blick in aktuelle Stellenanzeigen etwa macht deutlich, dass die Erwartungen an Kirchenmusiker(innen) sich nicht nur auf künstlerische Exzellenz richten. Teamgeist ist oft erwünscht, überdies Begeisterungsfähigkeit und Geschick bei vielen Aufgaben der Koordination und Vermittlung, die früher eher am Rand standen und kaum erwähnt wurden. Auch Vielseitigkeit, Flexibilität und Offenheit für innovative Projekte zählen zum Spektrum der Erwartungen, was unweigerlich die Frage provoziert, ab welcher Komplexität diese kaum noch zum Gelingen beruflicher Identität beitragen können, sondern eher zum Misslingen aufgrund von Überforderung.

Nimmt man noch die bisweilen gewünschte Bereitschaft zur engen und vertrauensvollen Zusammenarbeit mit dem Pastoralteam hinzu, geht es direkt um die kirchliche Identität. Bereits im Jahr 1991 forderte die Deutsche Bischofskonferenz (DBK), dass die gesamte Kirchenmusik „stärker in die pastorale Perspektive rücken“[27] solle. In einer Pressemitteilung des Jahres 2010 anlässlich der erneu-

---

[26] Vgl. M. Walter, Vom Chorregenten zum Koordinator? Veränderungen im kirchenmusikalischen Berufsbild, in: MS(D) 135 (2015) 200f.

[27] DBK, Die kirchenmusikalischen Dienste. Leitlinien zur Erneuerung des Berufsbildes (Fassung vom 24. April 1991), zit. nach: MS(D) 111 (1991) 535f., hier: 535.

erten Rahmenordnung für das berufsqualifizierende Studium der Kirchenmusik wird sogar eine missionarische Identität gefordert:

> „Die Bischöfe wünschen sich eine Kirchenmusik, die aus der Mitte kirchlichen Handelns kommt und in diese Mitte hineinwirkt. Wer in der Kirchengemeinde musikalisch aktiv ist, übt einen missionarischen Dienst aus, der sich nicht nur auf den Gottesdienst, sondern auch auf das übrige Leben im Gemeinde-Umfeld erstrecken soll. So ist zum Beispiel das kirchliche Musizieren oft die einzige Verbindung zur wachsenden Gruppe von Kindern und Jugendlichen, die religiös nicht mehr sozialisiert sind. Für das berufsqualifizierende Kirchenmusik-Studium bedeutet dies neben der fundierten Einübung praktischer Fertigkeit in den Instrumental-, Vokal- und Ensembleleitungsfächern und dem Studium der theoretischen Grundlagen der Kirchenmusik eine ebenso qualifizierte Aneignung theologischen Grundwissens.“[28]

Zum Schluss scheint es sinnvoll, Kirchenmusik mit einer Ellipse zu vergleichen. Ihre Brennpunkte heißen Identität und Partizipation. In Einzelbereichen werden viele Spannungen erkenn- und erlebbar, die kaum zu lösen, vielmehr zu gestalten sind. Letztlich sind sie gar nicht so neu, wie es scheint, weil sie in der geradezu archaischen Spannung von Kunst und Kult begründet sind. Einige davon, die für die Zukunft entscheidend sind, sollen hier noch umrisshaft beleuchtet werden.

### 3.1 Ehrenamt und Professionalität

In kaum einem Bereich der Musik begegnet uns eine ähnlich vielgestaltige „Landschaft“ mit dem Zusammenspiel ehrenamtlicher und professioneller Kräfte wie in der Kirchenmusik. Das könnte Grund genug sein, dass auch pastorale Zukunftsstrategien gelegentlich auf die Kirchenmusik schauen, um sich so von einem kirchli-

---

[28] Pressebericht des Vorsitzenden der Deutschen Bischofskonferenz, Erzbischof Dr. Robert Zollitsch, anlässlich der Pressekonferenz zum Abschluss der Herbst-Vollversammlung der Deutschen Bischofskonferenz am 24. September 2010 in Fulda, Pressemitteilung Nr. 154 vom 24. September 2010, in: https://www.dbk.de/fileadmin/redaktion/diverse_downloads/presse/2010-154-Pressebericht-H-VV-2010.pdf (Zugriff: 1.3.2021), 12.

chen Aktivposten inspirieren zu lassen. Überdies zählt auch das Wirken der Nebenamtlichen mit dazu, ohne das Kirchenmusik flächendeckend nicht möglich wäre und das ebenso ein „Modell“ für die Pastoral sein könnte: Qualifizierte Kräfte für Bereiche wie Liturgie und Katechese verhindern die Überforderung des derzeit geradezu beschworenen ehrenamtlichen Engagements, das trotz neuer „Ehrenamtskoordinatoren“ nicht immer reibungslos gelingt. Was läge da näher als eine Art „pastorale“ analog zur kirchenmusikalischen C-Ausbildung?

Die Spannung, in der die kirchenmusikalischen „Profis“ arbeiten, beschreibt Reiner Schuhenn (* 1962) mit den Aspekten „Für“ und „Mit“, wobei er den Akzent auf eine neue Kommunikationsfähigkeit mit „partizipative[r] Dimension“[29] legt. Bislang dominiert in der kirchenmusikalischen Ausbildung der Aspekt des „Für“: Studierende lernen, „für“ die Gemeinde und „für“ ein Konzertpublikum Orgel zu spielen, wobei freilich schon bei der Liedbegleitung auch der Aspekt des „Mit“ ins Spiel kommt. Jede differenzierte vokale Struktur kennt überdies beide Bereiche. „Für“ die Menschen gibt es Konzerte, bei denen Amateur(inn)e(n) in den Chören „mit“-wirken. Doch nicht immer gelingt das Zusammenspiel, wenn Professionalität auf Ehrenamt trifft. Ursachen können auf beiden Seiten liegen. Da gibt es zum einen Profis, die jede(n) Amateur(in) spüren lassen, dass ihre bzw. seine Leistung kaum genügt. Und es gibt bei Amateur(inn)en auch die antiprofessionelle Haltung: Wir musizieren mit Engagement und Herzblut, was allein entscheidend ist. Die kühle Perfektion der Profis können und brauchen wir nicht.

Die skizzierte Spannung, die sehr wohl fruchtbar und inspirierend sein kann, verschärft sich noch, wenn man bedenkt, wie neue pastorale Konzepte das Zusammenspiel sehen. Bei den hauptamtlichen Mitarbeiter(inne)n in der Seelsorge soll in Zukunft der Aspekt der „Ermöglichung“ stärker ins Zentrum ihres Wirkens rücken. In den diözesanen Leitlinien des Erzbistums Freiburg heißt es dazu:

---

[29] R. Schuhenn, Kirche im Fall – Kirchenmusik im Aufwind? Künstlerisch-methodische Anforderungen an angehende Kirchenmusiker angesichts veränderter Gesellschaftsstrukturen, in: Kopp, Schwemmer, Werz (Hg.), Mehr als nur eine Dienerin der Liturgie (s. Anm. 2), 172–184, hier: 180.

> „Auf allen Ebenen kirchlichen Lebens wird es für die, die Leitungsverantwortung tragen, weniger ums Planen und Machen gehen als ums Wahrnehmen und Ermutigen, Ermöglichen und Räumeschaffen für die Entfaltung der Charismen möglichst vieler."[30]

Abgesehen von der Frage, ob die hier angedeutete Alternative wirklich existiert, ist offen, ob und wie dies auch für hauptamtliche Kirchenmusiker(innen) gelten soll. Schließlich stehen auch sie in einer Leitungsverantwortung und treffen Woche für Woche in ihren pastoral-musikalischen Kontexten oftmals auf mehr Menschen aller Generationen als andere kirchliche Mitarbeiter(innen). Wenn die pastorale Devise heißt „So viel Partizipation möglichst vieler wie möglich, und zugleich niederschwellig", dann steht das in großer Spannung zur bisher vorausgesetzten Identität der Kirchenmusiker(innen) als Künstler(innen) in pastoralen Kontexten. Die erste Zukunftsaufgabe besteht darin, offen darüber zu reden. Ein Ziel könnte es sein, neue Formulierungen – im Sinne eines Sowohl-als-auch – für die Spannung zwischen künstlerischen Spitzenleistungen und der Begleitung ehren- wie nebenamtlich Tätiger zu finden.

### 3.2 Tradition und Innovation

Die Spannung von Tradition und Innovation ist im Bereich der gottesdienstlichen Musik immer virulent und zeigt die beschriebene Problematik des „Für" und „Mit" sozusagen in einer weiteren Variation. Die kirchenmusikalische Tradition kennt viele Werke „für" die Liturgie, bei denen eine Mitwirkung aller schlichtweg nicht möglich ist. Man denke nur an die Fülle der Messvertonungen. Die Dominanz des „Für" gilt für das gregorianische Proprium, das nur von einer geschulten Schola zu bewältigen ist, ebenso wie für die mehrstimmigen Werke aller Epochen und die beliebten Orchestermessen. Sie gilt übrigens auch, wenn eine Band und Vorsänger(innen) – etwa bei einer Firmung – so agieren, dass es auf ein Mitsingen aller kaum ankommt.

---

[30] Erzbischöfliches Ordinariat Freiburg (Hg.), Christus und den Menschen nah. Diözesane Leitlinien des Erzbistums Freiburg, Freiburg i. Br. 2017, in: https://www.ebfr.de/media/download/integration/798028/dioezesane_leitlinien_erzbistum_freiburg.pdf (Zugriff: 1.3.2021), 20.

Ein positives Beispiel der komponierten Partizipation ist die deutsche Messvertonung des österreichischen Komponisten Peter Jan Marthé (* 1949) unter dem Titel „Erdwärtsmesse“[31]. Das am 12. Oktober 2008 im Dom zu St. Jakob in Innsbruck erstmals aufgeführte gottesdienstliche Werk ist eine Plenar-Messe mit Proprium und Ordinarium, die von Anfang an auf das Miteinander der musikalischen Kräfte setzt: Die Gemeinde ist in jedem Satz mit leicht nachsingbaren Kehrversen beteiligt, die von Kantor(inn)en vorgesungen und zudem durchweg chorisch unterstützt werden. Der Chorpart ist auf die Möglichkeiten eines Laienchores zugeschnitten. Hinzu kommen ein virtuoser Orgelpart und Blechbläser.

Dieses Werk bietet in durchaus traditioneller Stilistik inklusive einiger von Anton Bruckner inspirierter Klänge (Sanctus!) alles, was eine Festmesse braucht. Der Gegensatz von *Thesaurus Musicae Sacrae* („Schatz der Kirchenmusik“) (SC 114) und *participatio actuosa* ist schlichtweg „wegkomponiert“. Vor allem aber weicht das Nebeneinander der musikalischen Kräfte einem partizipativen Miteinander. Nicht verschwiegen werden soll, dass die vertonten Texte in der Tradition der deutschen Singmessen stehen und deshalb den liturgischen Wortlaut nur paraphrasieren.

Der Komponist beruft sich bei diesem Werk zurecht auf das Zweite Vatikanische Konzil, denn er hat mit dieser Messkomposition eine Forderung der Liturgiekonstitution eingelöst, die insgesamt in den letzten Jahrzehnten zu wenig beachtet worden ist: Die Musiker(innen) sollen nicht nur, „von christlichem Geist erfüllt, sich bewusst sein, dass es ihre Berufung ist, die Kirchenmusik zu pflegen und deren Schatz zu mehren“ (SC 121), sondern sie sollen auch

> „Vertonungen schaffen, welche die Merkmale echter Kirchenmusik an sich tragen und nicht nur von größeren Sängerchören

[31] Die Notenausgabe mit Partitur und Aufführungsmaterial ist im Musikverlag Doblinger, Wien, erschienen (vgl. P. J. Marthé, Erdwärtsmesse. Für Bariton Solo, gemischten Chor, Gemeindegesang, Blechbläser, Schlagwerk und Orgel, Wien 2009). Für die Gemeindeverse vgl. http://www.doblinger-musikverlag.at/dyn/werke/46_094_Marthe_Erdwärtsmesse_Gemeinde-Singblatt_A4_150917.pdf (Zugriff: 1.3.2021). – Vgl. auch P. J. Marthé (Hg.), Die heilige Messe – kultisch, szenisch, sinnlich, mystisch, Würzburg 2011 [Buch inkl. CD mit einem Live-Mitschnitt des Festgottesdienstes aus dem Dom zu Brixen am 10. Oktober 2010].

gesungen werden können, sondern auch kleineren Chören angepasst sind und die tätige Teilnahme der ganzen Gemeinde der Gläubigen fördern." (SC 121)

Hier wird deutlich, dass es nicht um die Alternative zwischen musikalischer Qualität ohne Partizipation auf der einen und Partizipation unter Verzicht auf Qualität auf der anderen Seite geht. Diesen Eindruck konnte man nur bekommen, wenn man Mozart-Messen mit kurzatmigen Kehrversen verglichen hat, die unmittelbar nach der Liturgiereform unter Zeitdruck entstanden sind. Dass es für ein partizipatives Komponieren andere qualitätsvolle Möglichkeiten gibt, zeigt u. a. die „Erdwärtsmesse".

### 3.3 Kirchliche und kulturelle „Adressaten"

Wenn in pastoralen Konzeptionen neuerdings von Binnen- und Außenorientierung die Rede ist und Letztere besonders in den Blick genommen wird, ist der Hinweis angebracht, dass die Kirchenmusik hier eine Vorreiterrolle spielt. Zu ihrer Identität gehört längst, dass an ihr nicht nur die kirchlich Beheimateten partizipieren. Sie ist ja *kein Monopol* der Kirche. Vielmehr erklingen Werke der Kirchenmusik und geistliche Musik in Gottesdiensten, bei Kirchenkonzerten und in unzähligen Konzerthäusern. Außerdem sprechen Kirchenmusiker(innen) mit ihren Angeboten zum Hören und Mitsingen nicht nur die Gemeinden an, in denen sie angestellt sind. Zu Kirchenkonzerten kommen Besucher(innen), die sich von anderen Aspekten des kirchlichen Lebens längst abgewandt haben. Auch singen in kirchlich-katholischen Ensembles Protestant(inn)en neben Katholik(inn)en und nicht selten Getaufte neben Ungetauften. In Kinderchören sind Taufen keine Seltenheit.

Diese „wohltuend missionarische [und] sanft missionarische"[32] Qualität der Kirchenmusik wird vielfach gelobt. Für hauptberufliche Kirchenmusiker(innen) bedeutet das dennoch einen Spagat. Können sie „allen alles werden", nicht nur alle Stile beherrschen, sondern auch die Klaviatur unterschiedlicher Erwartungen? Hierfür

---

[32] K. Lehmann, Predigt zum 50-jährigen Jubiläum des Deutschen Chorverbands Pueri Cantores (2001), zit. nach: M. Walter (Hg.), Singen mit Herz und Mund. Ein Lesebuch, Ostfildern 2004, 49.

gibt es kein Patentrezept, sondern nur die Gewissheit, dass die kirchenmusikalische Ausbildung auch darauf vorbereiten muss. Das Schöne an diesem Beruf ist, dass es Pflicht und Kür gibt und künstlerische, pädagogische und liturgische Schwerpunkte im Laufe eines Lebens mehrmals wechseln dürfen. Bedauerlich ist es, wenn aufgrund negativer kirchlicher Erfahrungen die kulturell-konzertante Perspektive die liturgische Kernaufgabe in den Schatten stellt.

### 3.4 Konfession und Ökumene

Konfessionelle und ökumenische Identität sind keine Gegensätze. Wichtig scheint das Vermeiden früherer kontroverser Strategien wie auch das Konzept „Alles gehört allen". Die alltägliche Ökumene ist musikalisch schon weiter als in anderen kirchlichen Bereichen. Vor allem in der Profilierung der kirchenmusikalischen Rollen gibt es nach wie vor konfessionelle Akzente. Letztlich ist die evangelische Kirchenmusik an der „Erfindung" des Kantorats groß geworden, mit allen musikalisch-pastoralen Inspirationen und Konflikten, die damit einhergehen können. Auf katholischer Seite gab es solche Auseinandersetzungen weniger, weil Liturg(i)e und Kirchenmusik(er[in]) hierarchisch auf verschiedenen Ebenen angesiedelt waren. Also war die Musik höchstens zu lang, zu laut usw. Zugespitzt formuliert: Theologisch falsch konnten Worte sein, nicht aber die Musik, weil sie ohnehin nicht theologisch relevant war.

Drei ökumenische Möglichkeiten tun sich auf, von denen zwei wohl als Sackgassen einzustufen sind: erstens das Negieren der ökumenischen Annäherung und zweitens das Ignorieren der nach wie vor vorhandenen Mentalitätsunterschiede. Ein dritter Weg scheint gangbar. Er setzt auf ein konstruktives Aufgreifen unterschiedlicher Mentalitäten, die man auch konfessionelle Milieus nennen kann. Um eine Bachkantate in die katholische Messe (oder in den evangelischen Gottesdienst) etwa als Predigtmusik zu integrieren, braucht es mehr als das Einstudieren des Notentextes. Der Chor sollte auch über seine Rolle als Verkündiger etwas erfahren, etwa von seinem bzw. seiner Leiter(in), vielleicht sogar etwas über Martin Luthers Theologie, die in den Texten vorzufinden ist.

Zu begrüßen ist, dass musikalisch vieles geschieht, was die Ökumene fördert. Dezidiert ökumenische Lieder oder geistliche Werke zu ökumenischen Themen sind aber eher selten. Hier könnte man kritisch Luthers bekanntes Diktum anschließen und auf die Ökumene beziehen: „So sie's nicht singen, glauben sie es nicht."

### 3.5 Vokal und instrumental

Sowohl Vokal- als auch Instrumentalmusik sind wichtig – gemäß dem biblischen Imperativ: „Singt und spielt!" (vgl. Ps 105,2) Zugleich bedarf es – in Ausbildung und Praxis – einer Balance der beiden Bereiche. Auf dem instrumentalen Sektor dominiert vielfach und aus guten Gründen die Orgel. Dennoch hat sie kein Monopol. Ihre Akzeptanz könnte sich steigern, wenn sie sich gelegentlich rar macht und wenn sie kooperiert. Wie sehr die Orgel das kulturelle Interesse auf sich zieht, zeigen im „Jahr der Orgel 2021" bereits in den ersten Wochen viele journalistische Berichte in großen Zeitungen und zahlreiche Radio- und Fernsehbeiträge.

Im vokalen Bereich stellen sich insbesondere zwei aktuelle Fragen: Wie wird sich die Situation der traditionellen Kirchenchöre nach Corona entwickeln? Wenn etliche dieser Chöre oder ihre Leiter(innen) aufgeben, dann geht auch ein wichtiges Moment der Partizipation verloren. Vielleicht wird es aber dazu Alternativen geben, darunter etwa projektweise arbeitende vokale Gruppen. Die zweite Frage betrifft das wichtige Vorsingen in der Liturgie, das man wohl zu lange mit dem Vorlesen parallelisiert hat. Die Ausbildung von Kantor(inn)en ist jedoch etwas anderes als eine abendliche Schulung von Lektor(inn)en. Wie hier eine Qualifizierung erreicht werden kann – einschließlich Nachwuchswerbung –, scheint noch fraglich. Zu überlegen ist, ob dieser Dienst – dem gottesdienstlichen Orgelspiel vergleichbar – neu als nebenberufliche Tätigkeit zu etablieren sei.

### 3.6 Feste Ensembles und Kirchenmusik ad hoc

Liturgie lebt mit und aus Vertrautheit – und braucht gelegentlich auch Wagnis und Experiment. Schwierig wird es, wenn die Gestaltung von Feiern wie etwa dem *Triduum Sacrum* eine Eingespieltheit voraussetzt, aber auf Feiernde stößt, die darüber nicht verfügen. Auch die Corona-Pandemie spielt in diese Spannung hinein. Neben schmerzlichen Verzichten – auf Gemeindegesang, Chorproben usw. – zeigt sich in der Krise auch, wie rasch reagiert werden kann. Vielerorts waren rasch Kantor(inn)en einsatzbereit, die es zuvor nicht gegeben hat. Hatte man sie nicht gefragt, weil der Radius der Partizipation zu eng gezogen war? Auch Familien konnten die musikalische Begleitung von Gottesdiensten übernehmen. Verwundert fragte man sich, warum das nicht früher möglich war. Anders gesagt: Eine differenziertere Partizipation kam in Gang, die sich durchaus als Aktualisierung der biblisch-paulinischen Lehre von den Charismen verstehen lässt.

Auch dieses Phänomen ist kein Entweder-oder zwischen langjährig treuen Kirchenmusiker(innen) und Newcomer(innen). Die Koordination neuer Möglichkeiten könnte zu einer wichtigen Aufgabe der bestellten Kirchenmusiker(innen) werden. Das erfordert Erfahrung und Experimentierlust, aber auch Übersicht und Fingerspitzengefühl. Und ist nicht genau das die Richtung, die auch pastorale Dienste einschlagen? Gerade so könnte eine stärkere Partizipation die Identität und auch die Akzeptanz der Kirchenmusik stärken. Letztlich gilt der pastorale Grundsatz, dass das überzeugende „Mit euch“ eine wichtige Basis der Akzeptanz des „Für euch“ darstellt.

In Zukunft wird es vielleicht weniger fest organisierte Gruppierungen der Kirchenmusik geben. Viele musikalisch Interessierte schrecken vor der Mitgliedschaft in einem Verein und vor wöchentlichen Proben zurück. Ad-hoc-Ensembles könnten dem entgegenkommen und neue Möglichkeiten der Partizipation schaffen. Solche Formen zu koordinieren und zu leiten, ist eine überaus anspruchsvolle Aufgabe, die in der Ausbildung von Kirchenmusiker(inne)n bislang noch kaum vorkommt.

### 3.7 Musikalische „Leuchttürme“ und Basisarbeit

Kirchenmusik braucht „Leuchttürme“ mit überregionaler Ausstrahlung und hauptamtlicher Leitung. Das sind zugleich die Orientierungspunkte für die „Basis“. Wer soll die Gymnasiast(inn)en, die nach zwei bis drei Jahren Klavierunterricht Lust zum Orgelspiel bekommen, denn qualifiziert unterrichten, wenn nicht die Verantwortlichen solcher Leuchttürme? Freilich kann es nicht überall die gleichen personellen und finanziellen Möglichkeiten geben wie an solchen hervorgehobenen Orten der Kirchenmusik. Deshalb sind neben ihnen weitere hauptamtliche Stellen und vor allem ein Netz von nebenberuflich Tätigen notwendig, in deren Aus- und Fortbildung wiederum die Leuchtturm-Stellen involviert sind. Im Idealfall greifen die Bereiche haupt-, neben- und ehrenamtlich noch stärker ineinander als bislang.

Eine Zukunftsfrage heißt: Wie sind auch mit einfachen Mitteln Qualität und Partizipation erreichbar? Dazu zwei Überlegungen: Wie sind sinnvolle Standards zu formulieren, und bei welcher Unterschreitung dieser Richtmaße sollte – um der Identität willen – eher auf Gottesdienste verzichtet werden? Hier geht es um den Ausgleich von „breiter" Quantität, die bislang eher selbstverständlich ist, und „tiefer" Qualität, der zuliebe von manchen Angeboten schmerzlich Abschied genommen werden muss, was arbeitsintensiv ist und einen nicht nur kirchenmusikalischen Zukunftsweg weisen kann. Zweitens: Welche Gestaltungsmöglichkeiten für Kirchenmusik haben zukünftige Kirchengemeinden? Hier könnte das vertraute „Normalangebot" durchaus verabschiedet werden zugunsten einer stärker „polyphonen" Landschaft mit klaren Schwerpunkten: da ein besonderer Akzent auf dem Neuen Geistlichen Lied und dort eine Stelle mit viel Gregorianik, da eine Möglichkeit zur regelmäßigen Aufführung von Orchestermessen und dort eine gut ausgebaute Kinderchorarbeit. In diesem Sinne stellt sich überall die Frage: Welche Kirchenmusik gehört zu unserer Identität?

### 3.8 Partizipation und Stellvertretung

Die Aussagen des Konzils zur Kirchenmusik gleichen einer Quadratur des Kreises. Wie kann der Cantus firmus der *participatio actuosa* sinnvoll erklingen, wenn der Kontrapunkt *Thesaurus Musicae* heißt und dieser überlieferte Schatz vorwiegend aus Werken besteht, die von keiner Gemeinde partizipativ zu bewältigen sind? Bekanntlich wurde versucht, die Spannung aufzulösen, was nur durch eine selektive Lektüre der Liturgiekonstitution gelingt: Je nach Lager wurde mal das eine, mal das andere in den Mittelpunkt gestellt und die jeweils andere Seite der konziliaren Medaille zu einer Art Begleitmusik zurückgedrängt.

Jede Fraktion hat ihren wunden Punkt. Die traditionelle – so die Beobachtung des Autors – tut sich bisweilen schwer damit, der Gemeinde ihr Recht der Partizipation wirklich einzuräumen. Das klingt harsch, lässt sich aber leicht verifizieren, wenn man bedenkt, dass immer wieder bei großen Liturgien mit intensiv katholisch-kirchlich sozialisierten Feiernden, die zum mehrstimmigen Gesang

Lust und Fähigkeit haben, genau dieses Repertoire des „Gotteslob" nicht zum Einsatz kommt. Steht hier die Befürchtung im Hintergrund: Wir wollen doch nicht die angestammte Rollenidentität aufgeben, die besagt, dass die Chöre mehrstimmig singen und die Gemeinde immer nur einstimmig? Resultat ist leider die musikalische Unterforderung der Feiernden und das Verharren im Nebeneinander, das rascher, als man denkt, ins Gegeneinander umschlägt – und eben nicht zum Miteinander führt, das viel menschliches, kompositorisches und dramaturgisches Kalkül benötigt.

Bei der „modernen" Fraktion fällt – etwa bei Kirchen- und Katholikentagen – auf, dass die Partizipation oft nach dem Motto „Jetzt dürfen alle alles" erfolgt. Nicht selten wird dann auf Differenzierungen wie V(orsänger[in]) und A(lle) keinerlei Rücksicht genommen: Wir wollen doch die Partizipation nicht einschränken! Leider bleibt das künstlerisch unbefriedigend, weil solche Differenzierungen ja den Reiz von Werken mit ausmachen. Musikpraktisch ist es hier hilfreich, wenn das Klangbild der Begleitung die Erfüllung solcher Vorgaben leicht macht. Organist(inn)en und Bandleader(innen) wissen in der Regel, wie man die Gemeinde in ihrer Rolle stärkt, sie aber auch in der Rolle belässt, ganz im Sinne des Konzils, das in *Sacrosanctum Concilium* auch diesen wichtigen Satz über Identität und Partizipation formuliert:

> „Bei den liturgischen Feiern soll jeder, sei er Liturge oder Gläubiger, in der Ausübung seiner Aufgabe nur das und all das tun, was ihm aus der Natur der Sache und gemäß den liturgischen Regeln zukommt." (SC 28)

Die hier favorisierte Variante löst die Spannung nicht auf, weil das gar nicht funktioniert. Es ist aber sehr wohl eine Gestaltung der Spannung möglich, die sogar zum wichtigen kirchenmusikalisches Ausbildungsziel werden könnte. Eine durchaus pragmatische Einsicht lautet: Es kommt weniger auf den Einzelaspekt an, sondern auf ein Gesamtbild von Kirchenmusik. Wenn eine Gemeinde Sonntag für Sonntag musikalisch aktiv eingebunden ist, hat sie erfahrungsgemäß kein Problem mit einer Stellvertretung, etwa durch Vokalsolist(inn)en, Chor und Orchester, in besonderen Fällen. Wenn es hingegen solche Probleme gibt, dann liegen die Ursachen meistens nicht in der Kirchenmusik, sondern in anderen grundlegenden Fragen von Identität und Partizipation.

## 4 Immanuel Kants Bild von der Fackel und der Schleppe – ein Fazit

Zum Schluss dieser kirchenmusikalischen Überlegungen soll ein Bild des großen Philosophen Immanuel Kant (1724–1804) stehen. In seiner Schrift „Der Streit der Fakultäten" (1789) geht es u. a. um die Verhältnisbestimmung von Philosophie und Theologie. Kant fragt,

> „ob diese [= die Philosophie] ihrer gnädigen Frau [= der Theologie] die *Fackel vorträgt* oder die *Schleppe nachträgt*; wenn man sie nur nicht verjagt, oder ihr den Mund zubindet"[33].

Frei auf das Thema übertragen: Kann die Musik der Kirche „die Fackel voraustragen" – mit Impulsen und Inspirationen? Oder muss sie ihr „die Schleppe nachtragen", weil die Musik mit der pastoralen Entwicklung kaum Schritt halten kann oder es ihr an Konzepten für die Situationen des Umbruchs fehlt?

Eine sinnvolle Antwort muss wiederum die Aspekte Identität und Partizipation bedenken. Viele Möglichkeiten, auch Kirchenmusiker(innen) in pastorale Veränderungsprozesse einzubeziehen, sind noch kaum ausgeschöpft, auch nicht beim Synodalen Weg, an dem bislang alle pastoralen Berufsgruppen „partizipieren", jedoch nach Ausweis der veröffentlichten Teilnahmelisten nicht die Kirchenmusiker(innen). Auch bei diözesanen „Umbauarbeiten" der Pastoral und Verwaltung kann die Kirchenmusik leicht ins Abseits geraten. Dabei können durchaus pastorale Inspirationen von der Kirchenmusik ausgehen. Die Frage nach ihrer Identität ist für die Kirchenmusik eine wichtige und zu selten explizit gestellte Zukunftsfrage. Sie spielt in künstlerischen wie pastoralen „Tonarten", sodass Antworten, die nur einen der beiden Aspekte berücksichtigen, defizitär bleiben müssen. Drehten sich frühere kirchenmusikalische Diskussionen oftmals um den musikalischen Aspekt, so steht heute eher der kirchliche zur Debatte, weil hier ein umfassender Veränderungsprozess im Gange ist. Noch längst nicht absehbar ist, wie sich die Kirchenmusik im Kontext pastoraler Reformen weiterentwickeln wird. Gewiss ist jedoch, dass es bei den nächsten Schritten auf den intensiven

---

[33] I. Kant, Der Streit der Fakultäten, hg. von H. D. Brandt, P. Giordanetti (PhB 522), Hamburg 2005, 28 [Hervorhebungen im Original].

Dialog zwischen Pastoral[34] und Kirchenmusik besonders ankommen wird.

[34] Vgl. G. Schneider, Kirchenmusiker als pastorale Mitarbeiter, in: Kopp, Schwemmer, Werz (Hg.), Mehr als nur eine Dienerin der Liturgie (s. Anm. 2), 127–137.

# 4. Liturgiewissenschaftliche Reflexionen

# „Denn die Liturgie enthält einen kraft göttlicher Einsetzung unveränderlichen Teil und Teile, die dem Wandel unterworfen sind." (SC 21)

*Stefan Kopp*

Die Liturgiekonstitution *Sacrosanctum Concilium* (SC) des Zweiten Vatikanischen Konzils (1962–1965) formulierte in ihren allgemeinen Grundsätzen programmatisch:

> „Damit das christliche Volk in der heiligen Liturgie die Fülle der Gnaden mit größerer Sicherheit erlange, ist es der Wunsch der heiligen Mutter Kirche, eine allgemeine Erneuerung der Liturgie sorgfältig in die Wege zu leiten. Denn die Liturgie enthält einen kraft göttlicher Einsetzung unveränderlichen Teil und Teile, die dem Wandel unterworfen sind. Diese Teile können sich im Laufe der Zeit ändern, oder sie müssen es sogar, wenn sich etwas in sie eingeschlichen haben sollte, was der inneren Wesensart der Liturgie weniger entspricht oder wenn sie sich als weniger geeignet herausgestellt haben." (SC 21)[1]

## 1 Zur (Be-)Deutung von Artikel 21 der Liturgiekonstitution

Welcher Teil der Liturgie aber ist unveränderlich und welche Teile sind dem Wandel unterworfen? Steht im Hintergrund dieses allgemeinen Grundsatzes die Vorstellung von der Liturgie als Summe vieler Einzelelemente, von denen einige klar als überzeitlich gültig,

---

[1] Dieser Artikel der Konzilskonstitution ist – mit anderen Fragestellungen und Schwerpunkten – auch Ausgangspunkt inhaltlicher Differenzierungen und Vertiefungen zur göttlichen Einsetzung der Liturgie bzw. zur (heutigen) Rede vom *ius divinum* im Kontext der Liturgie in: S. Kopp, Die Liturgie und ihre göttliche Einsetzung, in: M. Graulich, R. Weimann (Hg.), Ewige Ordnung in sich verändernder Gesellschaft? Das göttliche Recht im theologischen Diskurs (QD 287), Freiburg i. Br. 2018, 190–208.

andere eindeutig als kontingent zu definieren sind? Wird der Gottesdienst der Kirche an dieser Stelle wirklich in „Bausteinen“ gedacht, wie es vielleicht auf den ersten Blick scheinen mag, oder geht es vielmehr darum, (zu jeder Zeit neu) nach den wesentlichen Dimensionen der katholischen Liturgie zu fragen, die für die Identität der Kirche essenziell sind, will diese ihrem Herrn treu bleiben, der den Seinen aufgetragen hat: „Tut dies zu meinem Gedächtnis“ (Lk 22,19; 1 Kor 11,24)?

Schon die ersten Kommentierungen zur Liturgiekonstitution widerstehen sowohl in ihren historischen Notizen als auch in ihren systematischen Überlegungen und praktischen Konkretionen – wie das Konzil selbst – der Versuchung, in einem „Baukastensystem“ zu denken und auf diese Weise Einzelelemente isoliert zu qualifizieren. Sie bleiben entweder auf einer dogmatischen Metaebene, führen z. B. lehramtliche Festlegungen wie die Anzahl der Sakramente mit dem Hinweis auf ihre Einsetzung durch Jesus Christus an und verzichten so auf Konkretisierungen zur Bedeutung dieser Differenzierung für die Gestalt der Liturgie in ihren unterschiedlichen Teilen,[2] oder sie rufen generell die Vollmacht der Kirche bei der Verwaltung der Sakramente in Erinnerung.[3] Dies geschieht in der französischen Kommentierung von SC 21 durch Pierre Jounel (1914–2004) und im deutschsprachigen Kommentar von Emil Joseph Lengeling (1916–1986) mit Verweis auf das Konzil von Trient (1545–1563) sowie auf vorangegangene Liturgiereformen – etwa durch die Päpste Pius X. (1903–1914) und Pius XII. (1939–1958) –, um die prinzipielle Legitimität von sachgemäßen Veränderungen bzw. Anpassungen in der Liturgie deutlich zu machen.[4] Vor allem den pastoralliturgischen

---

[2] Vgl. dazu etwa S. Famoso, Constitutio de sacra Liturgia. Commentarium – De fine et necessitate instaurationis (art. 21), in: EL 78 (1964) 185–419, hier: 251f.

[3] Vgl. dazu etwa P. Jounel, Commentaire complet de la Constitution conciliaire sur la Liturgie – La restauration liturgique (21.), in: MD 77 (1964) 3–221, hier: 43–45; E. J. Lengeling, Die Konstitution des II. Vatikanischen Konzils „Über die heilige Liturgie“. Lateinisch-deutscher Text mit einem Kommentar (RLGD 5/6), Münster ²1965, 5–251, hier: 49–51.

[4] Das Konzil von Trient hatte 1562 in Kap. 2 seiner Lehre über die Kommunion unter beiderlei Gestalten und die Kommunion der kleinen Kinder dazu festgehalten: „Stets lag bei der Kirche die Vollmacht, bei der Verwaltung der Sakramente – unbeschadet ihrer Substanz – das festzulegen oder zu verändern, was nach ihrem Urteil dem Nutzen derer, die sie empfangen, bzw. der Verehrung der Sakra-

gischen Impuls des Konzils für eine umfassende Erneuerung des Gottesdienstes betonen die Kommentare von Josef Andreas Jungmann (1889–1975) und Reiner Kaczynski (1939–2015).[5] Selbst an den Arbeiten zur Reform der Liturgie auf und nach dem Konzil beteiligt, schreibt etwa Jungmann zu SC 21:

> „Es geht nicht um kleine Zurechtsetzungen, sondern zunächst um die Feststellung des Raumes, in dem Änderungen überhaupt möglich sind, weil nur kirchliches, nicht göttliches Gesetz vorliegt. Und es geht um das kühne und entscheidende Prinzip, daß die Formen der Liturgie vom christlichen Volk als Ausdruck seines eigenen Betens und Opferns sollen verstanden und mitvollzogen werden können und daß im besonderen ihr Sinn darin erblickt werden muß, das Heilige, das sie bezeichnen, in Wort und Ritus deutlich auszusprechen. Einer solchen großzügig-pastoralen Zielsetzung gegenüber mußten Bedenken, die in der Aula laut wurden, es handle sich bei der Reform nur um einen pruritus novitatum oder um archäologische Liebhabereien, bald verstummen."[6]

Die eigentliche Leistung des Konzils besteht an dieser Stelle also darin, neu – mit einer offenen Formulierung, aber doch deutlich und verbindlich – in Erinnerung zu rufen, dass sowohl der historische Befund als auch die gegenwärtige Gestalt der Liturgie theologisch immer wieder zu befragen sind – gegen Stimmen, die eine starre Unveränderlichkeit des Gottesdienstes zum hermeneutischen Prinzip erheben woll(t)en. Und jeder Versuch, rubrizistisch aufzulisten und

---

mente selbst entsprechend der Verschiedenartigkeit von Umständen, Zeiten und Gegenden zuträglicher ist." (DH 1728) Auf dieser Linie argumentieren Jounel und Lengeling für die Legitimität gottesdienstlicher Erneuerung in genere und führen dazu exemplarisch vor allem die Liturgiereformen im Gefolge des Konzils von Trient sowie im 20. Jahrhundert durch Pius X. und Pius XII. an. – Vgl. Jounel, Commentaire complet de la Constitution conciliaire sur la Liturgie (s. Anm. 3), 43–45; Lengeling, Die Konstitution des II. Vatikanischen Konzils „Über die heilige Liturgie" (s. Anm. 3), 49–51.

[5] Vgl. dazu J. A. Jungmann, Konstitution über die heilige Liturgie. Einleitung und Kommentar, in: LThK.E I (1966) 10–109, hier: 32; R. Kaczynski, Theologischer Kommentar zur Konstitution über die heilige Liturgie Sacrosanctum Concilium, in: HThKVatII 2 (2004) 1–227, hier: 86f.

[6] Jungmann, Konstitution über die heilige Liturgie (s. Anm. 5), 32.

zu verfügen, welche Einzelelemente der Liturgie für alle Zeiten als unveränderlich zu gelten haben, sind schon im Ansatz zum Scheitern verurteilt. Diese Einsicht entbindet allerdings nicht von der Verpflichtung, anhand der konkreten liturgischen Ordnungen und Texte auch im Detail Potenzial für Veränderungen – oder präziser: Reformen bzw. Rekonfigurationen[7] – herauszuarbeiten, die möglich oder sogar notwendig sind, um die identitätsstiftende Substanz der Liturgie in sich wandelnden Zeiten mit unterschiedlichen Erkenntnissen und Rahmenbedingungen zu erhalten oder neu zu gewinnen. Mit anderen Worten gefragt: Wie konnte und kann sich also der Sinngehalt der Liturgie zu verschiedenen Zeiten und innerhalb unterschiedlicher Kulturen in einer angemessenen Feiergestalt ausdrücken? Wie für das Leben insgesamt gilt auch für die Kirche und ihres Gottesdienstes: „Nur wer sich ändert, bleibt sich treu."[8]

Vor dem Hintergrund solcher theoretischen Überlegungen und hermeneutischen Fragen wird in den folgenden beiden Abschnitten die differenzierte und differenzierende Terminologie des Konzils bedacht und konkret gefragt, wie dessen Impuls für die heutige theologische Reflexion fruchtbar gemacht werden kann. An fünf Beispielen soll die Problematik illustriert werden, bevor davon ausgehend einige grundlegende Aspekte für eine Hermeneutik der Veränderung formuliert werden.

---

[7] Wie Michael Seewald (* 1987) den Begriff für die Entwicklung bzw. Reformulierung der kirchlichen Lehre in unterschiedlichen Zeitkontexten verwendet, könnte er – mit Rücksicht auf die Adaptation älterer liturgischer Formen, die in einem anderen Kontext je neu rekonfiguriert werden (müssen) – auch im Hinblick auf die Entwicklung des kirchlichen Feierns und dessen notwendiger Neuordnung zu verschiedenen Zeiten anregend sein. – Vgl. dazu M. Seewald, Worüber wird gestritten, wenn Glaubenslehren sich entwickeln? Ein kontingenztheoretischer Vorschlag, in: MThZ 69 (2018) 279–287, hier: 284–287.

[8] Titel des deutschen Liedermachers und Lyrikers Wolf Biermann (* 1936) (ohne religiöse oder gar kirchlich-theologische Implikationen): W. Biermann, Nur wer sich ändert, bleibt sich treu. Lyrics, in: https://www.golyr.de/wolf-biermann/songtext-nur-wer-sich-aendert-bleibt-sich-treu-250639.html (Zugriff: 30.3.2021). – Diesen Titel aufgreifend zum Reformauftrag in Kirche und Liturgie vgl. S. Kopp, „Nur wer sich ändert, bleibt sich treu." Liturgische Reformen als Auftrag für die Kirche, in: ders. (Hg.), Kirche im Wandel. Ekklesiale Identität und Reform (QD 306), Freiburg i. Br. 2020, 336–358.

## 2 Zum Dilemma der Rede von (Un-)Veränderlichkeit in der Liturgie

*These 1: Eine Liturgie, die nicht von Texten der Heiligen Schrift bestimmt ist, kann nicht als christliche Liturgie bezeichnet werden.*

Zu Recht hat das Zweite Vatikanische Konzil die Begegnung mit dem Herrn in seinem Wort neu hervorgehoben und in ihrer Bedeutung für die Liturgie gewürdigt. Bei den liturgischen Feiern sollte „die Schriftlesung reicher, mannigfaltiger und passender“ (SC 35) ausgestaltet werden.[9] Gerade im Kontext der Messfeier ist die neue Wahrnehmung dieses Wertes – die Förderung der Bedeutung der Heiligen Schrift – ein überragendes Verdienst des letzten Konzils, das deshalb festgelegt hat:

> „Auf dass den Gläubigen der Tisch des Gotteswortes reicher bereitet werde, soll die Schatzkammer der Bibel weiter aufgetan werden, sodass innerhalb einer bestimmten Anzahl von Jahren die wichtigsten Teile der Heiligen Schrift dem Volk vorgetragen werden.“ (SC 51)

Dieses programmatische Wort bildet die Grundlage für die Erneuerung der Leseordnung nach dem Konzil, die nun an Sonn- und Festtagen drei Lesungen vorsieht und damit der Heiligen Schrift in der Messfeier sowohl einen größeren Raum als auch eine höhere Bedeutung gibt, als dies lange Zeit der Fall war.[10] Dabei folgt die Liturgie des Wortes einer Dramaturgie, die in der Verkündigung des Evangeliums ihren Höhepunkt findet. Die besondere Feierlichkeit dieses

---

[9] Vgl. dazu zuletzt die grundlegende Studie: M. Benini, Liturgische Bibelhermeneutik. Die Heilige Schrift im Horizont des Gottesdienstes (LQF 109), Münster 2020; aus interdisziplinärer Perspektive: T. Söding, M. Linnenborn (Hg.), Liturgie und Bibel. Theologie und Praxis der Verkündigung des Wortes Gottes, Trier 2021.

[10] Vgl. dazu E. Nübold, Entstehung und Bewertung der neuen Perikopenordnung des Römischen Ritus für die Meßfeier an Sonn- und Festtagen, Paderborn 1986; zur theologischen Motivation der Reform vgl. auch W. Haunerland, Reicher, mannigfaltiger und passender (SC 35). Theologische Motive zur Entwicklung einer neuen Leseordnung nach dem Zweiten Vatikanischen Konzil, in: H.-J. Feulner, A. Bieringer, B. Leven (Hg.), Erbe und Erneuerung. Die Liturgiekonstitution des Zweiten Vatikanischen Konzils und ihre Folgen (Österreichische Studien zur Liturgiewissenschaft und Sakramententheologie 7), Wien 2015, 183–198.

Moments wird u. a. durch die rituelle Inszenierung (stehende Haltung, Präsentation und Verehrung des Evangeliars, Prozession, Weihrauch, Leuchter), durch die Huldigungsrufe (vor und nach dem Evangelium) sowie durch den (eventuell gesungenen) Vortrag des Evangeliums durch einen Diakon oder Priester hervorgehoben.[11] Aber schon diese Dramaturgie ist bis heute nicht unumstritten, weil sie von einer (in der Sache gut begründbaren und begründeten) christologischen Vorentscheidung lebt: Die Erfahrung der Kirche mit Jesus Christus als Person und Erlösergestalt steht über anderen Zeugnissen der Heiligen Schrift, die nach bestimmten Kriterien auf das Evangelium bezogen werden. Der Eigenwert wichtiger alttestamentlicher Texte wird dadurch – vorsichtig ausgedrückt – beispielsweise jedenfalls nicht in derselben Weise wahrgenommen.[12]

Über die Schriftverkündigung im Wortgottesdienst hinaus nimmt eine Stelle aus der Heiligen Schrift in der römisch-katholischen Messfeier noch innerhalb des Hochgebetes einen vornehmen Platz ein; wie in (fast) allen anderen christlichen Liturgietraditionen des Ostens und des Westens sind die Einsetzungsworte integraler Bestandteil des Eucharistiegebetes. Seit nunmehr 20 Jahren wird die absolute Notwendigkeit zumindest prinzipiell relativiert durch die römische Qualifizierung der sog. Anaphora von Addai und Mari als legitimes Hochgebet.[13] 2001 wurden vom Päpstlichen Rat zur

---

[11] Vgl. dazu auch S. Kopp, „Tut dies zu meinem Gedächtnis!" Zu Bedeutung und Struktur der Messfeier, in: Alt und Jung Metten 85 (2018/19) 5–15, hier: 14.

[12] Zur Diskussion um die konkrete Ausgestaltung der Leseordnung vgl. G. Braulik, Die Tora als Bahnlesung: Zur Hermeneutik einer zukünftigen Auswahl der Sonntagsperikopen, in: R. Meßner, E. Nagel, R. Pacik (Hg.), Bewahren und Erneuern. Studien zur Meßliturgie [FS Hans Bernhard Meyer] (IThS 42), Innsbruck – Wien 1995, 50–76; H. Becker, Die Bibel Jesu und das Evangelium Jesu. Ein konkreter Vorschlag zur Weiterführung der Reform des Wortgottesdienstes, in: BiLi 68 (1995) 186–194; N. Lohfink, Moses Tod, die Tora und die alttestamentliche Sonntagslesung, in: ThPh 71 (1996) 481–494; A. Franz (Hg.), Streit am Tisch des Wortes? Zur Deutung und Bedeutung des Alten Testaments und seiner Verwendung in der Liturgie (PiLi 8), St. Ottilien 1997; ders., Wortgottesdienst der Messe und Altes Testament. Katholische und ökumenische Lektionarreform nach dem II. Vatikanum im Spiegel von Ordo Lectionum Missae, Revised Common Lectionary und Four Year Lectionary. Positionen, Probleme, Perspektiven (PiLi 14), Tübingen – Basel 2002.

[13] Vgl. dazu D. Heringer, Die Anaphora der Apostel Addai und Mari. Ausdrucksform einer eucharistischen Ekklesiologie, Göttingen 2013.

Förderung der Einheit der Christen „Richtlinien für die Zulassung zur Eucharistie zwischen der chaldäischen Kirche und der assyrischen Kirche des Orients“[14] erlassen, in denen bemerkenswerterweise die Gültigkeit dieses Eucharistischen Hochgebetes bestätigt wurde, das nicht die Einsetzungsworte enthält und nach römischer Auffassung dennoch die Kriterien für eine Anerkennung erfüllt. Wohlgemerkt: Hier ging es nicht um die Frage der praktischen Relevanz für die römische Tradition, also um die Frage, ob es demnächst auch hier Hochgebete ohne Herrenworte geben solle, sondern um die ökumenisch höchst bedeutsame (und für die theologische Reflexion instruktive und anregende) Bestätigung, dass es eine christliche Liturgietradition geben kann, die trotz fehlender Einsetzungsworte „die Eucharistie in voller Kontinuität mit dem letzten Abendmahl und dem Anliegen der Kirche entsprechend“[15] feiert. Dies ist deshalb möglich, weil in der Anaphora dieser assyrischen Tradition, die von Rom übrigens als wahre, wenn auch getrennte Teilkirche anerkannt wird, zwar nicht die Worte wiederholt werden, die Jesus gesprochen hat, aber getan wird, was Jesus beim Abschiedsmahl getan hat und was seit der Zeit der Alten Kirche die entscheidenden Kriterien für das Herrenmahl sind: Brot und Wein zu nehmen und darüber Lobpreis und Dankgebet zu sprechen.[16]

Diese Einsicht kann nun zu einer weitergehenden Frage führen. Ist eine legitime christliche Liturgie möglich, die keine Texte der Heiligen Schrift enthält, aber auf andere Weise biblisch so verwurzelt ist, dass sie dennoch das Prädikat christlich verdient? Konkret: Was heißt das etwa für die Qualifizierung von Belegen aus der Tradition wie Andachten ohne Schriftverkündigung im engeren Sinne, für Evangelienspiele o. Ä.? Handelt es sich dabei auch um christlichen

[14] Päpstlicher Rat zur Förderung der Einheit der Christen, Richtlinien für die Zulassung zur Eucharistie zwischen der chaldäischen Kirche und der assyrischen Kirche des Orients vom 20. Juli 2001, in: http://www.christianunity.va/content/unitacristiani/fr/dialoghi/sezione-orientale/chiesa-assira-dell-oriente/altri-documenti/2001---orientamenti-per-lammissione-alleucaristia-fra-la-chiesa-/testo-in-tedesco.html (Zugriff: 30.3.2021).

[15] Ebd.

[16] Vgl. dazu – in anderem Zusammenhang – auch S. Kopp, Das „Amen“ zum Hochgebet und beim Kommunionempfang, in: T. Söding, W. Thönissen (Hg.), Eucharistie – Kirche – Ökumene. Aspekte und Hintergründe des Kommunionstreits (QD 298), Freiburg i. Br. 2019, 111–134, hier: 121f.

Gottesdienst oder muss immer mindestens ein Text aus der Heiligen Schrift gelesen werden, um dies sicherzustellen?

*These 2: Wesentlich zur Liturgie gehört die versammelte Gemeinde.*

Die Neuausrichtung des Zweiten Vatikanischen Konzils am ursprünglichen kirchlichen Verständnis, was die Beteiligung der Gläubigen am Gottesdienst angeht, lässt sich schon an einem kleinen Detail beobachten: an den programmatischen Anfangsworten des *Ritus servandus* im *Missale Romanum* von 1570 im Vergleich zum Beginn des *Ordo Missae* von 1969. Hatte es 1570 (bis 1962) *Sacerdos missam celebraturus* („Der Priester, der sich anschickt, die Messe zu feiern", tut dies und jenes) geheißen, so lauten die Anfangsworte des Messordo seit 1969 *Populo congregato* („Ist das Volk versammelt", beginnt man mit dem Gesang zum Einzug).[17] Dieses Beispiel zeigt einen Perspektivenwechsel im Verständnis des Subjekts (in) der Liturgie, der sich im 20. Jahrhundert vollzogen hat. Gegenüber der Konzentration auf das amtspriesterliche Tun tritt damit nun (erneut) die ganze Gemeinde in unterschiedlichen Diensten und Aufgaben, mit verschiedenen Rollen und Funktionen in den Blick. Sie trägt den Gottesdienst.[18]

Dieser Reformschritt ist keine pastorale Initiative, sondern eine theologische Option, die praktische Auswirkungen hat. Zu Recht hat Albert Gerhards (* 1951) zuletzt noch einmal darauf aufmerksam gemacht, dass mit „diesen unterschiedlichen, nach wie vor koexistierenden Perspektiven [...] unterschiedliche Identitäten und Spiritualitäten"[19] korrelieren. Um eine theologisch fundierte kirchliche Identität und Spiritualität auf der Höhe der Zeit zu sichern, die

---

[17] Vgl. dazu etwa J. Bärsch, *Populo congregato*. Die Feier der Liturgie als Ausdrucksform der Ekklesiologie, in: B. Dennemarck, H. Hallermann, T. Meckel (Hg.), Von der Trennung zur Einheit. Das Bemühen um die Pius-Bruderschaft (Würzburger Theologie 7), Würzburg 2011, 111–142.

[18] Zur Frage der unterschiedlichen Formen liturgischer Partizipation vgl. zuletzt W. Haunerland, *Participatio* – Relecture einer liturgietheologischen Leitidee, in: S. Kopp, B. Kranemann (Hg.), Gottesdienst und Kirchenbilder. Theologische Neuakzentuierungen (QD 313), Freiburg i. Br. 2021, 108–127.

[19] A. Gerhards, „Tut dies zu meinem Gedächtnis". Überlegungen zu Träger und Inhalt der Christusmemoria, in: J. Bärsch, S. Kopp, C. Rentsch (Hg.), *Ecclesia de Liturgia*. Zur Bedeutung des Gottesdienstes für Kirche und Gesellschaft [FS Winfried Haunerland], Regensburg 2021, 113–126, hier: 114.

den Gläubigen die Türen der Kirche öffnet und vielfältige Formen der Beteiligung an ihrem Leben und Feiern ermöglicht bzw. diese fördert, sind immer neue Kraftanstrengungen erforderlich. Nicht immer wird das uneingeschränkt möglich sein, wie etwa die Erfahrungen seit Beginn der Corona-Pandemie 2020 zeigen, was z. T. heftige theologische Kontroversen hervorgerufen hat.[20] Ohne die Ausnahme zur Regel machen zu wollen und damit die erwähnte theologische Grundoption infrage zu stellen, ist das Verbot öffentlicher Gottesdienste im Sinne des Kirchenrechts sicher ein gerechter und vernünftiger Grund, den c. 906 des *Codex Iuris Canonici* (CIC) dafür als Bedingung verlangt, dass Priester – stellvertretend für die Gemeinde – ohne Gläubige die Messe feiern.[21] Nicht jede Initiative dieser Art musste voreilig als neoklerikalistische Verirrung beurteilt werden. Umgekehrt ist natürlich darauf zu achten, dass länger andauernde Ausnahmesituationen nicht zu einer „neuen Normalität" führen, die eher einem bedauerlichen Rückschritt oder Verlust gleichkommt. Im Nachgang zur aktuellen Krise – und vermutlich wirklich erst dann – wird es sicherlich noch einmal eine Analyse brauchen, welche Auswirkungen die massiven Einschränkungen dieser Zeit auf das gottesdienstliche Leben der Kirche hatten bzw. welche Fragen gerade im Bereich von Online-Gottesdiensten neu zu stellen oder vielleicht auch zu beantworten sind. Welche Chancen und Grenzen der (intentionalen) Teilnahme sind bei einer medialen Mitfeier der Liturgie nach den gegenwärtigen Erfahrungen vielleicht deutlicher wahrzunehmen?

Über die Messfeier hinaus ist es heute ebenso wichtig, andere Liturgieformen zu berücksichtigen, die bisher weniger den Weg in eine breite Öffentlichkeit gefunden haben. So könnte etwa die Tagzeitenliturgie als regelmäßiges Gebet der Kirche verstärkt in den Blick kommen. Was bedeutet hier die These: Zur Liturgie gehört wesent-

---

[20] Zu aktuellen Diskussionen über gottesdienstliche Formen, ihre mediale Vermittlung und ihre rezeptionsästhetischen Wirkungen vgl. etwa S. Kopp, B. Krysmann, Liturgie und Medien. Zu Entwicklung und Stand eines Forschungsfeldes, in: dies. (Hg.), Online zu Gott?! Liturgische Ausdrucksformen und Erfahrungen im Medienzeitalter (Kirche in Zeiten der Veränderung 5), Freiburg i. Br. 2020, 9–21, bes. 16–20.

[21] Vgl. dazu W. Haunerland, Den Auftrag des Herrn erfüllen – auch in schwierigen Zeiten. Ein Blick zurück und nach vorne, in: Kopp, Krysmann (Hg.), Online zu Gott?! (s. Anm. 20), 220–234.

lich die versammelte Gemeinde? Wie bei der Messfeier können auch in diesem Zusammenhang – vor allem in einer Ausnahmesituation wie der Corona-Krise – die Vorstellung von Stellvertretung und mediale Anschlussmöglichkeiten hilfreich sein. So hat Andreas Odenthal (* 1963) im Hinblick auf die Tagzeitenliturgie (Vesper und Komplet) in der Abtei Gerleve, die seit über einem Jahr täglich auch als Livestream übertragen wird, betont:

> „Die Mönche sind keine Schauspieler, sie tun nichts eigens für die Kamera, sondern sie tun das, was sie immer tun, vor einer Kamera, aber so, als wäre die Kamera eigentlich gar nicht da. Sie tun dies, weil es ‚gelobten Dienstes heil'ge Pflicht' ist, wie die deutsche Übersetzung eines alten Hymnus es nennt: Officium – eine Pflicht des Betens, die die Mönche deshalb übernommen haben, damit Gebet sei in der Welt. Die täglich über das Internet Zuhörenden und Zuschauenden wissen sich damit verbunden, weil hier die Mönche etwas tun, was keinen Sinn ‚hat', sondern selbst zutiefst Sinn ‚ist' – ohne eine Kosten-Nutzen-Rechung [!] aufzumachen, die alles wieder zerstört. Und sie wissen, dass die Mönche sich hier einer Motivation verpflichtet haben, die zu den sehr alten religiösen Motivationen der Menschheit zählt: Sie beten stellvertretend."[22]

Gilt dies auch für das Gebet mit dem Stundenbuch in der eigenen Kammer, wenn sowohl die versammelte Gemeinde als auch die Anschlussmöglichkeit an eine Ordensgemeinschaft fehlt? Ist dies nur persönliche Frömmigkeitsübung oder doch, wenn man es in ekklesialer Gesinnung tut, aber aus unterschiedlichen Gründen eben nicht in Gemeinschaft vollziehen kann, intentional oder tatsächlich Liturgie der Kirche? Solche Grenzfragen zeigen jedenfalls, dass es schwer ist, von der (Un-)Veränderlichkeit in der Liturgie zu sprechen, ohne dabei differenziert auf je neue Bedingungen und Kontexte einzugehen – selbst, wenn man es mit altehrwürdigen liturgischen Feierformen zu tun hat.

---

[22] A. Odenthal, Stellvertretender Lobgesang – Zu Gottesdiensten in der Corona-Krise (1. April 2020), in: https://www.kirche-und-leben.de/artikel/stellvertretender-lobgesang-zu-gottesdiensten-in-der-corona-krise (Zugriff: 30.3.2021).

*These 3: In allen christlichen Liturgien ist Gott der Adressat des Gebetes.*

Der Adressat des Gebetes ist Gott. Das ist vermutlich sogar eine religionsgeschichtliche Konstante und dürfte wohl kaum infrage gestellt werden, gehört also in gewisser Weise zur (unveränderlichen) Substanz religiöser Praxis. Auch in allen christlichen Liturgien wird zu Gott gebetet. Doch ist selbst diese einfache Grundwahrheit bei genauerer Hinsicht komplexer und deshalb differenzierter zu betrachten, denn Gott ist aus christlicher Sicht dreifaltig einer: Vater, Sohn und Geist – schon seit der Alten Kirche eine Herausforderung für das Beten. Josef Andreas Jungmann hat in seiner Habilitationsschrift gezeigt,[23] das christliches Gebet (in der Liturgie) bei prinzipieller Gleichwesentlichkeit von Vater, Sohn und Geist bereits in seinen historischen Ursprüngen grundsätzlich Beten zum Vater ist, das durch den Sohn als Mittler und Haupt seiner Kirche geschieht.[24] Wie ein Resonanzraum ist der Heilige Geist, der Gottes Gegenwart vermittelt. Auch wenn das Gebet zu Jesus Christus schon biblisch belegt ist – es zeigt sich etwa beim Ruf des Stephanus zu seiner Steinigung (Apg 7,59: „Herr Jesus, nimm meinen Geist auf!") – und wohl auch in Liturgie und Gebet der Alten Kirche vorkommt, tragen erst die dogmengeschichtlichen Konflikte und Weichenstellungen des vierten Jahrhunderts im Ringen um die Klärung der Gottessohnschaft Jesu dazu bei, dass fortan Christus immer öfter zum Adressaten christlichen Betens wird. Abgesehen davon etabliert sich die im Prinzip bis heute geltende Regel, dass am Altar das Gebet zum Vater gerichtet wird. So legt das Konzil von Hippo im Jahre 393 fest: *Cum altari assistitur, semper ad Patrem dirigatur oratio.*[25] („Wenn am Altar gedient wird, wird das Gebet immer an den Vater gerichtet.")

---

[23] Vgl. J. A. Jungmann, Die Stellung Christi im liturgischen Gebet (LQF 19/20), Münster ²1962 [Erstausgabe: 1925].

[24] Vgl. dazu A. Gerhards, „Ehre sei dem Vater ..." – Wie monotheistisch betet die Kirche? Zur Frage des Adressaten christlichen Betens, in: A. Deeg, I. Mildenberger (Hg.), „... dass er euch auch erwählet hat". Liturgie feiern im Horizont des Judentums (BLSp 16), Leipzig 2006, 89–103, hier: 96–99.

[25] Mansi, *Collectio concil.* III, 922.

*These 4: Der* Canon Romanus *ist notwendiges Kernelement der römischen Liturgie und als solches unveränderlich.*

Fast 1 300 Jahre lang kannte die römische Liturgie in der Eucharistiefeier nur einen Hochgebetstext, den *Canon Romanus.*[26] Mit Ausnahme der Präfationen und einiger weniger Elemente, die für besondere Festtage oder Anlässe dienten, war die Kernhandlung der Messe damit geprägt durch immer denselben Text. Es dürfte verständlich sein, dass für manche Konzilsväter deshalb eine Reform des Römischen Kanon unvorstellbar war und daher die These galt: Der *Canon Romanus* ist notwendiges Element der römischen Liturgie und als solches unveränderlich. Dennoch verabschiedete das Konzil mit der Liturgiekonstitution auch einen Passus, in dem eine Überarbeitung des *Ordo Missae* gefordert wurde, ohne dieses prägende Kernelement ausdrücklich auszuschließen. Mit dem Hinweis, die Reform der Messriten habe „unter treulicher Wahrung ihrer Substanz" (SC 50) zu geschehen, überließen die Väter die vertiefende Klärung und Entscheidung von Einzelfragen – wie auch in SC 21 – der nachkonziliaren Reformarbeit.

Schon vor und auf dem Konzil selbst war vereinzelt Kritik am *Canon Romanus* aufgekommen. Einigen musste deshalb klar gewesen sein, dass auch dieser selbst nicht aus der Diskussion zu halten war, wenn über die Erneuerung der römischen Liturgie gesprochen werden sollte.[27] Auch Papst Johannes XXIII. (1958–1963) hatte am Beginn des Konzils bewusst oder unbewusst deutlich gemacht, dass der Kanontext nicht sakrosankt und unberührbar sei. 1962 hatte er nämlich den hl. Josef in das Heiligengedächtnis des *Canon Romanus* aufnehmen lassen[28] und somit zum ersten Mal seit vielen Jahrhunderten diesen Text modifiziert. Später zeigten dies vor allem die neu-

---

[26] Zur Genese des *Canon Romanus* vgl. die bis heute instruktive Darstellung in: J. A. Jungmann. Missarum Sollemnia. Eine genetische Erklärung der Römischen Messe, Bd. 2: Opfermesse, Wien $^{3}$1952, 127–340.

[27] Zur Kritik am Römischen Kanon und der Erneuerung des Eucharistischen Hochgebets im Zuge der nachkonziliaren Liturgiereform vgl. etwa C. Vagaggini, Il canone della messa e la riforma liturgica. Problemi e progetti (Quaderni de revista liturgica 4), Turin 1966; B. Kleinheyer, Erneuerung des Hochgebetes, Regensburg 1969.

[28] Vgl. Ritenkongregation, Dekret *De S. Ioseph nomine Canoni Missae inserendo* vom 13. November 1962, in: AAS 54 (1962) 873.

en Hochgebete, die im Zuge der nachkonziliaren Erneuerung der Messfeier erstellt wurden, und die damit einhergehende Veränderung der Herrenworte im *Canon Romanus* auf deutliche Weise.

*These 5: Handauflegung und Weihegebet sind notwendige Akte für die Gültigkeit der Ordination.*

Nach heutigem Verständnis ist es selbstverständlich, dass Handauflegung und Weihegebet notwendige Akte für die Gültigkeit der Ordination zum Diakon, Priester und Bischof sind. Dies geriet allerdings über einige Jahrhunderte der Kirchengeschichte in Vergessenheit, auch wenn sich diese beiden konstitutiven Elemente glücklicherweise auch unabhängig von der Einsicht dieser Notwendigkeit in der Weiheliturgie erhalten haben. 1947 korrigierte Papst Pius XII. in seiner Apostolischen Konstitution *Sacramentum Ordinis* die bis dahin geltende lehramtliche Festlegung, dass die *traditio instrumentorum* – bei der Priesterweihe also z. B. die Übergabe von Kelch mit Wein und Patene mit Brot – das konstitutive Element der Weihe ist, wie dies erstmals das Konzil von Florenz 1439, also mehr als 500 Jahre zuvor, bestimmte.[29]

Neben dieser wichtigen päpstlichen Bestimmung, dass Handauflegung und Weihegebet nun wieder als die *Constitutiva* der Ordination zu betrachten sind, kann ein reformhermeneutisch bemerkenswerter Nebensatz von Pius XII. leicht übersehen werden. Er erinnerte bei dieser Gelegenheit daran:

> „Wenn ebendiese [Übergabe der Geräte] aber nach dem Willen und der Vorschrift der Kirche einmal auch zur Gültigkeit notwendig war, so wissen alle, dass die Kirche, was sie festgelegt hat, auch verändern und abschaffen kann.“[30]

Diese Aussage zeigt, dass die prinzipielle Möglichkeit oder sogar die unbedingte Notwendigkeit liturgischer Neuerungen keine „Erfindung“ des letzten Konzils ist. Auch zuvor hat die Kirche für sich selbstverständlich das Recht in Anspruch genommen, Verände-

[29] Vgl. Papst Pius XII., Apostolische Konstitution *Sacramentum Ordinis* vom 30. November 1947, in: AAS 40 (1948) 5–7. – Vgl. dazu auch Kopp, „Nur wer sich ändert, bleibt sich treu.“ (s. Anm. 8), 346.

[30] DH 3858.

rungen – oder präziser: Reformen bzw. Rekonfigurationen[31] – anzustoßen bzw. durchzuführen.

## 3 Zu einer Hermeneutik der Veränderung heute

Solche Einzelbeobachtungen zeigen, dass die Rede von einem unveränderlichen Teil und veränderlichen Teilen (in) der Liturgie im engeren Sinne gewisse Dilemmata kennzeichnet und so vielleicht noch nie sachgemäß war, weil der Gottesdienst nicht eine Summe von einzelnen Elementen ist, die sich jeweils isoliert betrachten lassen. Kaum können Einzelteile und Grundannahmen pauschal benannt werden, die (unreflektiert) überzeitlich gelten. Vielmehr ist die Liturgie mit ihren historischen Entwicklungen, die sowohl von Kontinuitäten als auch von Umbrüchen und Abbrüchen geprägt sind, und in ihrer gegenwärtigen Gestalt immer neu nach ihrem theologischen Gehalt zu befragen und mit Blick darauf zu reformieren.

Winfried Haunerland (* 1956) hat in diesem Sinne wiederholt auf die wandelbare und zeitgebundene, aber nicht beliebige und je neu zu erfindende Gestalt der Liturgie hingewiesen, deren Ordnung der kirchlichen Autorität zukomme, und diesbezüglich von einer „kreative[n] Rezeption der liturgischen Tradition durch das Amt“[32] gesprochen. Grundlage lehramtlicher Entscheidung sind dabei idealiter theologische Reflexionen, die auf Basis historischer und gegenwärtiger Entwicklungen sowie heute verstärkt auch mithilfe interdisziplinärer Expertisen verschiedene Optionen zeigen. Dabei ist nicht die entscheidende Frage, welche Einzelelemente genau unveränderlich oder veränderlich sind, sondern was es heißt, im Heute dem Auftrag des Herrn gerecht zu werden und damit die Substanz der Liturgie bzw. die Identität der Kirche in ihrem Feiern zu sichern. In diesem Sinne können nicht einfach so etwas wie sakramentale „Wirkstoffe“ extrahiert werden, die überzeitlich anzuwenden sind, sondern es geht um den angemessenen Rahmen, in dem die Liturgie konkret Gestalt annimmt und ihre Wirkung entfaltet. Kann es oder vielmehr wie kann es heute erfahren werden, was die Feier des Got-

[31] Vgl. dazu Anm. 7.

[32] W. Haunerland, Die Eucharistie und ihre Wirkungen im Spiegel der Euchologie des Missale Romanum (LQF 71), Münster 1989, 55.

tesdienstes meint? Was trägt zu ihrem besseren Verständnis bei bzw. was verhindert Missverständnisse? Welche Innovationen sind nötig, damit Kontinuität gesichert wird? Für eine solche Hermeneutik der Veränderung braucht es theologische Grundentscheidungen, die je neu vorbereitet, diskutiert und schließlich getroffen werden müssen.

# Identität durch Partizipation

## Liturgie feiern in geteilter Verantwortung

*Stephan Wahle*

Wenn Liturgiewissenschaftler(innen) über die Identität der Kirche nachdenken, dann fällt naturgemäß immer zuerst der Blick auf die gottesdienstliche Praxis. Für Birgit Jeggle-Merz (*1960) ist „keine andere Lebensäußerung der Kirche so sehr Ausdruck der kirchlichen Identität wie die Liturgie“[1]. Nach Benedikt Kranemann (* 1959) ist für die Kirche „der Gottesdienst so zentral und für ihre Identität tragend [..., dass] die Art und Weise, wie Liturgie begangen wird, krisenfördernd sein könnte“[2]. Und Winfried Haunerland (* 1956) hält ganz selbstverständlich fest:

> „Dass die Kirche aus der Liturgie lebt und die Feier der Sakramente im Allgemeinen und die Feier der Eucharistie im Besonderen für die Kirche identitätsstiftend und daher unersetzbar sind, wurde schon vielfach herausgestellt.“[3]

Gleich wie man den Status quo heutiger Liturgie beurteilt, ob nun die real gefeierten Gottesdienste einer Kirche in Zeiten der Veränderung den letzten, sicheren Halt geben oder im Gegenteil ihre Krise beschleunigen: An der identitätsstiftenden Bedeutung von Liturgie für die Kirche kann kein Zweifel bestehen.[4]

---

[1] B. Jeggle-Merz, Liturgie und Macht. Beobachtungen im Angesicht der Kirchenkrise, in: G. M. Hoff, J. Knop, B. Kranemann (Hg.), Amt – Macht – Liturgie. Theologische Zwischenrufe für eine Kirche auf dem Synodalen Weg (QD 308), Freiburg i. Br. 2020, 169–184, hier: 169.

[2] B. Kranemann, Probleme hinter Weihrauchschwaden. Was die Liturgie mit der Kirchenkrise zu tun hat, in: HerKorr 73 (5/2019) 13–16, hier: 13.

[3] W. Haunerland, Gottesdienste des zweiten Programms. Warum Liturgiereformen heute nicht reichen, in: S. Kopp (Hg.), Kirche im Wandel. Ekklesiale Identität und Reform (QD 306), Freiburg i. Br. 2020, 359–375, hier: 359.

[4] Vgl. S. Kopp, B. Kranemann (Hg.), Gottesdienst und Kirchenbilder. Theologische Neuakzentuierungen (QD 313), Freiburg i. Br. 2021.

Im Laufe der Kirchengeschichte ist allerdings die Subjekthaftigkeit der Gemeinde an der Feier der Liturgie verloren gegangen. In knappen Zügen soll in einem ersten Schritt der Weg zu ihrer Wiederentdeckung im Formalprinzip der *participatio actuosa* nachgezeichnet werden (1). Wie problematisch die Redeweise von Identität im Kontext von Partizipation sein kann, wird anschließend kurz mit einigen Gedanken des Philosophen François Jullien (* 1951) angedeutet (2). Angesichts der heutigen gesellschaftlichen Umbrüche werden schließlich wesentliche Ideen für eine Fortschreibung liturgischer Partizipation vorgestellt (3) und in ausblickenden Perspektiven zusammengefasst (4).

## 1 Ein kurzer Blick in die Geschichte: die Subjekthaftigkeit der Gemeinde an der Liturgie

Im Laufe der Kirchengeschichte haben sich die Partizipationsformen der Gemeindemitglieder deutlich verändert. Die Zuspitzung aller Aufgaben und Beiträge im Gottesdienst auf den Priester, besonders seit dem Aufkommen der *missa solitaria*, bedeutet keineswegs, dass den sog. Laien in den Jahrhunderten zwischen den neutestamentlichen Anfängen und der liturgischen Erneuerungsbewegung im 20. Jahrhundert jegliche innere und äußere Teilhabe an einer zur Klerusliturgie mutierten Feierkultur verwehrt wurde. Die mannigfaltigen Ausprägungen mittelalterlicher Schau- oder barocker Anbetungsfrömmigkeit lassen erahnen, wie im Bewusstsein der Gläubigen durch das andächtige Verweilen, Schauen, Hören, Spielen, teilweise auch Singen und Beten vielfache Formen des Anschlusses an das Messgeschehen vorhanden war. Auch darf nicht übersehen werden, dass sich neben der Liturgie der Kirche gottesdienstliche Feiern populärer Religiosität ausgebildet haben, an denen das Volk in größerer Selbstverständlichkeit aktiv partizipieren und dabei selbsttätig handeln konnte. Allerdings unterscheiden sie sich von der authentischen Teilhabe an der liturgischen Handlung, zu der einzig der Priester berufen und verpflichtet ist.[5] Als Trägerin von Liturgie gilt die Universalkirche

[5] Vgl. W. Haunerland, *Participatio* – Relecture einer liturgictheologischen Leitidee, in: Kopp, Kranemann (Hg.), Gottesdienst und Kirchenbilder (s. Anm. 4), 108–127, bes. 112f.

und innerhalb der Kirche die Kleriker. So urteilt auch Papst Pius X. (1904–1914), der als Erster den Begriff *la partecipazione attiva*[6] in seinem Motuproprio *Tra le sollecitudini* über die Kirchenmusik vom 22. November 1903 gebraucht hat. Wenn er in „der tätigen Teilnahme an den hochheiligen Mysterien und am öffentlichen feierlichen Gebet der Kirche“[7] die erste und unentbehrliche Quelle des christlichen Geistes sieht, dann will er mittels Teilnahme an der Kirchenmusik vor allem die Frömmigkeit der Gläubigen fördern. In ihrem Gesang üben sie dagegen kein liturgisches Amt aus; dies kommt nur den Sängern zu, die im Idealfall Kleriker sind und nur von männlichen Laien vertreten werden können, jedoch niemals von Frauen.

Vor diesem Hintergrund muss es als „revolutionär“[8] bewertet werden, wenn in Rezeption des Kirchen- und Gemeindeverständnisses der Liturgischen Bewegung das Zweite Vatikanische Konzil (1962–1965) und die nachfolgenden lehramtlichen Verlautbarungen nunmehr alle Mitglieder einer konkret versammelten Gemeinde als Subjekte der liturgischen Feier versteht – und dies nicht als pastorales Zugeständnis, sondern aufgrund eines theologischen, konkret ekklesiologischen Erkenntnisgewinns. Wegweisend dazu ist Artikel 28 der Konstitution *Sacrosanctum Concilium* (SC) vom 4. Dezember 1963:

> „Bei den liturgischen Feiern soll jeder, sei er Liturge oder Gläubiger [*sive minister sive fidelis*], in der Ausübung seiner Aufgaben nur das und all das tun, was ihm aus der Natur der Sache und gemäß den liturgischen Regeln zukommt.“ (SC 28)[9]

---

[6] Papst Pius X., Motuproprio *Tra le sollecitudini* über die Restauration der Kirchenmusik vom 22. November 1903, in: ASS 36 (1903/04) 329–339, hier: 331; die lateinische Fassung in ASS 36 (1903/04) 387–395 spricht nur von *participatio* (388), während die authentische Fassung in EL 28 (1904) 132 formuliert: *ex actuosa […] communicatione* (hier zit. nach: C. Braga, A. Bugnini, Documenta ad instaurationem liturgicam spectantia, Rom 2000, 34).

[7] Papst Pius X., Motuproprio *Tra le sollecitudini* (s. Anm. 6); deutscher Text zit. nach: H. B. Meyer, R. Pacik (Hg.), Dokumente zur Kirchenmusik. Unter besonderer Berücksichtigung des deutschen Sprachgebietes, Regensburg 1981, 23–34, hier: 25.

[8] W. Haunerland, Sensus ecclesialis und rollengerechte Liturgiefeier. Zur Geschichte und Bedeutung des Artikels 28 der Liturgiekonstitution, in: H. J. F. Reinhardt (Hg.), Theologia et Jus Canonicum [FS Herbert Heinemann], Essen 1995, 85–98, hier: 94.

[9] Zum Text, seiner Vorgeschichte und Rezeption vgl. Haunerland, Sensus eccle-

Auf formaler Ebene kann es seitdem – von Ausnahmefällen und Notsituationen abgesehen – keine Liturgiefeier mehr geben, in der – vereinfacht formuliert – einer alles macht.

Mit dem Recht und der Pflicht des ganzen Volkes zur vollen, bewussten und tätigen Teilnahme (vgl. SC 14) ist die *norma primaria* (vgl. SC 79) allen liturgischen Tuns ausformuliert. Theologisch erwächst sie aus dem Wesen der Liturgie selbst sowie der in der Taufe gewirkten Teilhabe am gemeinsamen Priestertum aller Gläubigen, wie es neben der Kirchenkonstitution *Lumen gentium* (LG) auch das Dekret *Apostolicam actuositatem* (AA) des Zweiten Vatikanischen Konzil über das Laienapostolat bestimmt (vgl. LG 10.33f.; AA 2). Während dieser ekklesiologische Grundsatz als Prinzip anerkannt ist, bleibt seine Übersetzung in die rechtliche Verfasstheit der Kirche und in die praktische Handlungsgestalt der Liturgie bis heute höchst umstritten.[10] Vor allem die Tragweite der *vollen* Teilhabe reibt sich mit dem phänomenologischen Eindruck und theologischen Konzept, wonach die Subjekthaftigkeit aller Gläubigen doch hinter dem liturgischen Handeln des ordinierten Amtsträgers zurücktritt.

Ein nüchterner Blick auf die heutige Feiergestalt von Liturgie in vielen Gemeinden wie auch eine kritische Durchsicht der lehramtlichen Dokumente zur „Mitarbeit der Laien am Dienst der Priester"[11] lässt Zweifel an der Wirkmächtigkeit des hier genannten Prinzips aufkommen. Zum einen stellt das konziliare Programmwort einen hohen

---

sialis und rollengerechte Liturgiefeier (s. Anm. 8); Jeggle-Merz, Liturgie und Macht (s. Anm. 1), 170f. – Zum Konzept der Gemeinde als Subjekt des Gottesdienstes vgl. SC 14.27f.; dazu K. Koch, Die Gemeinde und ihre gottesdienstliche Feier. Ekklesiologische Anmerkungen zum Subjekt der Liturgie, in: StZ 214/121 (1996) 75–89.

[10] Vor allem kirchenrechtlich ist das Prinzip der *participatio actuosa* kaum rezipiert. – Vgl. J. Knop, Partizipation – Geteilte Verantwortung in Liturgie und Kirche, in: IKaZ 49 (2020) 374–385.

[11] Vgl. dazu den Titel der wegweisenden Instruktion: Sekretariat der Deutschen Bischofskonferenz (Hg.), Instruktion zu einigen Fragen über die Mitarbeit der Laien am Dienst der Priester vom 15. August 1997 (VApS 129), Bonn 1997. – Vgl. ferner Sekretariat der Deutschen Bischofskonferenz (Hg.), Zum gemeinsamen Dienst berufen. Die Leitung gottesdienstlicher Feiern. Rahmenordnung für die Zusammenarbeit von Priestern, Diakonen und Laien im Bereich der Liturgie vom 8. Januar 1999 (DtBis 62), Bonn $^{8}$2010; Sekretariat der Deutschen Bischofskonferenz (Hg.), „Gemeinsam Kirche sein". Wort der deutschen Bischöfe zur Erneuerung der Pastoral vom 1. August 2015 (DtBis 100), Bonn 2015.

Anspruch an ein idealisiertes Gemeindeverständnis, das es mitunter schon zu den (Nach-)Konzilszeiten nicht mehr gegeben hat.[12] Zum anderen kommt es in den nachfolgenden lehramtlichen Texten wieder zu einer stärkeren Betonung des Konzepts von Kirche als *communio hierarchica.*[13] Wie ist in dieser prekären Gemengelage das Prinzip der Partizipation fortzuschreiben? Auf welche Weise und wozu kann (partielle) Identifikation mit Kirche und Liturgie in heutiger Kultur und Gesellschaft gelingen? Was meint dann aber „Identität"?

## 2 Ein Zwischengedanke: Liturgie als „kulturelle Ressource"

In der aktuellen Debatte um kulturelle Identität hat sich der französische Philosoph und Sinologe François Jullien für den Begriff „kulturelle Ressource" ausgesprochen. In seinem Werk „Il n'y pas d'identité culturelle. Mais nous défendons les ressources culturelles"[14] aus dem Jahre 2016 vermeidet er den Begriff Identität, „da Kultur sich dadurch auszeichnet, dass sie mutiert, dass sie sich permanent verändert"[15]. Deshalb sei es unmöglich, von *der* französischen oder *der* deutschen kulturellen Identität zu sprechen und dazu unverwechselbare Parameter zu bestimmen, die exklusiv der jeweiligen Kultur zukommen und nur ihr angehören.

---

[12] Vgl. Haunerland, *Participatio* – Relecture einer liturgietheologischen Leitidee (s. Anm. 5), 118–120.

[13] Vgl. J. Knop, Klerikales Schisma im Gottesdienst? Eine kritische Relecture kirchlicher Vorgaben zu Amt und Liturgie, in: Hoff, Knop, Kranemann (Hg.), Amt – Macht – Liturgie (s. Anm. 1), 151–168.

[14] Zitiert wird nach der deutschen Ausgabe: F. Jullien, Es gibt keine kulturelle Identität. Wir verteidigen die Ressourcen einer Kultur, übersetzt aus dem Französischen von E. Landrichter (Edition Suhrkamp 2718), Berlin $^{5}$2019. – Vgl. auch ders., Ressourcen des Christentums. Zugänglich auch ohne Glaubensbekenntnis, übersetzt aus dem Französischen von E. Landrichter, Gütersloh 2019; dazu J. Knop, Buchempfehlung: Ressourcen des Christentums, in: IKaZ 49 (2020) 342f. Die folgenden Überlegungen versuchen, den Begriff „kulturelle Ressource" für das Nachdenken über Liturgie fruchtbar zu machen. Es ist nicht der Anspruch, umfassend in den Ansatz von Jullien einzuführen. Eine selektive Wahrnehmung und Rezeption werden daher nicht ausgeschlossen.

[15] Jullien, Es gibt keine kulturelle Identität (s. Anm. 14), 8.

> „Anstatt die Verschiedenheit der Kulturen als Differenz zu beschreiben, sollten wir uns ihr mithilfe des Konzeptes des *Abstands* nähern; wir sollten sie nicht im Sinn von *Identität*, sondern im Sinn einer *Ressource* und der *Fruchtbarkeit* verstehen."[16]

Mit „kultureller Ressource" betont Jullien die Offenheit von und das Gemeinsame zwischen den Kulturen. Diese sind gewiss voneinander zu trennen, aber nicht im Sinne der Unterscheidung, sondern der Entfernung. So vermeidet er den Begriff der Differenz zur Beschreibung kultureller Ressourcen und spricht stattdessen von „Abstand". Die historisch, nicht metaphysisch konzipierte Denkfigur entzieht sich der Identifikation und Klassifikation. Als dynamische Größe lässt sich Kultur nicht auf einen zu bewahrenden Ursprung fixieren; vielmehr ist sie immer schon Teil einer andauernden, evolutionären Entwicklung. Jullien wörtlich:

> „Während die Differenz auf Beschreibung abzielt und daher zu *bestimmen* versucht [...], beginnt die Abweichung mit einer *Ermittlung*: Sie will herausfinden – sondieren –, bis wohin andere Wege führen können. Sie ist auf Abenteuer aus."[17]

Eine Ressource zeichnet sich dadurch aus, „dass sie allen zur Verfügung, allen offensteht und sie nicht einmal für sich Grenzen kennt"[18]. Das Christentum oder seine Liturgie statt dem Paradigma der Identität mit dem der Ressource zu ermitteln, bedeutet eine Überschreitung von Grenzen, auch zwischen Gläubigen und Ungläubigen, zwischen dogmatischer Wahrheit und zweifelnder Ungewissheit.[19] Auch wenn Jullien nicht explizit auf die Liturgie der Kirche eingeht, bedeutet eine Anwendung seines Ressourcenbegriffs ihre Öffnung für alle; sie „gehört dem, der sie entdeckt – je mehr er sie entdeckt – und der sie profitabel macht"[20]. Eine Ressource gleicht einem Angebot, von dem all jene profitieren können, die sich ihr aussetzen, daran partizipieren und sich so von ihr befruchten lassen.

---

[16] Ebd., 36 [Hervorhebungen im Original].

[17] Ebd., 37f. [Hervorhebungen im Original]. – Zum Konzept des Abstands im Gegensatz zur Differenz vgl. ebd., 73–81.

[18] Jullien, Ressourcen des Christentums (s. Anm. 14), 30. – Vgl. ebd., 23–37.

[19] Vgl. Jullien, Es gibt keine kulturelle Identität (s. Anm. 14), 68f.

[20] Jullien, Ressourcen des Christentums (s. Anm. 14), 23.

Aus der Perspektive eines kirchlichen Liturgieverständnisses ist eine solche hermeneutische Zugangsweise ungewohnt und herausfordernd; sie widerspricht auch zentralen Vorentscheidungen und Bedingungen, wie etwa der Forderung der Liturgiekonstitution:

> „In der heiligen Liturgie erschöpft sich nicht das ganze Tun der Kirche; denn ehe die Menschen zur Liturgie hintreten können, müssen sie zu Glauben und Bekehrung gerufen werden“ (SC 9).

Liturgie als eine Ressource zu bestimmen und jenseits der Zulassung über die Taufe für alle fruchtbar zu machen, setzt nicht zwingend ein Bekenntnis voraus. Das bedeutet aber nicht, ihren eigentümlichen Gehalt, Feier des christlichen Glaubens zu sein, abzulehnen oder auszudünnen. Wogegen sich das Konzept der Ressource jedoch wendet, ist die Fixierung oder Eingrenzung auf eine einzige Lesart, auf eine Wahrheit, eine wesenhafte Definition und eine exklusive Schar von Eingeweihten. Dass allein das Evangelium nicht eins ist, sondern in vier Überlieferungen vorliegt, schließt für Jullien bereits ein identitäres Konzept des Christentums aus. Vergleichbares kann für die ursprüngliche Vielfalt christlicher Liturgien gesagt werden.

Will man den Begriff „kulturelle Ressource“ für den Gottesdienst fruchtbar machen, dann findet man die Identität katholischer Liturgie nicht in vermeintlichen Spezifika (wie etwa der lateinischen Sprache, dem *Canon Romanus*, dem Gregorianischen Choral, der gotischen Kathedrale, der barocken Bassgeigenkasel, der prunkvollen Monstranz usw.), sondern in jenem *Zwischen*, das sich im lebendigen, undefinierbaren, offenen Zusammenspiel der christlichen Riten und dem Geflecht gegenwärtiger Kulturen öffnet.[21]

So wie Jullien es vermeidet, den reinen Kern, das Wesen einer Kultur – im Gefolge ontologischer Denkart – zu bestimmen und ihre vermeintlichen, in sich kohärenten, jedoch geschlossenen Eigentümlichkeiten von anderen Kulturen abzugrenzen, geht es auch bei einer Reflexion über Liturgie nicht um Definitionen oder Abgrenzungen, sondern um die Verteidigung bzw. Aktivierung der kulturellen Fruchtbarkeit katholischer Liturgien als Ressourcen für die Menschen.[22] Und diese Verteidigung setzt dort an, wo Liturgie als

---

[21] Zur Denkfigur des *Zwischen* vgl. Jullien, Es gibt keine kulturelle Identität (s. Anm. 14), 40–43; ders., Ressourcen des Christentums (s. Anm. 14), 35–37.

[22] Vgl. Jullien, Es gibt keine kulturelle Identität (s. Anm. 14), 53–69.

ein partizipatives Geschehen, in dem Gott und Mensch einander begegnen wollen, praktisch realisiert und theologisch reflektiert wird.

Wo Liturgie dagegen nicht als kulturelle Ressource für alle Menschen, sondern als exklusives Eigentum der katholischen Kirche verstanden und begrenzt wird, erfolgt entweder eine Reduzierung auf „Banalitäten"[23] oder sie verkommt zu einer gesellschaftlich bedeutungslosen Größe.[24] Mit François Jullien ist Vorsicht gegenüber all jenen Versuchungen geboten, die Identität von Liturgie (gleich welchen Ritus) geschichtslos und kulturvergessen definieren und ihre Fruchtbarkeit nur auf die Partizipation vollkommen im Glauben überzeugter Menschen fixieren zu wollen.

## 3 Liturgische Partizipation vor heutigen gesellschaftlichen Herausforderungen

Als ein öffentliches Geschehen ereignet sich Liturgie immer anders und neu im jeweiligen gesellschaftlichen und kulturellen Kontext.[25] Die Kirchen- und Liturgiegeschichte zeigt, dass Reformen selten aus neuen theologischen Erkenntnissen erwachsen; vielmehr reagieren sie auf veränderte Mentalitäten und Werte, wirtschaftliche und politische Umbrüche oder neue Lebensbedingungen und Gewohnheiten. Inkulturation ist ein Dauerauftrag, damit der Glaube und

---

23 Ebd., 50.

24 Für Jullien folgt aus den Ressourcen des Christentums keine Mission, die die Annahme des Glaubens zum Ziel hat, sondern eine produktive Erschließung, aus der auch ohne den Glauben eine prospektive Kraft und existenzielle Förderung des Subjekts hervorgehen kann. – Vgl. Jullien, Ressourcen des Christentums (s. Anm. 14), 18f.; ders., Es gibt keine kulturelle Identität (s. Anm. 14), 68f.

25 Auf eine ausführliche Gesellschafts- und Kulturanalyse soll an dieser Stelle verzichtet werden. Verwiesen sei – ohne Anspruch auf Vollständigkeit – auf die bekannten Signaturen der Spätmoderne wie Individualisierung, Pluralisierung, Dynamisierung, Digitalisierung, Juridisierung, Ästhetisierung, Säkularisierung oder Entkirchlichung; aus der Vielzahl an Literatur unter Einschluss einer liturgiewissenschaftlichen Perspektive vgl. A. Schilson, Liturgie(-reform) angesichts einer sich wandelnden Kultur. Perspektiven am Ende des 20. Jahrhunderts, in: M. Klöckener, B. Kranemann (Hg.), Liturgiereformen. Historische Studien zu einem bleibenden Grundzug des christlichen Gottesdienstes, Bd. 2: Liturgiereformen seit der Mitte des 19. Jahrhunderts bis zur Gegenwart [FS Angelus A. Häußling] (LQF 88/2), Münster 2002, 965–1002.

die Sendung der Kirche in der konkreten gottesdienstlichen Praxis erfahrbar und fruchtbar bleiben.[26] Im Vergleich zur Partizipation begreift Paul Post (* 1953) liturgische Inkulturation als das Grundkonzept bzw. das „umfassendere Programm [...], weil hiermit das Element der Kultur (oder vielleicht besser in der Mehrzahl: der Kulturen) explizit benannt wird“[27].

Gleichwohl jede Kultur und Gesellschaft einem Wandel unterzogen ist, beurteilt Renate Köcher (* 1952), Geschäftsführerin des Instituts für Demoskopie Allensbach (IfD), die gegenwärtigen Umbrüche als besonders dynamisch und umwälzend. Sie schreibt:

> „Die heutige Zeit ist von besonders umfassenden und tiefgreifenden Veränderungen geprägt, sowohl strukturell als auch in Bezug auf die Auswirkungen technologischer Innovationen, das Kommunikations- und Informationsverhalten, das gesellschaftliche Klima, Lebensstile, die Beziehungen zwischen den Generationen, Wertvorstellungen und religiöse Bindungen.“[28]

Jenseits der stetigen Abnahme nomineller Zugehörigkeit wiegt nach den Erkenntnissen der Demoskopie das sehr geringe Vertrauen in die Kirchen ungleich schwerer. Dass sie und der christliche Glaube zur Förderung erstrebenswerter Werte wie Solidarität, Hilfsbereitschaft, Rücksichtnahme auf Schwächere, Nachhaltigkeit usw., also vermeintlich urchristlicher Wertvorstellungen und Handlungsweisen beitragen können, wird nur von einem sehr kleinen Teil der Befragten erwartet.[29] Auch wenn nicht dezidiert danach gefragt wurde, so ist zu vermuten, dass auch mit der Liturgie kein Impuls mehr zur Förderung einer wünschenswerten gesellschaftlichen Ordnung verbunden wird.

---

[26] Vgl. S. Kopp, „Nur wer sich ändert, bleibt sich treu.“ Liturgische Reformen als Auftrag für die Kirche, in: ders. (Hg.), Kirche im Wandel (s. Anm. 3), 336–358.

[27] P. Post, Das aktuelle Panorama rituell-liturgischer Inkulturation und Partizipation in den Niederlanden, in: M. Klöckener, B. Kranemann (Hg. unter Mitarbeit von A. Krogmann), Gottesdienst in Zeitgenossenschaft. Positionsbestimmungen 40 Jahre nach der Liturgiekonstitution des Zweiten Vatikanischen Konzils, Fribourg 2006, 221–261, hier: 223.

[28] R. Köcher, Umfassender und tiefgreifender gesellschaftlicher Wandel, in: Kopp (Hg.), Kirche im Wandel (s. Anm. 3), 15–29, hier: 15.

[29] Konkret sind es laut einer IfD-Umfrage nur 15 Prozent (vgl. Köcher, Umfassender und tiefgreifender gesellschaftlicher Wandel [s. Anm. 28], 19f.).

Verstärkt wird das mangelnde Vertrauen durch eine zunehmende Divergenz zwischen kirchlicher Verfasstheit und kultureller Entwicklung. Dies zeigt sich insbesondere bei den massiven Veränderungen der Stellung der Frauen in Wirtschaft und Gesellschaft, bei der zunehmend ablehnenden Haltung der Bevölkerung gegenüber Hierarchien oder bei dem Bedeutungswandel von Ehrenamt und Alltagsgewohnheiten. Ein nahezu kategorischer Ausschluss von Frauen von leitenden Ämtern, wie er in der katholischen Kirche im Hinblick auf das dreigliedrige Weiheamt der Fall ist, lässt sich – theologischen Argumentationen zum Trotz – kaum noch vermitteln.

Wenn in einer Gesellschaft eine enge und dauerhafte Bindung gescheut wird, wie etwa die Zugehörigkeit zu und das Engagement in Vereinen, Parteien und Institutionen, werden auch die ehrenamtlichen Aktivitäten einer christlichen Gemeinde vor Ort immer instabiler. Die Beschleunigung, Flexibilisierung und Digitalisierung von Arbeit und Freizeit gehen mit einer Enthabitualisierung religiöser Praxis einher, die sich negativ auf das regelmäßige (sonntägliche) Gemeinschaftserlebnis im Gemeindegottesdienst auswirkt. Hinzu kommen signifikante Verschiebungen im Interessensspektrum besonders der jüngeren Menschen (unter 30 Jahren). Die digitale Dauerpräsenz an Informationen bewirkt ein selektives und zurückgehendes Interesse für Wirtschaft, Wissenschaft, Literatur und Kunst. Ebenso interessiert sich nur eine kleine Minderheit der unter 30-Jährigen im Internet für kirchliche Themen, Glaubensbotschaften und Sinnfragen, ganz im Gegensatz zu ethischen, sozialen und ökologischen Problemstellungen.[30] Insofern eröffnen die sozialen Medien derzeit nur geringe Möglichkeiten, Menschen mit religiösen Themen zu erreichen. So bleiben meist nur die klassischen Kommunikationswege wie etwa der öffentliche Gottesdienst sowie der direkte persönliche Austausch, der wiederum durch den fehlenden Kontakt zur Gemeindebasis kaum noch gegeben ist. Für Renate Köcher ist es schließlich

> „eine Schicksalsfrage für beide Kirchen, wie sie den Menschen wieder näherkommen können. Zurzeit wächst im Zuge des tiefgreifenden gesellschaftlichen Wandels die Distanz."[31]

---

[30] Vgl. ebd., 27–29.

[31] Ebd., 29.

Als wichtigste praktische Konsequenz fordert Benedikt Kranemann deshalb eine Liturgie, „die wirklich Sache der Gemeinde ist“[32], in der sich die Gläubigen – versammelt um den gegenwärtig geglaubten Jesus Christus – als handelndes Subjekt erleben können und jeder rezeptionsästhetischen Wirkung entgegengesteuert wird, dass „sie nicht doch mehr oder weniger immer noch an der Liturgie der Kleriker“[33] hängen. Damit ist eine theologische und praktische Weiterentwicklung der *participatio actuosa* gefordert, die sich nicht nur durch gemeinsame Akklamationen, Singen, gemeinsame Haltungen oder Stille auszeichnet, während gleichzeitig über eine Vielzahl an Zeichen und Zeichenhandlungen der Eindruck vermittelt wird:

> „Der wichtigste Akteur eines Gottesdienstes ist der Priester. Auf ihn läuft alles zu und von ihm hängt alles ab. Er ist derjenige, der hier Gottesdienst feiert und anderen ggfs. Anteil daran gibt. Die szenischen und hierarchischen Codes symbolisieren: Hier ist jemand, dem eine Machtposition zugeteilt wird.“[34]

Diese Diagnose stammt nicht aus längst vergangenen Zeiten, sondern von Birgit Jeggle-Merz aus dem Jahr 2020. Im Klima einer durch Machtmissbrauch diskreditierten Kirche wiegen diese Beobachtungen umso schwerer und fordern dringend ein neues Erscheinungsbild einer Liturgie, das nicht Hierarchie und Gehorsam, sondern Beteiligung und geteilte Verantwortung zur Darstellung bringt. So genügt es nicht, entsprechend den normativen Vorgaben, theologisch nachvollziehbaren Konzepten und gut gemeinten Absichten, aber unter Absehung der rezeptionsästhetischen Wirkung zu handeln.[35]

Nicht als Erstes bedarf es dazu einer universal- oder ortskirchlichen Reform liturgischer Ordnungen, auch wenn zur Verteidigung von Liturgie als kultureller Ressource eine fortwährende Erneuerung und Fortschreibung unabdingbar ist. Entscheidend ist zuerst die Be-

---

[32] Kranemann, Probleme hinter Weihrauchschwaden (s. Anm. 2), 14.

[33] Ebd. Beispiele für eine solche Wirkung beschreibt Birgit Jeggle-Merz ausgehend von persönlichen Beobachtungen konkret gefeierter Liturgien im deutschen Sprachraum. – Vgl. Jeggle-Merz, Liturgie und Macht (s. Anm. 1), 173–182.

[34] Ebd., 174.

[35] Eindrücklich an den Beispielen der Fußwaschung und Konzelebration vgl. S. Kopp, Vom Dilemma der Macht in der Liturgie, in: ders. (Hg.), Macht und Ohnmacht in der Kirche. Wege aus der Krise (Kirche in Zeiten der Veränderung 2), Freiburg i. Br. 2020, 115–127, bes. 117–123.

reitschaft zu einer ehrlichen Wahrnehmung und Analyse der szenischen und hierarchischen Codes, die sich in der Feierkultur von Zelebranten mit „ihrer" Gemeinde bewusst oder unbewusst festgesetzt haben.[36] Da Zeichen und Zeichenhandlungen nicht aus sich heraus sprechen, sondern erst dann, wenn sie in eine Beziehung zu den konkreten Menschen in ihrem jeweiligen lebensgeschichtlichen Kontext treten, ändert sich immer wieder ihre Wahrnehmung und Deutung. So sind die liturgischen Zeichen und Zeichenhandlungen, selbst scheinbar Selbstverständliches und über Jahre und Jahrzehnte Eingeübtes, in der Beziehung von Zelebrant und Gemeinde auf ihre gegenwärtige Wirkung zu prüfen.

Allerdings haben die Erkenntnisse der Demoskopie und Religionssoziologie die Grenzen einer idealisierten Gemeindeliturgie aufgezeigt, in der alle fest im Glauben stehen und Kirche vor Ort als partizipative Gemeinschaft bilden wollen. Auch liturgietheologisch wird der utopische Grundzug des Prinzips *participatio actuosa* immer deutlicher.[37] Und wo es noch eine kleine Kerngemeinde gibt, die sich als Ganze als Trägerin der Liturgie versteht, entsteht leicht die Gefahr einer geschlossenen, elitären Gemeinschaft, die den Großteil der Gesellschaft ausschließt. Paul Post urteilt zu Recht: „Der Gelegenheitsbesucher ist sich bewusst, ein Gast zu sein, und wird sich sofort in die Rolle des Außenstehenden versetzen."[38] Damit wird das konziliare Ziel konterkariert, dass Christ(inn)en der Liturgie gerade „nicht wie Außenstehende und stumme Zuschauer beiwohnen" (SC 48) sollen. So bedarf es neben neuen Gottesdienstformen auch und vor allem einer Feierkultur, die „den geschlossenen Charakter der Gemeindeliturgie aufbricht"[39], die eine offene, einladende und moderne Kirche widerspiegelt. Aktive Beteiligung der einzelnen Gläubigen und Gelegenheitsbesucher(innen) wird je nach Gottesdienstform und -gemeinde in Zukunft noch vielfältiger und

[36] Vgl. Jeggle-Merz, Liturgie und Macht (s. Anm. 1), 171–173; zur Bedeutung von liturgischen Codes vgl. K.-H. Bieritz, Liturgik (De Gruyter Lehrbuch), Berlin – Boston 2004, 36–57.

[37] Vgl. Haunerland, *Participatio* – Relecture einer liturgietheologischen Leitidee (s. Anm. 5), 120 [These 5].

[38] Post, Das aktuelle Panorama rituell-liturgischer Inkulturation und Partizipation in den Niederlanden (s. Anm. 27), 251.

[39] Ebd., 253.

unterschiedlich intensiv ausfallen. Nur „gänzlich fehlen darf [sie] nicht“[40]. Denn die Eigenart und das kritische Potenzial von Liturgie besteht theologisch gerade darin, den Menschen in und mit ihrem konkreten Dasein an der Lebensfülle Gottes teilhaben zu lassen. Genau das meint *participatio actuosa*, Teilnahme durch Teilhabe an Gott und am Paschamysterium Jesu Christi.[41]

## 4 Ausblickende Perspektiven

Wie geteilte Beteiligung und Verantwortung heute und morgen gelingen kann, zeigen viele alte und neue Gottesdienstformen, die vom Denken und Handeln in alten Standeslogiken befreit sind. Von ihnen geht eine andere rezeptionsästhetische Wirkung von Kirche und Liturgie aus: offen und einladend auch für jene Menschen, die getauft, aber nie in den Glauben eingeführt worden sind, oder die als ungetaufte oder religiös unmusikalische, aber doch geistlich offene und suchende Menschen in bestimmten Situationen des Alltags, nach besonderen Ereignissen oder an Knotenpunkten des Lebens ein gutes Wort wünschen und um den Segen Gottes bitten.[42] Auch diese wollen im Gottesdienst weder als passives Objekt noch als „Kunden oder Konsumenten“[43] behandelt werden. Auch für sie gilt es, in der Wahrung der Freiheit jedes Einzelnen Räume und Formen individuell bestimmter Partizipation zu ermöglichen, damit sie „Subjekte des religiös-gottesdienstlichen Handelns werden können“[44]. Die Eucharistiefeier, vor allem in ihrer Gestalt einer geschlossenen Gemeinschaftsmesse am Sonntag, wird einen immer größeren werdenden Teil der Bevölkerung nicht mehr erreichen. Für Michael N. Ebertz (* 1953) ist es „an der Zeit, die Chancen des bedingungs-

---

[40] J. Knop, Gottesdienst und Kirchenbilder. Spannungen – Fragen – Perspektiven, in: Kopp, Kranemann (Hg.), Gottesdienst und Kirchenbilder (s. Anm. 4), 334–346, hier: 339.

[41] Vgl. Haunerland, *Participatio* – Relecture einer liturgietheologischen Leitidee (s. Anm. 5), 126f.

[42] Vgl. J. Knop, B. Kranemann (Hg.), Segensfeiern in der offenen Kirche. Neue Gottesdienstformen in theologischer Reflexion (QD 305), Freiburg i. Br. 2020.

[43] Haunerland, Gottesdienste des zweiten Programms (s. Anm. 3), 371.

[44] Ebd.

losen punktuellen Kontakts und der situativen Begegnung zu entdecken, wiederzuentdecken“[45].

Der Auftrag Jesu zu Sammlung und Sendung kann sich in vielfältigen liturgischen oder religiös-rituellen Feiern und Partizipationsformen erfüllen, die Menschen in ihrer Freiheit spirituelle Erfahrungen ermöglichen und zur religiösen Selbsttätigkeit befähigen, sogar dort, „wo eine Identifikation mit Christus, Evangelium und Kirche nicht gegeben ist“[46]. Wort-Gottes-Feiern am Sonn- und Werktag, Tagzeitenliturgien in klassischer oder neuer Form, Segensfeiern oder die vielen neuen liturgienahen Formen, die ausgehend von Erfurt und weiteren mittel- und ostdeutschen Diözesen entwickelt worden sind, aber auch geistliche Konzerte, Kunst- und Lichtinstallationen, eine Nacht der offenen Kirche und vieles mehr stoßen auf regen Zuspruch und bereichern das Selbstverständnis wie auch das Erscheinungsbild einer communional und diakonal verfassten Kirche.[47] Mit diesen Feiern wird Liturgie – im weitesten Sinne – als kulturelle Ressource für alle Menschen besonders sichtbar. Selbst wenn solche Feiern die Menschen nicht immer in eine kollektive Tradition eingliedern und, statt soziale (kirchliche) Identität zu symbolisieren, persönliche Identität stiften,[48] dürfen auch sie gewiss von der *einen* identitätsstiftenden Tradition geleitet sein: die vom Heiligen Geist gewirkte Teilhabe der Menschen an der Lebensfülle Gottes und am Geschick Jesu Christi.

---

[45] M. N. Ebertz, Liturgie im gesellschaftlichen Wandel – zur Dienstleistung?, in: S. Wahle, B. Leven (Hg.), Liturgie und Glaube. Gottesdienstliche Feiern und persönliche Formen des Glaubens, Trier 2017, 32–51, hier: 50.

[46] Haunerland, Gottesdienste des zweiten Programms (s. Anm. 3), 374.

[47] Zu den neueren Gottesdienstformen vgl. G. Brüske, Offene Türen. Feiern mit Menschen auf der Suche nach Gott. Eine Arbeitshilfe zu niederschwelligen Gottesdiensten, hg. von den liturgischen Instituten der deutschsprachigen Schweiz, Deutschlands und Österreichs, Fribourg 2010; B. Kranemann, Rituale in Diasporasituationen. Neue Formen kirchlichen Handelns in säkularer Gesellschaft, in: S. Böntert (Hg.), Objektive Feier und subjektiver Glaube? Beiträge zum Verhältnis von Liturgie und Spiritualität (StPaLi 32), Regensburg 2011, 253–273.

[48] Zur veränderten Bedeutung von Ritualen hinsichtlich sozialer und persönlicher Identität vgl. Ebertz, Liturgie im gesellschaftlichen Wandel – zur Dienstleistung? (s. Anm. 45), 45f.

# „... for the benefit of the church"[1]

## Liturgische Dienste und ihr Beitrag für eine lebendige Liturgie

*Birgit Jeggle-Merz*

Das Zueinander von Amt, Macht und Liturgie steht in jüngster Zeit ganz oben auf der Agenda der Theologie.[2] Die Erschütterungen, die die Kirche aufgrund der Aufdeckung des Ausmaßes des offensichtlich systemisch bedingten sexuellen und spirituellen Missbrauchs in den eigenen Reihen erfährt, und der dadurch ausgelöste Autoritäts- und Glaubwürdigkeitsverlust innerhalb der Gesellschaft führen dazu, dass auch die Liturgie als „primärer Anschauungsraum für gelebte Macht in der Kirche"[3] auf dem Prüfstand steht. Dies geht allerdings nicht ohne deutliche Kontroversen ab, denn immer, wenn die Liturgie befragt wird, dann sind Kirchenbilder und Identitäten involviert.[4] Je nachdem, welches Verständnis von Kirche zugrunde gelegt wird, werden Fragen nach Träger und Subjekt der Liturgie, nach der Bedeutung der Versammelten für die Feier selbst, nach dem Zueinander von Amtsträgern und übrigen Gläubigen und nach dem Stellenwert sowie der Bedeutung von liturgischen Diensten unterschiedlich ausfallen. Dieser Themenkomplex hat angesichts des Akzeptanzverlusts der Kirche und ihrer gottesdienstlichen

---

[1] Zitat aus dem Leitfaden für Liturgische Dienste: Katholische Diözese Saginaw, Guidelines and Protocols for Liturgical Ministers. Solemnity of the Most Holy Body and Blood of Christ (22. Juni 2014), in: https://www.saginaw.org/sites/default/files/2018-01/EMHC_final_from_Tim.20140218-GLM.pdf (Zugriff: 1.3.2021), 2.

[2] Vgl. G. M. Hoff, J. Knop, B. Kranemann (Hg.), Amt – Macht – Liturgie. Theologische Zwischenrufe für eine Kirche auf dem Synodalen Weg (QD 308), Freiburg i. Br. 2020.

[3] G. M. Hoff, J. Knop, B. Kranemann, Vorwort, in: dies. (Hg.), Amt – Macht – Liturgie (s. Anm. 2), 9–16, hier: 11.

[4] Verwiesen sei beispielhaft auf den Beitrag von B. Kranemann, Probleme hinter Weihrauchschwaden. Was die Liturgie mit der Kirchenkrise zu tun hat, in: HerKorr 73 (5/2019) 13–16, und die Replik darauf von H. Hoping, Missbrauchte Liturgie. Kann ein demokratisierter Gottesdienst sexuelle Übergriffe verhindern?, in: HerKorr 73 (7/2019) 48–51.

Feiern an Brisanz gewonnen. Wie die Liturgie gefeiert werden kann, muss oder soll, ist keine beiläufige Frage, sondern wird immer mehr zur Überlebensfrage von Kirche. Man mag eine solche Aussage als unnötige Dramatisierung empfinden, doch sind die Auswirkungen der Corona-Pandemie auf das Verhältnis der Menschen zur Liturgie noch nicht wirklich auszumachen. Werden die einmal Getauften zurückfinden zu einer mehr oder weniger regelmäßigen Mitfeier? Nicht selten wird von der Wahrnehmung berichtet, dass im Lockdown und in den sich anschließenden Monaten der Gottesdienst eigentlich gar nicht fehlte. Werden die Kirchen daraus Konsequenzen ziehen und sich fragen, wie das „Angebot" Gottesdienst „attraktiver" gestaltet werden kann, sprich: wie die Liturgie wahrhaft als Begegnungsgeschehen zwischen Gott und Mensch erfahren werden kann?

Die folgenden Überlegungen nehmen aus dem Gesamtkomplex einen Aspekt heraus und fokussieren sich auf die Bedeutung der verschiedenen Dienste in der Liturgie. Sind Lektor(inn)en, Akolyth(inn)en,[5] Kommunionhelfer(innen), Kantor(inn)en, Sänger(in-

---

[5] Mit dem Motuproprio *Spiritus Domini* änderte Papst Franziskus (seit 2013) c. 230 § 1 des *Codex Iuris Canonici* (CIC) von 1983, wonach nur Männer dauerhaft zum Dienst des Lektors bzw. des Akolythen bestellt werden konnten. Das Apostolische Schreiben ist zunächst in französischer Sprache erschienen; eine deutsche Fassung steht noch aus. – Vgl. Papst Franziskus, Motuproprio *Spiritus Domini* vom 15. Januar 2021, in: http://www.vatican.va/content/francesco/fr/motu_proprio/documents/papa-francesco-motu-proprio-20210110_spiritus-domini.html (Zugriff: 1.3.2021). *Spiritus Domini* sieht in der nichtsakramentalen Beauftragung von Gläubigen eine besondere Form der Ausübung des in der Taufe gründenden gemeinsamen Priestertums „en vertu d'une forme particulière d'exercice du sacerdoce baptismal" (ebd.) – mit Verweis auf: Papst Paul VI., Motuproprio *Ministeria quaedam* zur Neuordnung „der ersten Tonsur, der Niederen Weihen und des Subdiakonats in der lateinischen Kirche" vom 15. August 1972, in: EDIL/DEL 1, 2877–2893. Dem Apostolischen Schreiben beigefügt ist ein Brief des Papstes an den Präfekten der Glaubenskongregation, Kardinal Luis F. Ladaria Ferrer (seit 2018), in dem die Grundlinien der Änderung von c. 230 § 1 CIC/1983 erläutert werden: „Dans la tradition de l'Eglise, on appelle *ministères* les différentes formes que revêtent les charismes lorsqu'ils sont publiquement reconnus et mis à la disposition de la communauté et de sa mission sous une forme stable." (Papst Franziskus, Lettre au Préfet de la Congrégation pour la doctrine de la foi sur l'accès des femmes aux ministères du lectorat et de l'acolytat, in: http://www.vatican.va/content/francesco/fr/letters/2021/documents/papa-francesco_20210110_lettera-donne-lettorato-accolitato.html [Zugriff: 1.3.2021] [Hervorhebung im Original]) Alle Formen kirchlichen

nen) in Schola oder Chor, Ministrant(inn)en, Organist(inn)en, Musiker(innen) neben dem Vorsteherdienst ein *Nice-to-have* oder ein essenzieller Faktor für liturgisches Feiern?

Schon jetzt ist offensichtlich, dass diese Frage rhetorischer Natur ist. Die Kirchenkonstitution *Lumen gentium* (LG) des Zweiten Vatikanischen Konzils (1962–1965) unterstreicht, dass alle Gläubigen in der Taufe zu „einem heiligen Priestertum geweiht" (*consecrantur in […] sacerdotium sanctum*) (LG 10) wurden und deshalb an dem einen Priestertum Christi partizipieren, kraft dessen die ganze Kirche Liturgie feiert.

> „Die volle und aktive Beteiligung der Gemeinde ist daher kein dekoratives Surplus eines ästhetisch ansprechenden Gottesdienstes, sondern Voraussetzung einer dem konziliar erneuerten Kirchenverständnis entsprechenden Liturgie."[6]

Die Liturgiekonstitution *Sacrosanctum Concilium* (SC) formulierte deshalb explizit das Prinzip der Rollenverteilung:

> „Bei den liturgischen Feiern soll jeder, sei er Liturge oder Gläubiger, in der Ausübung seiner Aufgaben nur das und all das tun, was ihm aus der Natur der Sache und gemäß den liturgischen Regeln zukommt." (SC 28)[7]

Folglich finden sich in allen liturgischen Büchern, die seit der Liturgiereform im Zuge des Zweiten Vatikanischen Konzils approbiert

---

Dienstes – seien sie auf Ordination begründet oder auf einer nichtsakramentalen Beauftragung von Getauften und Gefirmten, ja sogar wenn solche Dienste ausgeübt werden, ohne dass ein besonderer Ritus der Beauftragung vollzogen worden wäre – „participent de l'unique sacerdoce du Christ" (ebd.). In Anknüpfung an *Ministeria quaedam* wird unterstrichen, dass die Bischofskonferenzen Beauftragungen auch für andere kirchliche Dienste als Lektorat und Akolythat erbeten können. Alle Dienste sind darauf ausgerichtet, dass jede Orts- und Teilkirche ihre Sendung erfüllen kann.

[6] J. Knop, Partizipation – geteilte Verantwortung in Liturgie und Kirche, in: IKaZ 49 (2020) 374–385, hier: 376.

[7] Zur konziliaren Redaktions- und Wirkungsgeschichte von SC 28 vgl. W. Haunerland, Sensus ecclesialis und rollengerechte Liturgiefeier. Zur Geschichte und Bedeutung des Artikels 28 der Liturgiekonstitution, in: H. J. F. Reinhardt (Hg.), Theologia et Jus Canonicum [FS Heribert Heinemann], Essen 1995, 85–98; wiederveröffentlicht in: W. Haunerland, Liturgie und Kirche. Studien zu Geschichte, Theologie und Praxis des Gottesdienstes (StPaLi 41), Regensburg 2016, 205–221.

wurden, liturgische Dienste, die Nichtordinierten übertragen und von ihnen ausgeführt werden können bzw. sollen, in einer gegenüber einer langen Tradition von liturgischen Büchern erstaunlichen Selbstverständlichkeit.[8]

Liturgische Ordnungen sind allerdings noch nicht Liturgie, sondern nur die Partitur dazu. Es bedarf der Aufführung, der Inszenierung, der Feier des in diesen geordneten Geschehens. Auch wenn beispielsweise Lektor(inn)en und Kommunionhelfer(innen) in sonntäglichen Eucharistiefeiern weitgehend selbstverständlich geworden sind, so erscheint doch nicht selten der Priester als Vorsteher der Einzige zu sein, auf den es ankommt. Er ist der Zelebrant, der Feiernde, während die übrigen Versammelten als „Gottesdienstbesucher(innen)“ und nicht als „Konzelebrant(inn)en“, also als Mitfeiernde, gefasst werden – ungeachtet der eigentlichen theologischen Zusammenhänge.[9] Kirche als Gemeinschaft des berufenen Gottes-

---

[8] Auch vor dem Zweiten Vatikanischen Konzil waren Dienste von Laien in der Liturgie grundsätzlich möglich – nach c. 1256 CIC/1917 allerdings nur mit rechtlicher Beauftragung. Dass der CIC bei der Möglichkeit zur Beauftragung zu liturgischen Diensten nicht an Laien dachte, zeigt sich spätestens in c. 2256: *Nomine divinorum officiorum intelliguntur functiones potestatis ordinis, quae de instituto Christi vel Ecclesiae ad divinum cultum ordinantur et a solis clericis fieri queunt.* Liturgische Ämter galten als „das Reservat des Klerus“, wobei als Kleriker galt, wer die Tonsur erhalten hatte. – Vgl. R. Pacik, Laien und Liturgie, in: G. Ritzer (Hg.), Mit euch bin ich Mensch ... [FS Friedrich Schleinzer] (STSud 34), Innsbruck 2008, 461–477, hier: 461. Noch wenige Jahre vor dem Zweiten Vatikanischen Konzil hielt Rom daran fest, dass allein Kleriker einen „ihnen zukommenden, unmittelbaren amtlichen Dienst“ ausüben. Männlichen Laien wurde im Unterschied zu weiblichen die Möglichkeit zugesprochen, einen „unmittelbaren, jedoch übertragenen amtlichen Dienst“ auszuüben. – Vgl. dazu Ritenkongregation, Instruktion über die Kirchenmusik und die heilige Liturgie im Geiste der Enzykliken Papst Pius’ XII. „Musicae sacrae disciplina“ und „Mediator Dei“ (3.9.1958), Nr. 93; deutscher Text zit. nach: H.-B. Meyer, R. Pacik (Hg.), Dokumente zur Kirchenmusik. Unter besonderer Berücksichtigung des deutschen Sprachgebietes, Regensburg 1981, 80–124, hier: 113f. Anders das Zweite Vatikanische Konzil: Es erkennt die Mitwirkung von Laien als „wahrhaft liturgischen Dienst“ (SC 29) an. – Zur Entwicklung der liturgischen Dienste vgl. M. Probst, Die Entwicklung liturgischer Laiendienste nach dem II. Vatikanischen Konzil, in: F. Courth, A. Weiser (Hg.), Mitverantwortung aller in der Kirche [FS 150-jähriges Bestehen der Gründung Vinzenz Pallottis] (GWW 9), Limburg 1985, 296–310, hier: 296.

[9] „Konzelebration bedeutet in einem weiteren Sinn jede Weise einer aktiven, vollen und bewußten Teilnahme eines Getauften an einer liturgischen Feier der Kir-

volkes zur Feier der Liturgie als Vergegenwärtigung des Heilshandelns Gottes in Jesus Christus und als Vorgeschmack des Reiches Gottes am Ende der Zeiten auch als solche Gestalt werden zu lassen,[10] erscheint vielerorts als ein Auftrag des Konzils, der noch nicht wirklich umgesetzt worden ist.

Wie aber sähe eine solche Liturgie aus, in der eine Vielfalt von Aufgaben durch Rollenträger(innen) wahrgenommen wird? Würde man durch die vermehrte Beauftragung von Mitfeiernden zur Wahrnehmung von Aufgaben in der Liturgie Gefahr laufen, das liturgische Geschehen zu klerikalisieren? Oder würde eine Vielfalt liturgischer Rollen dazu beitragen, dass sich die Versammelten als Subjekte des Geschehens erleben lernen? Müssten dafür die liturgischen Bücher umgeschrieben werden?

## 1 Kirche als Gemeinschaft der Getauften und die Liturgie

> „Zuerst war da wirklich eine Versammlung: Es dauerte, bis alle da waren und einander begrüßt hatten. Der Vorsteher begrüßte verschiedene, besonders die (erwachsenen) Katechumenen, die es in dieser Gegend, die traditionell stark kommunistisch wählt, gibt. Und das geschah natürlich so, wie es in südlichen Ländern üblich ist […]. Währenddessen wurden schon einige Lieder gesungen und der Gottesdienst ‚organisiert': Falls noch nicht vorhanden, wurden Lektor/innen und Sprecher/innen für die Fürbitten gesucht, genauso Kommunionhelfer/innen. […] War alles soweit, dass man miteinander Gottesdienst feiern konnte, stimmte eine Schola ein Lied an (eines dieser eingängigen italienischen neuen liturgischen Lieder), und man feierte Eucharistie. Ohne große Worte, dafür umso treffender begrüßte der Vorsteher die Gläubi-

che, in einem engeren und fachlichen […] Sinn die besondere Weise der vom liturgischen Recht geregelten, (‚sakramental') aktiven Teilnahme von Priestern (und Bischöfen) an einer Feier der Eucharistie, der sie nicht selbst vorstehen." (A. A. Häußling, Konzelebration: in: LThK³ 6 [1997] 341–344, hier: 341)

10 Vgl. dazu B. Jeggle-Merz, Das theologische Ideal einer eucharistischen Ekklesiologie und die Gegenwart der Kirche im frühen 21. Jahrhundert. Liturgiewissenschaftliche Annäherungen, in: S. Kopp, B. Kranemann (Hg.), Gottesdienst und Kirchenbilder. Theologische Neuakzentuierungen (QD 313), Freiburg i. Br. 2021, 84–107.

gen. Der Eröffnungsteil der Eucharistiefeier war rasch beendet, und in großer Ruhe hörten alle die zwei Lesungen und das Evangelium. Für die Gemeinde schien diese Regelung normal zu sein; sie erlebten an jedem Sonntag diese eigentlich vorgesehene Anzahl der Schrifttexte. Antwortpsalm und Gesang vor dem Evangelium waren ebenso selbstverständlich. […] Auf das Evangelium erfolgte eine etwa 15 Minuten dauernde Predigt – allerdings weit gefehlt, sie mit unserer nördlich der Alpen vorhandenen Kühle zu vergleichen. Der Vorsteher saß während seiner Ausführungen und wirkte wie einer, der etwas zu sagen hat (und das hatte er) unter Menschen, die hören können. Immer war es üblich und möglich, zu allen drei Schriftlesungen etwas zu sagen – wie dies überhaupt Homilien waren, die von der Schrift ausgingen und deren Bedeutung für das Leben heute befragten. Immer gelang es, Bezüge zu unserer Lebenswelt herzustellen: zu den Notleidenden in der Welt, den Katechumenen, den Bischöfen auf der Synode und der Bedeutung der ‚Laien' in der Kirche, den Ungerechtigkeiten in der Welt etc. Und jedes Mal entwickelte sich aus seinen Darlegungen ein spontaner Dialog mit verschiedenen Feiernden. Selten haben wir so interessante und vielsagende Homilien erlebt. Der Geist Gottes führte in einer Eucharistiefeier mehr als eine Handvoll Christen dazu, ihre Auffassung zu den Schriftstellen und zu der Auslegung auszudrücken. Selbst die zahlreichen Kinder schienen angesprochen zu sein. Im Anschluss daran folgte das Fürbittgebet. Da war Verantwortung zu spüren für die ganze Welt und die Sorgen der Menschen in der näheren Umgebung. Ein Teil der Bitten ergab sich spontan aus der Mitte der Versammlung heraus. Die Solidarität dieser Gemeinde mit den Unterdrückten – sie war in diesen Eucharistiefeiern zu erfahren! Gabenbereitung und Gabenprozession waren einer der vielen Orte für die Kinder. Erwachsene organisierten offensichtlich spontan, dass Brot und Wein, die Gefäße und die anderen Gaben der Versammlung von Kindern gesammelt und gebracht wurden. […] Alles wurde mitten aus der Gemeinde heraus zum Altar gebracht. Feierlich und stehend wurde das Eucharistische Hochgebet gebetet. Das ganze Gebet war der zweite Höhepunkt dieser Feier. Und das war zu spüren und nicht nur verkopft verbal vermittelt. Da versteht es sich von selbst, dass der Kommunionteil lebendig gestaltet war mit dem Herrengebet, einem ausgefalteten Friedensgruß und der gemeinsamen Kommunion […].“[11]

Diese Impressionen stammen von einem mehrwöchigen Aufenthalt in Mittelitalien in den späten 1980er-Jahren. Hier gehörte der Gottesdienst zum Leben und das Leben zum Gottesdienst; hier war die sonntägliche Eucharistie „Höhepunkt“ und „Quelle“ (vgl. LG 11; SC 10) gemeindlichen Lebens.

Bekanntlich überlappen sich auch in den Konzilsakten des Zweiten Vatikanischen Konzils verschiedene Kirchenbilder. Doch bei aller Diversität sticht ein Bild hervor, nämlich: die Kirche als das Volk Gottes, welches als pilgernde Kirche gemeinsam unterwegs ist.[12] Der hier von den Konzilsvätern vollzogene Bewusstseinswandel von einem juridischen, vor allem hierarchisch zugespitzten Verständnis zu einer Vorstellung von Kirche als der Gemeinschaft der Getauften, die sich um den Bischof sammelt und von ihm geführt wird (vgl. SC 26), ist bemerkenswert. Damit wird das paulinische Bild von Kirche favorisiert: Durch den Glauben, der zur Taufe führt und sich aus ihr nährt, sind alle Grenzen durch Geschlecht, Herkunft, Status oder Religion überwunden. Gerade dadurch entsteht eine neue Einheit (vgl. Gal 3,26–28; 1 Kor 12,13; Kol 3,11). Diese neue Gemeinschaft der Getauften nennt der Apostel Paulus ἐκκλησία: „die Verbindung derer, die Gottes Berufung folgen“[13]. In dieser Gemeinschaft des Glaubens, dem Leib Christi, kann sich die Vielfalt der Begabungen und Verantwortungen in aller Unterschiedlichkeit entfalten (vgl. 1 Kor 12,12–37; Röm 12,4f.). All dies beeinträchtigt die Einheit nicht, auch wenn „Interpretation und Kontroverse, Auseinandersetzung und Verstehen, Differenzierung und Kooperation zum Leben der Kirche gehören“[14].

[11] Auszug aus: B. Jeggle-Merz, M. B. Merz, Ein ganz normaler Sonntagsgottesdienst. Italienische Impressionen, in: BiLi 61 (1988) 184–186.

[12] Nur an wenigen Stellen der Liturgiekonstitution wird mit „Kirche“ die Hierarchie bezeichnet, überwiegend hingegen steht „Kirche“ für die Gesamtheit der Gläubigen. – Vgl. E. J. Lengeling, Die liturgische Versammlung und die Laien als Mitträger der Liturgie nach dem Zweiten Vatikanischen Konzil, in: Wissenschaft – Ethos – Politik im Dienste gesellschaftlicher Ordnung [FS Joseph Höffner] (JICSW 7/8), Münster 1966, 313–332, hier: 314, Anm. 4.

[13] T. Söding, Teilnahme als Teilhabe. Ein paulinischer Leitbegriff der Kirche, in: IKaZ 49 (2020) 353–373, hier: 353.

[14] Ebd.

*Communio* wird somit zum Schlüsselbegriff der Ekklesiologie, die ihr Spiegelbild in der Theologie der Liturgie findet: *Sacrosanctum Concilium* betont, dass

> „die Kirche auf eine vorzügliche Weise dann sichtbar wird, wenn das ganze heilige Gottesvolk voll und tätig an denselben liturgischen Feiern, besonders an derselben Eucharistiefeier, teilnimmt: in der Einheit des Gebets und an dem einen Altar und unter dem des Bischofs, der umgeben ist von seinem Presbyterium und den Dienern des Altars" (SC 41).

Ziel aller Liturgie ist es, die Einheit der Glaubenden, die für den einen und einzigen Heilswillen Gottes für alle Menschen steht, im Feiern zu realisieren.

> „Und weil die Kirche in ihrer Einheit Zeichen der Gnade ist, Sakrament der Einheit mit Gott und allen Menschen, erfüllt sie ihre Heilsmission um so besser, je glaubwürdiger sie ihre Einheit darzustellen vermag."[15]

Das Modell der Liturgie feiernden Gemeinde ist nach *Sacrosanctum Concilium* eine gegliederte Gemeinschaft, die aus dem gemeinsamen Priestertum aller Gläubigen und der besonderen Indienstnahme von kirchlichen Amtsträgern (Bischöfen, Priestern, Diakonen) sowie verschiedenen weiteren Rollenträger(inne)n besteht, die nach paulinischer Theologie Gnadengaben besitzen, mit denen sie sich aktiv an der Auferbauung der Kirche beteiligen sollen.[16] In unserem Beispiel aus Mittelitalien zeigt sich die Liturgie als ein gemeinsames Tun aller Versammelten und weder als „One-Man-Show" noch als „Aktivismus" von verschiedenen Mitfeiernden.

In der liturgischen Versammlung lassen sich deshalb drei Grundrollen unterscheiden: der Dienst des ordinierten Vorstehers, die Feier des übrigen Volkes Gottes und zuletzt die verschiedenen Einzeldienste, die Aufgaben im Dienst des Wortes, im Dienst der Gemeinde oder ihrer Vorsteher übernehmen. Das heißt: Alle feiern aufgrund von Taufe und Firmung und tragen ihren Teil zum Begeg-

---

[15] H. Brakmann, Der Laie als Liturge. Möglichkeiten und Probleme der erneuerten Römischen Messe, in: LJ 21 (1971) 214–231, hier: 214.

[16] Vgl. L. Gerosa, Ämter und Charismen für den Gemeindeaufbau. Kirchenrechtliche Aspekt der liturgischen Laiendienste, in: IKaZ 31 (2002) 215–223.

nungsgeschehen zwischen Gott und Mensch bei. Aus dem Kreis der Getauften haben Einzelne das Charisma der Leitung,[17] andere das der Verkündigung des Wortes, andere das des Gesangs, andere das der Gestaltung des Blumenschmucks etc. „Die Taufe verbindet alle, die an Jesus Christus glauben. Die Charismen unterscheiden sie, damit sie im lebendigen Organismus der Kirche kooperieren können."[18] Die versammelten Gläubigen feiern nie einfach als eine formlose Gruppe; denn der Leib Christi besteht aus unterschiedlichen Gliedern, die sich wechselseitig benötigen, um Leib Christi zu sein. In der Liturgie kommen diese Charismen zusammen und zeigen sich in der Vielfalt von liturgischen Rollen.[19]

In dem Beispiel aus Mittelitalien ist realisiert, was die Konzilsväter des Zweiten Vatikanischen Konzils programmatisch für die Reform der Liturgie vorgaben:

> „Die Mutter Kirche wünscht sehr, alle Gläubigen möchten zu der vollen, bewussten und tätigen Teilnahme [*ad plenam (...), consciam atque actuosam (...) participationem*] an den liturgischen Feiern geführt werden, wie sie das Wesen [*natura*] der Liturgie selbst verlangt und zu der das christliche Volk, ‚das auserwählte Geschlecht, das königliche Priestertum, der heilige Stamm, das Eigentumsvolk' (1 *Petr* 2,9; vgl. 2,4–5), kraft der Taufe berechtigt und verpflichtet [*ius habet et officium*] ist." (SC 14)

Die tätige Teilnahme kommt folglich nicht zur Liturgie hinzu, sondern ist ihr ontologisches Prinzip.[20] Die Zusammengekommenen wer-

---

[17] Vgl. T. Söding, Wie muss und kann die Kirche sich ändern? Ein neutestamentlicher Anfang, in: S. Kopp (Hg.), Kirche im Wandel. Ekklesiale Identität und Reform (QD 306), Freiburg i. Br. 2020, 100–119, hier: 117.

[18] Ebd., 118. Thomas Söding (* 1956) führt weiter aus: „Der oft beschworene Gegensatz von Charisma und Amt ist – neutestamentlich betrachtet – keiner, weil das Amt selbst ein Charisma ist – ein Geschenk Gottes [...], das anderen nützt und sich von anderen nicht nur durch ein Mehr an Gnade, sondern durch einen spezifischen Dienst unterscheidet." (ebd., 117)

[19] Vgl. B. Jeggle-Merz, „... ein gegliedertes Ganzes". Das Zusammenwirken verschiedener Dienste in Wort-Gottes-Feiern, in: H. Bricout, B. Kranemann, D. Pesenti (Hg.), Die Dynamik der Liturgie im Spiegel ihrer Bücher – La dynamique de la liturgie au miroir de ses livres [FS Martin Klöckener] (LQF 110), Münster 2020, 545–560, hier: 548.

[20] Vgl. dazu jüngst W. Haunerland, *Participatio* – Relecture einer liturgietheolo-

den je neu Kirche, wenn sie sich bewusst in die Nähe Gottes stellen, auf ihn hören und sich ihm antwortend zuwenden. Alle Aufgaben, die in der Liturgie von Feiernden übernommen werden, sind daher bezogen auf die eine ἐκκλησία und damit hingeordnet auf den Grund ihres Zusammenkommens, nämlich Abbild zu sein für die

> „wirkende Gegenwart Christi unter den Menschen, die er unter Aufhebung aller trennenden Grenzen von Geschlecht, Rasse und Klasse in seinem einen Leib zur Einheit führen möchte“[21].

Gerade in dieser Zuordnung werden Einheit und Ganzheit der Kirche sichtbar. „Wahrung und Bewährung der kirchlichen Einheit bedeuten folglich, das *Zusammenspiel der Dienstgaben aller Christen* zu ermöglichen und sichtbar zu machen“[22]. Alle Dienste in der Liturgie wollen dieses Begegnungsgeschehen zwischen Gott und Mensch ermöglichen und unterstützen und sind daher Ausdruck eines Charismas, das von sich als Person abzusehen weiß.[23]

> „Der Christ weiß sich in seinem eigenen Wirken zu bescheiden, weil er auch im Bruder den Geist Gottes zum Aufbau der Gemeinde wirken und Christus seinen Dienst fortsetzen sieht. [...] Erst die Bescheidenheit des einen gewährt dem anderen den notwendigen Raum zur Entfaltung seiner Gaben. Erst die Entfaltung jedes einzelnen macht in ihrem Zusammenwirken die Einheit der Kirche sichtbar.“[24]

Charismen zeichnen sich gerade dadurch aus, dass sie nicht nur auf die von Gott mit einer bestimmten Fähigkeit beschenkten Personen bezogen sind, sondern durch jede(n) Einzelne(n) auf das Ganze der Kirche ausstrahlen. Charismen sind teils

---

gischen Leitidee, in: Kopp, Kranemann (Hg.), Gottesdienst und Kirchenbilder (s. Anm. 10), 108–127.

[21] Brakmann, Der Laie als Liturge (s. Anm. 15), 215.

[22] Ebd., 216 [Hervorhebung im Original].

[23] Der Dogmatiker Dieter Hattrup (* 1948) sieht in der Übernahme von Diensten durch Laien hingegen die Gefahr eines Zwangs zur Selbstdarstellung, zur „Epiphanie des Ich“ (vgl. D. Hattrup, Priester und Laien, in: ThGl 88 [1998] 103–106, bes. 104f.). Er übersieht dabei jedoch, dass die Gefahr, sich selbst in den Mittelpunkt zu stellen und den Dienst für die Gemeinschaft darüber zu vergessen, für einen Amtsträger genauso besteht wie für einen Laien.

[24] Brakmann, Der Laie als Liturge (s. Anm. 15), 216.

> „natürliche Talente oder kulturelle Techniken, die in die Kirche eingebracht werden, teils sind sie Fähigkeiten, die sich erst im Kontakt mit dem Evangelium entzünden. In jedem Fall sind sie nicht nur spontane Einfälle, sondern verbindliche Dienste. Sie sind gegeben, damit andere Nutzen davon haben.“[25]

## 2 Liturgische Dienste als Entfaltung der Taufgnade

In einigen US-amerikanischen Diözesen gibt es „Guidelines and Protocols for Liturgical Ministers“, so z. B. in der Diözese Saginaw, Michigan.[26] Diese Leitlinien legen zunächst ein theologisches Fundament, um darauf aufbauend einzelne Dienste zu entfalten. Jede Rolle, die ein(e) Getaufte(r) ausübt, so heißt es dort, basiere auf den vom Heiligen Geist verliehenen Charismen. Es handele sich nicht einfach um Aufgaben, die ausgeführt werden müssten, sondern es gehe um ein Handeln, das die Anweisungen und das Beispiel Jesu erfülle.

> „As one accepts a role of ministry for liturgy as a right and duty, he/she must understand the privilege and responsibility attached to their ministry. The role is to be fulfilled with all due reverence and dignity warranted in serving Christ. When embracing a role for liturgy, one embraces the commitment to dependability, time for preparation each time he/she serves, and time for ongoing development and enrichment.“[27]

Wie realisieren sich liturgische Rollen auf der Grundlage solcher Leitlinien im Leben US-amerikanischer Gemeinden? Dazu ein Erfahrungsbericht aus einer Gemeinde in Chicago, Illinois. Wie in katholischen Gemeinden in den USA allgemein üblich, begrüßen auch hier sog. „Ushers“ die Ankommenden, reichen ihnen das Liederheft und/oder ein Buch mit den Gebets- und Schrifttexten für

---

[25] Söding, Wie muss und kann die Kirche sich ändern? (s. Anm. 17), 117. Vgl. auch ders., Taufe und Charisma. Das paulinische Erfolgsmodell, in: LS 65 (2014) 393–398.

[26] Vgl. Katholische Diözese Saginaw, Guidelines and Protocols for Liturgical Ministers (s. Anm. 1). Dieser Leitfaden geht zurück auf eine entsprechende Veröffentlichung des Bischofs von Lansing vom Juli 1994.

[27] Ebd., 2.

diesen Sonntag, führen sie ggf. zu freien Plätzen in der Kirche und geben Auskünfte, wo dies notwendig ist. Die „Ushers" ebnen den Ankommenden den Weg in den Gottesdienst, sie vermitteln ihnen, dass jede(r) Einzelne von Gott selbst in diese Versammlung gerufen worden ist.[28] Die englische Bezeichnung dieses Dienstes wäre mit „Ordner" oder „Platzanweiser" nur unzulänglich übersetzt, da die liturgische Dimension, die diesem zu eigen ist, übersehen wäre. Auch die Übersetzung „Türsteher" der früheren ersten Weihestufe „Ostiarier" trifft nicht den Kern. Auffällig ist, dass sich an diesem Dienst der Begrüßung jeder bzw. jedes Einzelnen als Glied in der Versammlung des Leibes Christi viele Personen beteiligen. Zu ihrer Aufgabe gehört zum Abschluss des Sonntagsgottesdienstes auch, dass sie den Versammelten den Weg in die gelebte Eucharistie ebnen, indem sie sie verabschieden, sie zu weiteren Aktivitäten innerhalb der Gemeinde einladen und ihnen Hilfe anbieten.

Wie sich schon eine Reihe Mitfeiernde zu Beginn und am Ende des Gottesdienstes einbringen, so setzt sich dies für die anderen liturgischen Dienste fort. In der genannten Chicagoer Gemeinde vollzieht sich Sonntag für Sonntag das Gleiche: Gemeindemitglieder kommen und schauen, ob noch ein Dienst in der Liturgie benötigt wird. Dafür braucht es keine großen Absprachen, weil jeder Dienst mit besonderen „Insignien" versehen ist, die im Seitenschiff bereitstehen: Wer in dieser Eucharistiefeier die Kommunion spenden will, der hängt sich ein Band mit einem Kreuz um und nimmt dann Platz im Kirchenschiff. Da die Kommunion unter beiden Gestalten selbstverständlich ist, braucht es zum reibungslosen Ablauf viele Kommunionhelfer(innen). Wer die Kollekte einsammeln möchte, nimmt sich eine Art Skapulier in einer bestimmten Farbe. Auch solche braucht es etliche, denn die eucharistischen Gaben werden gemeinsam mit der Kollekte erst dann zum Altar gebracht, wenn diese be-

---

[28] Der liturgische Dienst einer Person, die im Raum der Gemeinde willkommen heißt und die Schwelle zum Gottesdienst senken hilft, ist auch im deutschsprachigen Raum ins Bewusstsein gerückt. – Vgl. etwa M. Spendier, Mehr Service! 10 Tipps für die Kirche vor Ort. So wirkt Ihre Kirchengemeinde gleich viel freundlicher (20. November 2018), in: https://www.katholisch.de/artikel/19688-mehr-service-10-tipps-fuer-die-kirche-vor-ort (Zugriff: 1.3.2021). Ein entsprechendes Kursprogramm hält das Liturgische Institut der deutschsprachigen Schweiz bereit. – Vgl. dazu Blickwechsel. Einladend Gottesdienst feiern, in: https://liturgie.ch/kurse/kurse-institut/willkommenskultur/blickwechsel (Zugriff: 1.3.2021).

endet ist. Alle, die kollektiert haben, gehen zusammen mit den Ministrant(inn)en, die Brot und Wein tragen, in einer ehrwürdigen Prozession zum Altar. Diejenigen, die den Lektoren- oder den Kantorendienst in diesem Gottesdienst übernehmen möchten, zeigen ihre Bereitschaft, indem sie das Skapulier in der dafür vorgesehenen Farbe anlegen. Alle, die Altardienst leisten wollen, gleich ob jung oder alt, männlich oder weiblich, zeigen dies, indem sie die bereitstehenden Gewänder anziehen. So ergibt sich für jeden Gottesdienst ein buntes Bild an Personen, die ihre Partizipation an dem liturgischen Geschehen durch einen Dienst in der Liturgie zum Ausdruck bringen. Es ist nicht selten in dieser Chicagoer Gemeinde, dass bis zu 40 Personen einen liturgischen Dienst ausüben.

Warum kann es nicht auch in unseren Landen selbstverständlich sein, dass sich die volle, tätige und bewusste Teilhabe an der Liturgie in der ebenso selbstverständlichen Verteilung aller Aufgaben auf viele Schultern realisiert? Denn:

> „Liturgie, die es an der (Möglichkeit zur) vollen und aktiven Partizipation der Gläubigen fehlen lässt, riskiert […] der Liturgiekonstitution zufolge, was sie ist: Vollzug des Priestertums Jesu Christi. Sie konterkariert, was sie sein soll: Feier der ganzen Kirche."[29]

## 3 „… eine neue Hilfe, die der Heilige Geist der Kirche in der heutigen Zeit anbietet" (Feier der *Institutio*, Bistum St. Gallen)

In Reaktion auf die römische „Instruktion zu einigen Fragen über die Mitarbeit der Laien im Dienst der Priester" vom 15. August 1997[30] veröffentlichten die Schweizer Bischöfe ein Dokument mit dem Titel „Beauftragte Laien im kirchlichen Dienst"[31]. Auch wenn

---

[29] Knop, Partizipation (s. Anm. 6), 376.

[30] Vgl. Instruktion zu einigen Fragen über die Mitarbeit der Laien am Dienst der Priester vom 15. August 1997, in: http://www.vatican.va/roman_curia/congregations/cclergy/documents/rc_con_interdic_doc_15081997_ge.html (Zugriff: 1.3.2021).

[31] Sekretariat der Schweizer Bischofskonferenz (Hg.), Beauftragte Laien im kirchlichen Dienst (Dokumente der Schweizer Bischöfe 12), Fribourg 2005, in: https://www.bistum-chur.ch/wp-content/uploads/2013/12/Beauftragte-Laien-im-kirchlichen-Dienst-Dokumente-der-Schweizer-Bischoefe-12-Januar-2005.pdf (Zugriff: 1.3.2021).

beide Verlautbarungen zuvorderst um eine Verortung von hauptberuflichen Theolog(inn)en bemüht sind, so gibt es theologisch doch keinen qualitativen Unterschied zwischen theologisch ausgebildeten und anderen Christ(inn)en: Alle üben eine Aufgabe in Gottesdienst und Kirche aufgrund ihrer Taufberufung aus. Insofern kann folgende Aussage der Schweizer Bischöfe auch auf alle übertragen werden, die einen Dienst in der Liturgie wahrnehmen:

> „Wir sehen in den beauftragten Laiendiensten nicht so sehr eine Notlösung, als vielmehr eine neue Hilfe, die der Heilige Geist der Kirche in der heutigen Zeit anbietet – nicht nur in unserem Land, sondern weltweit. Es ist eine neue und besondere Form der ‚apostolischen Tätigkeit der Laien', von der die *Instructio* betont, dass sie ‚bei der Evangelisierung in Gegenwart und Zukunft wichtig und dringlich ist. Die Kirche kann von diesem Wirken nicht absehen, weil es zu ihrer Natur als Gottesvolk gehört und weil sie es braucht, um ihren eigenen Evangelisierungsauftrag zu erfüllen'."[32]

Deshalb wird die Aufnahme von hauptberuflichen Seelsorger(inne)n in den Dienst der Bistümer St. Gallen und Basel mit einer *Institutio*, also mit einer kirchlichen Indienstnahme, gefeiert.[33] Erst jüngst hat der Ordinariatsrat des Bistums St. Gallen deren Bedeutung erläutert und unterstrichen, dass der formelle Akt vor allem eine „geistliche Dimension" habe. Sie bringe

> „zum Ausdruck, dass die Berufung der/des Einzelnen sich im Dienst an Gott und den Menschen im eigenen religiösen Leben und in der Pastoral im Rahmen der Kirche konkretisiert"[34].

---

[32] Ebd., 30 [Hervorhebung im Original] – das eingeschlossene Zitat ist dem Vorwort der Instruktion zu einigen Fragen über die Mitarbeit der Laien am Dienst der Priester (s. Anm. 30) entnommen. – Zum Dienst von nichtordinierten Theolog(inn)en in der Schweiz vgl. B. Jeggle-Merz, Zum gemeinsamen Dienst berufen … Aus der Liturgie schöpfen. 40 Jahre Laientheologinnen und -theologen im Bistum Basel, in: SKZ 178 (2010) 792–796.

[33] Jüngst hat Samuel-Kim Schwope (* 1988) eine Untersuchung der Sendungs- und Beauftragungsfeiern vorgelegt. – Vgl. S.-K. Schwope, Gesandt, nicht geweiht? Sendungs- und Beauftragungsfeiern von Gemeinde- und Pastoralreferentinnen/-referenten (EThSt 116), Würzburg 2020. Die *Institutio*-Feiern in der Schweiz werden jedoch nicht in die Analyse einbezogen.

[34] Ordinariatsrat des Bistums St. Gallen, Institutio und Missio im Bistum St. Gallen (14. Januar 2021), in: https://www.bistum-stgallen.ch/fileadmin/kun

In der *Institutio* erklären sich die Kandidat(inn)en bereit, „unter der Führung des Heiligen Geistes an der Sendung der Kirche im Bistum […] teilzuhaben“[35], ihren Dienst „im Hören auf das Wort Gottes, im persönlichen täglichen Gebet und in der Teilnahme an der Liturgie der Kirche“ zu verwurzeln, sich „in den Dienst am Reich Gottes“ zu stellen durch die Verkündigung und Auslegung des Wortes, durch die Begleitung der Glaubenden zu den Sakramenten und in einer Bezeugung des Glaubens durch tätige Liebe, „um so ein Bild Jesu Christi in unserer Zeit“ zu sein.[36] Liturgisch orientieren sich die *Institutio*-Feiern an den Beauftragungen zum Dienst als Lektor(in) und Akolyth(in);[37] klar unterscheiden sie sich von einer Ordination, weil – so die Schweizer Bischöfe –

> „die Institutio nicht dem Sakrament des Ordo (Weihesakrament) zugewiesen werden kann. Der Dienst der Theologen/Theologinnen wird auch nicht als Anteilhabe am kirchlichen Weiheamt verstanden, sondern als mögliche Gestalt der auf Taufe und Firmung beruhenden Sendung der Laien.“[38]

Solche Feiern könnten Modellcharakter haben, um Gläubige für die verschiedensten Rollen in der Liturgie in den Dienst zu nehmen und so jede(n) Einzelne(n) als „Bild Jesu in unserer Zeit“ zu verwirklichen. Die Kirche der Gegenwart steht vor ernsten Fragen, die nicht einfach ausgesessen werden können, sondern Veränderungen in ihrer Sozialgestalt unabdingbar erscheinen lassen. Tobias Kläden (* 1969) diagnostiziert als Grund für die kirchlichen Erosionsprozesse nicht einfach eine Unzufriedenheit mit der Kirche, sondern

---

dendaten/Dokumente/HiReWe_neu/4.2.3_Institutio_Missio_BistumSG.pdf (Zugriff: 1.3.2021).

[35] Institutio von Pastoralassistentinnen und Pastoralassistenten zum ständigen Dienst im Bistum Basel [unveröffentlichtes Manuskript Regentie Bistum Basel].

[36] Wörtliche Zitate aus: Institutio-Feier im Bistum St. Gallen [unveröffentlichtes Manuskript Regentie Bistum St. Gallen].

[37] Vgl. Ordinariatsrat des Bistums St. Gallen, Institutio und Missio im Bistum St. Gallen (s. Anm. 34).

[38] Bistum Basel, Institutio im Bistum Basel. Grundsätze und Richtlinien (4. April 2007 / 7. Februar 2020), in: http://www.bistum-basel.ch/Htdocs/Files/v/11967.pdf/Institutio-im-Bistum%20Basel-Theologische%20Bestimmung-Grunds%C3%A4tze-Richtlinien%20(04.04.2007).pdf?download=1 (Zugriff: 1.3.2021).

ein „wirkliches Desinteresse am Erhalt der Institution“[39]. Gerade deshalb müsse diese zur Herausbildung von Subjekten beitragen. Eine größere Aufmerksamkeit für die partizipative Gestaltung der Liturgie könnte ihren Teil zur Entwicklung einer Kirche als Gemeinschaft der Getauften beitragen. Denn:

> „Ein Schlüssel, um die Fragen zu beantworten, ist Partizipation: Teilhabe und Teilnahme – geteilte Verantwortung, geteilte Erfahrung, geteilter Glaube.“[40]

---

[39] T. Kläden, Pastorale Chancen der Säkularität, in: J. Knop (Hg.), Die Gottesfrage zwischen Umbruch und Abbruch. Theologie und Pastoral unter säkularen Bedingungen (QD 297), Freiburg i. Br. 2019, 245–259, hier: 255.

[40] Söding, Teilnahme als Teilhabe (s. Anm. 13), 354. – Vgl. auch ders., Der Leib Christi. Das paulinische Kirchenbild und seine katholische Rezeption im ökumenischen Blick der Moderne, in: W. Damberg u. a. (Hg.), Gottes Wort in der Geschichte. Reformation und Reform in der Kirche, Freiburg i. Br. 2015, 96–130.

# Gemeindeaufbau durch Gottesdienst

## Eine evangelisch-reformierte Perspektive

*Ralph Kunz*

## 1 Gottesdienst und Gemeindeaufbau

### 1.1 Eine grundlegende Verhältnisbestimmung

Eberhard Jüngel (* 1934) sprach in seiner Eröffnungsrede der Synode der Evangelischen Kirche in Deutschland (EKD) im Jahr 1999 zum Thema „Mission" und verwendete dafür ein inspirierendes Bild:

> „Wenn die Christenheit atmen könnte, wenn sie Luft holen und tief durchatmen könnte, dann würde auch sie erfahren, dass ‚im Atemholen … zweierlei Gnaden' sind. Sie würde beides, das Einatmens-Müssen und das Ausatmens-Können[,] als eine Gnade erfahren, ohne die sie nicht leben könnte. Einatmend geht die Kirche in sich, ausatmend geht sie aus sich heraus."[1]

Wenn das In-sich-Gehen und das Aus-sich-Herausgehen Lebensfunktionen sind, drückt der Titel dieses Beitrags eigentlich eine Selbstverständlichkeit aus: Der Gottesdienst gibt dem Aufbau der Gemeinde Inspiration, Vitalität und Energie. Insofern gilt die benediktinische Regel, dass dem Gottesdienst nichts vorgezogen werden solle,[2] auch für die Gemeinschaft, die sich als christliche Gemeinde auf der All-

---

[1] E. Jüngel, Referat zur Einführung in das Schwerpunktthema „Mission". 4. Tagung der 9. Synode der EKD (7.–12. November 1999, Leipzig), in: https://www.befg.de/fileadmin/bgs_mission/media/dokumente/EJungel-Einfuhrungsreferat-EKD-Synode-1999-Mission.pdf (Zugriff: 2.3.2021), 2. – Im Einführungsreferat zur EKD-Synode in Erfurt geht es um die Lebensfunktion der Mission. Jüngel fährt fort: „Die Kirche muss, wenn sie am Leben bleiben will, auch ausatmen können. Sie muss über sich selbst hinausgehen, wenn sie die Kirche Jesu Christi bleiben will. Sie kann als die von seinem Geist bewegte Kirche nicht existieren, wenn sie nicht auch missionierende und evangelisierende Kirche ist oder wieder wird." (ebd.)

[2] Vgl. Regula Benedicti (RB), Kap. 43,3.

mende versammelt.[3] Von diesem alten Verständnis des geistlichen Aufbaus gehe ich im Folgenden aus. Dabei verzichte ich auf die Bezeichnung „Oikodomik“, wenn ich auch in der Sache dem Ansatz folge, den Christian Möller (* 1940) mit diesem Fremdwort definiert hat:

> „Oikodomik ist diejenige Lehre, in der es um die theologischen Bedingungen für Aufbau und Wachstum der christlichen Gemeinde geht.“[4]

Mit der Reflexion der „theologischen Bedingungen“ zielt diese Lehre auf die geistliche Dynamik der Gemeinde. Inwiefern es bei deren Aufbau und Wachstum auf Leitung und Steuerung ankomme, sieht Möller als Fragen der „Kybernetik“ an. Sie habe „innerhalb der Oikodomik eine dienende, untergeordnete Funktion“[5].

Mit dieser Einordnung kann ein dreifaches Missverständnis vermieden werden:

- Erstens stimmt es zwar, dass die Gemeinde *durch* den Gottesdienst aufgebaut wird, aber nicht so, dass man den Gottesdienst als ein „Mittel zum Zweck“ zu begreifen hätte. Im Bild gesprochen: Ich atme nicht ein, um ausatmen zu können. Ein- und Ausatmen sind *eine* Lebensäußerung; beides zusammen ist Atem.
- Und darum gilt zweitens, dass die Gemeinde auch durch die Mission oder die Diakonie aufgebaut wird. Man könnte wieder benediktinisch argumentieren, denn schließlich ist nichts der Liebe Christi vorzuziehen.[6]
- Drittens soll das Besondere der liturgischen Oikodomik vor der Instrumentalisierung geschützt werden, indem sie als sabbatliches Werk Gottes bestimmt wird und damit auf ein Tun der Gemeinde zielt, welches im Unterschied zur Diakonie oder zur Mission „mehr als notwendig“ ist und darum die Not wendet.[7]

---

[3] Der Begriff „Gemeinde“ hat den Doppelsinn der „Allmende“ (auch Kommune oder Gemeinwesen) und der „Ekklesia“, d. h. der im Namen Jesu versammelten Gemeinde. – Vgl. P. Brunner, Zur Lehre vom Gottesdienst der im Namen Jesu versammelten Gemeinde, in: Leit. 1 (1954) 83–364.

[4] C. Möller, Einführung in die Praktische Theologie (UTB 2529), Tübingen – Basel 2004, 45. – Vgl. dazu auch S. Schweyer, Oikodomik und Praktische Theologie. Standortbestimmung und Zukunftsperspektiven, in: JETh 23 (2009) 133–154.

[5] Möller, Einführung in die Praktische Theologie (s. Anm. 4), 45.

[6] Vgl. RB, Kap. 4,21.

[7] Schöner sagt es Kurt Marti (1899–1975): „lobpreis – der ohne ende: er beendet! /

Im größeren Zusammenhang der kosmischen Ordnung gesehen, wirft die sabbatliche Bestimmung ein Licht auf die eschatologische Identität der Kirche. Der letzte Gottesdienst ist das Ziel der Geschichte, auf das hin alles geschaffen ist, und das Fest des Schalom, der noch kommt. Wenn der Gottesdienst die Erfüllung ist, die noch aussteht, gehört er aber nicht der Christenheit, sondern der Menschheit, die zusammen mit „[a]lle[m], was Odem" (Ps 150,6 LUT[8]) hat, dazu bestimmt ist, Gott zu ehren. Die Gemeinde, die dem Messias nachfolgt und sich schon jetzt im Zeichen des kommenden Königreichs Gottes versammelt und wieder aussenden lässt, partizipiert am kosmischen Lob (vgl. Ps 8.66,1f.98,1). Sie ist die Vorsängerin der Schöpfung. Gott loben ist ihr Amt, und zum Lobdienst ist sie gekrönt mit „Gnade und Erbarmen" (Ps 103,4 ZB[9]). In der reformierten Tradition wird diese letzte Orientierung im „Westminster Shorter Catechism" wunderbar auf den Punkt gebracht. Das Bekenntnis antwortet auf die erste Frage, was denn das Ziel der menschlichen Existenz sei, mit dem letzten Satz: „Man's chief end is to glorify God, and to enjoy him for ever."[10] Wie aber kommt man von diesem theologischen Verständnis für das schlechthin Konstitutive des Gottesdienstes zu einer konstruktiven Verständigung darüber, *wie* die Gemeinde ihrer Berufung nachleben kann? Welche methodischen Schritte führen vom Fundament zur Arbeit, zum Aufbau im tätigen Sinn? Was trägt insbesondere die Aussicht auf den letzten Gottesdienst zur Ausgestaltung einer Liturgie bei, die die Gemeinde im Vorletzten aufbaut?[11]

---

der nie begann: er schafft beginn! / der nicht bedeutet: er schenkt bedeutung! / der ohne notwendigkeit: er wendet not!" (K. Martin, gott gerneklein. gedichte, Stuttgart 2006, 47)

[8] Die Abkürzung „LUT" kennzeichnet Bibelzitate nach folgender Übersetzung: Die Bibel nach Martin Luthers Übersetzung. Lutherbibel, revidiert 2017, mit Apokryphen, Stuttgart 2016.

[9] Die Abkürzung „ZB" kennzeichnet Bibelzitate nach folgender Übersetzung: Zürcher Bibel, Zürich 2007.

[10] Shorter Catechism of the Assembly of Divines. The 1647 Westminster Confession and Subordinate Documents, in: www.reformed.org/documents/wsc/index.html?_top=http://www.reformed.org/documents/WSC.html (Zugriff: 2.3.2021).

[11] Vgl. C. Möller, Gottesdienst als Gemeindeaufbau. Ein Werkstattbericht, Göttingen 1988.

## 1.2 Der Gottesdienst in den Verhältnissen der realexistierenden Kirche

Was sehen wir, wenn wir uns mit der realexistierenden Volkskirche befassen? Nicht viel, was uns zuversichtlich, und manches, das uns nachdenklich stimmt. Jürgen Moltmann (* 1926) fragte sich schon in den 1970er-Jahren, was ich mich auch heute frage:

> „Wo ist die Freude des Geistes in unseren Gottesdiensten geblieben? Wo der befreiende Klang des Evangeliums? [...] Ist christlicher Gottesdienst nicht das Fest der Auferstehung?“[12]

Zur beklemmenden Geistleere der liturgischen Feiern kommt die irritierende Erfahrung menschenleerer Kirchenräume. Der Gottesdienst ist in unserer Kultur eine Verhaltensanomalie geworden – und es ist ziemlich gleichgültig, ob dabei georgelt, gerockt oder gejazzt wird. Vielleicht wird die kulturelle Schwelle ein wenig niedriger, wenn das liturgische Zeichenrepertoire ziel- und stilgruppengerecht arrangiert wird?[13] Wem aber die grundlegenden Praktiken des Glaubens fremd geworden sind, der wird einen tiefen Graben zwischen der säkularen Alltagswelt und der sakralen Sonderwelt empfinden. Harry Lee Poe (* 1950), Professor für Glaube und Kultur an der Union University in Jackson, Tennessee, schrieb vor 20 Jahren in einer erhellenden Gegenwartsanalyse über das Verhältnis des postmodernen Menschen zur verfassten Gestalt von Kirche:

> „Without [...] relational dimension at its core, the church looks like just another organization or civic club to the postmodern generation. [...] They are interested not in institutions but in relationships.“[14]

Ohne Beziehungsbrücken zur Gemeinschaft der Praktizierenden kann der kulturelle Graben zwischen Alltag und Gottesdienst schwerlich überwunden werden. Postmoderne Institutionsskeptiker(innen) geben darum den Beziehungen den Vorzug. Mit anderen

---

[12] J. Moltmann, Neuer Lebensstil. Schritte zur Gemeinde, München 1977, 72.

[13] Vgl. dazu R. Kunz, Zielgruppenspezifische Gottesdienste als Weg zur Erhöhung der Zahl der Gottesdienstbesucher?, in: H. Schmid (Hg.), Angebot der Volkskirchen und Nachfrage des Kirchenvolks (ThLZ.F 29), Berlin – Zürich 2009, 155–168.

[14] H. L. Poe, Christian Witness in a Postmodern World, Nashville 2001, 34.

Worten: Eine aufgebaute Gemeinde bzw. eine gut „aufgestellte“ Gemeinde ist für den Eintritt in die gottesdienstliche Vorstellung eine notwendige *Vorbedingung*. Aber wie soll das gehen? Wenn der Gemeindeaufbau auf den Gottesdienst angewiesen ist, aber keine Gottesdienstgemeinde ohne Gemeindeaufbau entstehen kann, haben wir tatsächlich ein Dilemma. Welche Konsequenzen für das kirchliche Handeln ergeben sich aus dieser Zwickmühle?

## 2 Zeugnis und Reflexion

### 2.1 Auf Hoffnung hin

„Gemeindeaufbau durch Gottesdienst“ ist nicht *die* Formel, die eine Lösung für dieses Problem verspricht. Der Gottesdienst ist auch nicht *das* Stärkungsmittel für die Schwächen, an denen die Kirche im „säkularen“ Zeitalter leidet. Vor allem gilt die diagnostizierte Entfremdung der Zeitgenoss(inn)en keineswegs nur für den Gottesdienst, sondern auch für andere Lebensäußerungen der Gemeinde. Mit demselben Recht lässt sich auch von der Diakonie, der Seelsorge, der Bildung oder der Mission behaupten, was über den Gottesdienst gesagt wird. Theoretisch stimmen die Behauptungen immer; praktisch läuft die erhoffte Wirkung von Appellen meistens ins Leere.

Dennoch möchte ich von der Verheißung ausgehen, dass die Gemeinde durch den Gottesdienst getragen und der Gottesdienst von der Gemeinde gehalten wird. Es bleibt wahr, dass die Gemeinde durch den Gottesdienst aufgebaut wird – auch dann, wenn wir das ersehnte Leben in allen grundlegenden Äußerungen der Gemeinde, also in ihrer Liturgie, ihrer Diakonie, ihrem Zeugnis und in ihrer Gemeinschaft, verfehlen. Die integrale Gestalt dieser Lebensäußerungen soll darum in diesem Beitrag für den kritischen Begriff „Gemeinde“ stehen. Dasselbe Integral hat auch für den Begriff „Gottesdienst“ seine Geltung. *Christliche Liturgie wird in ihrer gemeindlichen Gestalt daran erkannt, dass die Lebensformen des Glaubens ineinandergreifen.*[15] Eine Gottesdienstgemeinde, die liturgisch schön tönt, aber keine Liebe

---

[15] Ich verwende den Begriff „Gemeinde“ als kritisch-normative Größe – eine Verwendung, die in der reformierten Ekklesiologie eine lange Tradition hat, die aber auch in der römisch-katholischen Pastoraltheologie positive Resonanz fand. –

hat, ist eine „klingende Schelle" (1 Kor 13,1 LUT). Was Möller für die Kybernetik sagt, gilt auch für die Ästhetik: Sie dient dem Aufbau der Gemeinde. Theologisch ergibt die Formel „Gemeindeaufbau durch Gottesdienst" nur in dieser kritischen Konkretion Sinn.

Die vorgenommenen Begriffsklärungen verstehe ich als eine Art abgekürzte fundamentaltheologische Reflexion des „Gegebenen" (Dogma). Sie bilden die Basis für das „Aufgegebene", das seinerseits nach einer Betrachtung verlangt, die im Horizont der kontextuellen und biografischen Bezüge des Autors verantwortet wird. Wenn in der Folge von meiner eigenen kirchlichen Beheimatung die Rede ist, beziehe ich mich auf die evangelisch-reformierte Kirche. Allerdings verstehe ich meine „reformierte Identität" nicht konfessionalistisch, sondern – und gerade darin bleibe ich dem reformierten Erbe treu – dem Katholischen verpflichtet. „Meine Gemeinde" ist Glied „unserer Kirche", das „Wir", dem ich zugehöre, ist im „Wir" der *sanctorum communio* aufgehoben. Denn es ist die Gemeinschaft der Heiligen, an der ich als Christenmensch partizipiere, zu der ich mich bekenne und mit der ich mich identifiziere – und nicht meine Konfession![16]

Im hermeneutischen Zirkel zwischen Zeugnis und Reflexion ist es methodisch gleichwohl sachgemäß, dass die praktische Theologie konfessionell Stellung bezieht. Sie positioniert sich, um in einen ökumenischen Dialog einzutreten, und sie situiert sich, weil sie nicht in einem ekklesiologischen oder liturgischen „Brei" enden will. Praktische Theologie macht einen Erfahrungsbezug geltend und verpflichtet sich zugleich dazu, Rechenschaft von der Hoffnung abzulegen, die in uns ist (vgl. 1 Petr 3,15). Die programmatisch verkürzte Formel „Gemeindeaufbau durch Gottesdienst" ist mit dem Verweis auf die christliche Hoffnung nicht aus der Pflicht entlassen, die Aufgabe der Praxis konkret zu bedenken. Im Gegenteil: Hoffnung lässt das angesprochene Dilemma schärfer sehen, aber stellt die praktischen Probleme und die Aufgabe, die sich daraus herleiten, in einen Kontext der Ermöglichung. Will heißen: Sie stellt sich diese Aufgabe

---

Vgl. dazu R. Kunz, Aufbau der Gemeinde im Umbau der Kirche (ThSt[B] NF 11), Zürich 2015.

[16] Ich unterscheide hier – ohne weiter darauf einzugehen – zwischen der *homologischen Grundsituation*, die fundamental ist, d. h., dem *konfessionellen Stand* vorausgeht. Als Christ gehöre ich dem Herrn (= Kirche). Ich bin „sein" und bekenne diesen Glauben in der Tradition „meiner" Konfession.

nicht nur in Differenz zum Gegebenen vor, sondern sie stellt sich auch den Erwartungshorizont eines Kommenden vor und denkt in diesen Horizont hinein. Schließlich ist es das Ziel der praktischen Theologie als Funktion der Kirche, die immer *signum et instrumentum*[17] ist, theologische Grundsätze mit erfahrungsgesättigten Leitsätzen so zu vermitteln, dass Impulse für die mögliche Praxis der Glaubensgemeinschaft formuliert werden. Es geht also darum, dass ein Gottesdienst anvisiert wird, der für Gottes Kommen einen Ermöglichungsraum in der versammelten Gemeinde eröffnet.

## 2.2 Von der Normalbiografie zur liturgischen Patchwork-Identität

Das oben erwähnte Dilemma ist damit nicht aus der Welt. Die Ausgangssituation für eine solche Anvisierung ist das Eingeständnis, dass die Verbindung von Gottesdienst und Alltag unterbrochen ist und die Nahtstelle zwischen Sammlung und Sendung eine Bruchstelle markiert. Die Frage, wie man (wieder) einen Zugang zum gottesdienstlichen Leben der christlichen Gemeinde findet, führt über die Leitkategorien „Identität" und „Partizipation" zunächst zur religiösen Sozialisation.

Ich gehöre zu einer Generation, in der eine kirchliche „Normalbiografie" noch gegeben war.[18] „Man" besuchte den Religionsunterricht in der Schule und den Konfirmationsunterricht in der Kirche. In meinem Dorf waren die meisten Jugendlichen evangelisch-reformiert, die römisch-katholischen Kolleg(inn)en waren eine Minder-

---

[17] Um es in Aufnahme der Dogmatischen Konstitution *Lumen gentium* (LG) über die Kirche und der Pastoralkonstitution *Gaudium et spes* (GS) des Zweiten Vatikanischen Konzil (1962–1965) über die Kirche in der Welt von heute auf die Formel zu bringen: Kirche ist Sakrament, also Zeichen und Werkzeug (vgl. LG 1; GS 42). – Vgl. dazu C. Müller, Die Kirche als „Zeichen und Werkzeug" der Vollendung. Die Suche des II. Vatikanums nach einer eschatologischen Pragmatik für die Kirche in der „Welt von heute", in: MThZ 54 (2003) 171–183.

[18] Der Begriff der Normalbiografie, der in der Wissenssoziologie Ende der 1970er-Jahre aufgekommen ist (vgl. R. Levy, Der Lebenslauf als Statusbiographie. Die weibliche Normalbiographie in makrosoziologischer Perspektive [Enke-Sozialwissenschaften], Stuttgart 1977) wurde relativ früh in der Pastoraltheologie rezipiert. – Vgl. dazu A. Grözinger, H. Luther (Hg.), Religion und Biographie. Perspektiven zur gelebten Religion, München 1987. Das bewusste Wahrnehmen der Pluralisierung von Lebenslagen, -läufen und -stilen bildete die Grundlage für das, was in den 1980er- und 1990er-Jahren als Postmoderne bezeichnet wurde.

heit. Die Beteiligung am Gemeindeleben ging in unserer Gemeinde allerdings kaum über die volkskirchlichen Pflichtübungen hinaus. Eine überwiegende Mehrheit der Familien praktizierte eine Mitgliedschaft, die in der einschlägigen Literatur als „distanziert" oder „nominell" bezeichnet wird.

Tatsächlich kann die Zugehörigkeit zur Kirche – religionssoziologisch betrachtet – mit einer typologisch differenzierten Kategorisierung der Mitgliedschaftsbindung relativ gut beschrieben werden. Interessant sind die Zusammenhänge zwischen religiöser Sozialisation, religiöser Orientierung und Verhalten sowie dem Verhältnis zur Kirche. Ein großes, national angelegtes Forschungsprogramm des Schweizerischen Nationalfonds vermittelte Ende der 1980er-Jahre ein Bild der Situation, das aus kirchlicher Perspektive wenig Anlass zur Zuversicht bot. Die Analysen belegten einen deutlichen Trend zur Privatisierung und Pluralisierung der religiösen Orientierung in beiden Großkirchen. Zur Diagnose kam damals die Prognose einer sich verstärkenden Säkularisierung und Auflösung der konfessionellen Milieus hinzu. Die Forschungen der letzten Jahre bestätigten das prognostizierte säkulare Driften auf der individuellen Ebene.[19]

Was ist die Konsequenz und das nüchterne Fazit der Analyse aus Sicht der Institution? Mit der schrumpfenden Kirche wird das Christentum verdampfen. Der Trend geht zu einer Kirche, die sich als Minderheit im säkularen Umfeld der Gesellschaft zuerst noch finden muss. Für die Weitergabe des Glaubens heißt das: Wenn die klassischen Wege der religiösen Sozialisation, die auf eine Kooperation von Familie und Religionsgemeinschaft gesetzt haben, in immer weniger Fällen funktionieren, müssen andere gefunden werden.[20]

---

[19] Vgl. J. Stolz u. a., Religion und Spiritualität in der Ich-Gesellschaft. Vier Gestalten des (Un-)Glaubens (SPI.R 16), Zürich 2014. – Die Typologie baut auf zwei Dimensionen auf: einer institutionellen Religiosität und einer alternativen Spiritualität. Auf der Ebene der Individuen haben ein säkularisierendes Driften sowie eine religiöse Individualisierung und Konsumorientierung zugenommen. Auf der Ebene der Milieus sind die Etablierten geschrumpft und die Distanzierten sowie die Alternativen sehr stark angewachsen. Für die Zukunft erwarten Jörg Stolz (* 1967) und die weiteren Mitwirkenden der Studie „eine gewisse Polarisierung zwischen sehr religiösen Freikirchlichen und Esoterischen und einer sehr großen Gruppe von völlig indifferenten oder religionskritischen Personen" (ebd., 206).

[20] Vgl. dazu R. Kunz, Soziallehren für eine gemeinschaftsfähige Kirche. Theologische Relecture der soziologischen Klassiker, in: H.-H. Pompe, C. A. Oelke (Hg.),

Gemessen am kulturellen Anspruch des „abendländischen Christentums“ bedeutet die Degradierung des Glaubens von einer (impliziten) Selbstverständlichkeit zu einer Option einen Zerfall und eine Schwächung der Kirche, die sich selbstredend auch in Zahlen ausdrücken. Mittelfristig werden die Großkirchen so stark schrumpfen, dass sie sich ihrer Diaspora-Situation bewusst werden. Für eine durch aktive Beteiligung qualifizierte Bindung an die Kirche muss man sich entscheiden. Zugehörigkeit ist nicht mehr länger Schicksal, sondern eine Wahlmöglichkeit geworden.[21]

Wir sind aber (in den meisten Diözesen und Pfarreien) noch nicht an diesem Punkt angelangt: Wer sich mit der Glaubensgemeinschaft identifiziert, am gottesdienstlichen Leben partizipiert und den Glauben auch im Alltag praktiziert, gehört in der Kirche zu einer Minderheit. Immerhin ist es da und dort eine wachsende Minderheit.[22]

### 2.3 Brannte nicht unser Herz?

Da es mir nicht in die Wiege gelegt war, einfach so dazuzugehören, führte mein Weg zur gottesdienstlichen Praxis letztlich (auch) über die Entscheidung, dieser Gemeinschaft angehören zu *wollen*. Ich habe einen Ruf gehört. Aber ich wäre ihm nicht gefolgt und hätte niemals in der Kirche Heimat gefunden, wenn ich ihn nicht im Gottesdienst gehört hätte, in einer Atmosphäre, die mir eine Erfahrung ermöglicht hat, die Lukas treffend umschreibt: Ich habe gemerkt, dass „mein Herz brannte“ (vgl. Lk 24,32).

Meine Initiation erfuhr ich in einer landeskirchlichen Gemeinde, in der ein charismatischer Pfarrer predigte. Was mich als Jugendlichen in der Adoleszenz angesprochen hat? Es waren das Leidenschaftliche, das entschiedene Einstehen für eine Sache, die mich „unbedingt angeht“, und die Einladung zu einem lebenslangen

---

Gemeinschaft der Glaubenden gestalten. Nähe und Distanz in neuen Sozialformen. Im Auftrag des Zentrums für Mission in der Region (Kirche im Aufbruch 27), Leipzig 2019, 21–64.

[21] Darauf hat Paul M. Zulehner (* 1939) schon sehr früh aufmerksam gemacht. – Vgl. dazu P. M. Zulehner, Religion nach Wahl. Grundlegung einer Auswahlchristenpastoral, Wien 1974.

[22] Vgl. dazu G. Greshake, Kirche wohin? Ein real-utopischer Blick in die Zukunft, Freiburg i. Br. 2020.

Abenteuer, das in Tiefen und Weiten führt, die ich damals nur erahnte. Im Rückblick waren es die starken Gefühle, die ich im Gottesdienst erleben durfte. Mein Sehnen hatte eine Richtung bekommen. Neben der Predigt beeindruckte mich der vierstimmige Gesang. Die Gemeinde pflegte ein vielseitiges Repertoire: Gesänge aus Taizé, der orthodoxen Liturgie, den protestantischen Choral und Liedgut aus der französischen charismatischen Erneuerung. Es war letztlich diese Verbindung zur charismatischen Bewegung, die mir eine Türe zur Ökumene aufschloss.

### 2.4 Gemeinde als Lebensgemeinschaft – Gottesdienst als Kampffeld

Ich studierte Theologie und lernte während eines Auslandsaufenthaltes in Kalifornien die *Vineyard*-Bewegung kennen. Die Atmosphäre der *Megachurch* war mir allerdings fremd. Wie kann ich als anonymer Migrant in einer solchen Versammlung partizipieren? Ich war verloren. Heimat gefunden habe ich dann in einer kleinen Pfingstgemeinde in der Downtown von Los Angeles. Ich litt zwar unter dem emotionalen Stress, den die gefühlsbetonten Gottesdienste verursachten, war aber tief beeindruckt von der religiösen Hingabe, die meine Schwestern und Brüder in ihrem täglichen „Überlebenskampf" zeigten. Der Gottesdienst war der Herzschlag dieser Gemeinde. Ohne das Gebet, den Segen und den Gesang hätte diese Gemeinschaft nicht bestehen können. Gleichzeitig war es die Mission dieser Gemeinde, dass ihre Mitglieder ein besseres Leben unter prekären Verhältnissen führen konnten. Einige meiner Geschwister waren in ihrem früheren Leben *Gangbangers*, dealten mit Drogen oder haben sich prostituiert. Die Liturgie dieser Gemeinde war immer auch *Battlefield* und nie *End in itself*.

### 2.5 Taizé – das Charisma der Einfachheit

Die Gebetsgottesdienste der Kommunität in Taizé waren eine weitere wichtige Erfahrung und Station auf meinem liturgischen Weg. Es waren Freunde, die mich ins Burgund lockten, und es war „Liebe auf das erste Ohr". Die Schönheit der Gesänge, aber auch das Lichtermeer und die charakteristische Ästhetik der Auferstehungskirche, in der sich unterschiedliche Stilelemente verbinden, übten auf mich einen regelrechten Sog aus.

Als ich mich Jahre später auf einer Reise zu den orthodoxen Klöstern in Rumänien mit der Geschichte der ostkirchlichen Mission beschäftigte, wurde mir nachträglich bewusst, wie stark mich das „Orthodoxe“ in dieser gottesdienstlichen Erfahrung geprägt hat.[23] Wer in Taizé gebetet und gesungen hat, bekommt eine sanfte Einführung in die Spiritualität der Ikonen. Aber natürlich in einer ökumenischen Gemeinschaft, die das Wort Gottes in einer zeit- und jugendgemäßen Form weitergibt und am Sonntagmorgen eine katholische Messe zelebriert.

Warum funktioniert diese „Mischung“? Weil die Gebete „einfach“ sind. Die Brüder haben sich dafür entschieden, ihren täglichen Gottesdienst zu elementarisieren. Mit Jacques Berthier (1923–1994) war ein Musiker bereit, das Schlichte mit dem Wohlklang des vierstimmigen Gesangs zu verbinden. Es ist eine treue Gemeinschaft, die sich auf diese Liturgie verlässt. Mit der Einfachheit, der ökumenischen Schönheit und der Treue zum eigenen Stil hat Taizé in den letzten 60 Jahren Hunderttausende Christ(inn)en liturgisch sozialisiert.

### 2.6 Resümee

Ich habe meinen Weg erzählt, weil er typischerweise untypisch ist. Entscheidend waren zufällige Begegnungen, Konstellationen, die sich ergeben haben. Meine konfessionelle Herkunft bleibt zwar prägend und die reformierte Kirche der Ort, an dem ich „wohne“, aber ihre Liturgie ist mir schon lange nicht mehr exklusive „Heimat“. Nicht, dass ich ein Vagabund oder spiritueller Wanderer geworden wäre! Was ich reklamiere, fasst die Formel „großzügige Orthopraxie“ am besten zusammen.[24] Sie lässt mir die Freiheit *in liturgicis*. Ich fühle mich nicht verpflichtet, gewisse Gesten zu meiden, die andere Reformierte als zu „katholisch“ empfinden, oder theologische

---

[23] Die Mission durch Schönheit ist in der Ostkirche sozusagen legendär. In der altrussischen Nestorchronik wird darüber erzählt, wie die schöne Liturgie die Herzen erobert hat. – Vgl. D. S. Lichacev, B. Romanov, V. P. Adrianova, Povest’ vremennych let, übersetzt und hg. von R. Trautmann, Leipzig 1931, 76f.

[24] Ich beziehe mich auf die *Generous Orthodoxy*, ein Konzept, das Graham Tomlin (* 1958) für die anglikanische Kirche fruchtbar macht. – Vgl. dazu G. Tomlin, Understanding Generous Orthodoxy, London 2022 [im Druck].

Einstellungen abzulegen, die meine pfingstlichen Geschwister als zu „liberal" kritisieren würden.

Aus zufälligen Erfahrungen lässt sich kein Konzept ableiten. Möglicherweise ist aber die Bricolage eine Signatur der liturgischen Sozialisation, die auch andere kennen. Ich bin mir sicher, dass ich ohne Begegnungen mit anderen gottesdienstlichen Erlebniswelten nicht mehr in der Kirche wäre, geschweige denn meinen Glauben als Christ praktizieren würde. Darum hat für mich die „korrekte" Liturgie, die zu einem Ritual für die Konfession geworden ist, als Kriterium keine Relevanz. Ich bezeichne mich vielmehr als einen ökumenischen Liebhaber der Liturgie. Damit spreche ich mich nicht gegen die konfessionell geprägte Liturgie aus und möchte kein Plädoyer für den „Mischmasch" halten.[25] In einer Kirche, in der Normalbiografien anormal sind, hat eben beides seinen Sinn und Zweck: der klassisch agendarische Gottesdienst und die freiere Form, die Elemente aus verschiedenen Traditionen stilsicher neu kombiniert. Das ist gemeint mit der Haltung der großzügigen Orthopraxie.

Sowohl die Reinheit der Form als auch die Einheit einer Stilgemeinde können dem Aufbau der Gemeinde dienen. Entscheidend ist, dass die Zeit der Liturgie als Zeit einer Gemeinschaft erlebt wird, die sich als Kirche im umfassenden Sinn des Wortes versteht. Darum hat der Gottesdienstraum einen einzigartigen Charakter und die Gemeinschaft, die ich dort erlebe, eine ganz andere Tiefe und Weite als ein Club oder ein Konzertpublikum – „ganz anders" im qualifizierten Sinn von „heilig". Darum habe ich große Erwartungen an den Gottesdienst – und muss auch mit der Enttäuschung fertigwerden, dass andere Christ(inn)en weniger hohe Ansprüche stellen oder abweichende Prioritäten setzen. In diesem Sinne meine ich, Lehren aus meiner Erfahrung ziehen zu dürfen und die wichtigsten Faktoren für meine liturgische Sozialisation und Inkulturation benennen zu können. Ich bin angewiesen auf

---

[25] Die Abgrenzung hat einen biografischen Grund. Ich habe einmal im Leben den Fehler gemacht, ein Buch (mit Beiträgen von Andreas Fischer, Markus Giger, Matthias Girgis, Mathias Rissi und Thomas Schaufelberger) mit einem ironischen Titel zu versehen und mit der Metapher des Wildwuchses gespielt. – Vgl. R. Kunz (Hg.), Der neue Gottesdienst. Ein Plädoyer für den liturgischen Wildwuchs, Zürich 2006. Der Titel ist sexy und wird häufig zitiert – von Leuten, die das Buch nicht gelesen haben.

- das Zeugnis von Menschen, die ihre Begeisterung für Gott bezeugen und dadurch zur Quelle ihrer Begeisterung leiten;
- charismatische Persönlichkeiten, die als Türöffner für die gottesdienstlichen Welten dienen und die Türen öffnen zum Heiligtum;
- die Gewissheit, zu einer ökumenischen Gemeinschaft zu gehören, die sich zur Una Sancta bekennt;
- die Möglichkeit, im Gottesdienst zu partizipieren und nicht nur Zuschauer zu sein, der auf die Rolle eines Bewunderers reduziert wird;
- die Ermutigung von Mitchrist(inn)en, die mich einladen, „Mitarbeiter an [der] Freude" (2 Kor 1,24 ZB) der Gemeinschaft der Gläubigen zu werden.

## 3 Was heißt evangelisch-reformiert?

### 3.1 Eine Liturgie für das Volk

Es ist das Privileg des akademischen Theologen, sich im Rahmen einer Qualifikationsarbeit für eine längere Zeit intensiv mit einer bestimmten Materie beschäftigen zu dürfen. In meiner Habilitation setzte ich mich mit den Anfängen der reformierten Liturgik auseinander. Es schien mir aus drei Gründen vielversprechend: Erstens war der Wissensstand der Reformierten, was die eigene Gottesdiensttradition angeht, relativ bescheiden, zweitens zeigte die Recherche, wie viele Missverständnisse sich mit den stereotypen Vorstellungen der konfessionellen Identität verbunden haben. Daraus schloss ich drittens, dass beim Aufklären und Aufräumen der eigenen Geschichte das Reformanliegen neuen Schwung aus alten Einsichten gewinnen könnte.

Eines ist offensichtlich: Die Reformatoren, die in den süddeutschen Städten die Reformation anzettelten, reagierten auf einen kirchlichen Missstand, für den der Zustand des Gottesdienstes eher Symptom als Ursache war. Die wirksamsten Mittel, um eine Reform an Haupt und Gliedern voranzutreiben, bot freilich der Gottesdienst bzw. eine Nebenform, die der Predigt mehr Gewicht geben konnte. Als Huldrych Zwingli (1484–1531) in Zürich seinen Dienst als „Leutpriester" antrat, war die Einführung einer deutschen Predigt in der Tradition der *lectio continua* Ausdruck dieses Reformwillens. Der Reformator musste sich eine Gemeinde durch das Wort aufbauen, ein Wort, das wirksam war, weil es verstanden wurde. Zwingli war einerseits ein typischer Reformkatholik, insofern er sich voll und ganz mit dem Bildungsoptimismus des Humanismus identifizierte. Andererseits stand er auch unter dem Einfluss des Wittenberger Reformators Martin Luther (1483–1546) und dessen Wiederentdeckung (und Neuinterpretation) der augustinischen Gnadentheologie.

Hier die innerprotestantischen Divergenzen und Konvergenzen zu erörtern, die auf unterschiedliche Kontexte und Konstellationen in der Eidgenossenschaft zurückzuführen sind, würde zu weit führen. *In liturgicis* hat sich vor allem eine Differenz im Vorgehen als wichtig erwiesen. Die Reformierten hatten sich mit der Verabschiedung der Messe als Grundform des sonntäglichen Gottesdienstes dafür entschieden, liturgisch neue Wege zu gehen. Sowohl in Zwinglis als auch in Johannes Calvins (1509–1564) liturgischem Schaffen zeigt sich ein deutlich erkennbarer Formwillen. Am Beispiel des Formulars von Zwinglis Nachtmahl lässt sich schön zeigen, welche Absicht damit verbunden war. Dieser Gottesdienst dient dazu, die Gemeinde aufzubauen, und zwar durch aktive Partizipation. Das Volk und nicht die Geistlichen sollen den Dankpsalm im Wechsel beten, Brot und Wein empfangen und dabei Gott „genießen“.[26]

### 3.2 Der lange Schatten der Kirchenzucht

Zwinglis Formular einer volkstauglichen, elementaren Eucharistiefeier blieb 400 Jahre unverändert und war auch lange Zeit die einzige akzeptierte Agende. Ob diese Liturgie je geliebt wurde? Ich fürchte,

---

[26] In diesem und im folgenden Abschnitt beziehe ich mich auf verschiedene Artikel und Bücher zur Geschichte und Gegenwart der evangelisch-reformierten Liturgie und Liturgik. – Vgl. R. Kunz, Gottesdienst evangelisch reformiert. Liturgik und Liturgie in der Kirche Zwinglis, Zürich $^{2}$2006; ders., Abendmahlsgottesdienst, in: K. Kusmierz (Hg.), Gottesdienst in der reformierten Kirche. Einführung und Perspektiven (Praktische Theologie im reformierten Kontext 15), Zürich 2017, 224–242; ders., Reformierte Liturgie im 20. Jahrhundert, in: J. Bärsch, B. Kranemann (Hg. in Verbindung mit W. Haunerland, M. Klöckener), Geschichte der Liturgie in den Kirchen des Westens. Rituelle Entwicklungen, theologische Konzepte und kulturelle Kontexte, Bd. 2: Moderne und Gegenwart, Münster 2018, 399–439.

dass das magere Ritual, das viermal im Jahr anlässlich der christlichen Feste gefeiert wurde, seinen Charme des Einfachen, Kurzen und Konzentrierten nicht mehr entfalten konnte, sobald es für die Kirchenzucht instrumentalisiert wurde. Die theokratischen Tendenzen in den reformierten Kommunen führten dazu, dass man den Ritus in erster Linie als moralisches und pädagogisches Mittel des Staates erfuhr. Die funktionale Verengung der Liturgie war entscheidender als die materialen Mängel des ersten Entwurfs. Der erzwungene Kirchgang und das Abkanzeln durch die Pfarrer, die Mores lehrten und die Leviten lasen, förderten ein Klima der sozialen Kontrolle.

Man kann es auch neutraler formulieren: Das Arrangement von Macht, Moral und Religion, das zu Beginn der Neuzeit funktionierte, hat sich seit der Französischen Revolution (1789–1799) aufgelöst. Mit dem 19. Jahrhundert kam die romantische Idee der „Volkskirche" auf. Es war die letzte ekklesiologische Fantasie des konstantinischen Christentums, die im 20. Jahrhundert immer mehr an Strahlkraft verloren hat.

Es ist ein langer Weg von den Tagen der Staatskirche, die für Zucht und Ordnung sorgt, bis zur landeskirchlichen Organisation, die ihren Mitgliedern einen religiösen Service bietet. Und auf diesem Weg ist manches auf der Strecke geblieben. Aber der Normalgottesdienst blieb lange Zeit mehr oder weniger dasselbe wiedererkennbare Ritual. Den Geschmack des Pädagogischen wurde er dabei nicht los. Es haftete dem Kirchgang auch nach dem Ende des staatskirchlichen Obligatoriums immer noch etwas Moralisches an. Das änderte sich erst in den letzten Jahrzehnten.

### 3.3 Die Gottesdienstreform der Liturgischen Bewegung

Es ist verführerisch und verfänglich zugleich, Defizite in der Gegenwart auf Verfehlungen in der Vergangenheit zurückzuführen. Tatsächlich hat sich die Gestalt der Liturgie in den letzten 50 Jahren auf eindrückliche Weise erneuert. Um von meiner Kirche zu reden: Die 1960er-Jahren brachten die ersten nennenswerten Änderungen im Bereich des reformierten Gottesdienstes seit der Reformation. Zu verdanken haben wir sie den Liturgischen Bewegungen, die im 19. und 20. Jahrhundert Impulse zur Erneuerung gaben – oder präziser: einigen liturgisch bewegten Kirchenmusikern und Theologen, die den „Willen zur Form“[27] entdeckten. Diese Reform verlief evolutionär, nicht revolutionär. Für den deutschsprachigen Raum war es zudem wichtig, dass die Wort-Gottes-Theologie nach anfänglichem Widerstand gegen das Odeur des Hochkirchlichen eine Schwäche für das Schöne entwickelte.

Es waren viele Faktoren, die zur Erneuerung beigetragen haben. Einen möchte ich hervorheben: die Angleichung der Gottesdienstkulturen. Was nicht zuletzt auch durch den Geist des Zweiten Vatikanischen Konzils (1962–1965) möglich wurde, zeigt sich als „Katholisierung“ des protestantischen Gottesdienstes und in Entsprechung als „Protestantisierung“ des katholischen Gottesdienstes. Das ist natürlich auch eine Wirkung der Liturgischen Bewegungen, die von Anfang an ökumenisch unterwegs waren. Vieles von dem, was infolgedessen in meiner Kirche heute selbstverständlich ist, wäre in den 1950er-Jahren undenkbar gewesen. Ein gemeinsam gebetetes Unser Vater oder – horribile dictu – Osterkerzen oder lateinische Gesänge hätten damals für einen Tumult gesorgt. „Das ist katholisch!“ war eine Killerphrase. Heute beten wir Psalmen im Wechsel.

Natürlich kann man diese Entwicklung auch als das Symptom einer Auflösung der konfessionellen Milieus und eine Verwischung der Identitäten interpretieren. Ich sehe darin eher eine Chance für die beiden Kirchen. Christ(inn)en, die sich evangelisch oder katholisch nennen, haben gelernt, die Evangelizität der Katholizität und umgekehrt zu bekennen. Für meine Kirche ist es allerdings höchste Zeit, dass das katholische Bewusstsein der liturgisch Bewegten kein elitäres Phänomen mehr bleibt und auch das Kirchenvolk – die Gottesdienstgemeinde – lernt, sich zum gemeinsamen Erbe der Una Sancta zu bekennen und der identitären Strategie der konfessionellen Abgrenzung eine klare Absage zu erteilen. Vielleicht ist es der „Zwingli in mir“, der auf die liturgische Volksbildung hofft? Ihr Ziel wäre es, den Reformierten klarzumachen, dass sie schöner feiern, seit ihr Gottesdienst katholischer geworden ist. Aber helfen die schönen Feiern in der Misere, in der beide Kirchen stecken?

---

[27] Das geflügelte Wort der Liturgischen Bewegung geht zurück auf Wilhelm Stählin (1883–1975). – Vgl. W. Stählin, Fieber und Heil der Jugendbewegung, Hamburg 1923, 30f.

### 3.4 Fest statt Feier?

„Als Kinder wurden wir gelehrt, ‚Gott zu fürchten', aber doch nicht, ‚Gott zu genießen'"[28], bemerkt Jürgen Moltmann im Kapitel „Das Fest der Freiheit" in seinem Büchlein „Neuer Lebensstil". Von der „dogmatischen Orthodoxie", an die der Theologe sich erinnert, ist in den Volkskirchen nicht viel übrig geblieben. Die Forderung einer „Wiedergeburt der Feste [...], der Spiel- und Ausdrucksfreude im Umgang mit dem Leben und der Freude im Gottesdienst"[29] verbindet er mit einer funktionalen Analyse des Rituals, aus der er die Feststellung ableitet, dass „eine Kirchenreform [...] noch nicht durch Erneuerung der Inhalte, sondern erst mit der Veränderung der Rituale effektiv"[30] wird. Ein Evangelium, das in der Feier nicht ergreift, ist nicht begriffen.

In seiner kritischen Analyse der Funktionen ritueller Handlungen im öffentlichen Raum kommt Moltmann zum Schluss, dass die Feier nicht leisten kann, was das Ritual über seine Notwendigkeit hinaus zum Fest macht. Ein Gottesdienst, der nur entlastet, genügt nicht. Es geht dem Theologen nicht nur darum, das Moralische und Belehrende oder das mechanisch Repetierte zu entfernen. Das seien Probleme, die man homiletisch und liturgisch angehen könne. Wenn das Fest gerade mache, was im Alltag krumm laufe, sei etwas schiefgegangen. Die Vision der Erneuerung sei radikaler.

> „In den Funktionen der *Antizipation*, der *Alternative* und des *Experiments* kommt [...] durch sie [= die Feste] eine sonst unbekannte Freiheit ins unfreie Leben hinein."[31]

Moltmanns Versuch, die Oikodomik des Gottesdienstes mit einem neuen Lebensstil zu verbinden, schlägt andere Wege der Erneuerung vor als die Liturgische Bewegung. Einen vergleichbaren Wind spürt man auch in den Schriften von Ernst Lange (1927–1974). Beide Theologen haben die Selbstverständlichkeit der volkskirchlichen Agenden infrage gestellt, für beide ist die Verbindung von Alltag und Fest oder Diaspora und Ekklesia ein gestaltoffenes Projekt, ein Prozess, der eine Richtung hat und in Bewegung bleiben muss, weil alles im Wandel begriffen ist.

---

[28] Moltmann, Neuer Lebensstil (s. Anm. 12), 71.
[29] Ebd., 73.
[30] Ebd., 74.
[31] Ebd., 81 [Hervorhebungen im Original].

## 4 Gottesdienst durch Gemeindeaufbau

### 4.1 Die Dynamik der engagierten Liturgien

Sowohl Jürgen Moltmann als auch Ernst Lange sind Pioniere einer „engagierten Liturgik", die seit den 1980er-Jahren Impulse der politischen, feministischen und ökologischen Bewegung rezipiert hat. Diese wurden in der „zünftigen Liturgik" nicht richtig akzeptiert, hatten aber an der Basis eine starke Wirkung. Ich denke, dass es sich lohnt, den Pionieren zuzuhören und ihre Problemanalysen und Lösungsvorschläge unter den gegenwärtigen Verhältnissen noch einmal „zünftig" zu diskutieren. Ich erhoffe mir davon frische Luft und einen längeren Schnauf für die feiernde Kirche.

Immer noch inspirierend sind Überlegungen in Moltmanns Bändchen „Neuer Lebensstil. Schritte zur Gemeinde". Im Zentrum seiner gottesdienstlichen Vision ist die Gemeinde eine durch den Auferstandenen bewegte Gemeinschaft. Jesu irdisches Leben war ein befreiendes Leben.

> „Wieviel mehr muß darum die Christenheit seine Auferstehung von den Toten als Anfang einer unvergänglichen Freude verstehen und als ein Glück ohne Vergehen feiern. Als ‚Erstling der Entschlafenen' und ‚Anführer des Lebens' gegen die Mächte des Todes ist er der ‚Vortänzer im mystischen Reigen', und die Gemeinde ist seine ‚mittanzende Braut', sagte Hippolyt."[32]

Das schöne Bild des Auferstehungstanzes ist für Moltmann keine „Eskapade in den Himmel"[33]. In der eucharistischen Feier ist der leidensfähige Gott gegenwärtig, das Sakrament der Erinnerung und der Hoffnung zugleich.

> „In diesem Fest ist die Freude an der Freiheit tief mit dem Schmerz an erfahrener Unfreiheit verbunden, denn der ekstatische Jubel führt immer tiefer in die Solidarität mit der unerlösten Welt hinein (Röm. 8)."[34]

---

[32] Ebd., 82.
[33] Ebd., 83.
[34] Ebd., 86.

Die atmende Kirche ist mit allem, „was Odem hat“, auch eine „Stoßseufzergemeinschaft“. In dieser Verbindung wird der Gottesdienst zum Fest der Schöpfung und zum Ziel der Geschichte. Für Jürgen Moltmann ist deshalb klar, dass die Feier der geübten Gruppe „um freie Spielräume für spontane und kreative Beiträge“[35] erweitert werden muss. Dazu gehören auch die Klage und das Ernstnehmen der konkreten Not, die Fürbitte und der Segen. Das ist kein Gegensatz. Im Geist der Seligpreisungen wird die „Überschwänglichkeit“ und die „Überflüssigkeit“ der Fülle, die Gott verheißt, im Leid, in der Verfolgung und in der Nachfolge erfahren. Ist das ein neuer Gottesdienst? Sehen wir das innovative Programm? Wohl eher nicht; eher das alte. In der Quintessenz läuft alles, was hier anvisiert wird, auf eine neue Gemeinschaft hinaus:

> „Das messianische Fest ist auf eine *Gemeinschaft* angewiesen, die sich als messianische Gemeinschaft versteht. Eine religiöse Betreuungskirche für das Volk wird ihre Gottesdienste als kirchliche ‚Veranstaltungen‘ immer zu festgeprägten Feiern stilisieren und sie als Rituale mit sozialen Funktionen verstehen, die den jeweiligen Bedürfnissen der Menschen in bestimmten sozialen Situationen angepaßt sind. Eine Gemeinschaftskirche des Volkes aber wird sich selbst als Subjekt ihrer Versammlungen begreifen und sie darum zu Festen ihrer eigenen Geschichte mit Gott gestalten. Gottesdienstreform und Gemeindereform gehören darum zusammen. Keine Gottesdienstreform gelingt ohne den Aufbau der Gemeinde ‚von unten‘ her, d. h. ihrer Selbstorganisation, dem Evangelium, seinen Verheißungen und Herausforderungen entsprechend. […] Doch die Wiedergeburt zu einem *österlichen Christentum* steht uns wohl erst noch bevor.“[36]

### 4.2 Bewegte Basis – die Dynamik der konvivialen Kultur

Jürgen Moltmanns glasklare Vision bringt uns wieder zum Dilemma zurück, das ich anfangs so formuliert habe: Wir erleben Gemeindeaufbau durch Gottesdienst erst dann, wenn der Gottesdienst durch den Gemeindeaufbau belebt worden ist. Wenn sich das Reformpoten-

---

[35] Ebd., 91.

[36] Ebd., 94f. [Hervorhebungen im Original].

zial der Liturgie nur im Zusammenhang der erneuerten Pastoral entfalten kann, stimmt auch die Umkehrung der Leitthese. Was in beiderlei Hinsicht vermisst wird, ist das Leben. Hoffnungsvoll reformuliert: Wo aber Leben ist, verwandelt sich das Dilemma in die Dynamik der Zusammengehörigkeit. Das *Zusammenleben* ist der Schlüssel.

Es ist kein Zufall, dass der Begriff „Konvivenz"[37] in der Missionstheologie aufgegriffen wird, „Konvivialität"[38] spielt auch in Diskussionen der politischen Philosophie eine Rolle. Gemeint sind praktische Formen des friedlichen Miteinanders und lebensfreundliche wie nachhaltige Praktiken. In diesem größeren Zusammenhang des Lebensstils kann der Gottesdienst hinsichtlich seiner Funktionen – auf der Grundlage gegebener und eingeübter Praktiken – oikodomisch bestimmt werden. Das Fest der Auferstehung hat eine fundierende Funktion, insofern es den Glauben bewahrt, eine regenerierende Funktion, insofern es Hoffnung weckt, und eine dynamisierende Funktion, insofern es zum Liebesdienst sendet. Die Liturgie kommt erst in der bewegten Gemeinde in Schwung. Denn um zu tanzen, braucht der Leib Christi eine Körperpräsenz.

### 4.3 *Better Practice? Hopeful Practice!*

Gibt es diesen Gottesdienst? Ja, ich kann es bezeugen, aber ich scheue mich, von *Better Practice* oder *Best Practice* zu sprechen. In der kompetitiven Logik ist das höchste Gut ein Erfolg. Es geht aber

---

[37] Der Begriff „Konvivenz" leitet sich vom spanischen *convivencia* bzw. portugiesischen *convivência* (Zusammenleben) ab und bezeichnete im mittelalterlichen Spanien die friedliche Koexistenz von Juden, Christen und Muslimen. In der neueren Literatur tauchte der Begriff erstmals in der spanischen Originalausgabe von Paolo Freires (1921–1997) „Pädagogik der Unterdrückten" auf (vgl. P. Freire, Pedagogia do Oprimido, São Paulo 1974). Theo Sundermeier (* 1935) hat den interkulturellen Ansatz aufgegriffen und missionstheologisch interpretiert. – Vgl. T. Sundermeier, Konvivenz als Grundstruktur ökumenischer Existenz heute, in: W. Huber, D. Ritschl, T. Sundermeier, Ökumenische Existenz heute (ÖEH 1), München 1986, 49–100.

[38] Der Begriff „Konvivialität" (*con-vivere*, zusammenleben) wurde von einer Gruppe französischer Intellektuellen in die Debatte eingebracht. Er soll anzeigen, dass es darauf ankommt, angesichts gegenwärtiger Krisenszenarien positive Visionen des guten Lebens zu entwickeln. Eine andere Welt ist möglich – denn es gibt schon viele Formen konvivialen Zusammenlebens. – Vgl. dazu in: www.lesconvivialistes.fr (Zugriff: 2.3.2021).

nicht um Konkurrenz, sondern um Konkordanz und Konvivenz, die man an einem anderen Ort abschauen kann. Das funktioniert nicht. Was man gewinnt, wenn man Beglückendes erfährt, ist Hoffnung. Ich finde deshalb die Bezeichnung *Hopeful Practice* angemessener.

Das Schöne, das Wahre und das Gerechte des Evangeliums im Gottesdienst in Einklang zu bringen, ist im Horizont der Hoffnung zugleich die Gabe als auch die Aufgabe des liturgischen Subjekts. Also ist das partizipatorische Moment in der gottesdienstlichen Aufführung kein Beiwerk, sondern essenziell. Es ist die Bewegung, die in Gang kommt. Und hier kommt dann doch zum Zuge, was Christian Möller in seiner Lehre des Gemeindeaufbaus die Dienstgestalt der Oikodomik nennt.

Denn mit der Energetik allein ist es nicht getan. Es ist auch die Kybernetik, d. h. die Lehre von der Steuerung und Leitung, nötig, um von der Vorstellung der Funktionen der Liturgie zur Aufstellung einer liturgisch funktionierenden Gemeinde zu kommen. Wenn von Funktionen und Strategien die Rede ist, hat das einen ernüchternd technischen Klang. In der Denkbewegung des Glaubens, die sich als Funktion der Kirche versteht, ist es darum gut, einen Vorbehalt einzubauen – aber kein Stopp! Dies ist eine selbstkritische Evaluation der Machbarkeit, die von der Hoffnung abstrahiert, die Psalm 127 in der Tradition der kritischen Weisheit negativ ausdrückt: „Wenn nicht der Herr das Haus baut, mühen sich umsonst, die daran bauen" (Ps 127,1 ZB). Positiv gewendet, legt die Warnung den Erwartungsgrund des Versprechens frei, die einen anderen Psalmisten im Wallfahrtspsalter zur Seligpreisung verlockt: „Siehe, wie fein und lieblich ist's, wenn Brüder einträchtig beieinander wohnen!" (Ps 133,1 LUT)

Die Kombination einer geistlich fundierten Theologie der Ermöglichung mit dem technischen Vokabular der Praxistheorie birgt Risiken. Es ist das Wagnis der praktischen Theologie; sie kann dem nicht entgehen. Darum muss sie in Verbindung bleiben mit der Kirche, die in sich geht und aus sich heraus. Die Theologie macht das Ihre verantwortungsvoll, wenn sie zwischen der „Vermessenheit" der Instrumentalisierung und der „Verzweiflung" über die eigene Ohnmacht den menschlich-kreativen Spielraum in der göttlich-menschlichen Kooperation erforscht.[39] Letztlich ist es die Gemeinde, die

[39] „In der Verzweiflung wie in der Vermessenheit erstarrt und gefriert das eigent-

partizipatorisch am Aufbau der messianischen Erneuerung mitarbeitet oder – mit einem anderen Begriff – die Gnade der Berufung und der Sendung ergreift.

Die praktische Theologie macht die Regeln der Verbindung der geistlich gedachten Mitarbeit und menschlich gedachten Steuerung zweisprachig und legt so ein Fundament, um von den Funktionen des Gottesdienstes zu einer Anvisierung der liturgisch funktionierenden Gemeinde zu kommen. Das Hin und Her zwischen Kybernetik und Synergetik verpflichtet zur Kombinatorik. Es sind drei Punkte, die ich mit Blick auf die Leitkategorien „Identität" und „Partizipation" als Fazit meiner Überlegungen präsentieren möchte.

### 4.3.1 Neue Gottesdienste braucht das Land – und eine neue Liturgische Bewegung!

Michael Herbst (* 1955) titelte einen Aufsatz mit dem Appell „Neue Gottesdienste braucht das Land"[40], in dem er Liturgien einfordert, die näher bei den Lebensgewohnheiten der Menschen sind. Mit der choreografischen Metapher gesprochen, gilt es, die Schrittfolge des liturgischen Tanzes so zu gestalten, dass die Feiernden mittanzen können. Mit „experimentell" ist nicht zwingend eine „Modernisierung" oder einer „Mode folgend" gemeint, sondern der Versuch, die Liturgie im Modus der Beteiligung auf eine gemeinsame Gotteserfahrung hin zu öffnen. Das Vorbeten dient dem Mitbeten, das Vorsingen ist ein Ansingen, die Zelebration eine Einladung zur Konzelebration. Es muss nicht in jedem Gottesdienst alles geschehen, aber in allen Gottesdiensten sollte jede(r) zur tätigen Teilnahme ermutigt werden. Experimentiert wird mit dem Segen, Singen, Beten und Bezeugen der Gemeinde, die die Liturgie als Spielraum für ihre Charismen erlebt und nicht nur als Besucherin eines Konzerts oder als Hörerin einer Vorlesung erfährt. Ja, wir brauchen neue Gottes-

---

lich Menschliche, das die Hoffnung allein in strömender Gelöstheit zu bewahren vermag." (J. Pieper, Über die Hoffnung, München [4]1949, 51)

[40] M. Herbst, Neue Gottesdienste braucht das Land, in: BThZ 17 (2000) 155–176. – Ausführlich dazu vgl. R. Kunz, Neue Gottesdienste braucht das Land – und Neuland für Gottesdienste!, in: S. Schweyer (Hg.), Freie Gottesdienste zwischen Liturgie und Event. Beiträge der Tagung an der Staatsunabhängigen Theologischen Hochschule Basel vom 20. Juni 2011 (STB 7), Wien – Berlin – Münster 2012, 59–72.

dienste. Aber dazu braucht es eine neue Liturgische Bewegung, die das Althergebrachte neu ins Spiel bringt.

#### 4.3.2 Vorbereitung im Team

Die Separation der in der Liturgie beteiligten Künste, die schon in der Ausbildung beginnt und in der Vorbereitung des Gottesdienstes ihre Fortsetzung findet, ist ein Krisensymptom unseres liturgischen Betriebs, ihre Reintegration ein konstruktiver Ansatz. In der reformierten Kirche gibt es den Witz, der zugleich karikiert und demaskiert, wo die Wurzel des Problems liegt: Es ist Samstagnacht und das Licht brennt noch im Pfarrhaus. Was soll das bedeuten? Es ist der Pfarrer, der – im letzten kreativen Akt der Vorbereitung – Gebete formuliert und im Gesangbuch nach Liedern sucht, die zu seiner Predigt passen.

Das Gegenbild zu dieser (reformierten) Karikatur ist die Vision der gemeinsamen Vorbereitung im Team. Es ist die zwar aufwendige, aber mit Blick auf den experimentellen Gottesdienst notwendige Alternative zum zufälligen Zusammenspiel einsamer Zubereitung. Dass der Aufwand nicht für jeden Sonntag geleistet werden kann und auch die strenge Liturgie, die trägt und leitet, weil sie wiederholt wird, ihr Recht hat, kann nicht genug betont werden. Wer Benedikt (um 480–547) zitiert, weiß das Repetitive der Tagzeitengebete zu schätzen – eine Quelle der Spiritualität, von der auch die gemeinsame Vorbereitung anderer Typen des Gottesdienstes schöpft. Es hilft dem Aufbau der Gottesdienstgemeinde nichts, wenn das Charisma des einen gegen das des anderen Typus ausgespielt wird. Das Zusammenspiel der Künste im Spielraum der Liturgie geschieht zur Ehre Gottes.

#### 4.3.3 Liturgische Bildung in der Haltung einer großzügigen Orthopraxie

Es macht in der Form einen Unterschied, ob sich Gottes Volk oder „zwei oder drei" in seinem Namen versammeln. Viele Formulare sind für die Großgemeinde geeignet. Sie sind Broadcast. Wir müssen aber auch den Podcast einüben. Das betrifft einerseits die liturgische Bildung der Spezialist(inn)en und rückt andererseits – in der Perspektive der Theologie für die Pastoral – die Bildung der Gemeinde in den Fokus. Die Freude am Gottesdienst entsteht aus dem Genuss

Gottes in Verbindung mit dem „Feinen und Lieblichen“ der „geschwisterlichen Eintracht“ (vgl. Ps 133,1). Eine „konviviale Mystagogik“ wird auf die formative Funktion der Liturgie setzen, die „mystagogische Konvivenz“ die Gemeinschaft der Verschiedenen aufbauen.

Das aber bedingt, dass auch mit Patchwork-gerechten Liturgien geübt und experimentiert wird. Es ist das stilechte Stilgemisch, das einlädt, sich befremden zu lassen. Sich an der Freude der anderen mitzufreuen, geht nicht ohne eine Spur der Befremdung. Nein, das ist kein Einheitsbrei. Es ist der Tropfen Tabasco im neuen Gottesdienst. Mit der Zeit werden auch die liturgischen Feinschmecker auf den Geschmack kommen.

# Ein Zurück wird es nicht mehr geben

## Brennpunkte für Liturgie und Ekklesiologie nach der Pandemie

*Stefan Böntert*

Ist die Corona-Pandemie eine Zeitenwende, die unser Leben unumkehrbar verändern wird? Vermutlich werden wir diese Frage erst aus dem Abstand von einigen Jahren zuverlässig beantworten können. Doch schon jetzt steht fest, dass die Ausbreitung des gefährlichen Virus für gravierende Erschütterungen sorgt und andere, bisher als drängend erachtete Herausforderungen der Gegenwart in den Hintergrund drängt. Schlagartig wurde sichtbar, wie fragil unser Alltagsleben, wie verletzlich unsere Routinen und wie anfällig die tragenden Säulen unserer Gesellschaft sein können. Was vor Kurzem noch weitgehend intakt erschien, wirft unter dem Eindruck der Ereignisse ernste Fragen auf, die uns noch geraume Zeit beschäftigen müssen:

> „Während wir uns noch mitten in der Krise befinden, ist es wichtig, nicht nur in den Befindlichkeiten des Hier und Jetzt zu verweilen. Wir müssen schon jetzt den Blick nach vorne richten, um zu erahnen, in welcher Welt wir leben werden, wenn wir durch diese Krise gekommen sind, wenn das Virus seinen Schrecken verloren haben wird“[1],

so das Vorwort eines kürzlich erschienenen Sammelbandes, in dem Fachleute aus unterschiedlichen Wissenschaftsfeldern die aktuellen Entwicklungen bewerten und Herausforderungen für die Zukunft umreißen.

Dass Corona eine handfeste Krise für gewohnte Logiken bedeutet, hat auch das kirchliche Leben erfahren. Besonders empfindlich

---

[1] B. Kortmann, G. G. Schulze, Einleitung: Die Welt nach Corona, in: dies. (Hg.), Jenseits von Corona. Unsere Welt nach der Pandemie – Perspektiven aus der Wissenschaft (X-Texte zu Kultur und Gesellschaft), Bielefeld 2020, 9f., hier: 10. – Von einem ähnlichen Denken getragen sind die Beiträge in: M. Volkmer, K. Werner (Hg.), Die Corona-Gesellschaft. Analysen zur Lage und Perspektiven für die Zukunft (X-Texte zu Kultur und Gesellschaft), Bielefeld 2020.

von den Einschränkungen betroffen waren die Gottesdienste. Doch trotz aller Schutzmaßnahmen und zahlreicher Absagen kam die Praxis nicht vollständig zum Erliegen, sondern reagierte mit einer beachtlichen Kreativität auf die besonderen Umstände. Innerhalb weniger Wochen wuchs eine große Vielfalt an alternativen Feierformen heran, angefangen bei Gottesdiensten im digitalen Raum über Stationsgottesdienste im Freien bis hin zu Feiern im häuslichen Umfeld, für die zahlreiche Gestaltungshilfen via Internet zur Verfügung gestellt wurden.[2] Ohne Zweifel waren diese Initiativen in erster Linie aus der Not geboren und wollten den erzwungenen Verzicht auf Gottesdienste in physischer Präsenz so weit wie möglich kompensieren. Wie sehr hier jedoch ein liturgietheologischer und im weiteren Sinne auch ein ekklesiologischer Nerv getroffen ist, zeigen die Reaktionen auf diese Maßnahmen. Hier stechen zunächst Wortmeldungen heraus, die um die Frage kreisten, inwieweit die theologischen Standards, allen voran das Liturgieverständnis des Zweiten Vatikanischen Konzils (1962–1965), gewährleistet sind[3] oder ob hier nicht vielmehr ein „Retrokatholizismus […] fröhliche Urständ feiert"[4]. Über die Fachdebatten hinaus hat die Pandemie ein bezeichnendes Schlaglicht darauf geworfen, wie die Kirche in der Öffentlichkeit wahrgenommen wird. Zumindest in der Anfangsphase war in den überregionalen Medien die Absage vieler Gottesdienste das beherrschende Thema, was darauf schließen lässt, mit welcher Selbstverständlichkeit praktizierter Glaube und kirchliches Leben mit der Feier von Gottesdiensten in Verbindung gebracht werden. Nehmen wir

[2] Vgl. etwa G. Brüske, Hauskirche, Livestreams und offene Kirchen. Die Heilige Woche 2020 war geprägt von besonderen gottesdienstlichen Formaten. Eine persönliche Chronik, in: Gottesdienst 54 (2020) 109–111.

[3] Vgl. A. Gerhards, B. Kranemann, S. Winter, Privatmessen passen nicht zum heutigen Verständnis von Eucharistie. Liturgiewissenschaftler kritisieren Anweisungen von Diözesen in Corona-Krise (18. März 2020), in: https://www.katholisch.de/artikel/24874-privatmessen-passen-nicht-zum-heutigen-verstaendnis-von-eucharistie (Zugriff: 29.1.2021); P. Ebenbauer, Zehn Thesen zur katholischen Liturgie in Zeiten von Corona (14. Dezember 2020), in: https://www.feinschwarz.net/liturgie-in-zeiten-von-corona (Zugriff: 29.1.2021).

[4] „Ein Retrokatholizismus, der gerade fröhliche Urständ feiert" – Julia Knop warnt vor kirchlichen Rückschritten angesichts Corona (26. März 2020), in: https://www.uni-erfurt.de/katholisch-theologische-fakultaet/fakultaet/aktuelles/theologie-aktuell/ein-retrokatholizismus-der-gerade-froehliche-urstaend-feiert-julia-knop-warnt-vor-kirchlichen-rueckschritten-angesichts-corona (Zugriff: 29.1.2021).

diese Beobachtungen zusammen, bestätigt sich ein weiteres Mal der untrennbare Zusammenhang von Gottesdienst und Kirchenbildern, von Liturgie und Ekklesiologie.

Über die Konsequenzen für das gottesdienstliche Leben in Zeiten von Corona kann und muss man nachdenken und ggf. auch streiten.[5] Allgemeingültige Rezepte, die in der Praxis nur noch umgesetzt werden müssten, sind allerdings nicht in Sicht. Doch vor dem Hintergrund der aktuellen Erfahrungen wäre es ein falsches Signal, wenn allein Krisenbewältigung und pragmatische Lösungen zur vorrangigen Handlungsmaxime erhoben würden (so notwendig kurzfristige Maßnahmen sind!). Mindestens ebenso viel Aufmerksamkeit braucht der Blick in die Zukunft. Damit kein Missverständnis aufkommt, sei gleich gesagt, dass ein solcher Blick nach vorn etwas anderes meint als gewagte Spekulationen über die künftige Gottesdienstpraxis. Vielmehr halte ich es für notwendig, Problemfelder und Aufgabenbereiche zu identifizieren, die durch die Corona-Pandemie erstmals ins Bewusstsein treten oder durch diese langfristig ein neues Gewicht bekommen. Worum es hier geht, lässt sich in einer Schlüsselfrage zusammenfassen: Welche (liturgie-)theologischen Basics haben durch die Krise an Brisanz gewonnen und erfordern deshalb weitere bzw. eine neue Aufmerksamkeit? Mit anderen Worten ausgedrückt: Wo hat die Pandemie offene Flanken und Defizite verstärkt, die zuvor zwar bekannt, aber tendenziell unterbewertet waren? Welche „Problemzonen" sind ans Tageslicht getreten? Und welche Aufgaben kommen angesichts der Pandemie auf das Schnittfeld von Liturgie und Ekklesiologie zu?

---

[5] Vgl. H.-J. Feulner, E. Haslwanter (Hg.), Gottesdienst auf eigene Gefahr? Die Feier der Liturgie in der Zeit von Covid-19, Münster 2020; W. Haunerland, Liturgie in Zeiten von COVID-19. Ansätze, Ambivalenzen und Aporien, in: MThZ 71 (2020) 367–379; Ebenbauer, Zehn Thesen zur katholischen Liturgie in Zeiten von Corona (s. Anm. 3); T. Schärtl, Ein langer Karsamstag. Die Kirche und die Corona-Krise, in: IKaZ 49 (2020) 327–341, bes. 329–333; P. Bukovec, Das Coronavirus als liturgischer V-Effekt, in: HlD 74 (2020) 218–228; S. Winter, Gottesdienst und rituelles Handeln in der Pandemie-Krise. Erste Sichtungen aus einer liturgiewissenschaftlichen Perspektive, in: W. Kröll u. a. (Hg.), Die Corona-Pandemie. Ethische, gesellschaftliche und theologische Reflexionen einer Krise (Bioethik in Wissenschaft und Gesellschaft 10), Baden-Baden 2020, 369–378; aus evangelischer Perspektive vgl. A. Deeg, Es wird nicht mehr sein wie vorher … Überlegungen zum Gottesdienstfeiern in Zeiten der Corona-Pandemie und danach, in: PTh 109 (2020) 417–435.

So verständlich der Wunsch nach einem raschen Ende der virusbedingten Einschränkungen auch ist: Alle Anzeichen sprechen dafür, dass eine Rückkehr zum Status quo ante mit seinen vertrauten Routinen und Denkfiguren unrealistisch ist. Der Weg nach Corona geht nur nach vorne weiter. In den folgenden Überlegungen soll es um drei besonders augenfällige Bereiche gehen, denen in diesem Zusammenhang Beachtung zukommen muss. Angezielt ist eine theologische Vergewisserung, die betont weit ansetzt und einen Baustein für die anstehenden Suchbewegungen beisteuern will.

## 1 „Nicht wie stumme Zuschauer": Partizipation in Zeiten der Digitalisierung

Den Anfang soll ein Themenbereich machen, der im Laufe des 20. Jahrhunderts zu einem Schlüsselaspekt des Gottesdienstverständnisses herangewachsen ist. Wie es in den letzten Jahrzehnten häufig betont wurde, gehört es zu den besonderen Verdiensten des Zweiten Vatikanischen Konzils, die Feier des Glaubens aus der hauptsächlichen Fokussierung auf den Priester befreit und ein umfassenderes Verständnis festgeschrieben zu haben, als es über weite Strecken der Geschichte prägend war. Im Denken des Konzils kann die Liturgie ihr Wesen nur entfalten, wenn alle aktiv und tätig daran teilnehmen, wie die Liturgiekonstitution *Sacrosanctum Concilium* (SC) u. a. in ihrem elften Artikel besagt. Aus der Taufe erwächst die Befähigung zur Teilnahme; dementsprechend sind die Mitfeiernden nicht Beiwohnende, sondern tragen durch ihre Partizipation das Geschehen mit. Lässt man die letzten Jahrzehnte Revue passieren, ist es nur angemessen, das Prinzip der tätigen Teilnahme als ein „Programmwort"[6] des gottesdienstlichen Lebens und seiner theologischen Bearbeitung zu bezeichnen.[7] Auch wenn sich mit Blick auf die tatsächliche Situation jede Schönfärberei verbietet, wurde hier ein erfreuliches Niveau erreicht.

---

[6] W. Haunerland, Participatio actuosa. Programmwort liturgischer Erneuerung, in: IKaZ 38 (2009) 585–595.

[7] Vgl. W. Haunerland, Tätige Teilnahme aller Gläubigen. Der oberste Grundsatz der Liturgiereform im Kontext deutscher Kirchenerfahrungen, in: K. Krips, S. Mokry, K. Unterburger (Hg.), Aufbruch in der Zeit. Kirchenreform und europäischer Katholizismus [FS Franz Xaver Bischof] (MKHS.NF 10), Stuttgart 2020, 221–238.

Fast 60 Jahre nach dem Ende des Konzils wirken die Debatten inzwischen etwas angestaubt, obwohl hier ein Anspruch formuliert ist, der weiterhin Gültigkeit besitzt und hinter den weder die Theologie noch die Praxis zurückfallen dürfen.[8] Seitdem sich in der Pandemie viele Verantwortliche dazu entschlossen haben, Gottesdienste über einen Livestream ins Internet zu stellen, erwacht das Thema allerdings zu neuer Aktualität. In diesem Zusammenhang sind auch weitere Initiativen zu nennen, die z. T. schon vor der aktuellen Krise entstanden sind, nun aber erheblich an Aufmerksamkeit gewonnen haben und ebenfalls die ganze Bandbreite digitaler Möglichkeiten verwenden.[9] Erste Reaktionen aus der Theologie machen darauf aufmerksam, dass der Schritt in den digitalen Raum keineswegs primär instrumentell gedeutet werden kann, als sei das Internet nur ein Werkzeug, zu dem man aus praktischen Gründen greift, wenn eine Zusammenkunft im Kirchenraum nicht möglich ist. Eine der herausforderndsten Fragen dürfte darin bestehen, um welche Art der Teilnahme es sich handelt, wenn die Feiernden über das digitale Medium miteinander verbunden sind. Dass hier eine Form der Teilnahme vorliegt, wird wohl niemand bestreiten können. Fraglich ist hingegen, ob diese mit dem Anspruch in Einklang gebracht werden kann, den das Konzil vorgegeben hat. Wie nicht anders zu erwarten, geht die Bandbreite der Einschätzungen weit auseinander, was unterstreicht, dass wir es hier mit einem Schlüsselaspekt der Liturgie zu tun haben. An einem Ende des Spektrums stehen Ansätze, die Digitalität im Sinne einer Entleiblichung interpretieren und deshalb

---

[8] Vgl. B. Jeggle-Merz, Tätige Teilnahme in „Sacrosanctum Concilium". Stolperstein oder Impulsgeber für gottesdienstliche Feiern heute?, in: LJ 63 (2013) 153–166; B. Kranemann, „Tätige Teilnahme" an der Liturgie als „Quelle und Höhepunkt" – Kernbegriffe der Liturgiekonstitution neu gelesen, in: M. Delgado, M. Sievernich (Hg.), Die großen Metaphern des Zweiten Vatikanischen Konzils. Ihre Bedeutung für heute, Freiburg i. Br. 2013, 232–247. Anlässlich des 50. Jahrestages der Liturgiekonstitution ist eine Fülle an Publikationen zum Thema erschienen. – Vgl. dazu die Auflistung in: S. Böntert, 50 Jahre Liturgiekonstitution „Sacrosanctum Concilium". Eine Durchsicht deutschsprachiger Veröffentlichungen aus Anlass des Jubiläums, in: ALW 57 (2015) 96–116, hier: 112f.

[9] Als ein Beispiel neben vielen anderen vgl. ein Angebot im Bistum Münster: Schulgottesdienst per App am Gymnasium St. Mauritz (11. Februar 2021), in: https://www.bistum-muenster.de/startseite_aktuelles/newsuebersicht/news_detail/schulgottesdienst_per_app_am_gymnasium_st_mauritz (Zugriff: 12.2.2021).

die beschriebenen Projekte für defizitär halten.[10] Befürwortende Stimmen am anderen Ende des Spektrums heben die Bedeutung der Kategorie der Vermittlung hervor, die zum Kernbestand des kirchlichen Lebens und damit auch der Liturgie gehört. Auf dieser Grundlage halten sie die Online-Formate für vereinbar mit dem Ansatz des Konzils.[11] Inwieweit die eine ebenso wie die andere Seite die ganze Tragweite des Sprungs ins Internet schon hinreichend erfasst haben, wäre näher zu diskutieren.

Für liturgiehistorisch geschulte Ohren klingt der Konflikt vertraut, erinnert er doch an die Diskussionen über Gottesdienstübertragungen im Fernsehen und im Hörfunk, wie sie im 20. Jahrhundert etliche Male geführt worden sind.[12] Wer nun mit Blick auf die Online-Projekte auf die damaligen Argumentationslinien verweist, liegt sicherlich nicht ganz falsch, wird aber damit nicht mehr auskommen. In der zweiten Hälfte des 20. Jahrhunderts sprach die Theologie von „intentionaler Teilnahme" – eine Begrifflichkeit, welche einen qualitativen Unterschied zwischen Teilnahme in physischer Präsenz und mittels einer Übertragung zum Ausdruck bringen sollte.[13] Heute, unter dem Eindruck der Digitalisierung, erscheint eine solche Sichtweise nicht mehr nuanciert genug. Weite Teile der Forschung gehen davon aus, dass digitale Medien und ihre Sozialräume in hohem Maße partizipativ sind und wirksame Kommuni-

---

[10] Vgl. jüngst J. Niewiadomski, Eucharistie in Zeiten von „physischer" Distanziertheit: „Coronakrise" und die Frage nach Sakramentalität der Kirche (22. März 2020), in: https://www.uibk.ac.at/theol/leseraum/texte/1295.html (Zugriff: 29.1.2021).

[11] Vgl. T. Berger, Sakramentale Vollzüge online? Auf der Suche nach Fragen, in: S. Kopp, B. Krysmann (Hg.), Online zu Gott?! Liturgische Ausdrucksformen und Erfahrungen im Medienzeitalter (Kirche in Zeiten der Veränderung 5), Freiburg i. Br. 2020, 84–104, bes. 87–90; aus dem evangelischen Bereich vgl. C. Grethlein, Liturgia ex machina. Gottesdienst als mediales Geschehen, in: A. Deeg, C. Lehnert (Hg.), Liturgie – Körper – Medien. Herausforderungen für den Gottesdienst in der digitalen Gesellschaft (BLSp 32), Leipzig 2019, 45–64.

[12] Für einen Überblick über die Etappen und Argumente vgl. B. Jeggle-Merz, Gottesdienst und mediale Übertragung, in: M. Klöckener, A. A. Häußling, R. Meßner (Hg.), Theologie des Gottesdienstes (GDK 2/2), Regensburg 2008, 455–487; B. Gilles, Durch das Auge der Kamera. Eine liturgie-theologische Untersuchung zur Übertragung von Gottesdiensten im Fernsehen (Ästhetik – Theologie – Liturgik 16), Münster 2000, 90–126.

[13] Vgl. Gilles, Durch das Auge der Kamera (s. Anm. 12), 14.

kationsverbindungen schaffen können.[14] In dieses Bild dürfte auch die Selbstwahrnehmung der Nutzer(innen) passen, die sich beispielsweise in den sozialen Netzwerken an Debatten beteiligen und ihre Teilnahme durchaus als relevant empfinden. Gehen wir von diesem Befund aus, wird zu überlegen sein, wie das Prinzip der tätigen Teilnahme theologisch neu zu gewichten ist. Mag die digitale Mitfeier eines Gottesdienstes auch eigenen Gesetzmäßigkeiten folgen, sie darf deshalb jedoch nicht voreilig als weniger real qualifiziert werden.[15]

Wenn der Eindruck nicht täuscht, verliert die Grenze zwischen *digital* und *analog* immer mehr an Bedeutung, eine Entwicklung, die auch an der Kirchentür nicht Halt macht. Im Gegenteil: Mit der Corona-Pandemie haben hybrid oder vollständig online stattfindende Feierformen einen immensen Schub bekommen. Man muss kein Prophet sein, um zu vermuten, dass die Bereitschaft zum Experimentieren und damit das digitale Gottesdienstrepertoire in naher Zukunft noch weiter anschwellen werden. In Anbetracht dessen ist der Theologie und speziell der Liturgiewissenschaft aufgegeben, sich mit der vielschichtigen Realität der Digitalisierung auseinanderzusetzen. Es gilt, im Licht des *Digital Turn* das vom Konzil umrissene Verständnis von Teilnahme weiterzuentwickeln. Aufzuräumen ist mit dem Vorurteil, mit Online-Gebeten und -Feiern habe sich eine Gegenwelt entwickelt, die den theologischen Grundüberzeugungen widerspreche. Eine trennscharfe Definition von tätiger Teilnahme, so wie sie in der unmittelbaren nachvatikanischen Zeit vertreten wurde, greift unter geänderten Bedingungen zu kurz und wird einer differenzierteren Sicht weichen müssen. Es bedarf einer „Neuvermessung [dieses] theologischen Feldes“[16], die – so viel steht fest – nicht nur theologische Aspekte einschließen, sondern auch die anthropologischen Grundlagen gottesdienstlichen Handelns bedenken muss.

---

[14] Vgl. etwa F. Stalder, Kultur der Digitalität, Berlin $^{3}$2017, 129–164; A. Hepp, M. Berg, C. Roitsch, Mediatisierte Welten der Vergemeinschaftung. Kommunikative Vernetzung und das Gemeinschaftsleben junger Menschen (Medien – Kultur – Kommunikation), Wiesbaden 2014.

[15] Vgl. T. Berger, *Participatio Actuosa* in Cyberspace? Vatican II's Liturgical Vision in a Digital World, in: Worship 87 (2013) 55–547.

[16] Untertitel in: S. Böntert, Gottesdienst nach dem *Digital Turn*. Zur Neuvermessung eines theologischen Feldes, in: Kopp, Krysmann (Hg.), Online zu Gott?! (s. Anm. 11), 67–83.

## 2 Das Modell „Hauskirche“? Unterwegs zu einer wachsenden Breitenreligiosität

Krisen sind immer außergewöhnliche Zeiten, weil sie Zusammenhänge ins Bewusstsein bringen, die bisher eher unterbelichtet blieben, nun aber auf die Tagesordnung drängen. Mit dieser Einsicht im Gepäck lohnt ein vertiefter Blick auf die erwähnten Vorschläge für häusliche Feiern, die in den letzten Monaten entwickelt und Interessierten über das Internet zugänglich gemacht worden sind.[17] Inwieweit die Projekte in theologischer Hinsicht zufriedenstellen können, ist eine wichtige Frage, die eine sorgfältige Durchsicht der Textvorschläge, Gebete und Zeichen voraussetzt. Eine solche Qualitätsprüfung ist unerlässlich, muss jedoch andernorts geschehen. Interessanter als die konkreten Inhalte und Verläufe ist in unserem Zusammenhang die Frage, welches Signal von der Entscheidung ausgeht, Gottesdienste im privaten Bereich so offensiv zu fördern, wie es in der Corona-Pandemie geschehen ist.

Zunächst ist festzuhalten, dass die Praxis häuslicher Feiern auf eine lange Geschichte zurückschauen kann. Sie begegnet in zahlreichen Epochen und spielte für die Verbindung von Glauben und Lebensalltag eine wichtige Rolle. Aus Prozessionen, anlassbezogenen Andachten oder Gebetsstunden vor Wegkreuzen schöpften die Menschen Orientierung und Zuversicht im Alltag, ohne dass hier ein Priester anwesend gewesen wäre oder eine verbindliche Ordnung den Weg gewiesen hätte.[18] Kommt man von dieser breit gefächerten Praxis her, wirkt die Zeit nach dem Zweiten Vatikanischen Konzil geradezu nüchtern. Die Konzentration auf die Gemeindeliturgie warf einen Schatten auf diese Feiern und ließ sie in ihrer Bedeutung zurücktreten. Erschwerend kommen die kulturellen Umbrüche der letzten Jahrzehnte hinzu, die das Interesse an häuslichen Gottesdiensten weitgehend zum Erliegen brachten. Vor diesem Hintergrund ist es umso bemerkenswerter, dass sich mit der Corona-Pan-

[17] Vgl. Beispiele aus dem Bistum Essen in: https://www.bistum-essen.de/info/seelsorge-glaube/dezernat-pastoral/seelsorgliche-angebote-in-zeiten-der-corona-krise/gottesdienste-gebete-und-musik (Zugriff: 30.1.2021).

[18] Anschauliche Beispiele finden sich etwa in der Barockzeit, vgl. J. Bärsch, Barockzeitliche Liturgie außerhalb des Kirchenraumes. Gebet und Gottesdienst in Haus und Hof, in Dorf und Flur, in: LJ 63 (2013) 102–125.

demie eine Kehrtwende abzeichnet und das Modell „Hauskirche“ wieder in den Blick kommt. Auf dem Höhepunkt der Krise, als keine Gottesdienste in großer Gemeinde stattfinden konnten, war dieser Weg zielführend und innovativ, unabhängig davon, ob den Verantwortlichen in diesem Moment die liturgiehistorischen Zusammenhänge bewusst waren. Man könnte sich nun mit dem Hinweis auf die besonderen Umstände zufriedengeben oder – ganz traditionell – vom Erbe der „Volksfrömmigkeit“ sprechen, das hier wieder ans Tageslicht kommt. Allerdings scheint mir damit die ganze Tragweite der Entwicklung nicht angemessen erfasst zu sein. Wie ist dieser Trend theologisch einzuordnen und zu bewerten?

Einen Anhaltspunkt für eine Antwort auf diese Frage kann ein Blick auf die wechselseitige Bezogenheit von kirchlich geordneter Liturgie und persönlicher Spiritualität bieten.[19] Dass beide Seiten eng miteinander verbunden sind, dürfte rasch klar werden, wenn man sich die Vielfalt der Glaubenswege in Erinnerung ruft, die in weiten Teilen der Geschichte das Gesicht der Kirche geprägt und zur Lebendigkeit des Glaubens beigetragen haben. Ohne Zweifel ist die Liturgie der vorrangige Selbstvollzug der Kirche, aber sie bleibt stets auf eine lebendige persönliche Spiritualität angewiesen,[20] sonst droht sie in blutleere Routine umzuschlagen. Umgekehrt läuft die persönliche Spiritualität Gefahr, aus dem Lot zu geraten oder sogar in Beliebigkeit abzugleiten, wenn sie den Kontakt zur Liturgie der Kirche verliert.[21] „Man wird sich [...] davor hüten müssen, die (gefeierte) Liturgie zu idealisieren“[22], warnte schon vor vielen Jahren der Litur-

---

[19] Zur Ausbalancierung beider Seiten vgl. S. Böntert, Ein fruchtbares Spannungsverhältnis. Anstöße aus der Geschichte für das Verhältnis von Liturgie und Spiritualität in der Gegenwart, in: ders. (Hg.), Objektive Feier und subjektiver Glaube? Beiträge zum Verhältnis von Liturgie und Spiritualität (StPaLi 32), Regensburg 2011, 117–146. – Als Erörterungen grundlegender Fragen zum Thema vgl. S. Wahle, B. Leven (Hg.), Liturgie und Glaube. Gottesdienstliche Feiern und persönliche Formen des Glaubens, Trier 2017; W. Haunerland, A. Saberschinsky, H.-G. Wirtz, Liturgie und Spiritualität, Trier 2004; H. B. Meyer, Liturgie und Spiritualität, in: ders., Zur Theologie und Spiritualität des christlichen Gottesdienstes. Ausgewählte Aufsätze, hg. von R. Meßner, W. G. Schöpf (Liturgica oenipontana 1), Münster 2000, 233–244.

[20] Vgl. S. Peng-Keller, Einführung in die Theologie der Spiritualität (Einführung Theologie), Darmstadt 2010, 96.

[21] Vgl. dazu bereits R. Guardini, Vom Geist der Liturgie, Mainz [20]1997, 18.

[22] Meyer, Liturgie und Spiritualität (s. Anm. 19), 242.

giewissenschaftler Hans Bernhard Meyer (1924–2002) und unterstrich damit indirekt die Unverzichtbarkeit von Ausdrucksformen, die jenseits der kirchlichen Ordnung Wege des Glaubens eröffnen. Erst das Zusammenspiel von objektiver Liturgie der Kirche und subjektiver Spiritualität schafft die Quelle, aus der die Vitalität eines tragfähigen Glaubens fließen kann.

Die wenigen Überlegungen mögen ausreichen, um deutlich zu machen, dass die in der Corona-Zeit etablierten Feiern unterbewertet sind, wenn man sie nur als Bestandteil einer pastoralen Strategie betrachtet, die den aktuellen Notwendigkeiten geschuldet ist, später aber keinen Nutzen mehr hat. Vielmehr nehmen sie die tragende Rolle von freien, d. h. nicht der Ordnung unterliegenden Formen für das persönliche Leben aus dem christlichen Glauben ernst.

In den letzten Jahren wurde sowohl in der Theologie als auch in der Praxis Gottesdienst vor allem als ein kirchlich autorisierter, öffentlicher Vollzug betrachtet. Demgegenüber spielte die Breitenreligiosität mit ihren vielfältigen rituellen Praktiken nur eine Nebenrolle. Mit der Pandemie scheint dieser Trend gebremst zu sein, was aus den genannten Gründen eine ausgesprochen erfreuliche Entwicklung darstellt. Schon vor über 20 Jahren – lange vor Corona – plädierte Herbert Vorgrimler (1929–2014) für eine besondere Wertschätzung von individueller Spiritualität und formulierte als Maßstab:

> „Menschen sind gewillt und imstande, ihre Kommunikationsprozesse auch vor dem Angesicht Gottes in gewissen rituellen Formen zu vollziehen, vorausgesetzt, sie werden nicht von vornherein genötigt, nur von außen und ‚oben' bestimmte Rituale zu praktizieren."[23]

Mit dieser Einschätzung ist zwar noch keine Entscheidung über konkrete Formen getroffen, wohl aber ein großer Spielraum eröffnet, in dem Vielfältiges Platz hat – ohne dass sich jede(r) für alle Einzelheiten begeistern müsste.[24] Die Kirche hat sich in ihrer Ge-

---

[23] H. Vorgrimler, Die Liturgie – ein Bild der Kirche, in: B. Kranemann, E. Nagel, E. Nübold (Hg.), Heute Gott feiern. Liturgiefähigkeit des Menschen und Menschenfähigkeit der Liturgie, Freiburg i. Br. 1999, 39–56, hier: 43.

[24] Ein lehramtliches Schreiben, bedauerlicherweise von der deutschsprachigen Liturgiewissenschaft nur wenig beachtet, spricht davon, außerliturgische Frömmigkeitsrituale verdankten sich dem Wirken des Heiligen Geistes. Vgl. Kongrega-

schichte immer durch eine Offenheit ihres rituellen Tuns ausgezeichnet, sie wird sich heute verstärkt wieder um eine Förderung persönlicher Formen des Glaubens bemühen müssen.

Ob Feiern in der Hauskirche eine Zukunft haben, bleibt abzuwarten. Erst auf längere Sicht wird sich ein Urteil darüber fällen lassen, welche Modelle praxistauglich und welche nur von kurzer Dauer sind. Auch wenn in diesem Punkt noch Zeit ins Land gehen muss, sprechen bereits jetzt alle Anzeichen dafür, dass die ohnehin schon plurale Breitenreligiosität unserer Gegenwart noch vielfältiger wird.[25] Durch die Corona-Krise hat das Feld erheblich an Dynamik gewonnen, und persönliche Formen des gelebten und gefeierten Glaubens werden künftig noch an Bedeutung zunehmen.[26] Es ist unübersehbar, dass diese Entwicklung Folgen hat und auf die Liturgiewissenschaft sowie ihre Fragestellungen großen Druck ausübt. Ich verstehe das als eine Einladung, den Blick verstärkt auf den Zusammenhang von regelgebundener Liturgie und persönlicher Spiritualität zu lenken und dabei die eigenen Verstehenszugänge weiterzuentwickeln.[27] Hier bedarf es einer erweiterten Perspektive, auf die Stephan Winter (* 1970) zu Recht aufmerksam macht:

> „Ein Teilbereich dieses Themenclusters wird markiert durch Fragen danach, wer in welchen rituellen Kollektiven welche Rolle(n) einnimmt, mit welcher Autorität dies geschieht, welche

---

tion für den Gottesdienst und die Sakramentenordnung, Direktorium über die Volksfrömmigkeit und die Liturgie. Grundsätze und Orientierungen (17. Dezember 2001), hg. vom Sekretariat der Deutschen Bischofskonferenz (VApS 160), Bonn 2001, Nr. 50.83. – Vgl. dazu S. Böntert, Das „Direktorium über die Volksfrömmigkeit und die Liturgie" von 2001. Eine kritische Relecture vor aktuellem Hintergrund, in: LJ 65 (2015) 3–26.

[25] Die Forschung hat in diesem Zusammenhang von einer „Spiritualität der Wanderer" gesprochen und beschreibt damit die Dynamik, mit der in der Spätmoderne die gewachsenen religiösen Bezugsrahmen an Integrationskraft verlieren und individuellen Schwerpunktsetzungen Platz machen. – Vgl. dazu M. Engelbrecht, Die Spiritualität der Wanderer, in: C. Bochinger, M. Engelbrecht, W. Gebhardt (Hg.), Die unsichtbare Religion in der sichtbaren Religion – Formen spiritueller Orientierung in der religiösen Gegenwartskultur (Religionswissenschaft heute 3), Stuttgart 2009, 35–81.

[26] Vgl. dazu die empirischen Befunde in: P. M. Zulehner, Bange Zuversicht. Was Menschen in der Corona-Krise bewegt, Ostfildern 2021, 171–178.

[27] Vgl. Winter, Gottesdienst und rituelles Handeln in der Pandemie-Krise (s. Anm. 5), 372.

Wirkungen dem Handeln einzelner Akteur*innen zugeschrieben werden usw. Besondere Aufmerksamkeit verdienen auch solche rituellen Vollzüge, in denen sich angesichts der Pandemie-Krise Akteur*innen über Religions- bzw. Weltanschauungsgrenzen hinaus vernetzt haben bzw. vernetzen."[28]

Es braucht ein waches Ohr für die unterschiedlichen spirituellen Strömungen der Gegenwart und angemessene Kriterien, mit denen vielversprechende Aufbrüche und subjektive Beliebigkeit voneinander unterschieden werden können. Gefragt ist eine kritische Sympathie, welche die Vielfalt der individuellen Formen nicht zuerst als Konkurrenz oder gar Bedrohung der Liturgie der Kirche, sondern als Herausforderung für die eigene Hermeneutik wahrzunehmen und zu bedenken versteht.

## 3 Auf halbem Wege stehen geblieben? Liturgie und Diakonie

Über die Auswirkungen der Corona-Pandemie auf das gottesdienstliche Leben kann man nicht sprechen, ohne schließlich auch an die unterschiedlichen Wahrnehmungen zu erinnern, denen kirchliche Tätigkeitsfelder in der säkularen Gesellschaft unterliegen. Eine Lehre aus der Krise besteht darin, dass die Zeiten endgültig vorbei sind, in denen religiöse Rituale und damit auch die Liturgie auch nur im Entferntesten als systemrelevant empfunden wurden.[29] Ganz anders stellt sich hingegen die Situation für die kirchlichen Institutionen dar, die diakonische Arbeit leisten. Die Krankenhäuser, Pflegedienste und Betreuungseinrichtungen genießen nach wie vor ein hohes Ansehen und konnten sich während der Pandemie über öffentlichen Applaus freuen. Hinter dieser Diskrepanz steht bekanntlich ein ganzes Bündel von Ursachen, die mit dem Bedeutungswandel von Reli-

---

[28] Ebd., 372f.

[29] Vgl. D. Deckers, Kirchen? Nicht systemrelevant! Ende des Gottesdienstverbotes (1. Mai 2020), in: https://www.faz.net/aktuell/politik/inland/kirchen-systemrelevant-die-politik-sieht-das-anders-16749439.html (Zugriff: 12.2.2021); U. H. J. Körtner, Nicht mehr systemrelevant. Theologie und Kirche im Corona-Krisenmodus, in: https://zeitzeichen.net/node/8315 (Zugriff: 1.2.2021); M. Striet, Nichts gewesen? Ein theologischer Versuch im Zeichen der Pandemie, in: Kortmann, Schulze (Hg.), Jenseits von Corona (s. Anm. 1), 157–164.

gion sowie den Traditionsabbrüchen in unserer Gegenwart zu tun haben. Der zwischen beiden Seiten klaffende Graben ist nicht neu, ist aber durch die Pandemie erneut so markant ins Rampenlicht getreten, dass weiteres Nachdenken, aber auch neue Kreativität verlangt ist. Gewiss kann weder die Gottesdienstpraxis noch die Theologie grundlegend ändern, was sie als kulturelles Gefüge umgibt. Dennoch bieten die Erfahrungen der Krise den Anlass zu einem prüfenden Blick auf den Status quo und eine Rückbesinnung auf die elementaren Grundlagen. Es ist kritisch und ohne Scheu zu fragen, wo die Defizite liegen und wie beide Seiten sichtbarer aufeinander bezogen werden können, als dies bisher der Fall ist.

Dass Liturgie und Diakonie, Gottesdienst und der Dienst an den Menschen aufs Engste miteinander verwoben sind, dürfte hinlänglich bekannt sein und muss deshalb an dieser Stelle nicht noch einmal ausführlich dargestellt werden.[30] Jeder „Gottesdienst schließt auf vielfache Weise den Menschendienst ein, setzt ihn voraus und führt von neuem zu ihm hin“[31]. Die Verflechtung von gefeiertem und gelebtem Glauben ist und bleibt einer der wichtigsten Bausteine des christlichen Selbstverständnisses. Es wäre jedoch ein Irrtum, wollte man von den theologischen Debatten sogleich auf eine gelungene Umsetzung in der Praxis schließen. Obwohl es zahlreiche ermutigende Beispiele gibt, kann der Blick auf manche Gottesdienste mitunter Ernüchterung auslösen. Angesichts des immer weiter auseinanderdriftenden Verhältnisses von Kirche und säkularer Gesellschaft bleibt es eine der dringendsten Fragen, ob und inwieweit Gottesdienste den Nöten und Herausforderungen des Alltags einen spürbaren, d. h. individuell wahrnehmbaren Raum geben. An diesem neuralgischen Punkt hängt nicht weniger als die Glaubwürdig-

---

[30] Zu den Einzelaspekten an der Schnittstelle von Liturgie und Diakonie vgl. die Beiträge in den Sammelbänden: M. Stuflesser, S. Winter (Hg.), „Ahme nach, was du vollziehst …“. Positionsbestimmungen zum Verhältnis von Liturgie und Ethik (StPaLi 22), Regensburg 2009; B. Kranemann, T. Sternberg, W. Zahner (Hg.), Die diakonale Dimension der Liturgie [FS Klemens Richter] (QD 218), Freiburg i. Br. 2006.

[31] M. Klöckener, Die Liebe zum Nächsten als Prüfstein der Gottesliebe. Liturgie und Diakonie in Verlautbarungen des Zweiten Vatikanischen Konzils und des Apostolischen Stuhls (1963–1993), in: Kranemann, Sternberg, Zahner (Hg.), Die diakonale Dimension der Liturgie (s. Anm. 30), 71–93, hier: 71.

keit einer Kirche, die sich dem Anspruch stellt, eine gesellschaftliche Akteurin in Zeitgenossenschaft zu sein.

Manches scheint derzeit der Forderung nach einer engeren Verbindung von Liturgie und Diakonie im deutschen Sprachgebiet entgegenzustehen. Man kann es nur als bedrückend bezeichnen, wenn etliche Bistümer in ihren aktuellen Pastoralplänen der Feier des Glaubens nur wenig Aufmerksamkeit schenken und anderen Tätigkeitsfeldern der Pastoral den Vorzug einräumen.[32] Ohne Zweifel verlangt eine Neuorientierung in der Pastoral, wie sie angesichts des sozialen und kulturellen Wandels unabdingbar ist, eine Profilierung im gesellschaftlichen und politischen Engagement. Bekanntlich hat das Zweite Vatikanische Konzil diese Dimension in seiner Pastoralkonstitution *Gaudium et spes* (GS) über die Kirche in der Welt von heute mit Nachdruck hervorgehoben (vgl. GS 1). Wo allerdings das gottesdienstliche Leben allein dem Maßstab folgt, eine „Versorgung" mit den Sakramenten sowie das Begräbnis sicherzustellen, besteht die große Gefahr, dass Liturgie und Diakonie noch weiter auseinanderdriften, als dies ohnehin schon der Fall ist. Das Problem kulminiert schließlich in den großflächiger werdenden Pfarreien und Seelsorgeverbünden, die allein schon durch ihre geografische Ausdehnung eine Verknüpfung beider Seiten immens erschweren können. Ob die Schaffung solcher Gebilde die richtige Antwort auf den einschneidenden Wandel ist oder – wie kritische Stimmen mit guten Argumenten einwenden – wie ein Brandbeschleuniger wirkt und die Segmentierung des kirchlichen Lebens vorantreibt, werden erst die nachfolgenden Generationen beurteilen können.[33] Mit anderen Worten: Gerade weil der Zusammenhang von Liturgie und Diakonie von essenzieller Bedeutung ist, sind diese Entwicklungen hochriskant. Droht der eigene Anspruch nicht krachend zu scheitern, wenn die strategische Reise der Kirche faktisch in Richtung einer weiteren Aufspaltung ihrer Tätigkeitsbereiche geht? Die kontroversen und teilweise polemischen Debatten um die Vertretbarkeit von Gottes-

[32] Vgl. S. Kopp, Kirche ohne Liturgie? Zur Bedeutung des Gottesdienstes in den diözesanen Pastoralkonzepten, in: ders. (Hg.), Von Zukunftsbildern und Reformplänen. Kirchliches Change Management zwischen Anspruch und Wirklichkeit (Kirche in Zeiten der Veränderung 1), Freiburg i. Br. 2020, 97–128.

[33] Vgl. S. Böntert, An die Ränder gehen. Gottesdienst auf der Suche nach Relevanz in neuen Lebensräumen [in Vorbereitung].

diensten in der Corona-Pandemie sollten eine Warnung sein.[34] In Zukunft wird, so viel ist sicher, in der säkularen Gesellschaft der Plausibilisierungsdruck auf die Kirche weiter anwachsen.

Nun nach fertigen Rezepten für die Praxis zu rufen, ist wenig ergiebig, weil die Rahmenbedingungen sehr unterschiedlich ausfallen können. Patentlösungen helfen weniger als das Prinzip der Subsidiarität, das lokalen Erfordernissen sensibel Rechnung trägt und situationsbezogene Antworten zu geben in der Lage ist. Um eine möglichst enge Verbindung von gefeiertem und gelebtem Glauben zu erreichen, brauchen Gottesdienste erstens durchschaubare, auf aktuelle gesellschaftliche Fragestellungen und Notwendigkeiten hin orientierte Bezüge in Text und Zeichen. Dies meint keine Anpassung an schnell wechselnde Trends, die leicht oberflächlich wird und in Beliebigkeit umschlagen kann. Maßstab für die Gestaltung sollten Vollzüge sein, die beseelt sind von der aufrichtigen Sorge um die unterschiedlichen Notlagen, in denen Menschen sich befinden. Dazu gehört beispielsweise eine sorgfältige Weiterentwicklung der Gebetspraxis, etwa im Rahmen des Fürbittgebetes in der sonntäglichen Eucharistiefeier. In diesem Zusammenhang ist auch darüber nachzudenken, welchen Beitrag die Gestaltung und die Nutzung der Kirchenräume leisten können, um die diakonale Dimension öffentlich hervortreten zu lassen.[35]

Überdies wird sich zweitens das liturgische Leben der Kirche noch stärker als bisher den Bedürfnissen religiös suchender Menschen stellen müssen. Erfreulicherweise ist in diesem Bereich seit einigen Jahren viel in Bewegung gekommen. Das Feld der sog. „Gottesdienste in der zweiten Reihe“, die existenzielle Lebens- und Alltagserfahrungen aufnehmen und ins Licht des Evangeliums stellen,

---

[34] Als einige Beispiele aus der Presse für diese Kontroversen vgl. F. Chefai, Corona-Lockdown: Keine Ausnahme für Gottesdienste! (14. Dezember 2020), in: https://hpd.de/artikel/corona-lockdown-keine-ausnahme-fuer-gottesdienste-18796 (Zugriff: 1.2.2021); C. Nieder-Entgelmeier, Regelverstöße in Kirchen: Gottesdienste endlich verbieten (5. Januar 2021), in: https://www.nw.de/nachrichten/meinung/22929588_Regelverstoesse-in-Kirchen-Gottesdienste-endlich-verbieten.html (Zugriff: 1.2.2021).

[35] Vgl. A. Gerhards, „Barmherzigkeit will ich, nicht Opfer“ (Mt 9,13). Zur diakonischen Dimension des Kirchengebäudes, in: Kranemann, Sternberg, Zahner (Hg.), Die diakonale Dimension der Liturgie (s. Anm. 30), 246–260.

findet breiten Anklang.[36] Die gute Resonanz dürfte vor allem damit zusammenhängen, dass hier der Brückenschlag gelingt und Stärkung, Trost und Aufrichtung im Raum der Kirche als besonders authentisch und lebensrelevant wahrgenommen werden. Hier ändert sich nicht nur die Gottesdienstpraxis, sondern auch die Ekklesiologie wird facettenreicher.[37]

Die Herausforderung für die Liturgiewissenschaft liegt darin, den Zusammenhang von Liturgie und Diakonie weiter zu erforschen, um den auseinanderstrebenden Kräften wirksam entgegenzutreten. Das bedeutet konkret zum einen das Gespräch mit den anderen theologischen Disziplinen. Zum anderen wäre eine größere Internationalität des Diskurses wünschenswert, bei dem auch Erfahrungen aus anderen Kulturen und Sprachgebieten wahrgenommen und für die eigene Theoriebildung fruchtbar gemacht werden können. Die genannten Kontroversen während der Corona-Pandemie haben dem Thema eine Dringlichkeit verliehen, die nicht unterschätzt werden sollte.

## 4 Ausblick: ein Virus als Beschleuniger der Theologie

Wie es etliche Beispiele aus der Geschichte zeigen, gingen tiefgreifende Krisen in der Vergangenheit für gewöhnlich mit einem Klima der Verunsicherung, mit Existenzängsten und mit der Suche nach neuen Leitbildern einher. Von dieser Erfahrung ist die Corona-Pandemie nicht ausgenommen. Die Krise hat Fakten geschaffen, welche die Überzeugung, in relativer Stabilität zu leben, ins Wanken gebracht haben. Vermutlich wird das Lebensgefühl nach Corona ein anderes und von größeren Unsicherheiten geprägtes sein als in der Zeit zuvor. Die Pandemie ist eine Provokation, die Auswirkungen in allen Lebensbereichen hat: im individuellen Alltag, in der Politik, der Ökonomie und schließlich auch im gesellschaftlichen Miteinander. Wie die Welt

[36] Vgl. S. Böntert, Gottesdienste „in der zweiten Reihe“. Einige Perspektiven für Liturgiewissenschaft und Praxis angesichts neuer Feierformen, in: B. Jeggle-Merz, B. Kranemann (Hg.), Liturgie und Konfession. Grundfragen der Liturgiewissenschaft im interkonfessionellen Gespräch, Freiburg i. Br. 2013, 77–96.

[37] Vgl. B. Kranemann, Offene Kirche. Zu einer Ekklesiologie „alternativer“ Liturgien, in: S. Kopp, B. Kranemann (Hg.), Gottesdienst und Kirchenbilder. Theologische Neuakzentuierungen (QD 313), Freiburg i. Br. 2021, 213–233.

in Zukunft aussehen wird, steht noch dahin. Aber aus heutiger Sicht spricht alles dafür, dass es kein Zurück mehr geben wird.

Man wird ehrlich zugeben müssen, dass in diesem gesellschaftlichen und kulturellen Klima die Vorzeichen für den christlichen Gottesdienst nicht gerade günstig sind. Die ohnehin krisengeschüttelte Kirche steht vor weiteren Suchbewegungen, deren Tragweite erst Stück für Stück ans Tageslicht kommt. Es ist mehr als fraglich, ob nach dem Ende der Pandemie die Zahl der Mitfeiernden wieder das Vorkrisenniveau erreicht. Schon jetzt ist vielerorts spürbar, dass die Feiergemeinden erheblich geschrumpft sind, weil in den Monaten der Beschränkung die Bande der Beheimatung in der Liturgie der Kirche mit ihrer gewachsenen Sprach- und Zeichenwelt nicht mehr in der Weise trägt, wie es zuvor der Fall war. Wer an einem lebendigen persönlichen Glaubensleben interessiert ist, mag zudem die Annehmlichkeiten von gestreamten Feiern, häuslichen Vollzügen oder Angeboten über Social Media entdeckt haben und im Zuge dessen die Zugehörigkeit zu einer festen Gemeinde nicht mehr für unverzichtbar halten.[38] Ganz neue Kirchenerfahrungen sind damit verbunden. Dieser Trend wird nicht mehr verschwinden.[39] Die religiöse Pluralisierung, aber auch die Erosion kirchlich gebundener, ritueller Ausdrucksformen des Glaubens hat durch die Pandemie einen kräftigen Schub bekommen.

In dieser Gemengelage steht die Kirche mit ihrer Gottesdienstpraxis ebenso wie die Liturgiewissenschaft an einem Scheideweg. Es wäre fatal, wenn vor lauter Sehnsucht nach der alten Normalität die Wiederherstellung des Vertrauten zur entscheidenden Handlungsmaxime aufstiege. Gefragt ist nicht die Reparatur oder gar die Restauration, sondern ein gründliches Nachdenken über die leitenden Prinzipien. Was ich an Feldern umrissen habe, verstehe ich als eine erste, vorsichtige Sondierung der Themen, die jetzt in den Blick kommen müssen. Andere müssen ergänzt werden. Vollständigkeit ist hier nicht angezielt, wohl aber die Überzeugung, dass die Pandemie grundlegende liturgische und ekklesiologische Probleme aufwirft. Schon jetzt erweist sich das Virus als ein Beschleuniger der Theologie, der einerseits neue Fragen auf die wissenschaftliche Agenda setzt und andererseits Nachholbedarf sichtbar macht. Ein Zurück wird es auch hier nicht mehr geben.

---

[38] Vgl. Zulehner, Bange Zuversicht (s. Anm. 26), 191–193. Paul M. Zulehner (* 1939) spricht in diesem Zusammenhang von steigender „Selbstermächtigung“.

[39] Vgl. ebd., 172f.

# Autorinnen und Autoren

*Paul Böhm,* Dipl.-Ing., ist Architekt und Professor für Entwerfen und Gebäudelehre am Institut für Architektur, Konstruktion und Theorie der Fakultät für Architektur der Technischen Hochschule Köln.

*Stefan Böntert,* Dr. theol., ist Professor für Liturgiewissenschaft an der Katholisch-Theologischen Fakultät der Ruhr-Universität Bochum.

*Andreas Denk* ist Professor für Architekturtheorie am Institut für Architektur, Konstruktion und Theorie der Fakultät für Architektur der Technischen Hochschule Köln und Chefredakteur der Zeitschrift „der architekt".

*Irmtraud Fischer,* Dr. theol., ist Professorin für Alttestamentliche Bibelwissenschaft an der Katholisch-Theologischen Fakultät der Karl-Franzens-Universität Graz.

*Albert Gerhards,* Dr. theol., ist emeritierter Professor für Liturgiewissenschaft an der Katholisch-Theologischen Fakultät der Rheinischen Friedrich-Wilhelms-Universität Bonn und Sprecher der DFG-Forschungsgruppe „Sakralraumtransformation".

*Nora Gomringer* ist Schriftstellerin und Direktorin des Internationalen Künstlerhauses Villa Concordia in Bamberg.

*Hans-Joachim Höhn,* Dr. theol., ist Professor für Systematische Theologie und Religionsphilosophie am Institut für Katholische Theologie der Philosophischen Fakultät der Universität zu Köln.

*Christoph Jacobs,* Dr. theol., Lic. phil. (Klin. Psych.), ist Professor für Pastoralpsychologie und Pastoralsoziologie an der Theologischen Fakultät Paderborn.

*Birgit Jeggle-Merz*, Dr. theol., ist Professorin für Liturgiewissenschaft an der Katholisch-Theologischen Fakultät der Universität Luzern und an der Theologischen Hochschule Chur.

*Thomas Jürgasch*, Dr. theol., ist Juniorprofessor für Alte Kirchengeschichte, Patrologie und Christliche Archäologie an der Katholisch-Theologischen Fakultät der Eberhard-Karls-Universität Tübingen.

*Heiner Keupp*, Dr. phil., ist emeritierter Professor für Sozial- und Gemeindepsychologie an der Fakultät für Psychologie und Pädagogik der Ludwig-Maximilians-Universität München.

*Stefan Kopp*, Dr. theol., ist Professor für Liturgiewissenschaft und Sprecher des Graduiertenkollegs „Kirche-Sein in Zeiten der Veränderung" an der Theologischen Fakultät Paderborn.

*Ralph Kunz*, Dr. theol., ist Professor für Praktische Theologie mit den Schwerpunkten Homiletik, Liturgik und Poimenik am Theologischen Seminar der Universität Zürich.

*Jan Loffeld*, Dr. theol., ist Professor für Praktische Theologie und Leiter des Department of Practical Theology and Religious Studies an der Tilburg University, School of Catholic Theology, Campus Utrecht.

*Kathrin Oel*, M. Sc. Psych., ist wissenschaftliche Mitarbeiterin am Lehrstuhl für Pastoralpsychologie und Pastoralsoziologie der Theologischen Fakultät Paderborn.

*Silke Otte*, Dipl.-Theol., ist stellvertretende Direktorin des Bildungs- und Exerzitienhauses St. Bonifatius Winterberg-Elkeringhausen.

*Andreas Rohde*, Dr. theol., ist Direktor des Bildungs- und Exerzitienhauses St. Bonifatius Winterberg-Elkeringhausen.

*Ulrich Riegel*, Dr. theol., ist Professor für Praktische Theologie und Religionspädagogik am Seminar für Katholische Theologie der Philosophischen Fakultät der Universität Siegen.

*Guido Schlimbach,* Dr. theol., ist künstlerischer Leiter der Kunst-Station Sankt Peter Köln.

*Lukas Schröder,* Dipl.-Theol., ist Stipendiat des Graduiertenkollegs „Kirche-Sein in Zeiten der Veränderung“ an der Theologischen Fakultät Paderborn.

*Thomas Söding,* Dr. theol., ist Professor für Neues Testament an der Katholisch-Theologischen Fakultät der Ruhr-Universität Bochum.

*Stephan Wahle,* Dr. theol., ist apl. Professor für Liturgiewissenschaft und Leiter der Arbeitsstelle „Liturgie, Musik und Kultur“ an der Theologischen Fakultät der Albert-Ludwigs-Universität Freiburg.

*Meinrad Walter,* Dr. theol., ist stellvertretender Leiter des Amtes für Kirchenmusik der Erzdiözese Freiburg und Honorarprofessor für Theologie/Liturgik an der Hochschule für Musik Freiburg.

*Monika Willer,* Dr. phil., ist Kulturredakteurin bei der Westfalenpost.